Claude Piel

Kampf ums Wasser

Die Herausforderung des 21. Jahrhunderts

Claude Piel

Kampf ums Wasser

Die Herausforderung des 21. Jahrhunderts

Diplomatic Council Publishing

1. Auflage 2022

Bibliografische Informationen der Deutschen Nationalbibliothek

Die Deutsche Nationalbibliothek verzeichnet diese Publikation in der Deutschen Nationalbibliografie; detaillierte bibliografische Daten sind im Internet abrufbar über http://dnb.d-nb.de.

Printed in the Federal Republic of Germany.

Gestaltung, Cover, Satz: IMS International Media Services, Wiesbaden

Gedruckt auf säurefreiem Papier.

Print ISBN: 978-3-98674-024-5

E-Book ISBN: 978-3-98674-025-2

Widmung

Dieses Buch ist allen Menschen gewidmet, die keinen Zugang zu sauberem Trinkwasser haben. Ob in der Wüste oder auf entlegenen Inseln, ob in den Slums Nordamerikas, den Favellas Brasiliens, den Großstädten Afrikas oder Asiens: Millionen Menschen leiden unter der schlechten Trinkwasserqualität. Dieses Buch ist für sie und vor allem für die Kinder, die unter dem unsäglichen Mangel an sauberem Wasser leiden.

Danksagungen

Danke an das Centrum für Angewandte Technologien und das mariCUBE im Bereich der blauen Biotechnologien und der Aquakultur für die tatkräftige Unterstützung.

Danke an Philippe Cury, einen französischen Wissenschaftler, der die Forschung durch die Entwicklung ökologischer Konzepte sowie einer internationalen wissenschaftlichen Führung über den Ökosystemansatz für ausgebeutete Meeresressourcen maßgeblich beeinflusst hat.

Danke an die Leitung des Programms „Mensch-Gesellschaft-Umwelt" der Universität Basel in der Schweiz. Sie beschäftigt sich mit verschiedenen Aspekten der nachhaltigen Bewirtschaftung von Ressourcen.

Danke an die Denkfabrik Diplomatic Council, in dessen Verlag dieses Buch erscheint und die als Beraterorganisation der Vereinten Nationen unermüdlich für Frieden und Menschlichkeit kämpft.

Hinweis

Die Autorin hat großen Wert darauf gelegt, dieses Werk in ihrem eigenen Schreibstil in deutscher Sprache zu verfassen, also keine Übersetzung zu verwenden. Dies erhöht die Authentizität ihrer Ausführungen und ist ein Ausdruck ihrer Leidenschaft für dieses für das Überleben der Menschheit essenzielle Thema.

Inhalt

Vorwort

Mit der Agenda 2030 hat sich die Weltgemeinschaft 17 ambitionierte Ziele – die Sustainable Development Goals (SDG) – für eine nachhaltige Entwicklung gesetzt. Das sechste Ziel (SDG6) der Vereinten Nationen, sauberes Wasser, sieht vor:

- Alle Menschen sollen einen Zugang zu einwandfreiem und bezahlbarem Trinkwasser haben.
- Alle Menschen sollen Zugang zu einer angemessenen und gerechten Sanitärversorgung sowie Hygiene erhalten.
- Die Wasserqualität soll durch Wiederaufbereitung und gefahrlose Wiederverwendung weltweit verbessert werden.
- Die Effizienz der Wassernutzung soll in allen Sektoren wesentlich gesteigert werden.
- Auf allen Ebenen soll eine integrierte Bewirtschaftung der Wasserressourcen umgesetzt werden.
- Wasserverbundene Ökosysteme sollen geschützt und wiederhergestellt werden.

Von diesen Zielen ist die Menschheit noch weit entfernt. Umso wichtiger ist es, dass Claude Piel in ihrem neuen Werk aufzeigt, warum es zwingend notwendig ist, nicht nachzulassen und sich dieser Herausforderung zu stellen. Akribisch recherchiert, sorgfältig aufbereitet und spannend erzählt, ist das Werk eine Mahnung an uns alle, sorgsam mit Wasser umzugehen und es nicht als Selbstverständlichkeit zu betrachten.

Beeindruckend weist die Autorin in ihrem umfassenden Werk nach, dass keineswegs nur, wie häufig angenommen, bestimmte Regionen auf der Erde betroffen sind. Vielmehr stellt sauberes Wasser die ganze Welt, auch die Industrienationen, vor gewaltige Herausforderungen. Packen wir diese Aufgabe an; die Lektüre dieses Buches – die zugegeben an vielen Stellen nicht ganz einfach ist –, stellt einen ersten und wichtigen Schritt auf diesem Weg dar.

Hang Nguyen, Secretary General Diplomatic Council

Prolog

Der Wasserkrieg ist heute eine geopolitische Realität. Wasser brauchen wir zum Überleben, für ein funktionierendes Ökosystem und für die sozioökonomische Entwicklung eines Landes. In manchen Ländern der Welt sterben Abertausende Menschen, weil sie keinen Zugang zu Trinkwasser haben. Entweder ist die Infrastruktur nicht vorhanden, das Wasser verschmutzt oder der Boden zu trocken. Diese Knappheit in manchen Regionen der Welt bringt viele Staaten dazu, das Problem auf ihre Art zu lösen. Denn Grenzen können Flüsse nicht aufhalten. Darin liegt eine der Ursachen für Konflikte.

Machtfaktor Wasser

Einige Länder haben sogar die Macht über Wasserressourcen in ihre Sicherheitsagenda aufgenommen. In den letzten Jahrzehnten ist die Zahl der Wasservereinbarungen zwischen Ländern jedoch gestiegen. Staaten, die kurz vor einem Konflikt standen, versuchten einen Dialog über Wasserressourcen einzuleiten. Das ist Wasserdiplomatie. Der Schlüssel besteht darin, dass Regierungen erkennen: Es nutzt meinem Land, wenn wir beim Thema Wasser mit anderen Ländern zusammenarbeiten.

Durch schnelle wirtschaftliche Entwicklungen, die rasant ansteigende Bevölkerung und vom Klimawandel angetrieben, können sich wasserbezogene Konflikte und Unruhen verstärken. Mit der Coronaviruspandemie ist die Bedeutung von Wasser für die Menschen noch deutlicher geworden. Das Nachhaltigkeitsziel Nummer sechs der Vereinten Nationen setzt genau hier an, denn der Zugang zu sauberem Trinkwasser ist ein Menschenrecht.

Während Milliarden von Menschen fern von jeglicher Grundversorgung leben, für einen Zugang zu sauberem Trinkwasser ringen und Ökosysteme zugrunde gehen, flutet das flüssige blaue Gold langsam und unaufhaltsam die Finanzmärkte. Unaufhaltsam? Verschiedene Länder haben gezeigt, dass in nur wenigen Jahren große Fortschritte erzielt werden können. Es geht um die drei Säulen der Vereinten Nationen: Frieden und Sicherheit, Menschenrechte und Entwicklung. Denn Wasser bedeutet nicht nur Leben, sondern auch Zukunft.

Wasserwissen ist wichtig

Warum ist Wissen über Wasser eigentlich wichtig? Wir brauchen in den reicheren Ländern nur den Hahn aufzudrehen, um sofort sauberes Trinkwasser zu erhalten. Wir duschen, baden und reinigen unsere Häuser, bis die Feuerwehr kommt, um mitten im Sommer aus Lautsprechern die Botschaft zu verkünden, es sei ab sofort "verboten", diese Tätigkeiten auszuüben. An manchen Orten, sogar in Deutschland, gab es gar kein Trinkwasser mehr: Mit Eimern standen die Einwohner hinter einem Wassertanklaster. Und das mitten in Deutschland, nicht in der Wüste Gobi!

Bücher zum Thema Wasser gibt es fast so viele wie Wassertropfen im Ozean. In diesem Buch geht es nicht darum, eine wissenschaftliche Arbeit zu verfassen, gar alle Fakten möglichst genau zu analysieren. Unsere Arbeit beruht nicht auf Vollständigkeit, sondern wir möchten den Lesern und Leserinnen Denkanstöße geben. Es geht lediglich darum, das Thema Wasser ernsthaft und respektvoll anzugehen und als lebenswichtiges, schützenswertes Element unseres Lebens zu betrachten. Es geht darum, sich bewusst zu werden, welche Konflikte aus einem Mangel an Trinkwasser entstehen können und welche Lösungen bereits entwickelt worden sind.

Denn die Vermarktung unseres Grundnahrungsmittels Wasser steht dem Menschenrecht „Zugang zu sauberem Trinkwasser“ diametral entgegen. „Jeder Tropfen zählt“, sagte UN-Generalsekretär António Guterres in seiner Botschaft zum Weltwassertag 2020.[1] Jedes Buch und jede Erweiterung unseres Wasserwissens auch.

Viele interessante Einsichten beim Lesen!

Claude Piel

Einleitung

Die hellgraue Masse plätschert unter seinen Schuhsohlen. Vom breiten Flussbett tritt sie über die Ufer des East Rivers. Walter schaut auf seine Uhr. Es ist kurz vor acht an diesem Abend des 21. März. Er muss zurück ins Hauptquartier der Vereinten Nationen. Der glänzende Schatten des rechteckigen Turms spiegelt sich im Wasser. Dieses Wasser. Die häufigen Überschwemmungen machen ihm zu schaffen. Als der Hurrikan Sandy 2012 New York traf, war das Gebäude der Vereinten Nationen in New York schwer zu erreichen. Mehrere U-Bahnlinien waren überschwemmt. Vor allem die tiefer gelegenen Teile Manhattans sowie Brooklyn und Queens waren gefährdet. Auch die Flughäfen LaGuardia und JFK, auf denen die Botschafter, die zu den Vereinten Nationen nach New York fliegen, landen, waren völlig überflutet. Nicht nur hier, sondern auch in seiner zweiten Wahlheimat Mainz in Deutschland oder in Myanmar, den Malediven, Indien...[2]

Es ist bald soweit. Morgen versammeln sich die Staats- und Regierungschefs von 193 Nationen im Plenarsaal hinter ihm. Walter arbeitet bei der Ständigen Vertretung seines Landes bei den Vereinten Nationen in New York. Kurz bevor Walter sein Büro verlassen wollte, beauftragte ihn sein Botschafter, seine Rede für die UN-Wasserkonferenz am 22. März zum Weltwassertag zu verfassen. Seine Exzellenz braucht dazu eine Analyse über den Kampf ums Wasser in der Welt. Walter ist Spezialist im Bereich internationale Beziehungen. Das ist für ihn nicht das erste Mal, aber in diesem Fall wird es kein Spaziergang, denn die Lage ändert sich schnell. Seit Klimawandel und Erderwärmung sich beschleunigen, wird fast täglich ein neuer Lagebericht von einer hoch angesehenen Wissenschaftsorganisation veröffentlicht.

Wird er das Verfassen der Rede in der kurzen Zeit schaffen? Es ist 20 Uhr. Rede und Analyse müssen morgen um acht Uhr Seiner Exzellenz übergeben werden, damit der Botschafter genug Zeit hat, seine eigenen Worte hinzuzufügen. Ihm bleiben nur noch zwölf Stunden; heute Nacht wird er im Büro bleiben.

Eine Rede vor den Vereinten Nationen

Kurz wischt er das Wasser des East Rivers von seinen Schuhen und dreht sich um. Der Haupteingang liegt direkt vor ihm. Er greift nach seinem Pass, denn das Gebäude der Vereinten Nationen befindet sich auf einem ex-territorialen Gelände, außerhalb des Hoheitsgebiets der Vereinigten Staaten von Amerika. Diese Konferenz wird die erste zum Thema Wasser seit den 1970er Jahren sein und soll ein entscheidender Meilenstein werden.

„Die Wasser- und Sanitärkrise erfordert eine ganzheitliche, systemische und multilaterale Antwort“, sagte António Guterres, Generalsekretär der Vereinten Nationen, im Juli 2020 beim virtuellen Auftakt für die Beschleunigung der „Ziele für eine globale nachhaltige Entwicklung". „Wasser wird für fast alle anderen Ziele benötigt, von der globalen Gesundheit bis zur Ernährungssicherheit, und es ist für die Widerstandsfähigkeit gegen den Klimawandel unerlässlich."‟

Walter befindet sich nun im Aufzug zum Büro seines Botschafters und ihm wird schwindelig. Nicht von der Beschleunigung des Aufzugs, sondern angesichts der Aufgabe. Das sechste Nachhaltigkeitsziel – Wasser – ist die Voraussetzung für viele, wenn nicht sogar für alle 16 anderen Ziele für eine nachhaltige Entwicklung. Insbesondere in den Bereichen Gesundheit und Krankheitsprävention, Bildung, Ernährung, Landwirtschaft, Industrie, privater Verbrauch, Umweltverschmutzung, Energie und Klimawandel sowie Migration. Es geht schlichtweg in allen Bereichen auch ums Wasser. Im Büro der Ständigen Vertretung seines Landes angekommen, sucht er nach den jüngsten Weltwasserberichten zum Weltwassertag jeweils am 22. März jedes Jahres.[3]

Seitens der Vereinten Nationen ist die UNESCO federführend. Audrey Azoulays, damalige Generaldirektorin, sagte im Jahr 2021, dass Wasser „blaues Gold" sei, „zu dem mehr als zwei Milliarden Menschen keinen direkten Zugang" hätten. Der Weltwassertag gehört seit 1993 zur Agenda der Vereinten Nationen. 2020 ging es um Wasser und den Klimawandel, im Jahr 2021 um Wasserbewertung und -wertschätzung und 2022 um das Grundwasser – das Unsichtbare sichtbar machen. „Das Wort „Wasser" kommt in internationalen Klimaabkommen selten vor, obwohl es eine Schlüsselrolle bei Themen wie Ernährungssicherheit, Energieerzeugung, wirtschaftliche Entwicklung und Armutsbekämpfung spielt", so Audrey Azoulay weiter. Wasser müsse kein Problem, sondern könne Teil der Lösung sein.[4]

Neun Milliarden Menschen bis 2040

Die Aussichten sind jedoch beunruhigend. Bis 2040 dürften nach Schätzungen der Vereinten Nationen statt sieben bereits neun Milliarden Menschen auf der Erde leben. Bis dahin soll der weltweite Energiebedarf um über 25 Prozent und der Wasserbedarf um mehr als 50 Prozent steigen. Bis 2050 könnten bis zu 5,7 Milliarden Menschen mindestens einen Monat im Jahr in Gebieten leben, in denen Wasser knapp ist. Extremes Wetter verursachte in den letzten zehn Jahren mehr als 90 Prozent der Katastrophen größeren Ausmaßes. Dabei scheinen die Konflikte um Wasserressourcen nicht aufhören zu wollen. Die Wasserfrage ersetzt allmählich die Ölfrage.[5]

In Indien und im Iran führte der gravierende Wassermangel in den letzten Jahren zu einer Zunahme von Konflikten innerhalb dieser Länder. Zwischen Russland und der Ukraine verschlimmert sich die Lage seit 2014 und sie weitet sich seit Kriegsbeginn 2022 auch auf die Wasserinfrastruktur aus. Computergestützte Wassersysteme sind zunehmend Opfer von Cyberangriffen, die die Sicherheit, Qualität und Zuverlässigkeit des Wassers bedrohen. Weltweit hängen sozialer Wohlstand und wirtschaftliche Entwicklung stark vom Wasser ab. Hierin liegen die drei größten Herausforderungen für das Wassermanagement im 21. Jahrhundert. Es geht um die Erhaltung der Ökosysteme, die Bereitstellung von Trinkwasser für die Menschen und um ausreichend Wasser für die Landwirtschaft.[6]

Würde-Könnte-Lösungen sind in Sicht

Lösungen sind durchaus in Sicht. Eine klimaresistente Wasserversorgung und Abwasserentsorgung könnten jedes Jahr mehr als 360.000 Säuglingen das Leben retten. Wenn wir die globale Erwärmung auf 1,5 Grad Celsius gegenüber dem vorindustriellen Niveau begrenzen, könnten wir den klimabedingten Wasserstress um bis zu 50 Prozent senken. Das würde Spannungen reduzieren und mögliche Kriege im Keim ersticken.[7]

Würde. Könnte. Nun muss Walter seiner Analyse unbedingt eine strukturierte Richtung geben, denn so kann es für ihn nicht weitergehen. Es gibt zu viele alarmierende Fakten, und sein Botschafter braucht Antworten. Zunächst wird er sich den verschiedenen Konflikten rund um das Wasser widmen, denn Wasser war oft ein Grund, sich zu versammeln, aber auch, darum zu kämpfen. Im nächsten Schritt wird er nach den Ursachen für diese Konflikte suchen. Viele liegen im Mangel selbst, vor allem aber im Zugang zum Wasser und in der Infrastruktur. Dann geht es um die durch den hohen weltweiten Verbrauch verursachte Knappheit, die Verschmutzung und den durch Profitgier gekennzeichneten Umgang vieler Konzerne mit diesem wertvollen Gut. Somit werden auch die Gründe für den Klimawandel und den erhöhten Wasserstress deutlich, den wir heute erleben. Daraus resultiert die Gefahr neuer Wasserkämpfe: die Herausforderung unseres Jahrhunderts.

Was seinen Botschafter am meisten interessiert sind Lösungen. Zunächst sucht er diese auf der globalen Ebene, auf der Ebene der Vereinten Nationen mit der Unterstützung der 193 Staaten und der verschiedenen Organisationen. Dann sucht er nach Ländern, die das Problem auf ihre eigene Weise gelöst haben. Er findet dabei sowohl alte als auch neue Technologien, die helfen könnten, unser Trinkwasserproblem zu lösen. Zudem ist jeder Einzelne von uns in der Lage, Wasser als unser wertvollstes Gut zu betrachten. Die Zeit rast, es sind nur noch wenige Stunden bis zur Generalversammlung. Walter macht sich sofort an die Arbeit.

Ein knappes und lebenswichtiges Gut

„Die Kriege der Zukunft im Mittleren Osten werden um Wasser geführt", warnte Boutros Boutros-Ghali, ein früherer Generalsekretär der Vereinten Nationen, schon 1985.[8] Seine Vorhersage hat sich bisher zwar nicht bewahrheitet, aber zunächst geht es für Walter darum, zu verstehen, was Wasserkriege eigentlich sind. Wasserkrieg ist ein Begriff für alle Probleme, mit denen die Menschheit konfrontiert wird, wenn es um Wasserressourcen geht. Es beschreibt die Konflikte, die Länder, Staaten oder Gruppen in Bezug auf Wasserknappheit erleben. Wasserknappheit hat bisher am häufigsten zu Konflikten auf lokaler und regionaler Ebene geführt. Betrachtet man also Wasser als eine begrenzte Ressource, entstehen Wasserkonflikte, weil entweder der Bedarf an Wasserressourcen und Trinkwasser die Versorgung überschreitet, weil die Kontrolle über den Zugang und die Zuteilung von Wasser umstritten sein kann oder weil Wassermanagementinstitutionen schwach sind oder ganz fehlen.[9]

Elemente einer Wasserkrise können die betroffenen Parteien derart unter Druck setzen, dass es zu diplomatischen Spannungen oder schlimmstenfalls offenen Konflikten führt. Gründe für Auseinandersetzungen sind Gewalt, also Verletzte oder Todesfälle, Gewaltandrohungen einschließlich verbaler Drohungen, Militärmanöver und Machtdemonstrationen. Walter möchte keine unbeabsichtigten oder zufällig nachteiligen Auswirkungen auf Bevölkerungen oder Gemeinschaften einschließen, die im Zusammenhang mit wasserwirtschaftlichen Entscheidungen auftreten. Dies betrifft zum Beispiel Menschen, die durch den Bau von Staudämmen vertrieben wurden oder die den Auswirkungen von extremen Ereignissen wie Überschwemmungen oder Dürren ausgesetzt waren. Das betrachtet er als erhöhten Wasserstress.[10]

Drei Arten von Konflikten um Wasser

Es gibt drei Arten von wasserbezogenen Konflikten, die wie folgt kategorisiert werden können. Zuerst ist Wasser der Gewaltauslöser oder die Ursache für Konflikte durch Wasserknappheit, durch einen Streit über die Kontrolle von Wasser oder über Wassersysteme. Wasserkonflikte können auch durch einen gestörten wirtschaftlichen Zugang zu Wasser entstehen, und zwar durch Geschäftemacherei oder einen erhöhten Preis, oder auch, wenn der physische Zugang zu Wasser verhindert wird.[11]

Zweitens kann Wasser als Waffe bzw. als Werkzeug in gewaltsamen Konflikten eingesetzt werden. So schnitten beispielsweise bewaffnete Gruppen in der libyschen Hauptstadt Tripolis die Bevölkerung vom Wasser ab, indem sie Wasserpumpstationen angriffen, oder israelische Siedler überschwemmten 2019 palästinensische Olivenhaine mit Abwasser.

Drittens sind Wasserressourcen oder Wassersysteme häufig der Zankapfel bei Konflikten und werden vorsätzlich oder zufällig zum Ziel von Gewalt. Die zivile Wasserinfrastruktur des Jemen wurde während des dortigen Krieges wiederholt angegriffen. Israelische Siedler und Militärs haben Berichten zufolge eine Vielzahl von palästinensischen landwirtschaftlichen Bewässerungssystemen, Wassertanks und Wasserquellen zerstört. Ägyptische Hacker starteten im Juni 2020 einen Cyberangriff auf äthiopische Wassersysteme aus Ärger über den Bau des Grand Ethiopian Renaissance Damm.

Zudem kann Wasser Konflikte auslösen, wenn der Zugang oder die Kontrolle umstritten sind. Das war der Fall bei Demonstrationen und Unruhen im Iran in den Jahren 2019, 2020 und 2021, und zwar aufgrund der Umleitung von Wasser aus dem Zayanderud-Fluss in der Stadt Isfahan, oder aufgrund des Zugangs zu Bewässerungswasser in Indien und Pakistan während schwerer Dürren.

Die Geschichte der Menschheit ist durchsetzt mit Beispielen, die die Nutzung von Wasser als Instrument oder Ziel in Konflikten aufzeigen.[12] Walter versucht sich einige zu merken. Das früheste bekannte Beispiel eines realen zwischenstaatlichen Konflikts um Wasser findet sich zwischen 2500 und 2350 v. Chr., und zwar zwischen den Sumerischen Stadtstaaten Umma und Lagaš in Mesopotamien, dem heutigen Irak. Es ging um die Instandhaltung und Erweiterung des Bewässerungssystems, da von diesem die Ernte abhing. Umma lag weiter stromaufwärts am Tigris und konnte somit große Mengen an Wasser durch Kanäle ins eigene Land ableiten. Das führte zum Konflikt.

Ein weiterer früher Konflikt ums Wasser fand im Jahr 596 v. Chr. statt, in dem der babylonische König Nebukadnezar einen Teil des Aquädukts zerstörte, das die Stadt Tyrus versorgte, um einer endlosen Belagerung ein Ende zu setzen. Oder im Jahr 1503, während des Kampfes zwischen Florenz und Pisa, in dem Leonardo da Vinci und Machiavelli versuchten, den Lauf des Arno umzulenken, um Pisa von seinem Zugang zum Meer abzuschneiden. In einem späteren Wasserkonflikt im Jahr 1938 befahl Chiang Kai-shek, der damalige Führer Chinas, die Zerstörung der Deiche an einem Teil des Gelben Flusses in China, um die von der japanischen Armee bedrohten Gebiete zu überfluten.

In den Jahren 1939 bis 1945 wurden Kraftwerksdämme bombardiert, die als strategische Ziele galten. Im Vietnam der 1960er

Jahre waren viele Deiche Ziel von Bombenangriffen; zwischen zwei bis drei Millionen Menschen sind schätzungsweise infolge dieser Angriffe ertrunken oder verhungert. Im Jahr 1999 wurden im Kosovo Wasserstellen und Brunnen von Serben kontaminiert. Im selben Jahr zerstörte eine Bombenexplosion die Hauptleitung in Lusaka in Sambia und entzog seinen drei Millionen Einwohnern das Wasser. Seit dem Ende des 20. Jahrhunderts sind Wasserressourcen und -anlagen zunehmend bedroht, insbesondere in Afrika, auf dem Balkan und im Nahen Osten.[13]

Walter recherchiert weiter und findet das Buch „La guerre et l'eau“ von Frank Galland im Laffont Verlag.[14] Beispiele für Kriege, bei denen Wasser eine Rolle spielt, gibt es aus dem Ersten Weltkrieg. Damals war Wasser in den Militärmanövern des Krieges von 1914 bis 1918 nicht vorgesehen. Von der Einführung des Army Water Service an der Westfront, nach der menschlichen Katastrophe der ersten Monate des Jahres 1914, als die französische Armee nicht von einer angemessenen Wasserversorgung profitieren konnte, bis zur Ostfront, wo die Briten des ägyptischen Expeditionskorps in der Lage waren, eine Verknappung zu einem Vorteil zu machen, indem sie Jerusalem mit Wasser versorgten. In der Befreiung der Heiligen Stadt vom osmanischen Joch nach nur sechs Monaten entdeckt Walter die Relevanz eines Schemas, bei dem die hydraulische Infrastruktur zu Faktoren des Friedens und der Stabilität wird.

Als weiteres Beispiel für einen Krieg, in dem Wasser von Belang ist, nennt das Buch den Zweiten Weltkrieg. Es geht darum, wie Wasser in die Militärmanöver integriert wird. Dabei werden Lehren aus dem Ersten Weltkrieg gezogen und die französischen Streitkräfte im Jahr 1940 auf eine Wasserversorgung vorbereitet. Das Buch beschreibt auch den Krieg in der Wüste und die Bedeutung des Wassermanagements, wobei das deutsche Afrikakorps gegenüber den britischen Streitkräften profitierte.

Schließlich findet Walter Unterlagen zur langen und sorgfältigen Vorbereitung der Landung in der Normandie, die von der Kenntnis der verfügbaren Wasserressourcen, der Böden und des Grundwassers dank der Unterstützung des Widerstands bis hin zur Intervention einer Spezialeinheit des Geheimdienstes, Special Operations Executive reicht.[15]

Heute gibt es modernere Formen von Wasserkonflikten. Nach 1945 wurde Wasser zum Ziel der Zerstörung in vielen modernen asymmetrischen Konflikten bis hin zum ISIS, der Dämme an den Flüssen Tigris und Euphrat besetzte.

Walter findet weitere Techniken subversiver Kriegsführung, wie die Vergiftung von Brunnen, Überschwemmungen oder die Besetzung von Staudämmen. Wasser war auch in die revolutionären Kriege in Vietnam, die Bürgerkriege der Jahre 1980 bis 1990 im Libanon, den Krieg im ehemaligen Jugoslawien bis hin zu den Konflikten des Arabischen Frühlings in Syrien, Irak, Libyen und dem Jemen verwickelt. Wasser spielte dabei eine wesentliche Rolle als lebensnotwendige Ressource, als Objekt oder als Massenvernichtungswaffe unter kompletter Missachtung der Genfer Konventionen. Es könnte auch um terroristische Bedrohungen der Trinkwassersysteme gehen, auf die Walter zum Glück bei seinen Recherchen nicht stößt.

Heute geht es eher um einen Krieg bzw. Kampf „ums Wasser". Es geht um die jüngsten politischen und diplomatischen Initiativen, die darauf abzielen, Fragen und Herausforderungen im Zusammenhang mit dem Schutz der Wasserinfrastruktur im Sicherheitsrat der Vereinten Nationen anzusprechen. Eine Premiere in der Geschichte dieser Institution und ein dringendes Anliegen. Schließlich ist es notwendig, Armeen besser darauf vorzubereiten, in Gebieten mit hoher Instabilität und ohne Wasserressourcen zu intervenieren. Vielleicht sollte eine multinationale

Truppe aufgebaut werden, die Reparaturen und den Bau von Wasserinfrastruktur unterstützt, denkt sich Walter. Dabei geht es um Stabilisierungs- und Friedenssicherungseinsätze von Ländern, wie beispielsweise die G5 Sahelzone oder Syrien, die wieder aufgebaut werden sollen und in denen die Trinkwasserversorgungssysteme strategisch geworden sind.

Dabei dreht es sich immer um das gleiche Thema: Der weltweite Süßwasserverbrauch ist zwischen 1987 und 2015 schätzungsweise um rund ein Prozent pro Jahr gestiegen. Viele Regionen des globalen Südens stoßen an ihre Versorgungsgrenzen. Es steht zu befürchten, dass die ärmsten Länder, die nicht über genug Wasser zur Deckung ihres Wasserbedarfs verfügen und nicht in der Lage sind, ausreichend Wasser zu kaufen, alles in ihrer Macht stehende tun werden, um ihrer Nation das Überleben zu ermöglichen. Es ist nicht schön, denkt sich Walter, Zeuge zu sein, wie Menschen um ihr Leben kämpfen beziehungsweise wie Länder sich gegenseitig bekämpfen, um zu überleben.

Wasserkriege im 21. Jahrhundert

Für Walter wird immer deutlicher, dass das Versäumnis, das grundlegende menschliche Bedürfnisse nach Wasser zu decken, zu den Spannungen um den Zugang zu Wasser beiträgt. Etwa 40 Prozent der Weltbevölkerung lebt an Flüssen, die internationale Grenzen überschreiten. Die Frage nach der gerechten Aufteilung der lebenswichtigen Wasserressourcen führt weltweit zu großen Spannungen. Mehr als 280 Wasserläufe fließen durch mehrere Länder. Wasser, wie viele andere Naturelemente auch, kann durch staatliche Grenzen nicht aufgehalten werden. 1995 sagte der damalige Vizepräsident der Weltbank Dr. Ismail Serageldin: „Wenn die Kriege dieses Jahrhunderts um Öl geführt wurden, werden die Kriege des nächsten Jahrhunderts um Wasser geführt werden – es sei denn, wir ändern unsere Herangehensweise an die Verwaltung dieser kostbaren und lebenswichtigen Ressource.“ Die Vereinten Nationen gehen davon aus, dass zwei Drittel der Weltbevölkerung bis 2025 in Regionen mit Wasserstress leben werden. Massive Wasserknappheit könnte in den folgenden Jahren weltweit 700 Millionen Menschen vertreiben. Die Wahrscheinlichkeit grenzüberschreitender Wasserkonflikte könnte im nächsten Jahrhundert um 95 Prozent steigen.[16]

Walter möchte zunächst einmal herausfinden, wo auf der Erde die Menschen den schlechtesten Zugang zu Wasser haben. Ein Bericht des Internationalen Währungsfonds aus dem Jahr 2018 stufte Pakistan an dritter Stelle unter den Ländern ein, die akut mit Problemen der Wasserspeicherung konfrontiert sind. An erster Stelle stand Osttimor, gefolgt von zweitens Jemen, drittens Pakistan, viertens Turkmenistan, fünftens Marokko, sechstens Lesotho, siebtens der Mongolei, achtens Indien, neuntens Tadschikistan, zehntens Dschibuti, elftens Indonesien, zwölftens die Philippinen, 13. Peru, 14. Swasiland und an 15. Stelle Südafrika. Hilfsorganisation wie World Vision haben eine Liste der Länder aufgestellt, die einen schlechten Zugang zu Wasser haben. An zehnter Stelle findet sich auf der Liste Mosambik. 52,7 Prozent fehlt der grundlegende Zugang zu Wasser. In Mosambik sind die ländliche Bevölkerung und die Menschen im Norden am schlechtesten dran, wenn es um sauberes Wasser und sanitäre Einrichtungen geht. Darüber hinaus belasten das rasante Bevölkerungswachstum und die Urbanisierung alle Wassersysteme. Im März und April 2019 versetzten die Zyklone Idai und Kenneth der Küstenstadt Beira bzw. dem Norden einen schrecklichen Schlag und vertrieben viele Familien. Die Überschwemmungen dauerten monatelang an und schufen Bedingungen für Ausbrüche von Cholera und andere wasserbedingte Krankheiten.[17]

An neunter Stelle befindet sich Niger: Dort fehlt 54,2 Prozent der Bevölkerung ein grundlegender Wasserzugang. Niger, der größte Staat Westafrikas, gehört zu den ärmsten Ländern der Welt. Fast die Hälfte der Bevölkerung lebt von weniger als 1,90 Dollar pro Tag. Die meisten Menschen bewirtschaften Land, so dass sie mit Wasserknappheit und häufigen Dürren unter trockenen, wüstenähnlichen Bedingungen zu kämpfen haben. An achter Stelle befindet sich der Tschad: 57,5 Prozent fehlt der grundlegende Wasserzugang. Im Tschad sind fast sechs Prozent der 12,2 Millionen Einwohner darauf angewiesen, Wasser aus unsicheren offenen Quellen wie Bächen und Flüssen zu beziehen, die auch Tiere nutzen. An siebter Stelle rangiert die Demokratische Republik Kongo: 58,2 Prozent fehlt eine grundlegende Wasserversorgung. Die Demokratische Republik Kongo ist nach Algerien das zweitgrößte Land Afrikas. Innerhalb seiner Grenzen gibt es Konflikte in den östlichen und zentralen Kasai-Regionen. Krankheitsausbrüche, einschließlich der Ebola Viruserkrankung im Nordosten des Landes, sind die Regel. Die Armut ist sehr groß und das Nationaleinkommen pro Kopf beträgt weniger als 800 US-Dollar pro Jahr. Mehr als 50 Millionen Menschen in der Demokratischen Republik Kongo nutzen unsicheres Wasser. Es ist alles, was sie zum Trinken, Kochen und Waschen haben. Unsauberes Wasser führt zu Krankheiten wie Durchfall und Cholera, die Kindern die Energie und häufig das Leben rauben.

An sechster Stelle steht Angola: 59 Prozent verfügen nicht über eine grundlegende Wasserversorgung. Fast ein Viertel der 28,2 Millionen Einwohner Angolas nutzt Wasser aus einem unsicheren Oberflächenfluss oder Teich. An einigen Orten ist Wasser reichlich vorhanden, aber es ist nicht das Wasser, das Sie trinken möchten. Wasser nach Hause zu tragen ist meistens die Arbeit der Frauen und Mädchen, die viele Stunden des Tages damit zubringen, schwere Kanister mit schmutzigem Wasser zu transportieren, um den Bedarf ihrer Familie zu erfüllen. An fünfter Stelle befindet sich Somalia: 60 Prozent fehlt es an einer grundlegenden Wasserversorgung. Der Mangel an sauberem Wasser und sanitären Einrichtungen sowie die allgemein schlechte Hygiene tragen in einem hohen Maße zu wasserbedingten Krankheiten bei, von denen Kinder und Mütter in Somalia am häufigsten betroffen sind. Erschwerend kommt hinzu, dass Konflikte, Dürren und Überschwemmungen seit 2016 etwa 1,5 Millionen Menschen im Land vertrieben haben. Auf dem vierten Platz liegt Äthiopien: 60,9 Prozent fehlt es an einer grundlegenden Wasserversorgung. Äthiopien hat die zweithöchste Bevölkerungsdichte Afrikas mit 105 Millionen Menschen. Etwa 64 Millionen von ihnen haben keinen Zugang zu sauberem Wasser. Während Äthiopiens nördliches Hochland oft reichlich Niederschläge verzeichnet, gibt es auch Perioden mit großer Dürre und Niederschlagsvariabilität, die der Bereitstellung einer nachhaltigen Wasserversorgung ein gewisses Maß an Dringlichkeit verleihen. Dies gilt insbesondere für die ländliche Bevölkerung, die 80 Prozent der Bevölkerung ausmacht.

An dritter Stelle rangiert Uganda: 61,1 Prozent fehlt eine grundlegende Wasserversorgung. In Uganda konnten Wasser- und Sanitärversorgung nicht mit zwei Jahrzehnten Wirtschaftswachstum, Bevölkerungswachstum und zunehmender Urbanisierung Schritt halten. Das Land beherbergt zudem etwa 1,4 Millionen Flüchtlinge, viele aus dem Konflikt im Südsudan. Die internationale humanitäre Hilfe für diese Flüchtlinge ist beklagenswert unterfinanziert und. An zweiter Stelle befindet sich ein Land, das nicht zum afrikanischen Kontinent gehört: Papua-Neuguinea. 63,4 Prozent der Bevölkerung fehlen eine grundlegende Wasserversorgung. Ein Großteil der ländlichen Bevölkerung Papua-Neuguineas lebt in abgelegenen Gemeinden, die auf den 600 asiatisch-pazifischen Inseln des Landes verstreut sind.

Oft kämpfen die Inselbewohner mit einem Mangel an sauberem Wasser und sanitären Einrichtungen, und viele haben wenig Wissen, was die grundlegende Hygienepraktiken betrifft.

Papua-Neuguinea ist eines der katastrophenanfälligsten Länder der Region, mit häufigen Wirbelstürmen und Überschwemmungen, die Infrastruktur, Häuser und Ernten beschädigen und zerstören. Das Land mit dem schlechtesten Zugang zu sauberem Wasser weltweit ist Eritrea: 80,7 Prozent fehlt es an einer grundlegenden Wasserversorgung. Die Bevölkerung Eritreas in Ostafrika hat am wenigsten Zugang zu sauberem Wasser in der Nähe ihrer Wohnorte. Der Mangel an angemessenen sanitären Einrichtungen bedeutet, dass offene Wasserquellen oft durch menschliche und tierische Abfälle kontaminiert werden. Entwaldung und schlechte landwirtschaftliche Praktiken verschlimmern zudem das Problem der Wasserverschmutzung. Eritrea hofft jedoch auf Verbesserungen im Wasserbereich, da Regierungen, Nichtregierungsorganisationen und privatwirtschaftliche Unternehmen ihre Bemühungen mit den Gemeinden bündeln.[18]

Zusammenhänge bei Konflikten ums Wasser

Nun sucht Walter nach Zusammenhängen bei möglichen Wasserkonflikten. Die Organisation der Vereinten Nationen nennt fünf Hotspots für mögliche kriegerische Auseinandersetzungen: den Nil in Ägypten, den Ganges-Brahmaputra in Indien, den Indus in Pakistan, den Tigris-Euphrat im Irak und die Colorado-Flüsse in den USA. Allerdings sind Streitigkeiten ums Wasser nichts Neues. Von den mehr als 700 Konflikten der Geschichte sind jedoch weniger als 30 zu einer bewaffneten Aggression eskaliert.

Der Bürgerkrieg in Syrien zum Beispiel begann aus einer Vielzahl von Gründen, aber einige Analysten argumentieren, dass Wasser ein Schlüsselfaktor war. Syrien ist eines der trockensten Länder der Welt. Eine außergewöhnliche Dürre von 2006 bis 2011 in etwa 60 Prozent des Landes führte dazu, dass 75 Prozent der Ernten ausfielen und 85 Prozent des syrischen Viehbestands starb, was zu Ernährungs- und Wasserunsicherheiten führte. Infolgedessen zogen 1,5 Millionen Menschen, hauptsächlich Bauern und Landarbeiter, in die Städte, um Arbeit zu finden. Die sich verschlechternde Wirtschaft in Verbindung mit der Entstehung der Terrorgruppe Islamischer Staat, die Ausbreitung der Proteste des Arabischen Frühlings und andere komplexe Faktoren schufen die Voraussetzungen für soziale Unruhen, die 2011 zu einem Bürgerkrieg führten. Ein Krieg, der zum Tod von über einer halben Million Menschen und zwölf Millionen Vertriebener geführt hat; das entspricht mehr als der Hälfte der Bevölkerung. In Jordanien, das auf Grundwasserleiter als einzige Wasserquelle angewiesen ist, ist durch die mehr als eine halbe Million syrischer Flüchtlinge das Wasser noch knapper geworden.[19]

In den Vereinigten Staaten von Amerika zeichnet sich das fünfte potenzielle Konfliktgebiet ab, das von der UNO identifiziert wurde. Der Colorado River versorgt im Südwesten der USA viele große Städte mit Wasser, darunter Los Angeles, das 40 Millionen Menschen versorgen und fast 5,5 Millionen Hektar Land bewässern muss. Doch aufgrund des Klimawandels und der zunehmenden Staudämme versiegt der Colorado River häufig, bevor er Mexiko erreicht. Da aber immer mehr Menschen und Städte auf diese schwindende Flussressource angewiesen sind, können die Spannungen zunehmen. Auf der anderen Seite der Grenze zwischen den USA und Mexiko befindet sich noch eine weitere Krise. Verzweifelte Familien aus El Salvador, Guatemala und weiteren Ländern Lateinamerikas fliehen nicht nur vor Gewalt, sondern auch vor extremer Armut und Ernährungs- und Wasserunsicherheit. Die Weltbank schätzt, dass in den nächsten 30 Jahren durch den Klimawandel bis zu vier Millionen Menschen aus Mexiko und Mittelamerika vertrieben werden könnten. Weltweit wurden 2018 rund 60 Millionen Menschen durch wetterbedingte Katastrophen vertrieben. Einem Viertel der Weltbevölkerung geht das Wasser aus.[20]

Maßnahmen können helfen, das Blatt zu wenden, wie in Südafrika geschehen. Kapstadt war gerade noch rechtzeitig in der Lage, den Wasserleerstand Day Zero zu vermeiden. Notfallmaßnahmen wurden ergriffen, wie zum Beispiel die Umleitung von Wasser aus der Landwirtschaft für den städtischen Gebrauch, oder die Einführung von Wasserverbrauchstarifen und Beschränkung des Wasserverbrauchs auf 50 Liter pro Person pro Tag. Das sind jedoch keine langfristigen Lösungen und die Zeit wird immer knapper.

Denn unterirdisches Wasser wird so aggressiv um den Globus gepumpt, dass Länder und Städte absinken. Die chinesische Hauptstadt Peking, Teile von Shanghai, Mexiko-Stadt und andere Städte sinken bereits langsam. Teile des kalifornischen Central Valley sind um 2,5 Zentimeter und in einigen lokalen Gebieten um bis zu 71 Zentimeter nach unten gerutscht. Auf der ganzen Welt wird Alarm wegen der Erschöpfung der unterirdischen Wasservorräte ausgelöst. Die Vereinten Nationen prognostizieren ein globales Wasserdefizit bis 2030. Mehr als zwei Drittel des weltweit verbrauchten Grundwassers bewässern die Landwirtschaft, während der Rest die Städte mit Trinkwasser versorgt. Richard Damania, leitender Ökonom bei der Weltbank, prognostiziert, dass ohne ausreichende Wasserversorgung das Wirtschaftswachstum in den am stärksten belasteten Teilen der Welt um sechs Prozent des Bruttoinlandsprodukts sinken könnte. Seine Ergebnisse kommen zu dem Schluss, dass die schwerwiegendsten Auswirkungen des Klimawandels die Wasserversorgung betreffen werden.

Vor allem trockene Gebiete werden viel weniger Niederschlag bekommen. Die Unruhen im Jemen 2009 wurzelten in einer Wasserkrise. Die am stärksten besiedelten Gebieten sind auch am stärksten von Wassermangel bedroht. Am meisten überlastet ist das Arabian Aquifer System, das 60 Millionen Menschen in Saudi-Arabien und im Jemen mit Wasser versorgt, am zweitstärksten das Indus-Becken im Nordwesten Indiens und Pakistans und am drittstärksten das Murzuk-Djado-Becken in Nordafrika.[21]

Bewässerungstechniken haben es ermöglicht, wasserintensive Pflanzen an trockenen Orten anzubauen, was wiederum zu einer lokalen Wirtschaft geführt hat, die heute nur schwer rückgängig zu machen ist. Dazu gehören Zuckerrohr und Reis in Indien, Winterweizen in China und Mais in den südlichen High Plains Nordamerikas. Die Aquakultur boomt im Binneneinzugsgebiet des Ararat, das an der Grenze zwischen Armenien und der Türkei liegt. Das Grundwasser ist kalt genug, um Kaltwasserfische wie Forellen und Störe zu züchten. In weniger als zwei Jahrzehnten wurde der Grundwasserleiter dort für Fischteiche so stark abgebaut, dass die kommunale Wasserversorgung in mehr als zwei Dutzend Gemeinden bedroht ist. Zu berechnen, was in Grundwasserleitern verbleibt, ist außerordentlich schwierig.

Im Jahr 2015 kamen Wissenschaftler der University of Victoria im kanadischen British Columbia zu dem Schluss, dass weniger als sechs Prozent des Grundwassers über zwei Kilometer in der Landmasse der Erde innerhalb eines Menschenlebens erneuerbar sind. Andere Hydrologen warnen jedoch davor, dass Messungen irreführend sein können. Wichtiger ist, wie das Wasser im gesamten Grundwasserleiter verteilt ist. Wenn der Wasserstand unter 1,5 Meter fällt, ist es oft unwirtschaftlich, Wasser an die Oberfläche zu pumpen, und ein Großteil dieses Wassers ist brackig, also salzhaltig, oder enthält so viele Mineralien, dass es unbrauchbar ist.

Die Reduzierung der Wasserkonflikte stellt eine der wichtigsten Instrumente dar, um das von den Vereinten Nationen 2010 erklärte Menschenrecht auf Wasser zu erfüllen. Grundwassererschöpfung ist eine langsam verlaufende Krise, sagen Wissenschaftler; somit bleibt Zeit, neue Technologien und Wassereffizienzen in den Länder und Regionen zu entwickeln. In Westaustralien wurde entsalztes Wasser eingespeist, um den großen Grundwasserleiter wieder aufzufüllen, den Perth, Australiens trockenste Stadt, für Trinkwasser anzapft. China arbeitet daran, das Pumpen zu regulieren. Im Westen von Texas bohrt die Stadt Abernathy in einen tieferen Grundwasserleiter, der unter dem Aquifer der High Plains liegt, und mischt die beiden Aquifer, um die kommunale Wasserversorgung zu ergänzen. Wasserdiplomatie kann dazu beitragen, Konflikte zu vermeiden und Vertrauen zwischen Staaten aufzubauen. Das ist jedoch ein langfristiger Prozess, bei dem auch Rückschläge vorkommen können. Im südlichen Afrika zum Beispiel sind bereits große Fortschritte erzielt worden. Beispiele hierfür sind der Okavango-Fluss, der durch Angola, Namibia und Botswana fließt, oder der Oranje-Senqu-Fluss, der durch Lesotho, Namibia und Südafrika führt. Auch am Mekong in Südostasien, der sich durch sechs Länder zieht, gibt es Zusammenschlüsse. Zwischen Jordaniern, Palästinensern und Israelis gibt es ebenfalls Dialogansätze beim Wasser.

In anderen Regionen der Erde ist es noch nicht soweit. Dabei gilt es, die staatlichen Meinungsführer in den Ländern zu stärken. In Zentralasien gibt es noch viel zu tun, genauso wie im Tschad oder in Zentralafrika. Dort ist der Wassermangel sehr hoch und die Sicherheitslage sehr schlecht. Schwierigkeiten können auch an den Flüssen in Südasien entstehen. In Ostafrika, wo das Wasser besonders knapp ist, gibt es schon kämpferische Auseinandersetzungen über die Verteilung von Flusswasser für die Landwirtschaft. Das ist ebenfalls in Asien der Fall. Im Nahen Osten wird Wasser von der Terrorgruppe Islamischer Staat als Waffe eingesetzt, unter anderem, indem sie Staudämme unter ihre Kontrolle bringen, den Wasserzugang für die Bevölkerung verringern oder Landstriche fluten. Dabei können eine Million Menschen betroffen sein, wovon viele ertrinken.

Im Iran zum Beispiel hatte die Wasserknappheit im Sommer 2021 Proteste ausgelöst, die als „Aufstand der Durstigen" bezeichnet wurde. Gleichzeitig sind die Spannungen in den langjährigen Streitigkeiten mit dem Nachbarstaat Afghanistan über den dortigen Kamal-Khan-Staudamm flussaufwärts am Helmand-Fluss wieder aufgeflammt. Susanne Schmeier ist Honorarprofessorin für Wasserrecht und Wasserdiplomatie am IHE in Delft in den Niederlanden, einem UNESCO-Institut, das sich weltweit um die Bildung und Ausbildung rund um die Themen Wasser und Wasserversorgung kümmert. Viele Anschuldigungen, etwa dass Nachbarländer Wasser horten würden, seien vielfach bequeme Strategien, um von nationalen Problemen wie hohen Wasserpreisen oder ineffizienter Wasserinfrastruktur abzulenken, sagte Schmeier. „Immer wenn der Iran mit starken Wasserkrisen im eigenen Land konfrontiert ist, etwa mit Protesten von Landwirten oder Konflikten zwischen Stadtbewohnern und Landwirten", erklärte Schmeier, „gibt es gleichzeitig viele Äußerungen iranischer Politiker gegenüber Afghanistan, die besagen: Wir wollen unseren gerechten Anteil am Fluss." Während der Iran seinen flussaufwärts gelegenen Nachbarn beschuldigt, Wasser zu horten, baut er selbst Staudämme, wie am Helmand und anderen Flüssen, einschließlich eines Nebenflusses des Tigris, der in den Irak weiterfließt. Der Irak wiederum kämpft selbst mit Wasserknappheit. Das unter der Dürre leidende Land macht sowohl den Iran als auch die Türkei für seinen Wassermangel verantwortlich.

Der Dnjepr zum Beispiel entspringt auf einer Höhe von etwa 220 Metern in einem kleinen Torfmoor am Südhang der Waldhügel Russlands, etwa 240 Kilometer westlich von Moskau, und fließt in südlicher Richtung durch Westrussland, Weißrussland und die Ukraine zum Schwarzen Meer. Er ist einer der wichtigsten und der viertlängste Fluss in Europa; seine Gesamtlänge beträgt 2.285 Kilometer. Kiew liegt am Ufer des Dnjepr, der von Norden nach Süden durch das Zentrum der Ukraine ins Schwarze Meer fließt. Staudammprojekte sollen Betreiberländern Strom und Wasser liefern; oft zum Ärger der Nachbarstaaten.

Kurz nach Beginn des russischen Angriffskriegs auf die Ukraine meldete Russland, seine Armee habe einen Staudamm am Nord-Krim-Kanal bombardiert. Diesen Damm hatte die Ukraine nach der russischen Annexion der Krim im Jahr 2014 errichtet und der Halbinsel auf diese Weise regelrecht den Hahn abgedreht: Die lebenswichtige Wasserversorgung des besetzten Gebietes war damit blockiert, massiver Wassermangel die Folge. Zwar wird der Krieg in der Ukraine nicht um die Wasserversorgung der Krim geführt.[22] Doch der Damm sei ein Beispiel, wie die Macht über das Wasser als politisches Druckmittel eingesetzt werde, sagte Ashok Swain, Professor für Friedens- und Konfliktforschung an der schwedischen Universität Uppsala und ehemaliger UNESCO-Lehrstuhlinhaber für internationale Wasserkooperation.

Selbst auf der Krim, so Ashok, hätte die internationale Gemeinschaft, wenn sie Russland und die Ukraine in die Lösung der humanitären Wasserfrage einbezogen hätte, beiden Staaten „ein

Forum bieten können, um zu verhandeln und Lösungen zu suchen – für das Wasserproblem, aber auch für andere Probleme“.

In der Ukraine, glaubt Mehmet Altingoz, der an der US-amerikanischen Universität von Delaware über grenzüberschreitendes Management forscht, hätte eine Einigung auf die humanitäre Frage der Wasserversorgung der Krim dazu beitragen können, die Spannungen zu verringern. „Die NATO und der Westen haben eine Gelegenheit verpasst, die Spannungen in der Region abzubauen – sie hätten die Ukraine ermutigen sollen, einen Weg zu finden, wie sie die Krim mit Wasser mitversorgen können“, heißt es in einem Artikel, den er kürzlich mitverfasst hat.

Chinas Staudämme entlang des Mekong Flusses werden für Dürren in Thailand und Kambodscha verantwortlich gemacht. Internationale Spannungen im Zusammenhang mit Wasser eskalieren eher selten zu einem ausgewachsenen Konflikt. Und wenn Streitigkeiten aufflammten, dann sei Wasser oft nur ein Stellvertreter für andere Probleme. Geopolitische Spannungen oder wirtschaftliche Streitigkeiten werden auf das Wasser projeziert. So könnten am Mekong ganz unterschiedliche Faktoren zu niedrigen Wasserständen in den Anrainerstaaten flussabwärts führen. Die betroffenen Staaten führten das Problem jedoch auf den massiven Bau von Staudämmen durch die Chinesen zurück. Die Nachbarländer sind zunehmend besorgt über die Folgen von Chinas wachsender Macht.[23]

„Ich denke, das spiegelt sich auch in der Wasserproblematik wider“, sagte Scott Moore, Direktor des China Program and Strategic Initiatives an der Universität Pennsylvania.[24]

Die Türkei hat am Tigris und am Euphrat Staudämme gebaut. Der Irak und auch Syrien behaupten nun, dass diese Dämme sie stromabwärts regelrecht auf dem Trockenen sitzen lassen. Beim

Bau des Atatürk-Staudamms in den 1980er Jahren hatte sich die Türkei verpflichtet, 500 Kubikmeter Euphrat-Wasser pro Sekunde über den Damm in das benachbarte Syrien abzugeben. Die Türkei macht nun den Klimawandel dafür verantwortlich, dass die Wassermenge derzeit deutlich geringer ist. Die syrischen Kurden auf der anderen Seite der Grenze sind dagegen der Ansicht, dass die Türkei die Wassermengen absichtlich drosselt, um so Druck auf die Kurdengebiete auszuüben. Nun scheint es für Walter etwas klarer zu werden: Wenn Streitigkeiten aufflammen, dann ist Wasser oft nur ein Stellvertreter für andere Probleme. Geht es wirklich nur darum, die Menschen zu beruhigen, indem schwierige Themen auf das Thema Wasser übertragen werden?[25]

Die Wassermächte

Mit Bestürzung stellt Walter fest, dass schon im April 2022 die planetare Grenze für Süßwasser überschritten worden ist. Das meldet ein internationales Forscherteam unter der Leitung des Stockholmer Resilience Centre und des Potsdam-Instituts für Klimafolgenforschung. „Wasser ist der Blutkreislauf der Biosphäre. Aber wir verändern den Wasserkreislauf tiefgreifend. Dies wirkt sich nun auf die Gesundheit des gesamten Planeten aus und macht ihn deutlich weniger widerstandsfähig gegen Schocks“, sagte Lan Wang-Erlandsson vom Stockholm Resilience Centre an der Universität Stockholm. Die planetaren Grenzen markieren den sicheren Handlungsraum für die Menschheit. Wasser ist einer der neun Regulatoren des Zustands des Erdsystems und die sechste Grenze, die Wissenschaftler als bereits überschritten eingestuft haben.[26] Andere überschrittene Grenzen sind: Klimawandel, Integrität der Biosphäre, biogeochemische Kreisläufe, Landsystemveränderungen und im Jahr 2022 neuartige Bereiche, zu denen Kunststoff und andere vom

Menschen hergestellte Chemikalien gehören. Bisher galt das Wasser noch als innerhalb der Sicherheitszone liegend. Die ursprüngliche Süßwassergrenze konzentrierte sich jedoch nur auf die Entnahme von Wasser aus Flüssen, Seen und aus dem Grundwasser, bekannt als „blaues Wasser". Nun haben Forscher die Wassergrenze genauer untersucht. Ihnen zufolge wurde in den früheren Bewertungen die Rolle des grünen Wassers, und insbesondere der Bodenfeuchtigkeit, für die Gewährleistung der Widerstandsfähigkeit der Biosphäre, für die Sicherung von Kohlenstoffsenken an Land und für die Regulierung der atmosphärischen Zirkulation nicht ausreichend erfasst.[27]

„Der Amazonas-Regenwald ist für sein Überleben auf die Bodenfeuchtigkeit angewiesen. Es gibt jedoch Hinweise, dass Teile des Amazonas austrocknen. Der Wald verliert durch Klimawandel und Entwaldung an Bodenfeuchtigkeit", sagte Arne Tobian, Doktorand am Stockholm Resilience Centre und am Potsdam-Institut für Klimafolgenforschung. „Diese Veränderungen bringen den Amazonas möglicherweise näher an einen Wendepunkt, an dem große Teile des Regenwaldes in savannenähnliche Stadien wechseln könnten", fügte er hinzu. Und das nicht nur im Amazonasgebiet. Dieses Phänomen ist global. Überall, von den borealen Wäldern im Norden bis zu den Tropen, vom Ackerland bis zu den Wäldern, verändert sich die Bodenfeuchtigkeit. Ungewöhnlich nasse und trockene Böden werden zunehmend alltäglich. „Diese neueste wissenschaftliche Analyse zeigt, wie wir Menschen grünes Wasser innerhalb einer kurzen Periode verändern könnten, die die Erde über mehrere tausend Jahre während des Holozäns erlebt hat", schloss Rockström. „Dies ist ernst und eine Bedrohung für die Lebenserhaltungssysteme auf der Erde, verursacht durch die globale Erwärmung, die nicht nachhaltige Landbewirtschaftung und die Zerstörung der Natur." Was ist eigentlich grünes, blaues oder graues Wasser? Diese Begriffe wurden im Laufe der Zeit als die Summe des direkt und indirekt verbrauchten Wassers durch den Menschen, den sogenannten Fußabdruck, geprägt. Beim grünen virtuellen Wasser spricht man von genutztem Boden- und Regenwasser aus dem natürlichen Wasserkreislauf. Als blaues virtuelles Wasser bezeichnet man das genutzte Wasser aus Flüssen und Seen sowie das Grundwasser. Und das graue virtuelle Wasser ist das verschmutzte Wasser.[28]

Zudem ist das Süßwasservorkommen weltweit ungleichmäßig verteilt. Schon auf einem einzigen Kontinent, hat er festgestellt, bestehen gravierende Unterschiede: Lloro in Kolumbien sei der feuchteste Ort der Welt und Arica in Chile der trockenste. Dazu kommt, dass die Meeresoberfläche im Süden viel größer ist als im Norden. Der antarktische Kontinent ist noch mit einem dicken Eisschild bedeckt, während der Norden nur den grönländischen Eisschild und das Eis hat, das auf dem Arktischen Ozean schwimmt. Die unterschiedliche Sonneneinstrahlung spielt auch eine Rolle. Sie wirkt sich zwischen den Polen und dem Äquator und von Ost nach West aus, je nach atmosphärischen Zirkulationen und Landformbarrieren. Der größte Teil des atmosphärischen Wassers befindet sich somit vor allem entlang der Tropen, Gebiete mit intensiver Verdunstung von warmem Wasser von der Meeresoberfläche. Wenn Walter entsprechend die Landesgrenzen zieht, ergibt sich ein völlig neues Bild. Dabei fanden die Vereinten Nationen neun Länder, die 60 Prozent der Süßwasserressourcen in sich konzentrierten. Sie werden die „Wassermächte" genannt: Brasilien, Kolumbien, der Kongo, Russland, Indien, Kanada, die Vereinigten Staaten, Indonesien und China.

Brasilien hat das größte Volumen an erneuerbaren Süßwasserressourcen der Welt: insgesamt etwa 8.647 Kubikkilometer pro Jahr. Brasiliens Süßwasser macht etwa zwölf Prozent der weltweiten Süßwasserressourcen aus. Die Amazonasregion enthält mehr als 70 Prozent des gesamten Süßwassers des Landes. Und trotzdem leidet Sao Paulo, eine der bevölkerungsreichsten Regionen Brasiliens, unter schwerer Dürre. Zudem bleibt der Zugang zu Süßwasser in den armen Vierteln in städtischen Gebieten eine Herausforderung. Russland verfügt über 4.525 Kubikkilometer Süßwasserressourcen pro Jahr. Hier befindet sich der Baikalsee, der größte und tiefste Süßwassersee der Welt. Er speichert bis zu einem Fünftel des weltweiten Süßwassers. Der See bildete sich auf einem Graben. Das Volumen des Sees hat jedoch aufgrund des Klimawandels allmählich abgenommen. Der Baikalsee ist die Heimat einer großen Population von Robben und mit 23.000 Milliarden Kubikmetern Wasser eine der größten Trinkwasserreserven der Welt. Er ist als Weltkulturerbe für den Reichtum seiner Fauna gelistet.[29]

In den Vereinigten Staaten beträgt das Volumen der erneuerbaren Süßwasserressourcen etwa 3.069 Kubikkilometer pro Jahr. Die meisten Süßwasserressourcen des Landes sind Oberflächengewässer. Etwa 77 Prozent des Süßwassers bestehen aus Oberflächenwasser und 23 Prozent aus Grundwasser. Das meiste Süßwasser stammt aus Seen. Es gibt Tausende von Seen in den Vereinigten Staaten, einschließlich der berühmten Great Lakes. Andere Süßwasserquellen sind Flüsse, Teiche und Stauseen. In Kanada beträgt die Menge an erneuerbarem Süßwasser etwa 2.902 Kubikkilometer pro Jahr. Der größte Teil des kanadischen Süßwassers befindet sich in seinem vielfältigen Flusssystem und seinen Seen. Das Süßwasser aus Kanadas Seen versorgt mehr als 8 Millionen Menschen mit Trinkwasser und unterstützt ein Viertel der Landwirtschaft des Landes. Darüber hinaus verfügt es über frisches Grundwasser in kleinen Teichen oder Gletschern. Grundwasser ist weitgehend nicht erneuerbar.[30]

China hat das fünftgrößte Volumen an erneuerbaren Süßwasserressourcen der Welt. Es hat etwa 2.840 Kubikkilometer

Süßwasser pro Jahr. Der Poyang-See in der Provinz Jiangxi ist der größte Süßwassersee Chinas. Die Flüsse Xin, Xiu und Gan leiten ihr gesamtes Wasser in den See. Das Volumen des Sees schwankt mit den Jahreszeiten. Dabei ändert sich die Rangfolge der Länder mit verfügbarer Wassermenge in Kubikmetern, wenn es um einen Zugang pro Kopf und pro Jahr geht, wie folgt: in Kanada 78.274, Brasilien 41.280, Russland 31.052, den Vereinigten Staaten 9.382 und China 1.946. Zum Vergleich verfügt Frankreich zum Beispiel über 211 Kubikkilometer Süßwasser pro Jahr oder 3.247 Kubikmeter Wasser pro Einwohner pro Jahr.[31]

Die Länder mit dem geringsten Zugang zu sauberem Trinkwasser sind Eritrea, Papua-Neuguinea, Uganda, Äthiopien und Somalia. Der Zugang zu sicherem Trinkwasser umfasst sowohl den Prozentsatz der Bevölkerung, der grundlegende Wasserdienstleistungen nutzt, als auch den Prozentsatz der Nutzung sicher verwalteter Wasserdienste. Die pro Kopf verfügbare Wassermenge stellt somit eine wichtige Größe dar. Diese Ressourcen sind für die Erhaltung der biologischen Vielfalt, die Nahrungsmittelproduktion und die Stromerzeugung aus Wasserkraft unerlässlich. Länder mit einer großen Wassermenge haben selten Probleme mit der häuslichen Süßwasserversorgung.[32]

Schließlich gibt es große Unterschiede innerhalb eines Landes, die sowohl in Wüstenregionen als auch in überschwemmten Regionen bestehen können. Dies ist insbesondere in Indien der Fall, da einige Regionen vom Monsun profitieren und andere Wüste sind. Oder Libyen, das zusammen mit Tschad, Ägypten und Sudan den gigantischen nubischen Sandstein-Aquifer ausbeutet, der 150.000 Milliarden Kubikmeter Grundwasser enthält, sich aber in einem Zustand des Wasserstresses befindet. Angesichts der Tatsache, dass Wasser nicht unerschöpflich ist, müssen wir alles tun, um dieses lebenswichtige Element zu erhalten, auf unseren Wasserverbrauch achten und die Wasserbewirtschaftung auf globale Weise überdenken.[33]

Die Brände, die in Australien wüten, haben zu einem starken Rückgang der Wasserverfügbarkeit geführt. Das Land steht vor einer Krise in der Wasserversorgung, die mittel- und langfristig klare Auswirkungen auf die nationale Sicherheit haben wird, nicht zuletzt in ihren unvermeidlich negativen Auswirkungen auf den Verteidigungshaushalt.[34] Ein Blick auf die Niederschlagskarten Australiens in den letzten 119 Jahren zeigt einen offensichtlichen Zusammenhang zwischen den von Feuer verwüsteten Gebieten und den niedrigsten Niederschlägen, die seit mehr als einem Jahrhundert verzeichnet worden sind (gemessen in Dezilbereichen). Die monatlichen Daten des Australian Bureau of Meteorology für das Jahr 2019 sind in Bezug auf die Orte der jüngsten Brandausbrüche noch überzeugender. Die Verbindung ist sowohl offensichtlich als auch von der politischen Führung und Feuerwehrleuten gleichermaßen belegt. Das langanhaltende trockene Wetter macht sehr trockenen Brennstoff für Waldbrände in großen Mengen leichter verfügbar. Zudem steht das wichtigste Flusssystem des Landes kurz vor dem Zusammenbruch. Es ist absehbar, dass die Flüsse innerhalb von zehn Jahren voraussichtlich um zehn bis 25 Prozent absinken werden.

Um seine Wassersicherheit zu gewährleisten, muss sich Australien weiter anpassen. Der Großraum Sydney steht innerhalb von 20 Jahren vor einem Wasserdefizit von 13 Prozent, wenn die Stadt weiterhin in gleichem Maße wächst, während der Klimawandel die Niederschläge weniger vorhersehbar macht. Das prognostiziert die australische Regierung. Bis 2030 wird das Angebot an natürlichen Ressourcen die Nachfrage nicht decken.[35]

Der Wasserkreislauf und der Regen

Es ist für Walter an der Zeit, sich nun dem Element Wasser zu widmen. Es gibt doch genug Wasser auf der Erde, um all diese geologischen und geopolitischen Brände zu löschen. Unsere „blauer Planet“ genannte Erde ist doch zu drei Vierteln mit Wasser bedeckt. Gut 97,2 Prozent dieses Wassers ist aber salzig oder als Brackwasser mit Salz gemischt. Süßwasser macht nur 2,8 Prozent des gesamten Wassers auf dem Planeten aus und nur Süßwasser unterstützt das Leben auf der Erde, einschließlich des menschlichen Lebens. Diese 2,8 Prozent des Süßwassers verteilen sich wie folgt: 2,15 Prozent auf dem Polareis, 0,63 Prozent als Grundwasser, 0,02 Prozent als Oberflächenwasser in Bächen, Flüssen und Seen und 0,001 Prozent als atmosphärisches Wasser. Vom Polareis abgesehen bleibt also nur noch sehr wenig direkt nutzbares Süßwasser übrig.[36]

Was macht unseren Wasserkreislauf aus? Walter findet dazu eine gute Ausführung in der Zeitschrift *Nature*.[37] Das flüssige Süßwasser verbirgt sich als Grundwasser in den Hohlräumen der Erdkruste. Nur ein sehr kleiner Teil davon fließt als Oberflächenwasser in Flüssen und Seen oder wird im Boden als Grundwasser, in Pflanzen und in der Atmosphäre gespeichert. Damit haben alle auf der Erdoberfläche lebende Wesen nur zu einem sehr geringen Teil des gesamten Wasservorkommens auf der Erde leichten Zugang. Alle diese Wasserreservoire hängen zusammen und bilden den Wasserkreislauf der Erde. Angetrieben wird der Kreislauf von der Sonnenstrahlung und der Schwerkraft.

Die Sonnenwärme lässt Wasser von der Erdoberfläche verdunsten. In Form von Wasserdampf gelangt es in die Atmosphäre. Dieser wiederum kondensiert in den kalten Höhen und fällt als Niederschlag in Form von Regen, Schnee, Graupel oder Hagel wieder auf die Erde zurück. Ein Teil davon versickert und erneuert das Grundwasser. Die dreifache Süßwassermenge regnet auf die Weltmeere und der Rest auf das Festland. Auf dem Festland entsteht ein Überschuss, der von den Ozeanen auf die Landflächen transportiert wird. Dieses Wasser fließt über die Flüsse oder als Grundwasserabfluss zurück ins Meer. Dabei trägt es in stetigem Fluss hartes Gestein ab und schwemmt Sand und Geröll ins Flachland und an die Küsten.

Eine wichtige Rolle spielen auch Organismen, vor allem für die Wälder: Sie wirken wie ein Schwamm, der das Wasser nach Regenfällen zurückhält und nur allmählich abgibt. Mit ihren Wurzeln stabilisieren die Bäume den Boden, der das Wasser speichert. Die Baumkronen spenden Moosen und anderen Speicherpflanzen Schatten. Die Blätter der Bäume selbst verdunsten Wasser, das später als Regen fällt. Große Wälder wie der Regenwald in Brasilien erzeugen selbst einen Teil ihrer Niederschläge und beeinflussen den Wasserhaushalt der Erde.

Das Süßwasser wird durch den Wasserkreislauf von Regenwasser, Evapotranspiration und Verdunstung also stets erneuert. Wolken bestehen aus Wasserdampf und Feuchtigkeitspartikeln. Wenn diese Tröpfchen mit etwas Festem in Kontakt kommen – wie einem Staub- oder Rauchpartikel – wickeln sie sich um den Partikel und werden größer. Tröpfchen können auch mit anderen Tröpfchen kollidieren und ein größeres Partikel mit erhöhtem Gewicht bilden. Wenn das Gewicht eines Tröpfchens dazu führt, dass es schneller fällt als der Aufwindstrom in der Luft, wird es zu Niederschlag und fällt auf die Erde. Millionen von Tröpfchen werden gebraucht, um einen Tropfen Regenwasser zu bilden.[38]

Während eines Regengusses sickert Regen in den Boden, um Teil von Flüssen und Seen und zu Grundwasser zu werden. Der bekannteste und wichtigste Effekt von Regenwasser ist die Versorgung mit Trinkwasser. Nach Angaben des United States

Geological Survey sickert Regenwasser in einem Prozess, der als Infiltration bezeichnet wird, in den Boden. Ein Teil des Wassers sickert tief unter die oberen Bodenschichten, wo es den Raum zwischen unterirdischen Felsen auffüllt. Es wird zu Grundwasser, auch Grundwasserspiegel genannt. Weniger als zwei Prozent des Wassers der Erde sind Grundwasser, aber es liefert dreißig Prozent unseres Süßwassers. Ohne die kontinuierliche Wiederauffüllung des Grundwasserspiegels durch Regenwasser würde Trinkwasser knapper werden, als es ohnehin schon ist.[39]

Regenwasser kann eine Schlüsselrolle bei der Klimabeschaffenheit bestimmter Gebiete spielen. Seine bloße Anwesenheit in der Atmosphäre sorgt für eine Art direkte Verdunstung, wichtig für die Feuchtigkeit und Wärme in Wolkensystemen. Laut einer gemeinsamen Studie von Cal Tech und der University of Colorado ist die Verdunstung von Niederschlägen Teil dessen, was eine tropische Feuchtigkeit erzeugt. Die Studie ergab, dass zwischen 20 und 50 Prozent des Niederschlags in tropischen Gebieten verdunstet und nie den Boden erreicht. Die Studie verwendete ein troposphärisches Emissionsspektrometer, das auf ein Raumfahrzeug geladen wurde, um Wasser in der Atmosphäre zu untersuchen.

Das Wasser des Lebens für Nahrung und vieles mehr

Ob es vom Himmel fällt oder aus dem Fluss und dem Grundwasser gepumpt wird, Süßwasser ist, was der Mensch zum Überleben braucht. Es wird erst als Trinkwasser bezeichnet, wenn es den Menschen gesundheitlich nicht schadet. Süßwasser als reines Wasser existiert in seinem natürlichen Zustand nicht, denn es wird meist durch den Wasserkreislauf auf der Erde produziert. Für alle Lebewesen ist das Element Wasser von großer Bedeutung, einige bestehen sogar bis zu neunzig Prozent aus Wasser.

Beim Menschen nimmt der Wasseranteil im Laufe seines Lebens ständig ab: Ein Fötus besteht zu achtzig Prozent aus Wasser, während ältere Menschen nur noch einen Wasseranteil von 50 Prozent haben. Zudem variieren diese Werte je nach Geschlecht und Körpergewicht. Im erwachsenen Alter besteht der Körper eines Mannes zu etwa sechzig Prozent aus Wasser. Und da Fettgewebe weniger Wasser speichert als Muskelmasse, haben Frauen mit rund 55 Prozent einen geringeren Wasseranteil als Männer.

Zudem ist, ähnlich wie auf der Erdoberfläche, das Wasser im menschlichen Körper nicht gleichmäßig verteilt. Je nach Gewebe variiert die Wassermenge im Körper stark, zum Beispiel 78 Prozent in der Lunge, 79 Prozent im Blut, oder 76 Prozent im Gehirn. Jedes unserer Organe besteht aus Zellen, Nierenzellen, Lungenzellen, Gehirnzellen, Nervenzellen usw. Diese Zellen sind voller Wasser, ebenso wie der Raum dazwischen.[40]

Wasser dient einer Reihe wesentlicher Funktionen, um unseren Organismus am Laufen zu halten. Es wirkt als Baumaterial. Seine „Klebrigkeit" spielt durch Oberflächenspannung eine Rolle bei der Fähigkeit, Materialien durch unseren Körper zu transportieren. Kohlenhydrate und Proteine werden metabolisiert und zum Blutkreislauf transportiert. Es transportiert auch Sauerstoff und Nährstoffe zu den Organen und deren Zellen. Es wirkt als Stoßdämpfer für Gehirn, Rückenmark und Fötus. Es bildet Speichel und schmiert unsere Gelenke. Und es reguliert unsere innere Körpertemperatur durch Schwitzen und Atmung. Wasser dient auch dem Abtransport von Stoffwechselprodukten, von körpereigenen Abfällen, hauptsächlich durch Urinieren, Atmung und Schweiß. Und vieles mehr.[41] Es ist daher notwendig, diese Wassermenge täglich zu ersetzen, um eine Austrocknung des Organismus zu vermeiden und überhaupt überleben zu können. Natürlich variieren diese Werte auch danach, wo jemand lebt.

Wie sehr unser Körper Wasser braucht und wie oft das im Alltag in Vergessenheit gerät, hat die damalige Bundeskanzlerin Angela Merkel am 18. Juni 2019 erlebt. Bei einem Empfang fing sie plötzlich an, heftig zu zittern. Kurze Zeit später hatte sich das Zittern wieder gelegt. Bei einer späteren Pressekonferenz sagte die Bundeskanzlerin, sie habe inzwischen „mindestens drei Gläser Wasser getrunken" – das habe ihr offenbar gefehlt. „Das Zittern ist aus medizinischer Sicht an sich nicht alarmierend. Es sei allgemein gesprochen nicht unplausibel, dass ein solches Zittern auf einen Flüssigkeitsmangel zurückgeführt werden kann", sagte daraufhin Dr. med. Dipl. biochem. Alexander Schultze, stellvertretender Ärztlicher Leiter der Notaufnahme am Universitätsklinikum Hamburg-Eppendorf gegenüber der Deutschen Presse Agentur.[42]

Bevor es getrunken werden kann, muss Wasser meistens behandelt werden. Daher haben verschiedene Länder und die Weltgesundheitsorganisation WHO eine Norm festgelegt. Daran orientiert sich die EU-Richtlinie „über die Qualität von Wasser für den menschlichen Gebrauch". Diese Norm bzw. Verordnung legt die zu prüfende Mindestanzahl der Stoffe im Trinkwasser und die dazugehörigen zulässigen Grenzwerte in Mikrogramm pro Liter sowie die Häufigkeit der durchzuführenden Messungen fest. In Deutschland und Österreich wird die Beschaffenheit des Trinkwassers durch eine Trinkwasserverordnung geregelt. Mit diesen Verordnungen wurde die EG-Richtlinie „über die Qualität von Wasser für den menschlichen Gebrauch" (98/83/EG) in nationales Recht umgesetzt. In Österreich wurde die entsprechende Novelle der Trinkwasserverordnung am 21. August 2001 verkündet. In Deutschland ist sie am 1. Januar 2003 in Kraft getreten. Die Einhaltung dieser Verordnungen durch den Wasserversorger kontrollieren die Gesundheitsämter.[43]

Danach dürfen im Trinkwasser keine Mikroorganismen sein, die Krankheiten verursachen können. Weiter muss das Wasser kühl, appetitlich, geruch- und farblos sein, um zum Trinken anzuregen. Eine Mindestkonzentration an Mineralstoffen muss es auch enthalten, wie zum Beispiel Calcium-, Magnesium-, Carbonat-, Hydrogencarbonat- und Sulfat-Ionen. Ihre Konzentration wird als Härtegrad des Wassers angegeben: Trinkwasser sollte mindestens fünf Grad und höchstens 25 Grad deutscher Gesamthärte (dH) haben und der pH-Wert sollte zwischen 6,5 und 9,5 liegen. Meistens wird es für den menschlichen Verbrauch durch chemische und physikalische Verfahren behandelt. Quellwasser ist meist rein und braucht keine weitere Behandlung, solange es nicht von Schadstoffen oder Umwelteinwirkungen verunreinigt ist. Aus Seen oder Flüssen gepumptes Oberflächenwasser muss genauso wie Meerwasser behandelt werden.

Fünf Arten von Trinkwasser

In den sogenannten Ländern des globalen Nordens ist es meistens möglich, Leitungswasser aus dem Wasserhahn zu trinken. Dabei kann die Qualität von Region zu Region sehr unterschiedlich sein, denn es besteht aus Grundwasser und Oberflächenwasser. Trinkwasser kann in verschiedenen Arten genutzt werden, als Leitungswasser, in Flaschen oder in Zisternen für industrielle Zwecke. Dabei unterscheidet man zwischen fünf verschiedenen Arten von Trinkwasser: Leitungswasser, Tafelwasser, Quellwasser, Mineralwasser und Heilwasser. Das günstigere Tafelwasser stammt meist aus einer Quelle, kann aber auch aus der Leitung sein, das in Flaschen abgefüllt wurde. Tafelwasser muss lediglich den Trinkwasservorschriften entsprechen. Ein Quellwasser stammt aus einer bestimmten Quelle, die Trinkwasser in seinem natürlichen Zustand liefert. Um diese Quelle zu nutzen, ist meistens eine staatliche Genehmigung erforderlich. Dieses Wasser wird direkt von der Quelle in einer Abfüllstation abgefüllt. Es wird nicht verarbeitet und ist in seinem ursprünglichen Zustand in der Flasche. Ein Mineralwasser ist dagegen ein besonderes Quellwasser, das in relativ großen Mengen Mineralien und Spurenelemente enthält, die sich auf die Gesundheit derjenigen auswirken, die es trinken. Auch sehr beliebt in Deutschland ist Kohlensäurehaltiges Wasser aus einer Quelle oder aus der Wasserleitung, in dem Kohlendioxid oder anderes Gas aus Grundwasser hinzugefügt wurde. Man unterscheidet zwischen natürlichem Sprudelwasser, wenn das Gas aus der Quelle des Wassers stammt, und Wasser, dem Gas während der Abfüllung industriell hinzugefügt wurde. Das sogenannte Heilwasser zählt zu den ältesten Naturheilmitteln der Welt. Oft stammt dieses Wasser aus heiligen Wahlfahrtsorten, wie zum Beispiel Lourdes in Frankreich. Dabei erinnert sich Walter an einen Besuch in Lourdes. In einem Restaurant sagte ihm der Wirt, das Wasser aus seiner Leitung sei genauso gut wie an der heiligen Quelle. „Sie werden alle von dort her gepumpt. Sie können gern davon trinken, so brauchen Sie sich nicht in die Schlange der Gläubigen einzureihen." Seine Wirkung wird von den Gläubigen als gesundheitsfördernd angesehen. Auch Kneippkuren und Heilfasten basieren auf der gesundheitsfördernden Wirkung des Heilwassers. In Bad Kissingen etwa wird es als uraltes Naturheilmittels angesehen.

Aus Wasser werden viele Getränke wie Bier oder Wein hergestellt. Bier zum Beispiel besteht zu über 90 Prozent aus Wasser. Bei seiner Herstellung im Brauprozess wird die Gerste im Wasser eingeweicht. Ein hoher Magnesiumanteil lässt Bier bitter schmecken, Natrium lässt es salziger oder saurer schmecken. Weiches Wasser wird für helle und hopfenreiche Biere verwendet, wie bei Bier nach Pilsener Art. Für ein dunkles und malzigeres Bier benutzt man eher einen höheren Wasserhärtegrad.

Zudem benötigt der Brauprozess große Wassermengen für das Reinigen und Kühlen. Daher haben viele Brauereien eigene Tiefbrunnen oder sogar eigene Trinkwasserquellen. Auch Wein besteht neben anderen Elementen aus Wasser und Alkohol. Da diese beiden Substanzen einen unterschiedlichen Siedepunkt haben, können sie durch Erhitzen getrennt werden. Das fertige Destillat ist Ethanol, enthält aber trotz der unterschiedlichen Siedepunkte auch Wasser. Also dann, denkt sich Walter, und greift zum Wasserglas, denn er hat noch einiges vor. Ein Bier oder Wein kann bis morgen warten.[44]

Wasser ist der Hauptbestandteil der meisten Lebensmittel. Obwohl es keinen Energiewert für Lebensmittel liefert, beeinflusst seine Existenz die Struktur, das Aussehen und den Geschmack von Lebensmitteln sowie ihre Haltbarkeit. Dabei ist der Wassergehalt von Lebensmitteln sehr unterschiedlich. Fleisch und Fisch enthalten 65 bis 70 Prozent Wasser. Was Käse betrifft, so hängt sein Wasseranteil davon ab, wie er hergestellt wird. Je mehr er gepresst wird, desto trockener ist er mit einem logischerweise kleineren Wasseranteil. Mit etwa 30 Prozent Wasser gilt Brot als ziemlich wasserreiches Getreideprodukt im Vergleich zu Zwieback (fünf Prozent), trockenen Keksen (fünf Prozent), Frühstückszerealien (zwei bis drei Prozent). Nudeln, Reis, Grieß enthalten fast kein Wasser. Da sie mit Wasser gekocht werden, um essbar zu werden, steigt ihr Wassergehalt auf 70 Prozent.[45]

Später wird Walter nach dem Wasserabdruck der verschiedenen Lebensmittel forschen, denn nicht nur für seine Nahrung braucht der Mensch Wasser, sondern auch zum Kochen, Waschen und zur Körperpflege. Ein Mensch benötigt rund 35 Prozent des gesamten Wasserverbrauchs im Haushalt allein fürs Baden, Duschen und die Körperpflege. Während der Covid-19-Pandemie wurde eine häufige, „gründliche Händehygiene durch Händewaschen mit Seife für 20 bis 30 Sekunden“ empfohlen.

Auch für die Spül- und Waschmaschine, für die Raumreinigung, die Autopflege und den Garten braucht der Mensch zusätzlich Wasser.[46]

Zugang zu Wasser und Infrastruktur

Nicht nur zum Trinken, Kochen oder Waschen ist es für die Menschen wichtig, einen Zugang zu sauberem Wasser zu haben. In Afrika, zum Beispiel, haben viele Menschen keinen Zugang zu Trinkwasserquellen, gesicherten Brunnen oder gar Wasseranschlüssen. Doch auch in Europa und Nordamerika haben zahlreiche Menschen keine Wasserleitungen in ihren Häusern, vor allem im ländlichen Raum. Knappheit kann durch fehlenden Zugang zu Wasser oder fehlende Infrastruktur entstehen. Dadurch erhöht sich der Wasserstress, der in Auseinandersetzungen münden kann, wenn der Bedarf an Wasser größer ist als das Angebot. Auch die Macht darüber, wer einen bestimmten Zugang zu Wasser haben darf und der Prozess der Verteilung, kann dazu führen, den anderen zu übergehen oder zu überstimmen, was zu zusätzlichen unerwünschten Spannungen führen kann.[47]

Fehlende Wasserzugänge und Wasseraufbereitung

Wasserknappheit eines Landes kann durch eine fehlende Infrastruktur entstehen, wenn ausreichende Wasserzugänge zum Süßwasser fehlen. Hier liegt die Vermutung nahe, dass die Institutionen es versäumt haben, eine regelmäßige Versorgung sicherzustellen, obwohl es ausreichend Wasser gibt. Durch lange künstlich angelegte Kanäle verdunstet das Wasser oftmals, bevor es die Felder erreicht. Schuld daran sind außerdem schlechte technische Bewässerungsanlagen. Walter erinnert sich, dass weltweit rund 2,2 Milliarden Menschen keinen regelmäßigen Zugang zu sauberem Wasser haben. Eine unfassbare Zahl. Rund 785 Millionen Menschen haben noch nicht einmal eine Grundversorgung mit Trinkwasser. Im Jahr 2040 werden Schätzungen zufolge fast 600 Millionen Kinder in Gegenden ohne ausreichenden Zugang zu Wasser leben. Betroffen sind vor allem Menschen oder Familien in den ärmeren Regionen der Welt, und dort vor allem in den ländlichen Gebieten. Die Lage hat sich etwas verbessert seit den Anfängen der Menschheit, nicht wahr?

Von den ersten Brunnen Australiens bis zu den majestätischen Aquädukten Roms

Seit jeher versuchen die Menschen Wasser zu beschaffen, das sie zum Überleben brauchen. Zunächst betrachteten sie es als göttliches Element. Es war ein Geschenk und stand frei und im Überfluss zur Verfügung. Daraus erklärt sich die Macht der Menschen über das Element Wasser und so über die Natur. Von einer Erntegemeinschaft gingen sie zu einer Produktionsökonomie und einer Gesellschaft von Kontrolle und Domestizierung über. Bis zum heutigen Höhepunkt der Ausbeutung, der Knappheit und der ungleichen Teilung. In Mesopotamien, ca. 6000 v. Chr., finden wir Spuren von ersten Brunnen. Doch erst in der Antike begann man, das Wasser zu zähmen: Die Griechen waren die ersten, die es speicherten und über Netze in die Häuser transportierten.

Die Aborigines als Jäger und Sammler

Die älteste, wissenschaftlich nachgewiesene Kultur der Welt befindet sich im heutigen Australien und existierte vor 60.000 Jahren: die Aborigines. In ihrer Geschichte hat das Wasser immer eine große Rolle gespielt, nicht nur für das Überleben in einer oft trockenen und rauen Umgebung, sondern auch für ihre Kultur und Identität. Als Jäger und Sammler nutzten sie Flüsse zum Trinken und Baden. Dauerhafte Siedlungen errichteten sie an Flüssen oder Seen und wo es keine Flüsse oder Seen gab, nahmen sie das Grundwasser zum Trinken. Sie gruben die ersten dauerhaften Wasserbrunnen, von wo aus Gefäße von Hand gefüllt und getragen wurden.

Viele Geschichten der Aborigines erwähnen die Rolle von Wassergeistern in Flüssen, Bächen, Felsbrunnen, Seen, Lagunen, und Meeren sowie die Bedeutung von Ahnengeistern und Schöpfungswesen für die laufende Versorgung und die Kontrolle dieser Wasserläufe. Erwachsene merkten sich so die Reihenfolge und die Orte der Wasserversorgung und lehrten sie ihren Kindern. Aborigines nutzten das Vorkommen bestimmter Vögel, Tiere und Pflanzen, um Wasser zu finden. Sie folgten auch Tierspuren, wie denen des Zebrafinks, des gestreiften und des rotbraunen Pardalotevogels, um Wasser zu finden.[48]

Markierungen von Wasserquellen und erste Felsbrunnen

Zudem hatten sie ein Informationssystem, um über die Lokalisierung und Verwendung von Wasser zu kommunizieren: mündliche Unterweisungen, Kartierung von Wasserquellen und Einrichtung von Markierungen und Identifikatoren wie Narbenbäume und Kunstwerke in der Umgebung. In einigen Gebieten wiesen Kunstwerke und Schnitzereien auf Bäumen, die Tausende von Jahren alt waren, auf den Weg zu Wasserquellen hin, die schwer zu finden waren. Ihre wichtigsten Wasserquellen waren Wasserstraßen und Seen.

Eine Reihe von ausgeklügelten Wassersammel- und -speichermethoden werden immer noch in Aborigines-Gemeinden verwendet. Wasserquellen mit kleinem Volumen waren zum Beispiel Felslöcher, aber auch Frösche. Baumwurzeln, wie die Mallee-Eukalyptuswurzeln, Tonpfannen, hölzerne Coolamons speichern Wasser. Offene Eingänge in unterirdischen Schichten wasserführender Gesteine werden als Felsbrunnen bezeichnet. Aborigines nutzten sie als Wasserspeicher und bedeckten die Brunnen mit

Felsplatten oder Zweigen. Das waren sozusagen die ersten Brunnen.

Von der Einzel- zu Kollektivleistung

Die Idee von Brunnen entwickelte sich auf anderen Kontinenten auf einfacher Weise: Der Mensch bohrte so weit in die Tiefe, bis er auf Grundwasser stoß. Von Hand oder mit Büffel- und Eselstärke wurde das Wasser anschließend Kessel für Kessel ans Tageslicht befördert. Holz verlieh der Konstruktion Stabilität, später wurde der Schacht oft gemauert. Die weitere Entwicklung wurde in erster Linie zur kollektiven Angelegenheit, denn für das Schöpfen und das Teilen von Wasser war eine Organisation notwendig. Vor allem, wenn der Brunnen weit weg von Seen, Flüssen und Quellen gebaut wurde. Deshalb nahmen Brunnen sehr schnell einen großen Stellenwert ein. Diese Entwicklung war so komplex, dass die Wasserbewirtschaftung oft eine der Grundsäulen des Aufbaus einer Gesellschaft gleicht.[49]

Erste Bewässerungssysteme auf Zypern, in Israel, in Mesopotamien oder in China

Für einige Archäologen befinden sich die ältesten Brunnen auf Zypern. Sie stammen aus den Jahren 8500 bis 7000 v. Chr. und beweisen, dass Brunnen eine der ältesten menschlichen Erfindungen sind. Um 6500 v. Chr. wurden die ersten Brunnen im Jesreel-Tal im heutigen Israel gebaut. Für die ersten „westlichen" Zivilisationen begann alles um 6000 v. Chr. in Mesopotamien. Das „Land zwischen den Flüssen“ (Meso: zwischen / potamos: Fluss) Tigris und Euphrat entspricht heute einem Teil der Gebiete des Iraks, Syriens und Ägyptens, die vom Nil bewässert werden. Die ersten Formen der Landwirtschaft erblühten dank der Einrichtung von Kanälen, die das Wasser in die Anbaugebiete brachten, die als erste Bewässerungssysteme gelten können. Sie führten um 4000 v. Chr. das Wasser in Tonkanalrohre ein, wobei die frühesten Beispiele im Tempel von Bel in Nippur und in Eshnunna gefunden wurden, um Abwasser abzuleiten und Regenwasser in Brunnen aufzufangen.

Parallel dazu sollen im heutigen China bereits 6500 v. Chr. Tiefwasserbrunnen für Trinkwasser gegraben worden sein. Die neolithischen Chinesen entdeckten und nutzten ausgiebig tief gebohrtes Grundwasser zum Trinken. Das Buch der Wandlungen, ursprünglich ein Weissagungstext der westlichen Zhou-Dynastie (1046 bis 771 v. Chr.), enthält einen Eintrag, der beschreibt, wie die alten Chinesen ihre Brunnen unterhielten und ihre Wasserquellen schützten. Es wird auch angenommen, dass ein Brunnen, der an der Ausgrabungsstätte Hemedu entdeckt wurde, während der Jungsteinzeit gebaut wurde.

Andere Experten schätzen, dass zwei Brunnen, die in Atlit an der Nordküste Israels entdeckt wurden, aus der frühen Jungsteinzeit zwischen den Jahren 5206 und 5098 v. Chr. stammen. Die früheste bekannte, dauerhafte Siedlung, die als städtisch klassifiziert werden kann, ist Jericho, gegründet ca. 5000 v. Chr. in der Nähe von Quellen und anderen Gewässern. In Jericho wurde das Wasser in Brunnen gespeichert, die als Quellen genutzt wurde.

Sanitäre Einrichtungen auf Kreta und im heutigem Pakistan

Ein frühester Beweis für den gezielten Bau einer Wasserversorgung in Europa, die Bädern, Toiletten und der Entwässerung diente, stammt aus dem bronzezeitlichen minoischen (und mykenischen) Kreta des 2. Jahrtausends v. Chr.. Die minoische Hochkultur auf Kreta ist zwischen 3200 und 1100 v. Chr. die erste Zivilisation, die unterirdische Tonrohre für sanitäre Einrichtungen und Wasserversorgung verwendete. Knossos, die Hauptstadt

Kretas, verfügte über ein gut organisiertes Wassersystem, um sauberes Wasser heranzuschaffen. Wobei es in Ägypten Überreste von Brunnen, und in Mesopotamien von steinernen Regenwasserkanälen aus dem Jahr 3000 v. Chr. gibt.

In der Stadt Mohenjo-Daro in Pakistan haben Archäologen hunderte von alten Brunnen, Wasserleitungen und Toiletten gefunden. Die Stadt verfügte über öffentliche Badeeinrichtungen mit Wasserkocherinstallationen und Bädern. Erste Brunnen soll es anderen Angaben zufolge vor bereits 3000 bis 1300 v. Chr. im heutigen Pakistan rund 40 km von Larkana entfernt gegeben haben. Forscher vermuten, bei den Städten der Harappa-Kultur handele es sich um das in mesopotamischen Schriften erwähnte Land Meluhha. Es soll zweimal so groß wie das alte Reich Ägyptens und viermal so groß wie die Reiche von Sumer und Akkad gewesen sein. Die Zivilisation wird nach der ersten entdeckten Stadt auch Harappa-Kultur bzw. nach dem Fluss Indus, an dem die Städte gebaut wurden, auch Indus-Kultur genannt.

„Meluhha“ Land des Karneols und Wiege der Indus-Kultur

Ihr weitflächiges Wirtschafts- und Handelssystem reichte bis ins Hochland von Iran und Afghanistan und bis zur Arabischen Halbinsel. Sie sei sogar in ein großflächiges ökonomisches System eingebunden gewesen, das von Ostafrika über Jemen und Oman und mit Mesopotamien als zentralem Verteiler bis nach Westasien reichte. Die älteste Siedlung im Indus-Tal ist Mehrgarh in Pakistan im östlichen Gebiet des iranischen Hochlandes. Sie war 7000 v. Chr., also 1000 Jahre vor der mesopotamischen Stadtkultur, ein stattliches Dorf. Um 6000 v. Chr. lebten dort rund 3.000 Einwohner in Häusern aus Lehmziegeln.

Mohenjo-Daro – das „Manhattan der Bronzezeit“

Die Stadt Mohenjo-Daro zählte in ihrer Blütezeit um 2500 v. Chr. rund 40.000 Menschen. Wegen der schachbrettartig angelegten und rechtwinkligen Straßen wird Mohenjo-Daro von Archäologen das „Manhattan der Bronzezeit“ genannt. Die Wohnhäuser waren mehrstöckig und aus Lehmziegeln, die Wohnungen hatten ca. 50 bis 150 Quadratmeter Wohnfläche. Sie besaßen Bade- und Toilettenräume mit Toilettensitzen, die sich meist an der Straßenseite befanden, wo ein mit Steinplatten abgedeckter Kanal das Brauchwasser aufnahm. Das Frischwasser kam aus bis zu 20 Meter tiefen Brunnen, die sich häufig innerhalb der Hofgrundstücke oder auch an öffentlichen Plätzen befanden. Das Wasser hatte auch eine stark rituelle Bedeutung. In altindischen Mythen und Sagen wird das Baden als heilige Handlung dargestellt. So heißt es beispielsweise in der Atharvaveda: „Die Wasser heilen wahrhaftig, verjagen jede Krankheit und heilen alles Leid“.[50]

Älteste Holzkonstruktionen der Welt in Deutschland

Forscher haben im Großraum Leipzig extrem alte hölzerne Wasserbrunnen entdeckt. Diese Brunnen, aus der frühneolithischen linearen Keramikkultur um 2900 v. Chr. bekannt, befinden sich auch in Kückhoven und gelten als die ältesten Holzkonstruktionen der Welt.

Vom Kanal der Assyrier zu den römischen Aquädukten

Der assyrische König Sanherib baute 700 v. Chr. einen 80 Kilometer langen, von Steinen gesäumten Kanal mit einer Breite von 20 Metern, einschließlich eines 330 Meter langen Steinaquädukts, um frisches Wasser von Bavian nach Ninive zu bringen.

Auch in Lateinamerika verwendete das Nazca-Volk im alten Peru 100 v. Chr. bis 800 n. Chr. ein System von miteinander verbundenen Brunnen und einem unterirdischen Wasserlauf, der als Puquios bekannt ist.

Durch die Erfindung und den Bau von Aquädukten gaben die Römer einen neuen Impuls. Dank dieser imposanten Strukturen wird Wasser durch die einfache Wirkung der Schwerkraft über große Entfernungen transportiert. Vorausgesetzt, sie finden Quellen, die sich an einem höheren Punkt als der zu ernährenden Stadt befinden. Zwischen 700 v. Chr. und 400 n. Chr. bauten die Römer ein System von Aquädukten, die die Bewohner mit frischem fließendem Wasser versorgten, das direkt zu den Häusern der Reichen und zu öffentlichen Brunnen und Bädern geleitet wurde. Dieses System verbesserte die häusliche Abwasserentsorgung und die angemessene Entsorgung von Abwasser erheblich.[51]

Von der Colonia Claudia Ara Agrippinensium zur Cloaca Maxima

Die Eifelwasserleitung im heutigen Deutschland war eines der längsten römischen Aquädukte und gilt zudem als längstes Aquädukt nördlich der Alpen. Er wurde um das Jahr 80 n. Chr. erbaut und diente bis etwa 260 n. Chr. der Wasserversorgung der damaligen römischen Stadt Colonia Claudia Ara Agrippinensium, das heutige Köln, für die öffentlichen Laufbrunnen, Thermen und privaten Hausanschlüsse.

Das berühmteste Aquädukt in Frankreich ist das von Nîmes. Es kanalisierte die Fontaine d'Eure (in der Nähe von Uzès) 50 Kilometer lang, um die Stadt mit Wasser zu versorgen, indem es den berühmten Pont du Gard nahm. Damals wurde dem bekannten römischen Feldherrn Agrippa in Frankreich eine nahezu unlösbare Aufgabe gestellt. Denn sein Schwiegervater trug ihm auf, diese 50 Kilometer lange Wasserleitung zu bauen. Er wurde um das erste Jahrhundert vor oder nach Chr. erbaut. Der Pont du Gard ist heute das höchste Aquädukt weltweit und ist hervorragend erhalten.

Im Jahr 52 hatte Rom ein Wassersystem von 354 Kilometer langen Aquädukten, die frisches Wasser in die Stadt brachten und für öffentliche Bäder, Brunnen und Latrinen verwendet wurden. Das Abwasser wurde durch das Abwassersystem der Stadt entsorgt, von dem einiges, wie die Cloaca Maxima, noch heute in Betrieb ist. Um das Jahr 100 n. Chr. veröffentlichte der römische Senator Frontinus ein Handbuch über das römische Aquäduktsystem.[52]

Nach Christus Geburt beschleunigt sich die Entwicklung bis zu den Wasserrädern in Syrien

Auch in Indien wurden die ersten, in den Fels gehauenen Stufenbrunnen im Jahr 200 bis 400 v. Chr. gebaut. Im Jahr 550 bis 625 wurden Stufenbrunnen in Dhank im Distrikt Rajkot in Indien gefertigt. In der heutigen Türkei wurde im Jahr 532 die Basilika-Zisterne in Istanbul gebaut, um frisches Wasser für den Palast des byzantinischen Kaisers Justinian I. zu lagern.

In Hama, Syrien, gab es im Jahr 1500 eine Reihe von wasserbetriebenen Rädern mit unterschiedlichen Durchmessern, die das Flusswasser zu einem Aquädukt auf einer höheren Ebene für Trink- und Bewässerungszwecke beförderten.

Großbritanniens Meister des Wassers

Zwischen 579 und 1775 fanden eine Reihe von Entwicklungen im heutigen Großbritannien statt: Der Niederländer Peter

Maurice erwarb einen Pachtvertrag über 500 Jahre, um ein Wasserrad unter dem ersten Bogen der London Bridge an der Themse zu bauen, das einzelne lokale Häuser durch Bleirohre mit Wasser versorgte. 1723 wurde die Chelsea Waterworks Company eines der ersten Wasserunternehmen, das einen dampfbetriebenen Newcomen-Motor einsetzte. 1775 erfand der schottische Uhrmacher Alexander Cummings das S-Biegerohr, das heute unsere Toilettenabflüsse in einer S-Form charakterisiert.

Frankreichs Zeit der Wasserträger und öffentlichen Brunnen

Im Mittelalter, als die Städte wuchsen, wurden sie von Brunnen und Flüssen versorgt. Meistens mussten die Einwohner außerhalb der Städte Wasser holen, die reichsten bedienten sich der Dienste von Wasserträgern. Die großen Klöster und Burgen beschafften sich Wasser, indem sie Quellen umleiteten oder Aquädukte bauten. Da es keine Kanalisation gab, wurde das Wasser durch Hausmüll und tierische Exkremente auf den Straßen verschmutzt und Krankheiten vermehrten sich folglich.[53]

Auszug aus „Der Wasserträger“

Der Wasserträger „kommt hundertmal am Tag zu dem öffentlichen Brunnen, an dem er sein Hauptquartier eingerichtet hat, und geht von hier aus in alle möglichen Richtungen, um mit gewissenhafter Genauigkeit sowohl die privaten Brunnen des sechsten als auch die des ersten Stockwerks zu versorgen; von den prunkvollen Hotels bis zu den bescheidenen Dachbodenzimmern der armen Arbeiter. Er weiß am Morgen, wie oft am Tag seine Eimer gefüllt und geleert werden müssen, wie viele Stockwerke und Stufen er auf und ab gehen wird, und er bereitet seine Stunden, seine Wege so vor, dass er alle Lieferungen erfüllen kann. Seine Kunden wissen nicht, wann und wieviel Wasser sie benötigen: Es ist ein Detail, um das sie sich nicht kümmern müssen und dass er mit bemerkenswerter Intelligenz als seine eigene Aufgabe betrachtet. Er kennt ihre Termine und kommt unaufgefordert, ohne dass sie ihn rufen müssen: Er geht direkt in ihre Küche, betritt sie als wäre es sein zu Hause und bewegt sich, wie es ihm gefällt, in der ihm vertrauten Einrichtung."[54]

Unter dem Ancien Régime in Frankreich entwickelte sich die Verteilung des Wassers durch öffentliche Brunnen, die für alle zugänglich waren. Und 1778 wurde die Compagnie des Eaux de Paris gegründet, um Wasser über Leitungen von der Seine in jedes Haus zu bringen. Doch erfolglos: Sie ging bankrott, denn die Wasserträger dienten weiterhin den reichsten Parisern und in den Waschhäusern kamen nach wie vor die Waschfrauen zusammen. Einige Jahre später ließ Napoleon Bonaparte den Canal de l'Ourcq bauen und Brunnen in allen Innenhöfen der Hauptstadt installieren.[55]

Von da an entwickelte sich das System, wie wir es heute im globalen Norden kennen. Parallel dazu sorgten sich die Menschen um die Qualität ihres Trinkwassers.

Der Weg zum sauberen Trinkwasser

Sauberes Trinkwasser ist heute so weit verbreitet, dass viele Menschen es für selbstverständlich halten. Im Laufe der Geschichte wurden umfangreiche Maßnahmen ergriffen, um sauberes Trinkwasser zu produzieren.[56] Solche Bemühungen reichen sogar in die Zeit zurück, bevor die Menschen entdeckten, wie man Feuer macht, indem man zwei Stöcke aneinander reibt. In der Antike bestimmten sie die Reinheit des Wassers nach Geschmack, diese Methode hat sich später als falsch erwiesen.

Vermutlich begann das Streben nach reinem Trinkwasser bereits in prähistorischen Zeiten. Indes kann man die frühesten Dokumentationen der Wasseraufbereitung auf Indien zurückführen, die in Sanskrit-Schriften und Inschriften in altägyptischen Gräbern gefunden wurden und die als Sus'ruta Samhita bekannt sind und auf das 15. Jahrhundert v. Chr. zurückgehen. Diese Methoden umfassen das Kochen von Wasser über Feuer, das Erhitzen von Wasser unter der Sonne, das Eintauchen von erhitztem Eisen in Wasser, die Filtration durch Kies und Sand sowie die Verwendung des Strychnos-Kartoffelsamens und eines Steins namens „Gomedaka“.

Ähnliches geschah bei den Ägyptern um 1500 vor bis 400 n. Chr. An den Wänden der Gräber der ägyptischen Herrscher Amenophis II. und Ramses II., die aus dem 15. und 13. Jahrhundert v. Chr. stammen, befanden sich Bilder einer Wasserklär-anlage. Die Reinigung von Wasser wird auch in der Bibel erwähnt. Um das zwölfte Jahrhundert v. Chr. stellten Moses und die Israeliten fest, dass das Wasser in Marah bitter war. Auf Anweisung Gottes warf er einen Baum ins Wasser, und das Wasser wurde sofort süß. In einem anderen Fall beschwerten sich die Bewohner von Jericho bei Elisa, dass das Wasser in der Stadt „nicht gut“ sei, und der Prophet reinigte das Wasser, indem er Salz hineingoss. Im neunten Jahrhundert v. Chr. erfand ein spartanischer Gesetzgeber einen Becher, der Wasser von Schlamm trennte.

Später entwickelte Hippokrates, der Vater der Medizin, ein Gerät namens „Hippokrates Ärmel“, einen Stoffbeutel, mit dem abgekochtes Regenwasser Heiserkeit und schlechten Geruch beseitigen sollte. Sowohl die Griechen als auch die Römer hatten sehr aufwendige Wasseraufbereitungssysteme. Dazu gehörten die Methode von Diophanes, mazerierte Lorbeeren in Regenwasser zu geben, und das Eintauchen eines Beutels mit zerdrückter Gerste und zerstoßener Koralle von Paxamus. Im achten

Jahrhundert n. Chr. schlug ein arabischer Chemiker namens Gerber die Verwendung von Dochtsiphons als Mittel zur Reinigung von Wasser vor.[57]

Bis im Jahr 1671 Sir Francis Bacon seine Ideen über die Entsalzung in „A Natural History of Ten Centuries" veröffentlichte.[58] Er war auf einen Experimentierer gestoßen, dem es gelungen war „Meerwasser" zu reinigen, indem er es durch 20 Schiffe nach unten leitete. Er nahm an, dass er, wenn er ein Loch in der Nähe der Küste grub, reines Wasser erhalten würde, nachdem das Meerwasser durch den Sand geflossen war. Ebenfalls im 17. Jahrhundert veröffentlichte ein italienischer Arzt namens Lucas Antonius Portius seine Schriften „Soldier's Vade Mecum" mit einer multiplen Sandfiltrationsmethode. Diese Methode verwendete drei Paare von Sandfiltern, von denen jeder einen Aufwärts- und einen Abwärtsstromfilter hatte. Wasser sollte in das Absetzfach des Systems eindringen, nachdem es durch eine Lochplatte belastet wurde.[59]

Von französischen Sandfiltern und schottischen Kiesfiltern

Das 1703 vom französischen Wissenschaftler La Hire erfundene System stellte eine überdachte und erhöht gelegene Zisterne dar, die das Wachstum von Moos und winterliches Einfrieren verhindern konnte. 1804 führte die Stadt Paisley in Schottland die erste kommunale Wasseraufbereitungsanlage der Welt ein. Diese verwendete Kiesfilter und konzentrischen Sand zur Wasseraufbereitung; das Wasser wurde danach mit einem Pferdewagen verteilt. Im Jahr 1827 erfand Robert Thom langsame Sandfilter, die im schottischen Greenock installiert wurden. Zwei Jahre später entwickelte James Simpson ein ähnliches System, das sich auf der ganzen Welt verbreitete, aber zu langsam war. Schließlich wurde in den USA um 1880 herum die schnelle Sandfiltrationsmethode eingeführt, die Vorbehandlungen, wie

Koagulation und Absetzen zur Verringerung der Sedimentbelastung des Filters und Holzkohlefiltration zur Verbesserung von Geschmack und Geruch, einsetzte.[60]

Im 19. Jahrhundert bemerkten Stadtbeamte in London, dass die Cholera-Todesfälle nach der Installation von Wasseraufbereitungssystemen zurückgegangen waren. Daraufhin sollte der Metropolitan Water Act von 1852 sicherstellen, dass das gesamte, an die Stadt gelieferte Wasser gefiltert wurde. Mit Beginn der industriellen Revolution im 19. Jahrhundert wurde Wasser weltweit zunehmend verschmutzt und demzufolge wurden neue und ausgefeiltere Wasseraufbereitungssysteme entwickelt.[61]

Landflucht, Urbanisierung und Industrialisierung erforderten auch in Frankreichs Großstädten eine dringende Bereitstellung von Trinkwasser. Das Jahr 1853 markierte den Beginn der Errichtung großer Wasserwerke in Frankreich. Trinkwasser demokratisierte sich. Doch erst Ende der 1980er Jahre profitierten fast alle Franzosen von fließendem Wasser zu Hause.[62]

Das Kind ist in den Brunnen gefallen

Trotz aller Entwicklungen ist die Infrastruktur in Europa immer noch nicht zufriedenstellend, wie in Spanien zum Beispiel.[63] „Wasserkrieg in Spanien“, war im April 2001 in der spanischen Presse zu lesen.[64] Was war geschehen? Es ging darum, Wasser aus dem Ebro im Norden zu nutzen, um den Süden zu bewässern. Das Projekt der damaligen Regierung öffnete die Schleusen der Zwietracht: „Die zweite Schlacht am Ebro“ oder „Die Eroberung von Madrid“ war in aller Munde. Tatsächlich wurde die Verwaltung der Wasserressourcen aufgrund ihrer relativen Knappheit viel mehr als ein Regierungsanliegen, sondern sie wurde zum greifbaren Symbol der spanischen Macht. Diktator Francisco

Franco weihte bis 1975 Hunderte von Dämmen ein. Für ihn sollte das Wasser im Norden den Süden mitversorgen. Neue Dämme wurden gebaut, neue Kanäle brachten immer mehr Wasser, das in Zisternen gespeichert wurde. Die Landwirtschaft blühte auf und es wurden Wein und Oliven traditionell angebaut.

1985 verabschiedete die Regierung einen „Nationalen Hydrologischen Plan", Plan Hidrológico Nacional, der erst 2001 per Gesetz genehmigt und seitdem mehrmals geändert wurde. Er soll ein rechtliches Instrument zur Planung der Wasserversorgung des gesamten Territoriums und der Bevölkerung Spaniens bieten. 2001 zielte die Ablehnung der Bevölkerung vor allem auf einen Gesetzespunkt ab: Die Entscheidung, Wasser in den Ebro, den wichtigsten Mittelmeerfluss Spaniens, zu pumpen, um es weiter in den Süden umzuverteilen, in Richtung der valencianischen Levante und sogar des östlichen Andalusiens, das chronisch an Wassermangel leidet.[65]

Die Hauptzentren der Revolte waren Aragon und Südkatalonien. Für sie gilt „Wasser ist Leben, unser Wasser ist unser Leben, berühre es nicht". Es sei absurd, tausend Kilometer von dem Ort entfernt Landwirtschaft zu betreiben, an dem das Wasser vorkommt. Das Paradoxe daran ist, dass eine der trockensten Regionen Spaniens schon immer Wasser gesehen hat, ohne das Recht zu haben, es zu nutzen. Denn das spanische Bewässerungssystem ist kompliziert. Saragossa und Aragonien, die seit Jahrzehnten von Francos Planern für die Industrie bestimmt waren, sind die traditionellen Verlierer des hydraulischen Systems. Dort und auch an anderen Stellen gehen die wohlhabende Bevölkerung und das Kapital an die Küste, auf Kosten der Binnengebiete. Es ging auch darum, „Nein" zum Rückzug aus dem Ebro und „Ja" zur Wasseraufbereitung, zu Bewässerungseinsparungen und Entsalzungsanlagen an der Mittelmeerküste zu sagen. Die Versalzung von Land ist das eigentliche Problem des

Ebrodeltas: Eine geringere Versorgung mit Süßwasser wird es wahrscheinlich verschlimmern. Vereinzelt tauchen tatsächlich weißliche Spuren auf der Erde auf: Salz steigt auf und Brackwasser bedroht die Vegetation und die Ernte.[66]

Heute werden mehr als 80 Prozent der Felder künstlich angelegt. Viele Betriebe erweitern ihre landwirtschaftliche Nutzung und benötigen dafür viel Grundwasser. Das ist der Beginn einer folgenschweren Entwicklung. Inzwischen sind die Flächen der landwirtschaftlichen Produkte in Gewächshäusern so groß, dass sie vom Weltall aus zu erkennen sind: Tomaten, Avocados und Wassermelonen, die besonders viel Wasser brauchen. Doch Spanien macht weiter, denn der Export ist äußerst lukrativ. Dadurch wird das Wasser immer knapper. Das eigentliche Problem kommt ans Tageslicht: die illegalen Brunnen. Immer tiefer werden sie gebohrt, 150 Meter Tiefe sind keine Seltenheit. Solange der Export weitergeht, geht es auch mit illegalen Bohrungen weiter.

Anfang 2019 fiel ein zweijähriges Kind in Totalán in der andalusischen Provinz Malaga versehentlich in einen illegalen und unmarkierten Brunnen mit einem Durchmesser von knapp 25 Zentimeter und einer Tiefe von 100 Metern. Die technischen Schwierigkeiten der Rettung aufgrund der Enge des Brunnens, der Härte des Gesteins und der Gefahr von Erdrutschen verringerten die Überlebenschance jeden Tag. Am 26. Januar wurde der leblose Körper des Kindes aus dem Brunnen geborgen: das Ergebnis einer heimlichen Sondierung, um Grundwasser zu finden und schließlich mit dem Anbau von Avocados und Mangos zu beginnen, denn der Verkauf für den Export ist nach wie vor sehr profitabel. Wird weiterhin mehr Wasser als erlaubt entnommen, rückt das Ende des lukrativen Geschäfts und das Ende einer blühenden Landschaft näher. Bis 2100 soll es infolge des hohen

Wasserverbrauchs zu einer Verdoppelung der Verwüstung kommen – zusätzlich angefeuert durch den Klimawandel.[67]

Über 50 Millionen Menschen ohne Leitungswasser

Leider nicht nur in Europa, sondern und vor allem im globalen Süden ist die Lage sehr angespannt. Neue Untersuchungen haben ergeben, dass in 15 Großstädten im globalen Süden fast die Hälfte aller Haushalte keinen Zugang zu Leitungswasser hat, was mehr als 50 Millionen Menschen betrifft. Am geringsten ist der Zugang in den Städten Subsahara-Afrikas, wo nur 22 Prozent der Haushalte Leitungswasser erhalten.[68] Die Untersuchung ergab auch, dass von den Haushalten, die Zugang hatten, die Mehrheit eine intermittierende Versorgung erhielt. Intermittierend ist ein merkwürdiges Wort, dachte sich Walter. Es bedeutet, dass es mit Unterbrechungen Wasser im Wasserhahn gibt, mit anderen Worten: sehr selten. In Karachi in Pakistan erhielt die Bevölkerung dieser Stadt mit 15 Millionen Einwohnern eine durchschnittliche Wasserversorgung von nur drei Tagen in der Woche für weniger als drei Stunden.

Diese neuen Erkenntnisse ergänzen die Daten des Aquädukt-Tools des World Resources Institute (WRI), das kürzlich festgestellt hat, dass bis 2030 rund 45 Städte mit einer Bevölkerung von über drei Millionen Menschen unter hohem Wasserstress leiden könnten. Die Forschung, die im Bericht „Unaffordable and Undrinkable: Rethinking Urban Water Access in the Global South" ausführlich beschrieben wird, zeigt, dass selbst an einigen Orten, an denen Wasserquellen verfügbar sind, das Wasser nicht viele Bewohner erreicht. Einige Städte wie Daressalaam haben reichlich Vorräte, aber der tägliche Zugang zu sauberem, zuverlässigem und erschwinglichem Wasser ist für viele Einwohner nach wie vor problematisch. „Jahrzehnte der Stärkung des privaten Sektors bei der Wasserversorgung haben den Zugang nicht angemessen verbessert, insbesondere für die städtischen Unterversorgten", sagte Diana Mitlin, Hauptautorin und Professorin für globalen Urbanismus am Global Development Institute der University of Manchester. „Wasser ist ein Menschenrecht und ein soziales Gut und Städte müssen es als solches priorisieren." Globale Indikatoren, die für die Millenniums-Entwicklungsziele und die Ziele für nachhaltige Entwicklung verwendet werden, haben diese städtische Wasserkrise weitgehend unterschätzt. Walter will sich diese Ziele später näher ansehen.[69]

Die Analyse des Berichts zeigt, dass Alternativen zu Leitungswasser, wie der Kauf von privaten Anbietern, die Wasser von anderswo herbringen, bis zu 25 Prozent des monatlichen Haushaltseinkommens kosten können und 52-mal teurer sind als öffentliches Leitungswasser. Bei den globalen Indikatoren, die die Millenniums-Entwicklungsziele und die Ziele für eine nachhaltige Entwicklung anzeigen, wurde diese städtische Wasserkrise weitgehend unterschätzt, da sie die Erschwinglichkeit, Intermittenz oder Qualität des Wassers nicht berücksichtigen. UNICEF und die Weltgesundheitsorganisation berichteten 2015, dass mehr als 90 Prozent der Weltbevölkerung verbesserte Trinkwasserquellen nutzen. Aber „verbessert" umfasst eine so große Vielfalt von Quellen, wie öffentliche Wasserhähne, Bohrlöcher oder Brunnen, dass es die Realität von Einzelpersonen und Familien in den heutigen, schnell wachsenden Städten nicht widerspiegelt.[70]

Die Frage, ob Wasser erschwinglich ist, wird nicht gestellt, und obwohl Anstrengungen unternommen wurden, um die Wasserversorgung auszubauen, haben die Behörden den Fragen der Erschwinglichkeit wenig Aufmerksamkeit geschenkt. „Städte müssen überdenken, wie sie einen gerechten Zugang zu Wasser sehen", sagte Victoria A. Beard, Co-Autorin, Fellow am WRI Ross

Center for Sustainable Cities und Professorin für Stadt- und Regionalplanung an der Cornell University. „Viele Entwicklungsländer, in denen die Stadtbewohner täglich keinen Zugang zu sicherem, zuverlässigem und erschwinglichem Wasser haben, haben gleichzeitig große Fortschritte bei der Gewährleistung des universellen Zugangs zu einer Grundschulbildung gemacht. Ein ebensolcher Zugang zu Wasser erfordert ein ähnliches Maß an politischem Engagement. Die Lösung ist keine Hochtechnologie. Wir wissen, was zu tun ist."[71]

Die Weltgesundheitsorganisation berichtet, dass Investitionen in eine universelle Trinkwasserversorgung in städtischen Gebieten über einen Zeitraum von fünf Jahren 141 Milliarden US-Dollar kosten würden. Aber die gesamten globalen wirtschaftlichen Verluste durch unsichere Wasser- und Sanitärsysteme werden auf mindestens 10-mal höher geschätzt, nämlich auf 260 Milliarden US-Dollar pro Jahr. Die Forscher haben vier spezifische Maßnahmen identifiziert, die den Zugang zu Wasser in städtischen Gebieten verbessern können, wie im Bericht ausführlich beschrieben wird. „Ohne Änderungen wird die Zahl der Menschen, die nicht kontinuierlich oder schlechtes Wasser erhalten, in den kommenden Jahren aufgrund der raschen Urbanisierung, der zunehmenden Wasserknappheit infolge des Klimawandels und einer allgemeinen Unterinvestition in die Wasserinfrastruktur zunehmen", sagte Ani Dasgupta, globaler Direktor des WRI Ross Center for Sustainable Cities. „Das wird enorme Kosten für die Menschen und die Wirtschaft mit sich bringen. Die Städte müssen jetzt Maßnahmen ergreifen, um den Zugang aller Stadtbewohner zu sicherem und zuverlässigem Wasser in Zukunft zu gewährleisten."[72]

Grenzübergreifend: Staudamm GERD

Auch die Macht darüber, wer einen bestimmten Zugang zu Wasser haben darf, und der Prozess der Verteilung kann dazu führen, andere übergehen zu wollen oder zu überstimmen, was zu zusätzlichen, unerwünschten Spannungen führen kann. Mehr als 50 Länder auf fünf Kontinenten sollen von einem Konflikt ums Wasser bedroht sein. Die Organisation der Vereinten Nationen UNO nennt fünf Hotspots für zukünftige Kriege. Der Nil ist einer davon.[73]

Ägypten zum Beispiel hat anhaltende Streitigkeiten mit vielen der neun Anrainernationen stromaufwärts entlang des Flusses, der regelmäßig austrocknet, bevor er den Ozean erreicht. Eines dieser Länder, Äthiopien, baut einen Wasserkraftdamm, den Ägypten als Bedrohung für seine kostbare Wasserversorgung ansieht. Dies ist die jüngste Inkarnation eines Streits entlang des Nils, der Jahrhunderte zurückreicht. Im Februar 2022 wurde der Grand Ethiopian Renaissance Dam, GERD, am Blauen Nil in Betrieb genommen. Der größte Staudamm Afrikas soll mit seinen Wasserkraftwerken Äthiopien mit Strom versorgen. Ägypten und der Sudan haben sich lange gegen den Bau des Nil-Staudamms gewehrt. Die Anrainerstaaten fürchten, dass der Damm zu viel Wasser zurückhalten könnte, welches den Staaten flussabwärts für die Bewässerung der landwirtschaftlichen Anbauflächen fehlen würde.[74]

Laut Experten sind die Spannungen um den äthiopischen Mega-Staudamm GERD auf eine Gemengelage geopolitischer und klimatischer Faktoren zurückzuführen. Theoretisch könnte der Damm für beide Seiten von Vorteil sein: Die stromabwärts gelegenen Länder Ägypten und Sudan könnten den billigen Strom nutzen. Gleichzeitig könnte der Damm zur Regulierung des Nils genutzt werden, um Überschwemmungen zu vermeiden, die in den vergangenen Jahren große Gebiete im Sudan zerstörten. Dennoch bleibt die Frage, was passiert, wenn Äthiopien in mehreren aufeinanderfolgenden Trockenjahren Wasser zurückhält, um das Reservoir ausreichend zu befüllen. Die internationale Zusammenarbeit bei der Bewirtschaftung des Nils könnte einfacher sein, wenn die Staaten flussauf- und -abwärts nicht zu unterschiedlichen geopolitischen Lagern gehören würden. Die Welt habe sich in zwei Lager geteilt: Äthiopien werde von China und Russland unterstützt, während Ägypten und der Sudan eher dem Westen zugeneigt seien.

Mit Wasserverträgen zur Nutzung des Nilwassers wird versucht, Konflikte zu lösen, wie zum Beispiel mit dem Nilabkommen zwischen Sudan und Ägypten. Die Verträge werden jeweils von der Weltbank und einem internationalen gemeinsamen Kommissar vermittelt und geschlichtet, wenn es in eine Sackgasse zwischen den Anrainern führt. Laut der Transboundary Freshwater Dispute Database der Oregon State University wurden im 20. Jahrhundert 145 wasserbezogene Verträge für grenzüberschreitende Flüsse ausgehandelt, um die Wasserkrafterzeugung und Wasserversorgung zu regeln. Überraschenderweise fehlt 80 Prozent der unterzeichneten Wasserverträge ein Durchsetzungsmechanismus. Darüber hinaus enthalten eine Reihe von Verträgen nur einen primitiven Überwachungsmechanismus ohne Konfliktlösungsmethode.

Ägypten hatte als Regionalmacht die vollständige Dominanz über die Kontrolle des Nilwassers. Eine Reihe anhaltender interner Konflikte und die daraus resultierenden wirtschaftlichen Probleme Äthiopiens hinderten das Land daran, den ägyptischen Status quo in der Region in Frage zu stellen. Ohne neutralen Verwalter konnte das äthiopische Establishment im Rahmen des Vertrags keine Lösung finden. Nach 1991, als Äthiopien exponentielle wirtschaftliche Fortschritte zeigte, konnte es jedoch der ägyptischen Hegemonie auf dem Nil durch die einseitige Infrastrukturentwicklung auf der stromaufwärts gelegenen Seite erfolgreich widerstehen. Ägypten befürchtete, dass die Befüllung des GERD-Reservoirs Äthiopien ein exklusives Recht zur Nutzung von Nilwasser geben würde. Der Vertrag von 1959 gewährte Ägypten den größten Anteil des Nilflusses. Die Tatsache, dass der Vertrag keinen Durchsetzungsmechanismus hat, ermöglicht es Äthiopien, seine Aktivitäten nach Belieben zu ändern, was einen erheblichen Mangel im Nilvertrag darstellt. Das Fehlen eines Durchsetzungsmechanismus ebnete einst den Weg für eine absolute ägyptische Herrschaft auf dem Nil. Das gleiche Defizit im Vertrag wird nun vom äthiopischen Establishment ausgenutzt, um das Nilwasser zu kontrollieren. Um die potenzielle Dominanz eines Anrainers zu neutralisieren, wird nach Lösungen gesucht.

Der Grand Ethiopian Renaissance Dam (GERD) ist Afrikas bisher größtes Wasserkraftprojekt. Es wird erwartet, dass er über 5.000 Megawatt Strom erzeugen und damit die Stromproduktion des Landes verdoppeln wird, wenn er vollständig fertiggestellt ist. Der Bau war Anfang 2022 zu 84 Prozent abgeschlossen. Ägypten will daher eine Garantie erhalten, dass ein gewisses Wasservolumen nach Ägypten gelangt. Aber Äthiopien zögert, an eine bestimmte Wassermenge gebunden zu sein, da seine Priorität darin besteht sicherzustellen, dass es genug Wasser gibt, um Afrikas größtes Wasserkraftwerk zu betreiben. Ägypten bezieht 97 Prozent seiner Wasserversorgung aus dem Nil. Trotz der strengen Maßnahmen zur Optimierung des Wasserverbrauchs im Land steht Ägypten 2022 vor neuen Herausforderungen, die der russisch-ukrainische Krieg mit sich bringt, nämlich die Deckung seines lokalen Getreidebedarfs. Ägyptens lokale Nachfrage nach Reis und Weizen steigt proportional zum Bevölkerungswachstum – und Pflanzen benötigen große Wassermengen. Im Rahmen seiner Bemühungen, die Wasserverschwendung zu begrenzen, erließ der ägyptische Staat im März 2022 eine Entscheidung, die mit Reis bepflanzten Landflächen in neun Gouvernements zu begrenzen und strenge Kontrollen und Strafen für Verstöße anzukündigen.

Das ägyptische Ministerium für Wasserressourcen und Bewässerung hatte mit der Umsetzung einer Reihe nationaler Projekte begonnen, um die Wasserknappheit im Rahmen des sogenannten Nationalen Wasserressourcenplans zu bekämpfen, und zwar um die Effizienz zu steigern, eine optimale Nutzung der Wasserressourcen zu gewährleisten und nicht-traditionelle Alternativen zu haben, um den erhöhten Wasserbedarf und die unzureichende Wasserversorgung aus dem Nil zu decken. Da die Verhandlungen über GERD ins Stocken geraten sind, hat Kairo eine Reihe von Vorsichtsmaßnahmen ergriffen, um mit allen Notfallereignissen umgehen zu können, die sich aus den einseitigen äthiopischen Aktionen am Staudamm ergeben. Sie zielen darauf ab, nationale Wasseranlagen wie den Hochdamm zu schützen, und berücksichtigen alle Möglichkeiten, einschließlich die eines Zusammenbruchs des GERD-Damms, zumal internationale Studien seine Sicherheit in Frage stellten.[75]

Kein Austausch zwischen Äthiopien, Ägypten und Sudan

Ägypten erwägt die Möglichkeit, das Speichervolumen auf Satellitenbildern basierend vorherzusagen. Denn jede Wasserspeicherrate in Stauseen am Blauen Nil hat Auswirkungen auf Ägyptens Wasserversorgung. Die Verhandlungen zwischen Ägypten, Sudan und Äthiopien zum Thema GERD sind seit April 2021 ins Stocken geraten, nachdem die Vermittler der Afrikanischen Union kein Abkommen aushandeln konnten. Unterdessen lehnt Äthiopien weiterhin jede internationale Vermittlung ab und ergreift einseitige Schritte in Bezug auf die Befüllung und den

Betrieb des Staudamms. Äthiopien hat das erwartete Lagervolumen in der dritten Befüllung noch nicht offiziell bekannt gegeben. Ägypten und der Sudan behandeln die GERD-Akte weiterhin mit großer Vorsicht, da es keinen Datenaustausch zwischen den drei Parteien gibt. Ägyptens Position seit Beginn der GERD-Krise hängt vom Grad der wahrgenommenen Bedrohung ab. Die technischen Fehler und das Versäumnis, große Mengen Wasser zu lagern, geben der ägyptischen Verwaltung Zeit, ihre diplomatischen Mittel weiter zu nutzen, um ihre Interessen zu schützen. Es wird erwartet, dass Äthiopien derzeit keine so großen Mengen Wasser speichern kann, dass es eine Bedrohung für die Wasserversorgung Ägyptens darstellt. Auch der Sudan ist besorgt darüber, wie sich der Damm auf seine Wasserversorgung auswirken wird. Im vergangenen Jahr wurde der Sudan überrascht, als Äthiopien beschloss, drei der vier Umleitungsstellen für das Wasser zu schließen. Dies führte dazu, dass weniger Wasser flussabwärts lief, was die sudanesischen Pumpstationen für die Bewässerung und die kommunale Wasserversorgung beeinträchtigte. Beide Länder wetteifern um ein Abkommen mit Äthiopien über die Befüllung und den Betrieb des Staudamms, aber die Verhandlungen haben bisher keine Fortschritte gemacht.[76]

Grenzübergreifend: Indien, Pakistan, Bangladesch

Ein weiteres Beispiel zeichnet sich auf der Weltkarte ab: Indien. Seit den 1970er Jahren bis heute ist in Indien das Grundwasser, das den Ganges speist, um 50 Prozent zurückgegangen, so dass die Bewohner flussabwärts mit Bewässerungs- und Nahrungsmittelknappheit konfrontiert sind. 400 Millionen Menschen sind sowohl in Indien als auch in Bangladesch vom Ganges abhängig und streiten seit den 1970er Jahren darüber, wie man das Wasser des Ganges effektiv umleiten und aufteilen kann.[77]

Zudem wurde nach dem Ende der britischen Kolonialherrschaft im August 1947 die Teilung des indischen Subkontinents in die unabhängigen Staaten Indien und Pakistan besiegelt. Für mehr als zehn Millionen Menschen auf beiden Seiten der neuen Grenze war das gleichbedeutend mit Umsiedlung, Flucht und Vertreibung. Bereits 1948 fingen Indien und Pakistan eine Auseinandersetzung über die Wasserrechte am Indus-Fluss und seine Nebenflüsse an. Das Hauptproblem lag daran, dass sich die Quelle in Indien befindet, der Indus aber weiter durch Pakistan fließt. Nach fünf Wochen wurde eine Einigung erzielt, die in der Unterzeichnung des Indus-Waters-Vertrags im Jahr 1960 mündete. Für Pakistan ist dieser Vertrag besonders wichtig, denn Indus, Chenab und Jhelum sind die Lebensadern Pakistans, da das Land für seine Wasserversorgung stark von diesen Flüssen abhängt.[78]

Da diese Flüsse nicht aus Pakistan stammen, sondern aus Indien ins Land fließen, fürchtet Pakistan die Gefahr von Dürre und Hungersnot. Der Vertrag spricht Pakistan die westlichen Flüsse Indus, Jhelum, Chenab und Indien die östlichen Flüsse Ravi, Beas, Sutlej zu. Gleichzeitig erlaubt der Vertrag beiden Ländern bestimmte Nutzungsrechte an den anderen zugewiesenen Flüssen. Der durch die Vermittlung der Weltbank abgeschlossene Vertrag reguliert den Wasserverbrauch und die Wasserverläufe in beiden Ländern. Er ermöglicht es Indien zum Beispiel, die westlichen Flussgewässer für eine begrenzte Bewässerung und für unbegrenzte, nicht-verbrauchende Maßnahmen wie Stromerzeugung, Schifffahrt, Fischzucht usw. zu nutzen. Das Abkommen legt detaillierte Vorschriften für Indien bei Bauprojekten an den westlichen Flüssen fest.

Der Hauptstreitpunkt zwischen beiden Ländern sind zwei Wasserkraftwerke: Sie betreffen die baulichen Eigenschaften der Wasserkraftwerke Kishenganga (330 Megawatt) und Ratle (850

Megawatt). Ersteres wurde 2018 eingeweiht, während letzteres sich mit Stand 2022 noch im Bau befindet. Die beiden Länder sind sich uneinig darüber, ob die technischen Konstruktionsmerkmale dieser beiden Wasserkraftwerke gegen den Vertrag verstoßen. Die Anlagen befinden sich in Indien an Nebenflüssen des Jhelum River bzw. des Chenab River. Der Vertrag bezeichnet diese beiden Flüsse sowie den Indus als die „westlichen Flüsse", die Pakistan mit einigen Ausnahmen uneingeschränkt nutzen kann. Nach dem Vertrag ist es Indien gestattet, Wasserkraftwerke an diesen Flüssen zu bauen, vorbehaltlich der in den Anhängen des Vertrags festgelegten Einschränkungen. Im Februar 2019 hatte Indien als Reaktion auf den militärischen Zusammenstoß in Kaschmir jedoch gedroht, die Wasserversorgung für Pakistan umzuleiten. Der Bau von Wasserkraftwerken stromaufwärts würde zudem zu Überschwemmungen stromabwärts führen, wenn das Wasser zu schnell freigesetzt würde.[79]

Die Anrainerstaaten versuchen im Rahmen des Vertrags, ihre nationalen Interessen zu verteidigen. Anrainer sollten die Möglichkeit haben, durch den Austausch hydrologischer Echtzeitdaten und weiterer wissenschaftlicher Analysen auf dieser Grundlage auf Vertrauensbildung hinzuarbeiten. Abschließend lässt sich sagen, dass die Mängel der derzeitigen Konfliktlösungsmethode behoben werden, indem die Anrainer ermutigt werden, auf verschiedenen Ebenen zusammenzuarbeiten. 2016 zum Beispiel bat Pakistan die Weltbank, die Einrichtung eines Schiedsgerichts zu ermöglichen, um seine Bedenken hinsichtlich der Entwürfe der beiden Wasserkraftprojekte zu prüfen. Indien bat um die Ernennung eines neutralen Experten zu dem gleichen Zweck. Diese Anträge wurden eingereicht, nachdem die Ständige Indus-Kommission eine Weile über diese Angelegenheit diskutiert hatte.

Das Recht des Schwächeren

Laut UNICEF ist der Mangel an sauberem Trinkwasser viel todbringender als Gewalt in von Krieg zerrütteten Ländern. Angriffe auf Wasser- und Sanitäreinrichtungen in Konfliktgebieten auf der ganzen Welt gefährden das Leben von Millionen von Kindern und stellen eine weitaus größere Bedrohung dar als die Gewalt selbst. Der Bericht Water Under Fire Volume 3 hebt hervor, dass der Zugang von Kindern zu Wasser in fast jedem konfliktbedingten Notfall, in dem UNICEF agiert, bedroht ist.[80]

Schätzungsweise benötigen 48 Millionen Menschen in der Zentralafrikanischen Republik, im Irak, in Libyen, Palästina, Pakistan, Sudan, Syrien, der Ukraine und im Jemen sichere Trinkwasser- und Sanitärversorgung. Der Schutz sicherer und zuverlässiger Wasser- und Sanitärdienste hat sich als kritischer Faktor für das Überleben von Millionen von Kindern erwiesen. In fragilen Ländern sterben Kinder unter fünf Jahren 20-mal häufiger an Durchfallerkrankungen als durch Gewalt. „Der Zugang zu Wasser ist eine Lebensgrundlage, die niemals als Kriegstaktik eingesetzt werden sollte“, sagte Manuel Fontaine, UNICEF-Direktor für Nothilfeprogramme. „Angriffe auf die Wasser- und Sanitärinfrastruktur sind Angriffe auf Kinder.“

Wenn der Wasserfluss stoppt, können sich Cholera und Durchfallerkrankungen, Covid-19 sowie Waldbrände ausbreiten, oft mit tödlichen Folgen. Krankenhäuser können nicht funktionieren und Unterernährungs- und schwere Auszehrungsraten steigen. Kinder und Familien sind oft gezwungen, sich auf die Suche nach Wasser zu begeben, was sie, insbesondere Mädchen, einem erhöhten Risiko von Gewalt aussetzt. Weiterhin dokumentiert der Bericht die verheerenden Auswirkungen von Angriffen auf die Wasserinfrastruktur: In der Ostukraine etwa, wo rund 3,2

Millionen Menschen Wasser- und Sanitärversorgung benötigen, wurden seit 2017 rund 380 Angriffe registriert.

Im Sommer 2021 berichtete zum Beispiel die UNICEF über als Kriegswaffe eingesetztes Trinkwasser in der Ukraine. Der jahrelange Konflikt hat die Infrastruktur geschwächt und viele Familien und Kinder verletzlich gemacht, die jeden Tag darum kämpfen müssen, Zugang zu lebenswichtigen Bedürfnissen wie sauberem Wasser zu erhalten. Diese kann auch heute noch die Lage in der Ukraine und in vielen anderen Kampfgebieten beschreiben. In dem kleinen Dorf Pawlopil war schon damals das Trinkwasser knapp. Dieses Dorf liegt nah an den Gebieten, in denen heute die intensivsten Kämpfe stattfinden. Dutzende Menschen, bewaffnet mit Eimern und Kanistern, kommen jede Woche zum Dorfratsgebäude und warten geduldig auf die Ankunft des Lastwagens mit Trinkwasser. Jahre nach Beginn der Kampfhandlungen verstärkt die Covid-19-Pandemie die wiederkehrende Wasserknappheit noch. „Der Wassermangel ist wahrscheinlich unser Hauptproblem im Moment, er tut uns fast so weh wie die Bombardierungen", so eine Mutter.[81]

Sobald die Menschen zu Hause ankommen, gehen sie in den Keller. Seit den ersten Wochen des Konflikts, als ihr Gebiet unter schweren Beschuss geriet, haben sie immer die Wassertanks in diesen Unterschlupfen aufbewahrt. Wasser ist ein Menschenrecht, kein Privileg. Seit Juni 2019 unterstützt UNICEF das gemeinsame Projekt mit ADRA Ukraine, um Menschen entlang der Kampflinie zu versorgen. Das Projekt umfasst auch Pläne zur Installation von Pumpen und Wasserfilteranlagen, um etwa zwölf Kubikmeter Wasser pro Monat bereitzustellen. Das Recht auf sauberes Trinkwasser und sanitäre Grundversorgung ist in der Kinderrechtskonvention (KRK), den Resolutionen der Vereinten Nationen und den Genfer Konventionen verankert. UNICEF fordert regelmäßig ein Ende der Angriffe auf die Wasserinfrastruktur und die öffentlichen Dienstleistungen, um sicherzustellen, dass Familien und Kinder auch während eines Konflikts Zugang zu sauberem Trinkwasser haben.

Im Staat Palästina gab es seit 2019 95 Angriffe auf 142 Wasser- und Sanitärinfrastrukturen, so dass mehr als 1,6 Millionen Menschen keinen Zugang zu diesen grundlegenden Dienstleistungen hatten. Und im Jemen gab es während des sechsjährigen Krieges 122 Luftangriffe auf die Wasserinfrastruktur. Choleraausbrüche betreffen weiterhin jede Woche Tausende von Kindern und schätzungsweise 15,4 Millionen Menschen benötigen weltweit dringend sauberes Wasser und sanitäre Einrichtungen. UNICEF skizziert eine Reihe von Maßnahmen, die zwingend ergriffen werden sollten, um den Schutz von Kindern in Konfliktzonen und den garantierten Zugang zu sicherem Wasser in ausreichender Menge zu gewährleisten. Die Konfliktparteien sind aufgefordert, die Angriffe auf Wasser sowie Sanitärdienste und -personal sofort zu beenden und ihre Verpflichtungen zum Schutz von Kindern in Konflikten zu erfüllen. Die UN-Mitgliedstaaten, einschließlich der Mitglieder des Sicherheitsrats, werden dazu angehalten, einerseits stärkere Schritte zu unternehmen, um die Täter dieser Angriffe zur Rechenschaft zu ziehen, und andererseits als Geber in Konfliktsituationen in Wasser und sanitäre Einrichtungen zu investieren. Die Schaffung des Internationalen Strafgerichtshofs (IStGH), einer ständigen Gerichtsbarkeit, hat neue Hoffnung geweckt. Er wurde im Juli 2002 gegründet und ist zuständig für Kriegsverbrechen, Verbrechen gegen die Menschlichkeit und schwerwiegende Verstöße gegen das humanitäre Völkerrecht. Diese Institution hat jedoch nicht die Unterstützung aller Länder.

Die Vereinigten Staaten beispielsweise, haben das Römische Statut unterzeichnet, das die Grundlage des IStGH bildet, es jedoch noch nicht ratifiziert, was die Wirksamkeit dieser Gerichtsbarkeit erheblich verringert. Seit November 2002 gilt Wasser als eines der grundlegenden Menschenrechte. Dies ist in dem allgemeinen Kommentar zum Recht auf Wasser verankert, der vom Ausschuss für wirtschaftliche, soziale und kulturelle Rechte (CESCR) verabschiedet wurde, der selbst von 145 Ländern ratifiziert wurde.[82] Walter notiert, dass wir Wasser nicht so einfach weiter wie bisher nutzen können. Die Dringlichkeit muss ins Bewusstsein der Öffentlichkeit rücken.

Der Wasserverbrauch steigt und steigt

Aufgrund schlechter Leitungen und Wasserverschmutzung leiden viele Länder noch immer unter Wasserknappheit, vor allem aber an erneuerbaren Frischwasserreserven. Durch das weltweite Bevölkerungswachstum werden Wasserreserven zu einer zunehmend wichtigen Ressource, wobei die weltweiten Wasserressourcen sehr ungleich verteilt sind. Zudem sind sie in den letzten Jahren zurückgegangen, während der Verbrauch insgesamt gestiegen ist. Dabei wächst die Weltbevölkerung im Durchschnitt pro Jahr um achtzig Millionen Menschen. 2022 lag die Weltbevölkerung bei 7,9 Milliarden Menschen und wird 2023 voraussichtlich acht Milliarden, 2037 neun Milliarden und im Jahr 2055 zehn Milliarden Menschen erreichen.[83]

Weltweiter Verbrauch im Überblick

Weltweit verbraucht Indien mit 761 Milliarden Kubikmeter am meisten Wasser pro Jahr. Die 1,23 Milliarden Menschen in Indien, Stand 2010, hatten im Jahr 2015 einen durchschnittlichen Pro-Kopf-Verbrauch per Haushalt am Tag von rund 55 Litern. Auf dem zweiten Platz im weltweitem Vergleich rangiert China mit 598,1 Milliarden Kubikmeter Wasserverbrauch pro Jahr, danach die Vereinigten Staaten von Amerika mit 444,3 Milliarden Kubikmeter, Indonesien mit 222,6 Milliarden Kubikmeter und Pakistan mit 183,5 Milliarden Kubikmeter.

Dabei ist stets die jeweilige Bevölkerungsdichte zu berücksichtigen. An unterster Stelle des Verbrauchs stehen Monaco und die Malediven. Monaco verbrauchte 2009 am wenigsten Wasser mit fünf Milliarden Kubikmeter Wasser pro Jahr, allerdings mit einer Bevölkerung von nur 35.226 Einwohnern, während die Malediven „nur“ 5,9 Milliarden Kubikmeter Wasser verbrauchten, das jedoch mit einer fast zehnfach größeren Bevölkerung von 343.452 Einwohnern.[84]

In der EU werden jährlich rund 218 Kubikkilometer Wasser benötigt. Ein Kubikkilometer entspricht einer Milliarde Kubikmeter Wasser. Italien, Großbritannien und Polen haben die höchsten Abgaben in der Europäischen Union. Jedes Land ist durch die Nutzungsaufteilung des entnommenen Wassers gekennzeichnet, die von seinen wirtschaftlichen Aktivitäten abhängt. In Polen, Dänemark und Großbritannien werden mehr als 50 Prozent für den häuslichen Gebrauch entnommen. In Spanien überwiegt die landwirtschaftliche Nutzung, während in Deutschland die meisten Abgaben für industrielle Zwecke bestimmt sind. Europa verbraucht jedes Jahr 180 Kubikkilometer Wasser, davon 80 Kubikkilometer in Westeuropa.[85] Der Pro-Kopf-Wasserbedarf ist niedriger als in Asien, aber diese relativ niedrige Zahl ist das Ergebnis landwirtschaftlicher Praktiken, nämlich weniger wasserintensiver Kulturen und entsprechend weniger benötigte Bewässerung. Es ist also schwierig, einen Vergleich zu erhalten, da die Kalkulationen auf verschiedene Daten zurückzuführen sind. Das gilt für Europa; in anderen Teilen der Welt ist es noch schwieriger, vergleichbare Zahlen herauszufinden. Walter ist bestürzt und denkt, dass man unbedingt einen Standard braucht, um die Messungen weltweit vergleichen zu können.

Die Siebzig-zwanzig-zehn-Aufteilung

Auf jeden Fall ist es möglich, eine ungefähre Zahl für die Aufteilung des Verbrauchs zu ermitteln: Insgesamt gesehen werden für die Bewässerung der Landwirtschaft 70 Prozent des entnommenen Wassers verbraucht, in einigen Teilen der Welt sogar bis zu 90 Prozent; rund 20 Prozent werden für die industrielle Nutzung und zehn Prozent für den häuslichen, also für den privaten Gebrauch verwendet. Die Bewässerung von Kulturpflanzen ist zweifellos der Bereich der Landwirtschaft, der die größte Menge an Wasser weltweit verbraucht. Heute werden weltweit auf fast 20 Prozent der bewässerten Flächen von rund 310 Millionen Quadratkilometer, davon fünf Prozent in Afrika und 35 Prozent in Asien, fast 40 Prozent der weltweiten Nahrungsmittel produziert.

Der Anteil an bewässerten Flächen hat sich seit 1960 auf der ganzen Welt fast verdoppelt. 32 Prozent der Abgaben gehen in Europa in die Landwirtschaft, verglichen mit 84 Prozent in Afrika und 88 Prozent im Nahen Osten. In Asien lebt mehr als zwei Drittel der Bevölkerung von den bewässerten Flächen. Das starke Bevölkerungswachstum dieser Gebiete hat eine Intensivierung des Reisanbaus mit sich gebracht. Daher sind die Unterschiede zwischen verschiedenen Regionen der Welt aufgrund von Klima, Art der Kulturen, verwendeten Bewässerungstechniken und Ernteerträgen erheblich. Bewässerung wird in der Landwirtschaft immer unverzichtbarer werden, um den steigenden Nahrungsmittelbedarf zu decken. Künstlich bewässertes Land bietet eine 2,7-mal höhere Produktivität als von Regen bewässertes Land.[86]

Süßwasser für die globale Ernährung

Das meiste Wasser, das von der Landwirtschaft verwendet wird, stammt aus im Boden gespeichertem Regen. Nur etwa 15 Prozent des von Pflanzen verbrauchten Wassers werden durch Bewässerung bereitgestellt. Die Bewässerung benötigt 900 Kubikkilometer Wasser pro Jahr für Nahrungspflanzen sowie weiteres Wasser für Non-Food-Kulturen. Diese Art der Landwirtschaft funktioniert nur in Regionen, in denen es Niederschläge dem Boden ermöglichen, in den wichtigen Perioden des Pflanzenwachstums ausreichend Feuchtigkeit zu speichern. Die nicht bewässerte Landwirtschaft macht etwa 60 Prozent der Produktion in Ländern des globalen Südens aus. Eine gute Bodenvorbereitung, die dazu führt, dass der Oberflächenabfluss in der Nähe der Wurzeln versickert, bewahrt die Bodenfeuchtigkeit. Verschiedene Formen der Wassergewinnung können dazu beitragen, Wasser vor Ort zu speichern. Zudem kann aufbereitetes Wasser dazu beitragen, die Grundwasservorräte wieder aufzufüllen und die Bodenerosion zu reduzieren.[87]

Andere Methoden nutzen den Abfluss, indem dieser im Boden oder in Stauseen oder -dämmen zur Verwendung in Trockenperioden gespeichert wird. In jüngster Zeit haben sich konservierende landwirtschaftliche Praktiken wie Anti-Erosion-Anbaumethoden als wirksam erwiesen, um die Bodenfeuchtigkeit besser zu erhalten. Die Aussichten auf eine Verbesserung des Ertrags der nicht bewässerten Landwirtschaft sind begrenzt, da Niederschläge erheblichen saisonalen und jährlichen Schwankungen unterliegen. Das hohe Risiko von Ernteverlusten durch Trockenperioden und Dürren hält die Landwirte davon ab, in Betriebsmittel zu investieren, seien es Düngemittel, ertragreiche Sorten oder Schädlingsbekämpfung. Die übergeordnete Notwendigkeit für Landwirte in semi-ariden Regionen mit wenigen Ressourcen besteht darin, die Ernährung ihrer Haushalte bis zur nächsten Ernte sicherzustellen. Sie können dieses Ziel erreichen, indem sie robuste, dürreresistente, aber ertragsarme Sorten verwenden.

Im Durchschnitt sind also etwa 40 Prozent des für die Landwirtschaft aus Flüssen, Seen und Grundwasser entnommenen Wassers tatsächlich an der landwirtschaftlichen Produktion beteiligt, der Rest geht durch Verdunstung, tiefe Infiltration oder

Unkrautwachstum verloren. Infolgedessen werden die aktuellen Wasserentnahmen für die Bewässerung weltweit auf 2.000-2.500 km^3 pro Jahr geschätzt. Näher betrachtet benötigen Pflanzen qualitativ und quantitativ ausreichend Wasser für Wachstum und ihre Entwicklung. Dies sollte auch möglichst in Reichweite ihrer Wurzeln sein und zur richtigen Zeit geschehen. Der größte Teil des von einer Pflanze aufgenommenen Wassers wird verwendet, um gelöste Nährstoffe aus dem Boden zu den Luftorganen der Pflanzen zu transportieren, von wo aus es durch Transpiration in die Atmosphäre freigesetzt wird: Die Verwendung von Wasser in der Landwirtschaft ist von Natur aus verbrauchend.[88]

Jede Pflanze hat einen besonderen Wasserbedarf, der je nach den lokalen klimatischen Bedingungen variiert. Ein Indiz dafür ist die Produktion eines Kilogramms Weizen. Dies benötigt etwa 1.000 Liter Wasser, die in die Atmosphäre zurückkehren, Reis braucht ungefähr doppelt so viel. Die Fleischproduktion benötigt zwischen sechs und 20-mal mehr Wasser: Ein Rind braucht 4.000 Kubikmeter Trinkwasser, ein Kilo Rindfleisch 15 Kubikmeter, bei Schafen und Ziegen sind es rund 500 Kubikmeter und pro Kilo Schafs- oder Ziegenfleisch zehn Kubikmeter Wasser, sechs Kubikmeter pro Geflügel, zwei Kubikmeter für Palmöl, anderthalb Kubikmeter für Korn, ein Kubikmeter für Zitrusfrüchte, Hülsenfrüchte, Wurzeln und Knollen. Der globale Wasserbedarf der Nahrungsmittelproduktion kann aus den spezifischen Wassermengen berechnet werden, die zur Herstellung der Nahrung einer Person benötigt werden. So werden für eine Weltbevölkerung von knapp 8 Milliarden Menschen 8.000 Kubikkilometer Wasser benötigt, um die notwendigen Nahrungsmittel zu produzieren, und das ohne Verluste durch den Transport in Bewässerungssystemen.

Ein Viertel der weltweiten Bewässerungsflächen machen rund 67 Millionen Hektar aus. Sie befinden sich in den Ländern des globalen Nordens. Der jährliche Anstieg der bewässerten Flächen erreichte in den 1970er Jahren ein Maximum von drei Prozent und sank in den 1990er Jahren auf nur noch 0,2 Prozent. In diesen Ländern wächst die Bevölkerung nur langsam und daher dürfte die Nachfrage nach und die Produktion von Agrarrohstoffen auch nur langsam steigen. Ein Anstieg in der Bewässerung wird vor allem in den Ländern des globalen Südens mit hohem Bevölkerungswachstum erwartet. Der zunehmende Wettbewerb im Industrie- und Haushaltssektor führt zu einem Rückgang der Gesamtmenge an Wasser, der für die Bewässerung bereitgestellt werden kann. Im Allgemeinen ist der Anteil an bewässerten Flächen in Ländern und Regionen mit einem ariden oder semi-ariden Klima hoch.[89]

Die geringe Menge an bewässertem Land in Subsahara-Afrika verdeutlicht das Problem der unterentwickelten Bewässerungsinfrastruktur. Zahlen, die das Bewässerungspotenzial in diesen Ländern angeben, berücksichtigen schon die sehr niedrige Wasserverfügbarkeit. Ein erheblicher Teil des Bewässerungspotenzials wird bereits in der Region Naher Osten und Nordafrika, wo Wasser ein restriktiver Faktor ist, und in Asien, wo das Land häufig der restriktive Faktor ist, genutzt. Währenddessen bleibt in Afrika südlich der Sahara und in Lateinamerika noch ein erhebliches Potenzial ungenutzt.

Laut Prognosen der Ernährungs- und Landwirtschaftsorganisation der Vereinten Nationen wird erwartet, dass der Anteil der Bewässerung an der globalen landwirtschaftlichen Produktion in den kommenden Jahrzehnten zunehmen wird. Insbesondere in Entwicklungsländern, so wird prognostiziert, wird die Bewässerung erschlossener Flächen bis 2030 um 20 Prozent auf 40 Millionen Hektar zunehmen. Das bedeutet, dass 20 Prozent aller Flächen, die Bewässerungspotenzial haben, aber noch nicht erschlossen sind, bewässert werden, und 60 Prozent aller Flächen mit Bewässerungspotenzial für 402 Millionen Hektar bis 2030 genutzt werden. Der für 2030 prognostizierte Nettozuwachs an bewässertem Land von 40 Millionen Hektar und etwa 0,6 Prozent pro Jahr ist weniger als die Hälfte des Anstiegs der vergangenen 36 Jahre von 99 Millionen Hektar und 1,9 Prozent pro Jahr. Zudem werden weniger bewässerungssichere Flächen erwartet. Die wirtschaftlich attraktivsten Bewässerungsprojekte wurden bereits umgesetzt. Der Anstieg der Preise für landwirtschaftliche Rohstoffe durch die Ukrainekrise und das Embargo in Indien könnte die Landwirte dazu motivieren, in teurere Bewässerungsprojekte zweiter Wahl zu investieren.[90]

Die Ausweitung von bewässerten Flächen erfolgt hauptsächlich durch die Umwandlung von Flächen, die bereits von der regengespeisten Landwirtschaft genutzt werden oder die ohne Bewässerung bewirtschaftet werden könnten, aber noch nicht genutzt werden. Es wird erwartet, dass die Bewässerungsentwicklung in Südasien, Ostasien sowie im Nahen Osten und Nordafrika jedoch am wichtigsten sein wird. In diesen Regionen sind die Möglichkeiten der nicht bewässerten Landwirtschaft begrenzt oder gar nicht vorhanden.

Auf der anderen Seite wird die Ausweitung von Ackerland in vielen Ländern Subsahara-Afrikas und Lateinamerikas sowie in einigen ostasiatischen Ländern ein wichtiger Faktor für das Wachstum der landwirtschaftlichen Produktion bleiben, wenn auch in einem viel kleineren Maßstab als in der Vergangenheit. In den Ländern des globalen Südens wird das Wachstum der Weizen- und Reisproduktion zunehmend zu Ertragssteigerungen führen, während das Wachstum bei Mais weiterhin hauptsächlich auf die Ausweitung der Ackerflächen zurückzuführen sein wird.

Indien schöpft aus seinen letzten Wasserreserven

Anhand von drei Beispielen will Walter die Dringlichkeit der Lage und des daraus entstandenen Wasserstresses veranschaulichen: an Brasilien, Russland und Indien. Bestes Beispiel für diese desolate Entwicklung ist Indien. Seit langem besonders anfällig für Dürre, war der Eintritt Indiens in die „grüne Revolution" in den 1960er Jahren entscheidend für die Verschärfung der Wasserkrise. Ziel war es, die wiederkehrenden Perioden der Hungersnot so weit wie möglich zu verhindern, indem das Land in der Nahrungsmittelproduktion autark wurde. Daher hat Indien seine Landwirtschaft und damit seine Bewässerungstechniken stark weiterentwickelt. Die Landwirte haben jedoch unterirdische Reserven verbraucht, statt oberflächliche Reserven zu nutzen, wie sie es früher in geringerem Umfang getan hatten. „Die grüne Revolution hat zur Entwicklung von Düngemitteln geführt, vor allem aber zur Bewässerung. Wir sind von der Nutzung von Oberflächenwasser aus Seen und Flüssen auf Grundwasser umgestiegen, mit 25 Millionen Bohrlöchern im Land, die zu einem deutlichen Rückgang der Grundwasserleiter geführt haben“, erklärte Jean-Christophe Maréchal vom Bureau des recherches géologiques et minières im Jahr 2016. Die grüne Revolution hat es Indien zwar ermöglicht, seine Unabhängigkeit zu erlangen, doch ist das Land immer noch Teil der „Monsunwirtschaft“, was bedeutet, dass Produktion und Wirtschaft stark von der Monsunzeit abhängen, hauptsächlich in ländlichen Gebieten.[91]

Die Steigerung der Produktion, begleitet von einer Politik der kostenlosen Pumpenzulassungen, hat zu einer intrinsischen demografischen Entwicklung geführt, die gleichzeitig den Wasserbedarf erhöht. Ein wesentlicher Teil des Grundwassers werde innerhalb von zehn Jahren erschöpft sein, wenn sich die Art der landwirtschaftlichen Nutzung nicht ändert.

Verschlimmert wird die Situation zudem durch eine kontraproduktive Politik in den Provinzen: Wenn eine Provinz stromaufwärts liegt, baut sie Dämme, während die flussabwärts liegende ihre Bewässerungssysteme entwickelt, um einen größeren Wasserbedarf und damit die Öffnung von Dämmen zu rechtfertigen. Diese Problematik wird hauptsächlich im Süden des Landes beobachtet, wobei der Norden vom Himalaya-Gebirge mit Wasser versorgt wird. Das verhindert in den nördlichen Provinzen nicht, stark von Dürre betroffen zu sein: Ein dürrebedingter Sandsturm traf 2022 die Bundesstaaten Uttar Pradesh und Rajasthan, knapp 150 Menschen kamen ums Leben. Die Wasserressourcen im Süden des Landes verschwinden und die Provinzen, die mit diesem Mangel konfrontiert sind, kämpfen um eine Lösung. Im Mai 2018 waren Bangalore und sein Bundesstaat Karnataka erneut Schauplatz von Demonstrationen, um gegen die Freigabe eines Teils der Ressourcen des Cauvery River zugunsten des Nachbarstaates Tamil Nadu zu protestieren. Diese Demonstrationen wiederholen sich und führen regelmäßig zu sehr gewalttätigen und sogar tödlichen Zusammenstößen.

Wo ist der Aralsee geblieben?

Entgegen der weit verbreiteten Meinung ist Wasser in Asien keine Seltenheit. Die Verfügbarkeit von erneuerbarem Wasser pro Kopf pro Land liegt im Einzugsgebiet über dem Grenzwert von 1.000 Kubikmeter pro Einwohner pro Jahr: im Jahr 2014 in Kasachstan bei 6.593 Kubikmeter, in Turkmenistan bei 4.727 Kubikmeter, in Kirgisistan bei 4.257 Kubikmeter, in Tadschikistan bei 2.669 Kubikmeter und in Usbekistan bei 1.689 Kubikmeter. Paradoxerweise ist diese Fülle an Wasser für das Austrocknen des größten abflusslosen Salzsees in Zentralasien verantwortlich. Denn sowohl durch den kontinuierlichen Zufluss des Amudarjaflusses als auch durch Niederschläge von etwa 100 Millimeter pro Jahr in dieser Region wurde angenommen, dass der Aralsee nicht völlig austrocknen kann. Der Aralsee war vor den 1960er Jahren der viertgrößte See der Erde mit einer Fläche von 67.500 km^2, einem Volumen von 1.070 Kubikkilometer und einer Tiefe von 66 Metern. Die aralisischen Depressionen, also unter dem Meeresspiegel liegende Gebiete, werden im Südosten von hohen Massiven eingerahmt, den Gebirgen Pamir und Tian Chan. Gut bewässert und mit Schnee und Gletschern bedeckt, speisen diese „Wassertürme" zwei mächtige Flüsse, den Amou Darya und den Syr Darya (78 und 37 Kubikkilometer pro Jahr des durchschnittlichen Jahresflusses), die nach der Bewässerung von Oasen, ihren Lauf im Aralsee beenden. Die Überreste bilden heute der Nördliche Aralsee, der Westliche Aralsee, der zwischen beiden liegende Barsakelmessee und die Wüste Aralkum. Der weiter südlich liegende Aibugirsee wurde schon früher abgetrennt. Sie gehören zu Kasachstan, zu Usbekistan sowie teilweise zu beiden Staaten. Aufgrund der kontinentalen Wetterlagen herrschen Halbwüsten- und Wüstenklima vor.[92]

In den 1930er Jahren schuf Stalin künstlich die fünf zentralasiatischen Republiken Kasachstan, Usbekistan, Turkmenistan, Kirgisistan und Tadschikistan. Die Sowjetunion hat diese Regionen als Reservoir für natürliche Ressourcen und Arbeitskräfte betrachtet. 1960 beschlossen die Sowjets, die Steppen Kasachstans und Usbekistans zu kultivieren, um sie in Baumwoll- und Weizenfelder zu verwandeln. Sie waren für die Textilindustrie und die Ernährung der zentralasiatischen Bevölkerung vorgesehen. Im Jahr 1961 nahm die Wissenschaft an, dass ein Austrocknen des Aralsees viel profitabler sein könnte als seine Erhaltung. In Kasachstan wurden gigantische Bergbaukomplexe und metallurgische Zentren eröffnet, die nie modernisiert worden sind und lokal eine sehr hohe Luftverschmutzung verursachen.

Radioaktive Abfälle aus dem Uranabbau im Westen Kirgisistans werden ungeschützt gelagert und drohen, die Wasserstraßen des benachbarten Usbekistan zu verschmutzen. In der weniger bevölkerten Region Semipalatinsk wurde das „Atomtestpolygon" installiert, das für schwerste Kontamination verantwortlich ist, die immer noch bestehen. In ganz Zentralasien gehen etwa 30 Prozent des Verbrauchswassers durch Infiltration verloren, da die Verteilungssysteme veraltet sind. Die Sowjets leiteten einen Teil der Flüsse um, um ihre Ernten zu bewässern, und entzogen so dem Aralsee jedes Jahr 20 bis 60 Kubikkilometer Wasser.

Zwischen 1960 und 2011 verlor der See mehr als 85 Prozent seiner Fläche und 92 Prozent seines Volumens. Eine Wüste von mehr als 50.000 Quadratkilometer bildete sich, der Aral Koum, bestehend aus salzigen Böden und Dünen. Der Aral als Süßwassersee hat sich nun in ein übersalzenes „totes Meer“ verwandelt. Ende der 1980er Jahre bemerkte die internationale Gemeinschaft mit Erstaunen das Verschwinden des Aralsees. Dies wurde durch die Glasnost (Transparenz)-Politik von Michail Gorbatschow ab 1986 möglich. Entscheidungsträger ignorierten die Ökosysteme im Glauben einer allmächtigen technischen Intervention. Der Mythos einer triumphalen Modernisierung hatte gesiegt.

Der vorübergehende Rückgang der Wassermenge an der Wende zum 21. Jahrhundert erklärt sich aus der tiefen Krise, die die Landwirtschaft während des postsowjetischen Übergangs durchlief. Nun leidet die Landwirtschaft, die Fischereiwirtschaft ist ruiniert. Die Regression der Küstenlinie hat zu einem Rückgang der Feuchtgebiete und Deltas geführt: 90 Prozent der

Fläche der Schilfgürtel und Galeriewälder sind verschwunden. Das Klima wird dadurch beeinträchtigt, denn die Gewässer spielten eine wichtige Rolle als thermische Regler. Die Winter wurden länger und härter und die Sommer heißer als je zu vor. Stürme waren häufiger und heftiger geworden. Diese Kontraktion beraubte 400 000 Einwohnern ihre traditionellen Ressourcen, mit dem Rückgang der Fischerei, Jagd, des Futter- und Holzsammelns.

Zudem wurden 60 Prozent des Abwassers direkt in den ehemaligen Aralsee geleitet, wie Herbizide, Pestizide und Baumwollentlaubungsmittel. Jahrzehntelang hatten sie auf dem Grund des Sees gelegen und landeten nun in der Luft: Vier Millionen Menschen wurden unmittelbar einer schweren Umweltverschmutzung ausgesetzt, was zu einer extremen Verschlechterung ihres Gesundheitszustands führte. Die Ausbreitung der Luftverschmutzung durch den Wind konnte einen Radius von 500 Kilometern erreichen. Trinkwasser ist vollständig verschwunden, es wird nun in die Zisternen oder Röhren in den Städten und Dörfern geliefert, die nicht aufgegeben worden sind.

Die Säuglingssterblichkeit und Krankheiten wie Hepatitis, Typhus und Krebs sind gestiegen. Trotz der Verurteilung dieser Praxis machen die Regierungen der zentralasiatischen Staaten weiter wie bisher. Das tägliche Leben der Bevölkerung hängt weitgehend von der Hydro-Landwirtschaft ab: Die riesige Verschwendung von landwirtschaftlichem Wasser erfolgt durch ein veraltetes Bewässerungsnetz inklusive des Kara-Koum-Kanals. Die größte Herausforderung wird sein, die Grundbedürfnisse der 40 Millionen Einwohner des Beckens zu decken.[93]

Das Drama der Wälder und der Wüstenbildung

Abholzung heißt das Stichwort. Es geht nicht darum, einige Bäume für die Gesundheit des Waldes zu fällen. Nein, es geht um einen Genozid. Es wird geschätzt, dass jedes Jahr rund 150.000 Quadratkilometer Waldfläche weltweit abgeholzt werden, das entspricht der dreieinhalbfachen Fläche der Schweiz. Die Ursachen für diese Tragödie sind vielfältig: die Nutzung von Holz, der Bodenschutz für die Landwirtschaft, saurer Regen durch Luftverschmutzung, klimatische Gefahren, Brände und schließlich biotische Aggressionen, wie die von Pilzen oder anderen Insekten an Bäumen. Das größte Opfer ist der Amazonas. Unser größter Regenwald auf der Welt. Mit seiner besonders reichen Artenvielfalt ist er dennoch von massiver Entwaldung durch landwirtschaftliche Betriebe betroffen. Das International Forest Management Board hat ein Zertifizierungssystem entwickelt, das globale Anforderungen an eine nachhaltige Waldbewirtschaftung stellt, das FSC-Siegel; akkreditierte unabhängige Zertifizierungsgesellschaften stellen das Zertifikat aus und führen regelmäßige Kontrollen durch. Das Zertifikat stellt sicher, dass ein Wald verantwortungsvoll bewirtschaftet wird. Auf einem Produkt angebracht, soll das Zertifikat ein Garant dafür sein, dass es aus Holz aus einem nach Standards bewirtschafteten Wald hergestellt wird. Prozentual haben dieses Zertifikat 51 Prozent der Wälder in Europa, 31 Prozent in Nordamerika, zwölf Prozent in Lateinamerika und der Karibik, 3,5 Prozent in Asien-Pazifik und nur 2,5 Prozent in Afrika.[94]

„Die einem Fußballstadion entsprechend große Fläche Tropenwald wird alle fünf Sekunden zerstört. Genau die Zeit, die Sie brauchen, um diesen Satz zu lesen." Mit solch einprägsamen Aktionen arbeitet die Biologin Wangari Muta Maathai. Sie startete 1977 die „Green Belt Movement" (GBM), um unter anderem die

Biodiversität zu fördern und zu schützen sowie Böden zu erhalten. Fast 80 Prozent der 20 Millionen Bäume, die die Bewegung gepflanzt hat, hat überlebt. Heute beschäftigt die Bewegung 80.000 Menschen, meist auf dem Land. Wangari Muta Maathai erhielt 2004 den Friedensnobelpreis „für ihren Beitrag zu nachhaltiger Entwicklung, Demokratie und Frieden". In Brasilien erweist sich die beispiellose Ausweitung des Sojaanbaus, der hauptsächlich den europäischen und chinesischen Fleischkonsumenten zugutekommt, als äußerst schädlich für die Wasserressourcen. Sie werden direkt für die Bewässerung, die induzierte Umweltverschmutzung und schließlich die Entwaldung im Zusammenhang mit der Rodung neuer Flächen verwendet. Brasilien verfügt über zwölf Prozent des weltweiten Süßwassers. Doch das Wasser ist zwischen den Regionen und vor allem zwischen Arm und Reich schlecht verteilt.[95]

80 Prozent des brasilianischen Süßwassers befinden sich im Amazonasbecken. In der Mündung des Amazonas kommen die Schiffe aus dem Nahen Osten nach Belém, um zu entgasen und ihre Laderäume illegal mit Süßwasser zu füllen. Wasserdiebstahl für die trockensten Regionen der Welt, heißt es. Das Land hat einen der größten unterirdischen Seen der Welt, den Guarani-Aquifer, der sich im Untergrund von acht Staaten auf einer Fläche von 1,2 Millionen Quadratkilometer befindet. Dieses riesige Süßwasserreservat wird durch verschiedene Faktoren bedroht, wie zum Beispiel homogene Eukalyptus-Aufforstungsstationen in Espíritu Santo (ein erwachsener Eukalyptusbaum pumpt 700 Liter Wasser pro Tag in den Boden) oder Hunderte von Stauseen und Flusstransportprojekten, enorme Verschmutzung, Verarmung und Dürre. Bewässerung und Wasserversorgung sind oft in den Händen der Elite. Die Privatisierung nimmt zu.

Die Explosion der brasilianischen Sojabohnenexporte nach China, Europa, Japan und Indien ist auch ein Export von billigem Land, einer Fülle von Wasser und Energie zu einem zu niedrigen Preis. China hat sieben Prozent des weltweiten Ackerlandes, beherbergt aber 20 Prozent der Weltbevölkerung. Die Wüste Gobi, ein riesiges Gebiet im nördlich-zentralen Teil dieses Landes, schreitet auf besorgniserregende Weise voran. China versucht, den Vormarsch der Wüste einzudämmen, und sucht gleichzeitig nach Land und Wasser auf anderen Kontinenten. Dies erklärt die erheblichen Investitionen in Brasilien, da das sich ändernde Nahrungsmittelkonsummuster der Chinesen immer mehr Protein erfordert. Vor ihrer Erweiterung im Jahr 2004 waren in der EU sechs Prozent der Weltbevölkerung beheimatet, aber 20 Prozent der Milchprodukte wurden dort hergestellt und 50 Prozent des Weltmarktes für diese Produkte wurden von ihr dominiert. Diese intensive Landwirtschaft ist durch den Import von Wasser, Land und Energie in Form von Tierfutter möglich, insbesondere durch brasilianische Sojabohnen. Der Fleischkonsum der Europäer, einer der höchsten der Welt, wird durch den intensiven Anbau von Sojabohnen in Brasilien ermöglicht.[96]

Massenentwaldung durch Waldverbrennung nehmen im Amazonasgebiet zu. In drei aufeinanderfolgenden Jahren wurden fast 23.000 Quadratkilometer Wald entwurzelt, verglichen mit den 18.000 „aktuellen“ Quadratkilometern der vergangenen Jahre. Das „Deter“-System schätzt, dass im Jahr 2004 zwischen 23.100 und 24.400 Quadratkilometer Wald abgeholzt wurden. Eine der „brennendsten“ Fragen in Brasilien lautet, wer für die Entwaldung verantwortlich ist. Beim „Runden Tisch für verantwortungsvolle Sojabohnen“ am 17. und 18. März 2005 wurde während des Kongresses das Wort „nachhaltig“ in „verantwortungsbewusst“ umgeändert. Die „Amaggi Group“ und die großen Monokultur-Grundbesitzer zeigten mit dem anklagenden Finger auf

Sägewerke und Züchter. Ocimar de Camargo Villela von der Amaggi Group erklärte stolz: „Die Amaggi Group hat 130.000 Hektar Sojabohnen gepflanzt und verfügt zusätzlich über 110.000 Hektar ‚legales Holz'." Entweder Wälder oder Savannen (Cerrados), die sie erhalten müssen. Er vergaß jedoch zu sagen, dass diese 130.000 Hektar vor allem abgeholzt werden mussten. Das ISA (Socio-Environmental Institute) sowie Friends of the Earth stellten kategorisch fest: Soja beschleunigt die Entwaldung. Dies basiert auf offiziellen Daten. Binnen drei Jahren hat die Sojaanbaufläche in den südöstlichen Regionen des Landes um 40 Prozent und im mittleren Westen um 66 Prozent zugenommen. Der Bundesstaat Mato Grosso liegt in der letzteren Region. Zwischen 2001 und 2004 nahm die Entwaldung in diesem Bundesstaat um 52 Prozent zu. Die Beschleunigung begann 1999, als der Aktienkurs der brasilianischen Währung Real gegenüber dem nordamerikanischen US-Dollar stieg und damit das Interesse an der Ausbeutung zunahm.

Soja, das grüne Gold

Seitdem ist die Ausbeutung von grünem Gold äußerst profitabel geworden. Als der Preis für Sojabohnen einige Jahre später historische Höchststände auf dem Weltmarkt erzielte, konnte dieser Expansion nichts mehr im Wege stehen. Dies erklärt, warum die Steuern auf Entwaldung ab 2001 extrem hoch waren. Im landwirtschaftlichen Jahr 1990/1991 hatte Brasilien 9,74 Millionen Hektar mit Sojabohnen bepflanzt; in den Jahren 2000/2001 13,97 Millionen Hektar. Der „große Boom" fand daher nach 2001 statt, mit 21,24 Millionen Hektar, die im Agrarjahr 2003/2004 bepflanzt wurden. Wie ist das alles mit einer so strengen Umweltgesetzgebung möglich? Moacir Pires, Umweltberater bei Mato Grosso, sagte: „Sojabohnen anzupflanzen ist wie Gold zu gewinnen.[97] Wenn der Goldpreis steigt, werden die Menschen von der Suche nach Gold angezogen. Das Gleiche gilt für Sojabohnen." Neben dem direkten Wasserverbrauch und der damit verbundenen Verschmutzung durch Düngemittel und Pestizide hat der Sojaanbau durch die Entwaldung auch weitere Folgen für die Ressource Wasser. Infolge der intensiven Entwaldung, die durch die Ausweitung des Sojaanbaus verursacht wird, scheint das hydrologische Regime nicht nur im Amazonasbecken, sondern in ganz Lateinamerika aus dem Gleichgewicht zu geraten. Im Jahr 2004 hatte ein Beitrag in der Tageszeitung *O Globo* Alarm geschlagen.

Mögliche Zerstörung des Wasserkreislaufs

Die Entwaldung kann schwerwiegende Folgen für die brasilianische Wirtschaft haben. Die Zerstörung des Amazonas-Regenwaldes wird zu tiefgreifenden Veränderungen des Klimas in ganz Südamerika führen. Die Wüstenbildung im Norden des Landes könnte das hydrologische System des Kontinents drastisch beeinträchtigen und riesige Trockenzonen in den zentral-westlichen, südöstlichen und südlichen Regionen Brasiliens schaffen, die für 80 Prozent des brasilianischen Bruttoinlandsprodukts verantwortlich sind. Die Warnung wurde vom Forscher Antônio Nobre vom INPA (National Research Center of the Amazon) ausgesprochen. Ihm zufolge „werden die Rinder und Sojabohnen, die im Amazonas ankommen, das Land teuer zu stehen kommen". „Das Problem ist nicht, dass sich der Amazonas in eine Savanne verwandelt, es ist viel ernster als das.[98] Es ist die Rede von einer möglichen Zerstörung des Wasserkreislaufs in Südamerika, der Wüstenbildung von São Paulo, Mato Grosso und Paraná", sagte Nobre." In den letzten fünf bis zehn Jahren sind im Cerrado durch intensiven Sojaanbau 300 Flüsse ausgetrocknet. Sie gehören jedoch zu den wichtigsten Nebenflüssen der großen Flüsse, die Brasilien so reich an Wasserressourcen machen. Da die

Brasilianer vieles im Überfluss haben, scheinen sie sich nicht darum zu kümmern und verschwenden viel.

Wasserfresser Industrie

Der Wasserverbrauch in der Industrie macht etwa 20 Prozent des weltweiten Verbrauchs aus. Obwohl die verwendete Menge je nach Land und Wirtschaftszweigen variiert, ist die Industrie immer noch sehr gierig nach Wasser, unabhängig davon, ob es trinkbar ist oder nicht. Meistens wird es nicht einmal vollständig verwendet und regelmäßig direkt in die Flüsse abgeleitet. Die einzelnen Industriezweige sind wie folgt aufgeteilt: Chemie-Pharmazie 49 Prozent, Abfallwirtschaft zehn Prozent, Holz, Papier, Pappe acht Prozent, Metallerzeugung und -verarbeitung sieben Prozent, Agrar- und Ernährungswirtschaft - Erzeugnisse pflanzlichen Ursprungs fünf Prozent, Verschiedenes, Agrar- und Ernährungswirtschaft – tierische Erzeugnisse vier Prozent, und Ernährungswirtschaft – sonstige Erzeugnisse vier Prozent, Öl und Derivate vier Prozent, Produktextraktion und -herstellung Mineralien drei Prozent, Mechanische Metallbearbeitung zwei Prozent, Textil- Leinenverleih – Gerbereien 0,4 Prozent. Die Textilindustrie verdient Walters besondere Aufmerksamkeit. Aufgrund des Anbaus von Baumwolle, ob biologisch oder nicht, ist sie die mit Abstand gierigste und umweltschädlichste aller Tätigkeitszweige.[99]

Nicht weniger als 10.000 Liter Wasser werden benötigt, um ein Kilogramm Baumwolle zu produzieren. Das sind 2.500 Liter pro 250 Gramm T-Shirt, und sogar 7.000 bis 10.000 für eine Jeans. Jedes Jahr werden weltweit mehr als 80 Milliarden Kleidungsstücke hergestellt, ohne das Wasser mitzuzählen, das für Farbstoffe, chemische Behandlungen usw. verwendet wird. Weitere Beispiele: 400 bis 11.000 Liter Wasser pro Kilo Viskose, 300 bis

600 Liter Wasser pro Kilo Stahl, 300 bis 400 pro Kilo Zucker, 100 Liter Wasser für einen Liter Alkohol, 60 bis 400 Liter pro Kilo Karton, 35 Liter pro Kilo Zement, ein bis zwei Liter pro Kilo Kunststoff.[100]

Der Wasserverbrauch steht im Mittelpunkt vieler industrieller Prozesse. Wasser ist an vielen industriellen Prozessen beteiligt, es wird zum Waschen und zur Abfallentsorgung, für Kühlanlagen oder zum Betrieb von Kesseln verwendet. Die Kühlung von Anlagen macht den größten Teil des industriellen Verbrauchs aus. Die Rücknahmen für die Industrie machen 3,3 Milliarden Kubikmeter Wasser oder zehn Prozent der Entnahmen aus, die im Zusammenhang mit Industrietätigkeiten seit 1999 um 20 Prozent zurückgegangen sind. Dieser Rückgang erklärt sich hauptsächlich durch die Verlangsamung bestimmter industrieller Tätigkeiten, die Verbesserung wirtschaftlicherer Prozesse und den Einsatz geschlossener Kreisläufe.

Wasser für die Rechenzentren

Zusätzlich sind neue Industriezweige entstanden, die energieintensiv sind. Die Herstellung eines Computers zum Beispiel erfordert l.240 Kilogramm fossile Brennstoffe, 2,2 Kilogramm Chemikalien und mehr als eine Tonne Wasser. Laut International Telecommunication Union wurden 2022 fast 410 Millionen Computer, also mehr als 13 Geräte pro Sekunde verkauft. Das würde anhand der oben genannten Zahl über 410 Millionen Tonnen Wasser pro Jahr weltweit bedeuten. Die Zahlen des Wasserverbrauchs der weltweiten Rechenzentren sind nicht verfügbar, doch es ist klar: Ihre Kühlung braucht erhebliche Mengen Wasser.[101] Dazu kommen beispielsweise die neuen Kryptowährungen, die viele Rechenkapazitäten benötigen. Dabei liegt nur der Verbrauch der Netzwerke in TWh (Terawattstunden) vor.

Deutschland zum Beispiel verbraucht etwa 500 TWh pro Jahr, Schottland oder Nigeria rund 25 TWh pro Jahr. Eine Terawattstunde entspricht einer Milliarde Kilowattstunden (kWh). Zum Vergleich: Eine kWh ist so viel Energie, dass man sich damit eine Stunde lang mit einem 1000-Watt-Föhn die Haare trocknen könnte. Die Kryptowährungen sind ebenfalls energieintensiv: Bitcoin braucht jährlich 26,05 TWh, Ethereum 9,68 TWh, Visa 0,5406 TWh und Ripple 0,0005361 TWh. Anders ausgedrückt: Der Betrieb des Bitcoin-Netzwerks entspricht dem Energieverbrauch eines Staates wie Nigeria.[102]

Der Industriesektor weist zudem deutliche regionale Unterschiede auf, die den Standort der Industrietätigkeiten widerspiegeln. In Frankreich zum Beispiel ist die Erzeugung von elektrischer Energie hauptsächlich nuklearen Ursprungs bei weitem der Sektor, der die größten Wassermengen benötigt. Im Jahr 2009 wurden 64 Prozent der Entnahmen bzw. 21,5 Milliarden Kubikmeter Wasser im Oberflächenwasser zur Kühlung konventioneller Wärme- und Kernkraftwerke verwendet. Aber fast 90 Prozent der Entnahmen für die Stromerzeugung werden in die natürliche Umgebung, in die Nähe des Pumppunkts, zurückgeführt. Seit den frühen 1990er Jahren sind die Wasserentnahmen mit dem Übergang von einer großen Anzahl von „offenen Kreislauf" – Kraftwerken, die mehr Wasser aufnehmen – zu einem „geschlossenen" Kreislauf zurückgegangen.

Die Wasserkraft ist nach der Kernenergie in Frankreich die zweite Produktionsform und deckt 13 Prozent der französischen Stromerzeugung. Die 1.800 hydraulischen Anlagen in Frankreich sind die ersten erneuerbaren Stromquellen der Welt. Solarthermie und Kohle haben den höchsten und nicht-thermische erneuerbare Energien wie Wind- und Solar-Photovoltaik den niedrigsten Wasserverbrauch. Viele unterschiedliche Quellen und verschiedene Projektionen und Hochrechnungen der zukünftigen

Energiemixe stellen den Hauptgrund für die dramatischen Unterschiede und die verschiedenen Definitionen des Wasserverbrauchs dar.[103] Ein Beispiel für Kalkulationsinkonsistenzen: Die International Energy Agency (IEA) behauptet, dass die Wassermenge, die in den Biokraftstoffsektor fließt, gering ist, während der World Energy Council (WEC) schätzt, dass 90 Prozent der Energie und des damit verbundenen Wasserverbrauchs mit der Produktion von Biokraftstoffen zusammen hängt. Daher besteht Bedarf an einer einheitlichen Methode zur systematischen Lebenszyklusanalyse von Wasser bei der Energieerzeugung.

Der prozentuale Anstieg der Energieerzeugung verschiedener Energiequellen zwischen 2012 und 2035 kann jedoch anhand der Energiequellen und ihres Anstiegs wie folgt veranschlagt werden: Konventionelle Flüssigkeiten 42 Prozent, Biokraftstoffe 75 Prozent, unkonventionelle Flüssigkeiten 129, Erdgas 42, Kohle 33 Prozent, Atomkraft 70 Prozent, Hydroelektrische Energie 64 Prozent, Solarenergie 212 Prozent, Windenergie 154 Prozent, Geothermische Energie 115 Prozent und sonstige erneuerbare Energien 44 Prozent.[104]

Demnach nimmt die Energieerzeugung aller Energiequellen deutlich zu, wohl als Reaktion auf den erheblichen Anstieg des Energiebedarfs im Zeitraum 2012 bis 2035. So führten in den USA zum Beispiel Subventionen und Mandate zu einer erheblichen Verwendung von Biokraftstoffen, die 70- bis 400-mal höher liegen im Vergleich zu traditionellen Energiequellen, was den Wasserfußabdruck betrifft. Der Ausbau der Energiegewinnung aus Bioenergie benötigt 1000-mal mehr Wasser als Benzin. Hydrofracking, als eine weitere beliebte Energieversorgungsalternative, wurde als sehr wasserintensiv eingestuft. Diese Reihe von Maßnahmen wirken sich sowohl auf die Standortbestimmung als auch bei den Bohrungen auf das Oberflächen- und Grundwasser aus.[105]

Regelmäßige Öl- und Gasförderprozesse benötigen auch Wasser für Bohrungen und Förderungen. Die Großwasserkraft als eine der ältesten erneuerbaren Energiequellen erzeugt einen relativ hohen Wasserfußabdruck, der hauptsächlich auf die Verdunstung aus großen Stauseegebieten zurückzuführen ist. Die Wassermenge, die täglich aus Wasserreservoiren in den USA verdunstet, wäre genug, um den Bedarf von 50 Millionen Menschen zu decken. Konzentrierende Solarenergie benötigt auch eine beträchtliche Menge an Wasser, um Dampfturbinen anzutreiben. Andere Energiequellen oder Energieproduktionsprozesse erfordern unterschiedliche Wasserversorgungsniveaus.[106]

Windkraft und Solar bzw. Photovoltaik sind zum Beispiel dafür bekannt, sehr umweltfreundlich zu sein und keinen Wasserfußabdruck zu hinterlassen. Die im Herstellungsprozess benötigte Wassermenge kann jedoch bei großflächiger Implementierung dieser Energietechnologien, insbesondere an Orten, an denen die Technologie noch vorhanden ist, als unreif oder ineffizient wirken. Darüber hinaus erfordern diese Technologien eine Absicherung durch Kohle, Kernenergie oder Erdgas für die Gewährleistung einer ausreichenden Energieversorgung, wenn Wind oder Sonne nicht zur Verfügung stehen, was wiederum zu mehr Wasserverbrauch zu Kühlzwecken führt. Der internationale Handel von Energie verschiedener Quellen, wie Öl, Erdgas, Kohle und Biokraftstoffe, sowie der Austausch von Energieerzeugungstechnologien, wie Windkraftanlagen und Sonnenkollektoren, üben Druck auf den globalen Wasserkreislauf aus.[107]

In Deutschland wird das Wasser knapp

In Deutschland steht die Errichtung einer Autoproduktionsstätte durch Tesla im Bundesland Branchenburg exemplarisch für den unvernünftigen Umgang mit Wasser, denn die Fabrik steht mitten in einem Naturschutzgebiet. Dabei sinkt in Deutschland vor allem der Grundwasserspiegel bedenklich; in 20 Jahren hat es Wasser im Umfang des Bodensees verloren. Regentage allein reichen nicht, um dem Problem entgegenzuwirken. Das zeigen aktuelle Daten der Grace Satelliten, die Jay Famiglietti, Direktor des Global Institute for Water Security an der Universität im kanadischen Saskatoon, im Auftrag der NASA und des Deutschen Zentrums für Luft- und Raumfahrt ausgewertet hat. „Der Wasserrückgang in Deutschland beträgt etwa 2,5 Gigatonnen oder Kubikkilometer im Jahr. Damit gehört es zu den Regionen mit dem höchsten Wasserverlust weltweit“. [108] Selbst, wenn es längere Zeit kräftig regnet, kommt immer weniger Wasser in unsere Grundwasserreservoiren an. Denn es dauert viele Monate, bis Regenwasser von der Erdoberfläche durch die verschiedenen Erd- und Gesteinsschichten durchgesickert ist und sich die unterirdischen Wasseradern nach einer längeren Trockenperiode wieder gefüllt haben. Gemessen wird der Zustand der Grundwasserspeicher von den GRACE-FO-Satelliten (Gravity Recovery and Climate Experiment Follow On), die seit 20 Jahren die Schwankungen der Schwerkraft der Erde messen, die sich durch den unterschiedlichen Wassergehalt verändert. Während sich Gebirge und der Meeresboden kaum verändern, erzeugt die Verlagerung von großen Wassermengen durch Verdunstung, Regenfälle oder Abfluss ins Meer brauchbare Daten, die die Forscher mit früheren Messergebnissen der GRACE-Mission und mit Daten von Bodenstationen vergleichen können.[109]

Teslas Gigafactory im Wasserschutzgebiet

Obwohl das Wasser immer knapper wird, steigt der Verbrauch seit Jahren an, vor allem in der Industrie und der intensiven Landwirtschaft. Besonders in den viel zu trockenen Sommern der vergangenen Jahre hat die Landwirtschaft immer häufiger bewässern müssen, weil ihre Pflanzen auf den Feldern verdorrten. Regional hat dies vereinzelt bereits zu erheblichen Schwierigkeiten bei der öffentlichen Wasserversorgung geführt. Geeignete Schutzmaßnahmen sind notwendig, um dem Wassermangel entgegenzutreten. Kaum ein Bundesland kämpft so sehr gegen Wasserknappheit wie Brandenburg. Trotzdem fließen riesige Wassermengen in Teslas neue Fabrik bei Berlin. Die Gigafactory in Grünheide befindet sich auf einer Fläche von 300 Hektar zu rund zwei Dritteln im Wasserschutzgebiet Erkner-Neu Zittau, Wasserschutzzone III A und III B. Für die erste Ausbaustufe wurden etwas über 90 Hektar Wald gerodet. Dort sollen bald eine halbe Million Autos produziert werden.[110]

Pro Jahr benötigt das neue Werk bis zu 1,4 Millionen Kubikmeter Wasser, so steht es in den Genehmigungsunterlagen. Das entspricht ungefähr dem Wasserverbrauch einer mittelgroßen Stadt mit 30.000 Einwohnern. Im ersten Antrag an die Brandenburger Behörden hatte Tesla noch ein mehr als doppelt so hohes jährliches Wasservolumen einkalkuliert – bis zu 3,3 Millionen Kubikmeter. Moderne Herstellungsverfahren beim Autobau und vor allem bei der üblicherweise sehr wasserintensiven Batterieherstellung hätten den erwarteten Verbrauch allerdings deutlich gesenkt, so das Unternehmen. Klar ist: Die Tesla-Fabrik steht in einem der trockensten Bundesländer Deutschlands. Das Wasserproblem ist auf den ersten Blick nicht sofort zu erkennen. Es liegt metertief unter der Erde, obwohl es hier die meisten Seen der Bundesrepublik gibt. Tesla hat sich mit der Genehmigung des Landes Brandenburg seine Versorgung bis zum Jahr 2050 gesichert. Statt mit Blick auf die unsichere Wassersituation einen kürzeren Genehmigungszeitraum anzupeilen, hat das Landesamt für Umwelt die maximale Spanne genehmigt.[111]

Was sind eigentlich Wasserschutzgebiete?

In Deutschland sind es Gebiete, in denen zum Schutz von Gewässern (Grundwasser, oberirdische Gewässer, Küstengewässer) vor schädlichen Einflüssen besondere Ge- und Verbote gelten, um das Wasser vor Verunreinigungen zu schützen. Wasserschutzgebiete sind von Naturschutzgebieten und anderen Schutzgebieten nach dem Bundesnaturschutzgesetz zu unterscheiden. Gebiete können zugleich etwa Wasser- und Naturschutzgebiet sein. So fällt beispielsweise ein Teil des Naturschutzgebietes Eldena gleichermaßen in die Schutzzone III des Trinkwasserschutzgebietes Groß Schönwalde. Die Festsetzung von Schutzgebieten erfolgt durch Rechtsverordnungen der zuständigen Landesregierungen. Die Landesregierungen können diese Ermächtigung durch Rechtsverordnungen auf andere Landesbehörden, zum Beispiel auf die unteren Wasserbehörden, übertragen, die in den Landkreisen angesiedelt sind.[112]

Die Tesla-Gigafactory befindet sich in einer Wasserschutzzone III. Was bedeutet das? Eine Wasserschutzzone I schützt Brunnen im Nahbereich und hat einen Radius von mindestens zehn Metern. Bei Talsperren soll die Schutzzone I den Stausee, die Vorsperren, die Uferflächen sowie die Krone des Absperrbauwerks umfassen. Eine Wasserschutzzone II ist enger bemessen. Hier soll die Fließzeit zu den Brunnen mindestens 50 Tage betragen, um Trinkwasser vor bakteriellen Verunreinigungen zu schützen. Bei sehr günstigen Untergrundverhältnissen soll die Grenze mindestens 100 Meter Abstand von der Wassergewinnung haben. Eine Wasserschutzzone III wie bei Tesla umfasst das gesamte Einzugsgebiet der geschützten Wassergewinnung. Dabei gelten Verbote wie beispielsweise das Ablagern von Schutt, Abfallstoffen, wassergefährdenden Stoffen, die Verwendung etwa von Gülle, Klärschlamm, Pflanzenschutz- und Schädlingsbekämpfungsmitteln sowie Massentierhaltung, Kläranlagen, Sand- und Kiesgruben. In allen Schutzzonen ist die geothermische Nutzung eingeschränkt. Die Regelungen im Detail sind regional sehr unterschiedlich.

Nicht alle Regionen Deutschlands sind gleich stark von der Dürre betroffen. Im Nordosten ist es laut UFZ-Dürremonitor des Helmholtz-Zentrums für Umweltforschung besonders trocken. Der Osten ist seit einiger Zeit stark in besonderem Maße von Dürren betroffen. Laut Experten des Deutschen Wetterdienstes handelt es sich dabei um eine Folge der Klimakrise, die sich dort früher und extremer bemerkbar mache als in anderen Bundesländern. Sachsen-Anhalt, Mecklenburg-Vorpommern und Brandenburg sind die Bundesländer, die zuletzt stark von Dürre betroffen waren. Niedersachsen verlor zuletzt 1,5 Meter an Grundwasser. Den westlichen Bundesländern, wie dem Saarland, geht es dagegen sehr gut. Was die Regenmenge betrifft, gibt es in Deutschland teils enorme Unterschiede. Beispielsweise fallen in Brandenburg nur etwa 500 Liter Niederschlag pro Quadratmeter im Jahr, während es im Alpenvorland bis zu 2.000 Liter sind.

Weniger Wasser pro Mensch, aber mehr Menschen

Zum erhöhten Wasserverbrauch auf der Welt trägt der Mensch zwischen acht und zehn Prozent bei. Laut der Weltgesundheitsorganisation (WHO) wird ein Subsistenzminimum von 20 Litern Wasser pro Tag und Person empfohlen, um die Grundbedürfnisse der Flüssigkeitszufuhr und der persönlichen Hygiene zu decken. Man spricht von einem anständigen Leben ab 50 Liter Wasser und von echtem Komfort ab 100 Liter Wasser pro Tag und Person. Dabei werden auch 2.000 Liter pro Tag berechnet, um einen Menschen zu unterstützen, also das Wasser, das für die Lebensmittelkette notwendig ist, die ihn ernährt. Das ist viel mehr als die zwei Liter pro Tag, die von einer Person im Durchschnitt getrunken werden. Im weltweiten Durschnitt werden pro Jahr und Einwohner der Erde 1.385 Kubikmeter Wasser verbraucht. Nach einer Schätzung von UNICEF ist der Wasserverbrauch pro Kopf und Jahr im Durchschnitt 600 Kubikmeter pro Wohnfläche pro Jahr oder 137 Liter pro Tag. Nicht nur für seine Nahrung braucht der Mensch Wasser, sondern auch zum Kochen, Waschen und zur Körperpflege. Der gesamte jährliche Wasserverbrauch der Welt entspricht 3.800 Kubikkilometern oder 3.800.000.000.000.000.000 Liter Wasser![113]

Alle Länder des globalen Nordens liegen deutlich über diesen Schwellenwerten. Nach Angaben von Eurostat, Ifen und dem Weltwasserrat brauchen Kanada, die USA, Japan, Australien und die Schweiz im Durchschnitt mehr als 250 Liter pro Person am Tag. In Finnland, Italien, Spanien, Portugal, Südkorea, Griechenland und Schweden sind es zwischen 160 und 250 Liter. Dänemark, Großbritannien, Österreich, Frankreich, Luxemburg und Irland liegen zwischen 130 und 160 Liter. In Deutschland, den Niederlanden, Belgien, Ungarn, Bulgarien, Polen und Tschechien sind es weniger als 130 Liter. Asien und Lateinamerika benötigen 50 bis 100 Liter und Subsahara-Afrika zehn bis 20 Liter.[114] Walter ist mit den Zahlen etwas überfordert, denn schon wieder sind die Daten zwischen den 1993 Staaten so unterschiedlich wie die klimatischen Verhältnisse.

Die Länder des globalen Nordens können viele Daten veröffentlichen, während die Daten zum täglichen menschlichen Wasserverbrauch im globalen Süden mangelhaft sind. Während der Covid-19-Pandemie wurden Hygienepläne aufgestellt, die eine häufige „gründliche Händehygiene durch Händewaschen mit Seife für 20 bis 30 Sekunden“ vorsehen. Sechs bis 10-mal Händewaschen am Tag wurde dabei als normal eingestuft. Abhängig vom Wasserdruck und Öffnungsgrad des Hahns verbraucht man drei

Liter Wasser bzw. mehr, wenn während des Einseifens der Hände das Wasser weiterläuft. Das sind zwischen 18 und 30 Liter pro Tag. Für Walter wird klar, dass in vielen Ländern ohne Zugang zu sauberem Trinkwasser die Pandemie sehr schwer zu meistern war.[115]

In Deutschland sind die Zahlen greifbarer. Der Wasserverbrauch pro Person hat gegenüber dem Jahr 1990 deutlich abgenommen. Der tägliche Pro-Kopf-Verbrauch von Trinkwasser betrug im Jahr 2020 rund 129 Liter Wasser, in den neuen Bundesländern teilweise deutlich darunter. Vor knapp 30 Jahren verbrauchte ein Einwohner in Deutschland viel mehr, und zwar rund 147 Liter Wasser am Tag. Gründe hierfür können zum einen ein stärkeres Bewusstsein für die Ressource Wasser sowie optimierende Technologien wie wassersparende Waschmaschinen sein.[116]

35 Prozent des gesamten Wasserverbrauchs werden im Haushalt allein für Baden, Duschen und Körperpflege benötigt. Beim Duschen wird der Wasserverbrauch auf durchschnittlich etwa 18 Liter Wasser pro Minute berechnet. Bei einer zehnminütigen Dusche können somit bis zu 150 Liter Wasser verbraucht werden. Bei einer Badewannenfüllung werden rund 150 bis 180 Liter Wasser und bei jedem Toilettengang je nach Alter und Nutzung einer Spartaste zwischen drei und 16 Liter verbraucht. Der Wasserverbrauch einer Spülmaschine und einer Waschmaschine liegt je nach Alter und Größe des Modells zwischen neun und zwölf Litern Wasser pro Spülgang und zwischen 50 und 70 Liter pro Waschgang. Zudem verbraucht jeder Deutsche pro Tag fünf Liter sauberes Trinkwasser in den Bereichen Raumreinigung, Autopflege und Garten.[117]

Um über den westlichen Tellerrand zu blicken, sucht sich Walter Beispiele aus dem Reich der Mitte. Die Region um Chinas

Hauptstadt gehört zu den trockensten der Welt. Um mehr als 20 Millionen Einwohner mit Wasser zu versorgen, laufen riesige Kanäle vom Süden in den Norden des Landes. Doch das löst nicht alle Probleme. Im Mentougou, einem im Westen der chinesischen Hauptstadt Peking gelegenen Stadtteil, fließt der Fluss Yongding. Bereits in den 1980er-Jahren war das Wasser weniger geworden, in den 1990er-Jahren war der Fluss ausgetrocknet. Wasser wird nun von außerhalb nach Peking geleitet. Die Hauptstadt hat ein enormes Wasserproblem. Wenn in einer Gegend weniger als 1.000 Kubikmeter Wasser pro Person im Jahr zur Verfügung stehen, spricht man international von Wasserknappheit, unter 300 Kubikmetern von extremer Wasserknappheit. In der Hauptstadtregion stehen pro Person nur 170 Kubikmeter Wasser zur Verfügung. Wenn man die Menschen mitrechnet, die nicht offiziell gemeldet sind, sind es sogar weniger als 100 Kubikmeter. In den vergangenen Jahrzehnten hat sich der Wasserbedarf vervielfacht.[118]

Die chinesische Hauptstadt ist immer größer geworden und damit ist der Verbrauch extrem gestiegen. In Peking lebten in den 1950er-Jahren zwei Millionen Menschen in der Hauptstadtregion. Um der extremen Knappheit zu begegnen, werden in China schon seit Jahren riesige Wassermengen aus dem Süden, wo es mehr Wasser gibt, in den trockeneren Norden des Landes befördert. Entnommen wird das Wasser dem Jangtse und seinen Zuläufen und dann über Pumpstationen und ein gigantisches Netzwerk aus Kanälen und Wasserpipelines, das immer weiter ausgebaut wird, umgeleitet.

Jedes Jahr wird fast eine Milliarde Kubikmeter Wasser umgeleitet.[119] Teile davon verdunsten zwar, aber es ist immer noch extrem viel Wasser, das in Peking ankommt. Davon profitiert nicht nur Peking. Mehrere Dutzend Städte bekommen ihr Wasser durch das Wasser-Transfer-Projekt vom Süden in den Norden. Mehr als 300.000 Menschen mussten umgesiedelt werden, um das Projekt zu realisieren.[120]

Extreme Wasserverschmutzung

Es ist inzwischen zwei Uhr morgens an diesem 22. März. Walter ist zu erschöpft, um weiterzumachen: Zeit für einen Power Nap. Die Nacht durchzuarbeiten war für ihn kein Problem, denn er war kurz zuvor in New York angekommen. Um zwei Uhr morgens in New York ist es acht Uhr morgens in Mainz. Er spürt keinen direkten Jetlag. Das wusste auch der Botschafter, sonst hätte er ihn nie gebeten, über Nacht zu arbeiten. Einige Kolleginnen und Kollegen von der Ständigen Vertretung seines Landes sind ebenfalls da. Er stellt seinen Wecker auf 2:30 Uhr Ortszeit New York, schließt die Augen und rutscht in seinen Bürostuhl. So ist es schon bequemer. Er sieht die wunderschönen Dünen, die Wüste, die Kamele, ein Sandsturm kommt auf, er sucht nach seinem Trinkbeutel aus Lammleder. Er hatte ihn einmal in Spanien gefunden, sie nennen den Trinkbeutel „Botero". Eine tolle wiederverwendbare Möglichkeit, Wasser in die Wüste mitzunehmen. Schon als Kind hatte er welche benutzt... Pip! Schon klingelt sein Wecker. Es ist Zeit weiterzuarbeiten. Worum ging es eigentlich?

Wasser – Opfer aller Verschmutzungen

Mehrere Gründe für die Wasserknappheit hat Walter schon gefunden. Ein ganz wichtiger Punkt ist das „graue Wasser", und zwar die Wasserverschmutzung, die von der Landwirtschaft und der Industrie verursacht wird. Es ist die Wassermenge, die notwendig wäre, um das von Dünge- und Pflanzenschutzmitteln verunreinigte Wasser wieder zu neutralisieren. Die Verschmutzung der Wasserressourcen ist neben der Luftverschmutzung eine der Hauptursachen der Umweltbelastung. Walter erinnert sich an die nuklearen Katastrophen von Tschernobyl und Fukushima. In beiden Fällen waren nicht nur die Menschen, die Tiere, die Luft und der Boden, sondern auch das Wasser weiträumig verstrahlt. Radioaktive Substanzen verschwinden sehr langsam aus der Umwelt. Es kann Jahrtausende dauern. Qualität und Verfügbarkeit der Wasserressourcen bleiben zweifellos eine der größten Herausforderungen unseres Jahrhunderts. Ihre Erhaltung erfordert ein besseres Management von Schadstoffen.[121]

Die Natur ist durchaus in der Lage, sich selbst zu regenerieren und kämpft gegen Wasserverschmutzung in kleinen Mengen an. Dieser biologische Prozess der „Selbstreinigung“ ermöglicht es Flüssen und Seen, Verschmutzung dank Bakterien und Algen zu beseitigen. Auf die gleiche Weise passieren 100 Milliarden Kubikmeter Wasser Böden und Gesteine, die mit nützlichen Elementen wie Mineralsalzen, aber auch unerwünschten und giftigen Elementen, belastet werden, bevor sie sich durch Infiltration mit dem Grundwasser verbinden. Je nach Beschaffenheit können sich Böden und Gesteine positiv oder negativ auf die Wasserverschmutzung auswirken. Im positiven Fall handelt es sich um Schutzfilter, die Schadstoffe zerstören oder abbauen, und das Grundwasser bleibt vor Oberflächenkontamination geschützt. Im negativen Fall können sie Katalysatoren sein, die Schadstoffe in das Grundwasser migrieren lassen. Das Grundwasser braucht Tage, Monate oder sogar Jahre, um sich zu erneuern.

Ist der Grundwasserspiegel betroffen, dauert die Resorption von Schadstoffen lange. Zur Veranschaulichung ist zu beachten, dass ein Bach etwa einen Meter pro Sekunde fließt, während das Grundwasser bis zu einem Jahr benötigen kann, um einen Meter zu fließen. Angesichts der heutigen Verschmutzungen reichen diese Selbstreinigungskräfte leider nicht mehr aus. Es beginnt mit den Niederschlägen, die Bäche und Grundwasser speisen. So werden jedes Jahr während der gesamten Reise rund 70 Milliarden Kubikmeter Wasser mit städtischen und landwirtschaftlichen Schadstoffen belastet, bevor sie in Flüsse gelangen und sie kontaminieren. Flüssen wird auch Abwasser und Regenwasser von den Gemeinden zugeführt, sobald sie in einer Kläranlage gereinigt worden sind. Obwohl diese Einspeisungen minimal sind, verringern sie die Ressource Wasser, wenn Abwasser nicht ausreichend behandelt wird.[122]

Die Verschmutzung der Wasserressourcen ist heute durch das Vorhandensein von Mikroorganismen, chemischen Substanzen oder Industrieabfällen gekennzeichnet. Sie kann Flüsse, den Grundwasserspiegel, Brackgewässer, aber auch Regenwasser, Tau, Schnee und Polareis betreffen. Was die organische Verschmutzung betrifft, so stammt sie aus der Einleitung von pflanzlichen oder tierischen Haushaltsabfällen oder Exkrementen. Diese Abfälle enthalten Bakterien oder Viren, die zu mikrobiologischer Verschmutzung und damit zu einem Risiko für die öffentliche Gesundheit führen können. Organische Verschmutzung kann auch durch die Auflösung organischer Stoffe im Wasser oder durch Naturphänomene entstehen. Die chemische Verschmutzung wird hauptsächlich durch Feldfrüchte und Tierkot verursacht: Düngemittel (Nitrate, Phosphate, Cadmium), Pestizide, Herbizide, Tierarzneimittel und Nahrungsergänzungsmittel für Nutztiere (Kupfer, Zink), Ammoniumstickstoff und Phosphor. Nitrate und Phosphate aus Düngemitteln fördern die Vermehrung von Algen und Bakterien, die sich von ihnen ernähren, was zu einer schlechten Sauerstoffversorgung führt. Dieses Phänomen wird als „Eutrophierung von Flüssen, Seen und Küsten" bezeichnet. Dazu kommen die medikamenteninduzierten Mikroverunreinigungen. So werden Rückstände von Arzneimitteln manchmal in sehr niedrigen Dosen in Flüssen, Bächen oder im Abwasser der chemischen und pharmazeutischen Industrie gefunden, was zu einem Ungleichgewicht im aquatischen Ökosystem führt.

Viele Aktivitäten führen zur Wasserverschmutzung

Verschiedene menschliche Aktivitäten verwenden Zehntausende von Chemikalien. Abwasser, das von Handwerkern, Händlern, Gesundheitseinrichtungen, Gemeinden, aber auch von Einzelpersonen erzeugt wird, ist die Ursache für die Verschmutzung. Was die industriellen Aktivitäten betrifft, so ist die Hälfte von ihnen für organische Schadstoffemissionen (Schwebstoffe, Stickstoff- und Phosphorprodukte) und für fast alle toxischen Einleitungen (Metalle, Kohlenwasserstoffe, Säuren, Materialien) und somit das ökologische Ungleichgewicht durch Wassererwärmung verantwortlich. Im Jahr 1978 schätzte der französische Staat, dass 55 Prozent der Wasserverschmutzung durch industrielle Einleitungen verursacht wurden. Seitdem hat die Einrichtung von Kläranlagen in diesen Industrien die Situation erheblich verbessert. Hier sind einige Beispiele für freigesetzte Schadstoffe von kleinen und mittleren Unternehmen: chemische Reinigungsmittel, Färbeprodukte, Drucken von Lösungsmitteln, Garagenschmierstoffe, Pflegerückstände, Reinigungsrückstände, Reinigungsmittel, stickstoffhaltige, organische Substanzen und vieles mehr. Menschliche Aktivitäten sind die Hauptursachen für Bodendegradation und -verschmutzung. Landwirtschaft und Industrie versetzen Böden kontinuierlich mit umwelttoxischen Substanzen, aber auch militärische Operationen, Massentourismus oder Behandlungen von Gärten sind Quellen der Verschmutzung. Bodenverschmutzung ist die Anhäufung verschiedener Elemente (organisch oder pathogen), die eine Gefahr für die Böden selbst oder für lebende Organismen ab einem bestimmten Grenzwert darstellen.[123]

Die in den Böden vorhandenen Schadstoffe sind sehr vielfältig. Es gibt Schwermetalle oder metallische Spurenelemente, die ab einem bestimmten Wert giftig oder sogar radioaktiv sind. Dies ist der Fall bei Quecksilber, Blei oder Arsen. Spuren von Teer, Kohlenwasserstoffen und Mineralölen (aus fossilen Brennstoffen) finden sich auch in französischen Böden, hauptsächlich aus der Industrie. Pestizide hingegen können aus der Landwirtschaft stammen; in den Boden eingedrungen, gelangen sie dann in die gesamte Nahrungskette vieler Tiere und Pflanzen und können durch Wasser oder Luft verbreitet werden. Phosphate sind ebenso eine Quelle der Verschmutzung. Sie enthalten im Allgemeinen Cadmium, das als Schwermetall gilt, und stammen aus Bodendüngungsbehandlungen, Kohlebergwerken, Kläranlagen oder Ölfeuerungsanlagen. Phosphate sind sehr giftig, sowohl für Mikroorganismen und den Bodenhumus als auch für Menschen, bei denen sie Nierenversagen verursachen können. Auch andere Elemente wie Kupfer und Zink kommen in großen Mengen in Böden vor und stammen aus landwirtschaftlichen Betrieben, insbesondere aus der Schweinezucht. Bodenverschmutzung kann auch durch Luftverschmutzung durch Fabriken oder Autos verursacht werden. Sie geben Spuren von Zink, Kupfer, Blei oder Arsen ab.

Um die Böden zu schützen, wurden Toxizitätsindikatoren eingeführt. Das Metox gibt einen Hinweis auf den Grad der Verschmutzung von Wasser, ob es weich, salzig, brackig oder erdig ist. Dieser Index umfasst zwar nur acht Schwermetalle, darunter Chrom, Kupfer und Quecksilber, gibt aber einen ersten Überblick über die Verschmutzungssituation eines Gewässers. Es gibt zudem Bioindikatoren: Diese geben Aufschluss über die Form von Tier-, Pflanzen- oder Pilzarten, deren An- oder Abwesenheit, den Grad der Anwesenheit und den Zustand des Ökosystems. Sie werden von Forschern genutzt, um die Nachhaltigkeit eines

Ökosystems zu messen. Zwei Messgrößen werden hauptsächlich verwendet: die Wachstumsrate einer Art, und ihre Fortpflanzungsfähigkeit. Böden werden allmählich sowohl physikalisch als auch chemisch abgebaut. Die Bodenverschmutzung erstreckt sich indirekt auch auf das Wasser und die Luft. Schadstoffe werden von einem Element zum anderen verteilt. Jedes Jahr verarmen Millionen von Hektar Land und werden für den Anbau ungeeignet. Sie können sich auch nicht mehr selbst reinigen.[124]

Die Folgen für unser Leitungswasser

Zunächst einmal ist es sehr wichtig, die Qualität der Wasserressourcen nicht mit der Qualität des Leitungswassers zu verwechseln. Das Wasser, das wir im globalen Norden verbrauchen, wird systematisch aufbereitet, bevor es an unseren Wasserhähnen ankommt. Erscheinen bestimmte Spuren von Mikroverunreinigungen, ist ihr Vorhandensein im Leitungswasser nach der Trinkwasseraufbereitung entweder nicht nachweisbar oder in einer so geringen Menge, dass sie kein Gesundheitsrisiko darstellen. Es wurden Vorschriften eingeführt, die darauf abzielen, die Verschmutzung durch die Landwirtschaft zu verringern. Jede umweltverschmutzende Aktivität ist innerhalb der Wassereinzugsgebiete völlig verboten. Die Landwirte müssen ihre Verwendung von Pflanzenschutzmitteln in einem Register erfassen, das den Kontrollbehörden zur Verfügung gestellt wird. Pflanzenschutzmittel wie Pestizide, Fungizide und Herbizide sind an öffentlichen Orten verboten. Der Verkauf und die Verwendung der meisten Pflanzenschutzmittel ist heute für die breite Öffentlichkeit gänzlich verboten. In Europa, zum Beispiel, gibt es Vorschriften, die darauf abzielen, die industrielle Verschmutzung zu verringern. Sie regulieren die Wasserverschmutzung durch Arzneimittelrückstände, um deren Langzeitwirkungen zu messen und das Management von arzneimittelinduzierten Abfällen zu verbessern. Die Einleitung von Industrieabwässern in das kollektive Kanalisationsnetz bedarf einer vorherigen Genehmigung. Hersteller, die ihr Abwasser in die natürliche Umwelt (Flüsse und Seen) einleiten, müssen ihre Einleitungen systematisch kontrollieren, um die Notwendigkeit der Installation oder Nichtinstallation einer Kläranlage vor Ort beurteilen zu können.

Dazu kommen Vorschriften, die darauf abzielen, die häusliche Umweltverschmutzung zu verringern. Sie müssen Standards entsprechen, die regelmäßig von den Gemeinden überprüft werden. Kläranlagen unterliegen europäischen Richtlinien. Jedes Mitgliedsland muss der EU regelmäßig die effektive Leistung dieser Anlagen zusichern. Andernfalls kann der Europäische Gerichtshof Mitgliedsländer strafrechtlich verfolgen und mit Geldstrafen belegen. Und trotz all dieser Vorschriften und Regelungen ist die Lage nicht vollständig unter Kontrolle. Die weit verbreitete Verarmung und nur sehr langsame Regeneration der Böden stellen ein ernstes Problem in Bezug auf die Stabilität der Landwirtschaft und unsere Ernährung dar. Zudem ist der globale Norden bereits mit so vielen Regelungen und Vorschriften behaftet, dass manch internationaler Konzern dazu verleitet wird, lieber im globalen Süden zu agieren.

Etwa 80 Prozent der Weltbevölkerung leiden bereits unter ernsthaften Bedrohungen für ihre Wassersicherheit, gemessen an Indikatoren wie Wasserverfügbarkeit, Wasserbedarf und Verschmutzung. Achtzig Prozent des Abwassers, das durch menschliche Aktivitäten entsteht, fließt ungereinigt in Flüsse oder das Meer. Mindestens 1,8 Milliarden Menschen weltweit nutzen Trinkwasserquellen, die mit Kot kontaminiert sind. Zahlen, die das öffentliche Bewusstsein für das Thema Abwasser fördern. Zwischen 1996 und 2005 betrug der globale Wasserfußabdruck jährlich 9.087 Milliarden Kubikmeter, rund 190-mal so viel wie der Inhalt des Bodensees. Inzwischen ist die Weltbevölkerung und damit der Verbrauch weiter gestiegen.[125]

„Die Agrarproduktion ist für den größten Anteil, nämlich für 92 Prozent des weltweiten Fußabdrucks verantwortlich", schrieb A. Y. Hoekstra in „Proceedings of the International Expert Meeting on Virtual Water Trade". Die industrielle Produktion trägt 4,4 Prozent bei, der häusliche Verbrauch 3,6 Prozent. China, Indien und die USA benötigen besonders viel Wasser, und zwar 1.207, 1.182 und 1.053 Milliarden Kubikmeter. Damit sind diese drei Länder für 38 Prozent des globalen Fußabdrucks verantwortlich. Danach folgt Brasilien mit 482 Milliarden Kubikmetern. China ist zugleich das Land mit der größten Menge an Abwasser: 360 Milliarden Kubikmeter, mehr als ein Viertel der gesamten Menge weltweit, und zwar 26 Prozent. Weil große Teile der Agrar- und Industrieproduktion weltweit gehandelt werden, exportieren die Staaten indirekt auch große Mengen Wasser, etwa, wenn Deutschland Tomaten aus den Niederlanden oder Großbritannien Festplatten aus Thailand einführen. Zu den großen Importeuren zählen die USA (234 Milliarden Kubikmeter), Japan (127), Deutschland (125), China (121) und Italien (101). An dem Wasserfluss von Kontinent zu Kontinent haben wiederum Agrarprodukte den größten Anteil, vor allem Ölfrüchte wie Sonnenblumen, Raps, Palmöl und die daraus gewonnenen Produkte. Die Studie zeigt, wie verschiedene Produkte und Bevölkerungsgruppen zum Wasserverbrauch und der Wasserverschmutzung an verschiedenen Orten der Welt beitragen. Das zur Verfügung stehende Trinkwasser wird sich rund um den Mittelmeerraum und in Teilen des südlichen Afrikas stark reduzieren. Viele größere Veränderungen werden für Süd- und Ostasien erwartet.[126]

Von chemischem Dünger, Pestiziden und Geldgier

Wie verschmutzen Düngemittel und Pestizide eigentlich unser Wasser? Mehr als 200 Millionen Tonnen Dünger werden Jahr für Jahr auf die Erde ausgeschüttet, 25 Prozent mehr als vor zehn Jahren. Heute entfallen zwei Prozent des weltweiten Energieverbrauchs auf die Herstellung von Ammoniak, der Hauptform von Stickstoffdünger. Leider wird die Hälfte dieses Düngers verschwendet, vom Wind zerstreut, wenn er gesprüht wird, oder durch Regen ausgelaugt. In Nitrate umgewandelt, verschmutzt es Grundwasser, Flüsse und Ozeane, was zur Eutrophierung von Flüssen und zur Schaffung gigantischer „toter Zonen" ohne Sauerstoff führt. Heute werden 66 Prozent der Nitrat-Wasserverschmutzung auf landwirtschaftliche Aktivitäten zurückgeführt. Das Ausbringen von Pflanzen liefert massive Dosen von Stickstoffdünger. Da Nitrate in Wasser gut löslich sind, dringen sie, wenn sie nicht von Pflanzen aufgenommen werden, leicht in den Boden ein und gelangen allmählich ins Grundwasser. Vor den 1950er Jahren überschritt der Nitratgehalt pro Liter Wasser nicht ein Milligramm. Heutzutage überschreitet es leicht 50 Milligramm pro Liter, dem von der WHO festgelegten Grenzwert, um Wasser als trinkbar zu betrachten. Nitrate als solche sind nicht gesundheitsgefährdend, vom Menschen aufgenommen, werden sie von Bakterien abgebaut und in Nitrite umgewandelt.[127]

Ab einer bestimmten Menge können diese Nitrite das Blut vergiften, indem sie Hämoglobin oxidieren. Die Flüssigkeit bindet dann schlecht Sauerstoff und verursacht Atemwegserkrankungen. Diese Vergiftung wird als Blausucht oder Methämoglobinämie bezeichnet. Säuglinge reagieren besonders empfindlich darauf.[128] Im Zusammenhang mit Phosphaten tragen Nitrate auch zu Eutrophierungsphänomenen bei, sie verursachen Algenblüten. Diese mineralisieren schließlich und werden von den anwesenden Organismen nicht ausreichend zersetzt. Die Zersetzung von organischem Material fördert die Vermehrung von Bakterien im Boden, und Algen auf der Wasseroberfläche halten den Boden von Sonnenlicht fern. Internationale Organisationen wie die Böll-Stiftung fordern das komplette Aus für die Subventionierung von synthetischen Düngern und eine Stärkung von biologischen Düngungsarten wie Kompost, tierischem Dünger und Gründüngung. Denn ohne Düngemittel geht es auch nicht, es geht um die Verminderung von Stickstoff.

Pestizide in Europa weiterhin zugelassen

Seit 2018 sehen europäische Vorschriften ein schrittweises Verbot von Pestiziden mit endokriner Wirkung vor. Für solche Pestizide wird jedoch weiterhin die Marktzulassung erneuert. Endokrine Disruptoren sind Substanzen, die unser Hormonsystem stören können. Sie können zu Problemen mit dem Wachstum, der Fortpflanzung, der fetalen Entwicklung und mehr führen. Inzwischen werden 13 weitere Stoffe in der EU geprüft und die endgültigen Entscheidungen über den Verbleib der Stoffe werden voraussichtlich 2023 veröffentlicht. In brasilianischen Wäldern haben sich die Fälle von Entwaldung durch Pestizide seit mehreren Jahren vervielfacht. Durch das Versprühen von Chemikalien aus der Luft hoffen die Bauern, sich der Kontrolle der Behörden zu entziehen. Im Januar 2018 stellte das brasilianische Institut für Umwelt und erneuerbare natürliche Ressourcen während einer Satellitenuntersuchung fest, dass ein Gebiet des Paranatinga-Waldes gerodet wurde. Inspektoren gingen zu der Farm und fanden Weidesamen, ein Flugzeug zum Sprühen aus der Luft sowie Glyphosat und 2,4-D. Der Besitzer wurde zwar verurteilt, doch zu spät, denn der Schaden war bereits angerichtet: Er hatte fast 23.000 Hektar zerstört, das entspricht 46.000 Fußballfeldern.[129]

Seitdem haben sich die Fälle des Versprühens von Pestiziden vervielfacht und die Entwaldung vorangetrieben, insbesondere für den illegalen Holzhandel. Der Prozess ist der gleiche wie beim Einsatz des berüchtigten Kampfmittels „Agent Orange" während des Vietnamkrieges; ein Produkt, in dem sich 2,4-D befindet, welches in Pestiziden enthalten ist. Die abstruse Idee dahinter: Die Blätter sollen langsam von den Bäumen fallen, so langsam, dass diese Art der Entwaldung der Überwachung durch die Kontrollbehörden entgeht. Dieser Prozess hat für diejenigen, die ihn praktizieren, den Vorteil, unter dem Radar zu bleiben, da der Schaden erst sichtbar ist, wenn die Bäume tot sind. Die Bewohner dieser Gebiete sind von diesen Pestiziden ebenfalls bedroht, so die NGO Instituto Socioambiental (ISA).[130]

In den USA findet Walter weitere Beispiele. Dort sind im Clean Water Act und im Safe Drinking Water Act der Agentur für Umweltschutz alle regulatorischen und Leitlinieninformationen auf Bundesebene für sauberes Wasser und sauberes Trinkwasser vorgesehen. Dabei gibt es auf Ebene der einzelnen Staaten und auf kommunaler Ebene gravierende Unterschiede. Zudem können Gesetze veraltet sein. Bestehende Regeln werden häufig ignoriert oder fallen allzu oft Geldeinsparungen und kommerziellen Überlegungen zum Opfer. Es ist ein Problem der öffentlichen Gesundheit, das von Ort zu Ort variiert. Mal sind es alte Rohre, die stillschweigend ganze Städte mit Blei vergiften, anderswo sind es Industriestandorte, die krebserregende Industriechemikalien in die Wasserstraßen ableiten, mal ist es Uran, das in das Grundwasser sickert, wo es abgebaut wird. Hunderttausende von Menschen in den Vereinigten Staaten sind Gesundheitsrisiken durch Wasser ausgesetzt, das mit Blei, giftigen Chemikalien und Mikroben kontaminiert ist. Das „Wasserproblem" ist also keineswegs auf die Dürrezonen des Erdballs beschränkt.[131]

Im US-amerikanischen Ort Denmark, zum Beispiel, fügten lokale Behörden dem Trinkwasser die ungetestete Chemikalie HaloSan hinzu, um rostartige Ablagerungen in den Rohren zu bekämpfen. Die Bewohner hatten anschließend mit einer Reihe von unerklärlichen Hautkrankheiten zu kämpfen. In der Navajo Nation Reservation, in der mehr als 300.000 Menschen in einem Gebiet leben, das sich über Teile von Utah, New Mexico und Arizona erstreckt, nutzten die Bewohner unwissentlich Wasser, das aufgrund des Uranabbaus extrem gesundheitsschädlich war. Eine auffallend große Anzahl von Menschen, darunter viele Babys, wiesen Spuren von Uran in ihrem Blut auf. In dem Ort Inez in Kentucky kämpfen die Bewohner noch immer gegen die Überreste von Millionen von Litern giftigen Schlamms, der mit Arsen und Quecksilber angereichert ist und vor Jahrzehnten ins Wasser gelangt war. Einheimische sehen sich mit Leber- und Nierenschäden sowie einem erhöhten Krebsrisiko konfrontiert. Der lokale Fluss ist seit dem Jahr 2000 durch große Mengen von Nebenprodukten des Kohlebergbaus kontaminiert. Die Wasserrechnungen sind in die Höhe geschossen, und doch sagen die Bewohner, dass das Problem nicht behoben worden ist. Der Wasserhahn produziert, was ein Bewohner „fischiges Wasser" nannte. Die örtliche Polizei machte Schlagzeilen, als sie einen Bewohner verhaftete, weil er sich weigerte, für dieses Wasser zu bezahlen.[132]

Trinkwasserinfrastrukturen sind veraltet

Ein Testat der American Society of Civil Engineers aus dem Jahr 2017 bewertete die Trinkwasserinfrastruktur des Landes mit der Note D und mahnte an, dass die USA in den nächsten 25 Jahren eine Billion US-Dollar für Erneuerungen investieren müsse. Bestehende neue Technologien für sauberes, gesundes und sicheres Leitungswasser könnten für nur wenige Dollar pro Woche und Person eingeführt werden. „Rechtliche Standards sind allzu oft Kompromisse zwischen dem, was die Daten in Bezug auf Toxizität und Risiko zeigen, und wie viel es kosten wird", sagte Alexis Temkin, Toxikologe bei der Environmental Working Group, einer Forschungs- und Interessenvertretungsorganisation.[133]

Die Wasserkrise in Flint, Michigan

Die Stadt Flint in Michigan ist seit 2014 für ihre Wasserkrise international bekannt. Behörden brachten eine ganze Gemeinde in Gefahr, um Geld zu sparen. Die Stadt hatte seit einiger Zeit finanzielle Schwierigkeiten, als der Stadtmanager beschloss, die Wasserbezugsquelle zu wechseln. Wasser aus dem nahe gelegenen Flint River zu beziehen war eine gute Gelegenheit. Im April 2014 kündigte Flint seine Zusammenarbeit mit dem Detroit Water and Sewage Department und wechselte zur Karegnondi Water Authority. Die erste von mehreren Warnungen kam bereits im August als Reaktion auf fäkal coliforme Bakterien in der Wasserversorgung. Der Ausbruch veranlasste die Stadt, mehr Chlor in die Rohre zu pumpen, um die Bakterien abzutöten. Obwohl die Bakterien eliminiert wurden, verschlimmerte die Chlorbehandlung jedoch das Korrosionsproblem der Rohre. Durch den Wechsel begannen die Wasserverteilungsrohre zu korrodieren, was zu einer der schlimmsten Krisen der öffentlichen Gesundheit führte, die die USA bislang gesehen hatte. Hochgiftiges Blei sickerte in die Wasserversorgung der Stadt. Beim Wechsel der Wasserbezugsquelle führten die Wasserbehörden keine ordnungsgemäßen Korrosionsschutztests durch. Die Korrosionen der Rohre verursachten ein hohes Maß an Schwermetallkontamination in Häusern, Schulen und Unternehmen in der ganzen Stadt. Blei, seit langem in Farben, Rohren und anderen Baumaterialien verboten, ist ein starkes Neurotoxin. Als sich die Bewohner über die Wasserqualität in Flint beschwerten, testeten die Behörden endlich einen Teil des Wassers. Laut einer frühen Studie von Studenten der Virginia Tech zeigten etwa 40 Prozent der Haushalte in Flint erhöhte Bleiwerte.[134]

Fast jeder Einwohner der Stadt war zu einem gewissen Grad kontaminiertem Wasser ausgesetzt. Kurz nach der Umstellung der Wasserversorgung kam es zu einem Ausbruch der Legionärskrankheit. Dieser Ausbruch kostete zwölf Menschen das Leben und veranlasste die Behörden, das Wasser zu überprüfen. Leider fanden sie keine Beweise für Legionellen im Wasser. Im Oktober 2014 kappte General Motors die Verbindung zur Wasserversorgung in Flint, weil das übermäßig chlorierte Wasser Motorteile erodierte. Im Dezember 2014 meldete Michigans Department of Environmental Quality die Stadt Flint wegen Verstoßes gegen den Safe Drinking Water Act. Anfang 2015 warnten Behörden die Bewohner vor krebserregenden chemischen Nebenprodukten im Wasser, gaben jedoch an, dass das Wasser für die allgemeine Bevölkerung sicher sei. Gouverneur Snyder rief 2015 in Flint den Notstand aus und stellte allen Bewohnern kostenlose Wasserfilter und Wasser in Flaschen zur Verfügung. Diese sollten eine Notlösung sein, während die beschädigten Rohre repariert wurden. In der Zwischenzeit konnten die Bewohner von Flint mit Hilfe der Nationalgarde und staatlicher Hilfe sauberes Wasser aus externen Quellen erhalten. Aber leider würde es noch mehr als ein Jahr dauern, bis das Wasser in Flint unter toxische Grenzwerte fallen, und weitere drei, bevor es trinkbar würde. Etwa 18 Monate nach Beginn der Krise begann der Staat mit strengeren Tests, um herauszufinden, wie viele Einwohner betroffen waren. Insgesamt waren rund 9.000 Kinder gefährlich hohen Bleiwerten ausgesetzt. Dies war besonders beunruhigend aufgrund der

Schäden, die Blei einem sich entwickelnden Gehirn zufügen kann.[135]

2015 unterzeichnete Gouverneur Rick Snyder ein Gesetz, um die Stadt wieder an das Detroiter System anzuschließen. Dies beendete schließlich Flints Verbindung zum Flint River. Die korrodierten Rohre blieben jedoch ein Problem. Als Reaktion auf die Flint-Wasserkrise unterzeichnete Präsident Barack Obama 2016 den Water Infrastructure Improvements for the Nation Act. Der Zweck dieses Gesetzes ist es, Verbesserungen in der Wasserinfrastruktur der Vereinigten Staaten zu erreichen. Als der 44. Präsident der Vereinigten Staaten Barack Obama das Gesetz unterzeichnete, stellte er 174 Millionen Dollar für Flint bereit. Insgesamt wurden 79 Klagen während der Krise eingereicht. Die größte war eine Sammelklage gegen die Stadt, den Staat und verschiedene Unternehmen.[136]

Die Wasserkrise in Flint dauert im Jahr 2022 immer noch an. Von den mehr als 30.000 betroffenen Rohren, die an die kontaminierte Wasserversorgung der Stadt angeschlossen waren, muss jedes einzelne überprüft, repariert oder ersetzt werden, was noch mehrere Jahre dauern wird. Alles in allem kostete Flints Wasserkrise die Regierungen von Staat, Stadt und Bund mehr als 450 Millionen Dollar.[137]

Umweltgerechtigkeit für schwächere Gruppen

Walter stellt fest, dass nachteilige Daten bezüglich der Wasserqualität in manchen Ländern zugänglicher sind als in anderen. In den Vereinigten Staaten gibt es auch Daten zum Thema Uran im Wasser. In einer Studie über Metallkonzentrationen in US-amerikanischen Wassersystemen und Mustern von Ungleichheiten fanden Forscher der Columbia University Mailman School of

Public Health heraus, dass die Metallkonzentrationen in semiurbanen hispanischen Gemeinden unabhängig von Standort oder Region besonders hoch waren, was Rückschlüsse hinsichtlich der Umweltgerechtigkeit zulässt. Diese Gemeinden hatten die höchsten Uran-, Selen-, Barium-, Chrom- und Arsenkonzentrationen im Wasser. „Frühere Studien hatten Zusammenhänge zwischen andauernder Uranexposition und erhöhtem Risiko für Bluthochdruck, Herz-Kreislauf-Erkrankungen, Nierenschäden und Lungenkrebs gefunden“, sagte Anne Nigra, Ph.D., Assistenzprofessorin für Umweltgesundheitswissenschaften an der Columbia Mailman School of Public Health. Die Forscher werteten über sechs Jahre Überprüfungsaufzeichnungen für Antimon, Arsen, Barium, Beryllium, Cadmium, Chrom, Quecksilber, Selen, Thallium und Uran aus, um festzustellen, ob die durchschnittlichen Konzentrationen die maximalen Schadstoffgehalte überschritten, die die Grenzwerte für sechs Klassen von Schadstoffen regulieren. Dazu gehörten etwa 13 Millionen Datensätze aus 139.000 öffentlichen Wassersystemen, die jährlich 290 Millionen Menschen versorgen. Den Ergebnissen zufolge gaben 2,1 Prozent der kommunalen Wassersysteme in den Jahren 2000 bis 2011 durchschnittliche Urankonzentrationen an, die die maximalen Kontaminationswerte überschritten. Uran wurde während der Überwachung der Einhaltung der Vorschriften häufig nachgewiesen (63 Prozent der Zeit). Der Zusammenhang zwischen erhöhten Metallkonzentrationen und semiurbanen hispanischen Gemeinden impliziert, dass Konzentrationsunterschiede eher ein Versagen der Regulierungspolitik als der zugrunde liegenden Geologie sind. Hispanische Bevölkerungsgruppen weisen zahlreiche gesundheitliche Unterschiede auf, darunter eine erhöhte Mortalität aufgrund von Diabetes sowie Leber-, Nieren- und Herz-Kreislauf-Erkrankungen. „Solche Interventionen und Richtlinien sollten insbesondere die am stärksten exponierten Gruppen schützen, um die Umweltgerechtigkeit zu fördern und die öffentliche Gesundheit zu schützen", sage Nigra.[138]

3M in Belgien, thermische Verschmutzung in den USA

Nach den Vereinigten Staaten hat Walter in Belgien einen interessanten Fall gefunden. Es ist für ihn einfacher, Beispiele in den Demokratien zu finden. Das hatte Walter bereits am Beispiel des Aralsees festgestellt. Erst als er Bilder vom Aralsee von Satelliten in der Erdumlaufbahn bekommen hatte, war es ihm aufgefallen: Der Aralsee war nicht mehr da!

In Belgien wurden im Juni 2021 die Einwohner der Gemeinde Zwijndrecht und alle, die in einem Umkreis von 15 Kilometern um die Stadt leben, dazu angehalten, keine Eier mehr aus ihren Gärten zu essen. Dort leben mehr als eine Million Menschen. Bis Anfang der 2000er Jahre verschmutzte das 3M-Werk in Zwijndrecht den umliegenden Boden. Das amerikanische Unternehmen, bekannt für seine Post-Its, produzierte Perfluoroctansulfonat, eine künstliche Chemikalie, die Gesundheitsrisiken birgt. Forscher der Universität Antwerpen haben in Eiern im Umkreis von 15 Kilometern Perfluoroctansulfonat-Konzentrationen oberhalb des europäischen Standards gefunden. Perfluoroctansulfonat ist eine sogenannte „ewige Chemikalie", sie ist praktisch unzerstörbar. Nach Angaben der Europäischen Behörde für Lebensmittelsicherheit ist sie in einer Vielzahl von Industriesektoren zu finden, darunter Textilien, Haushaltsprodukte, Brandbekämpfung, Automobil, Lebensmittelverarbeitung, Bauwesen oder Elektronik. Sie ist wasserabweisend, schwer entflammbar, fett- und schmutzabweisend und wird beispielsweise in Antihaftbeschichtungen von Öfen, Feuerlöschschaum oder regenfester Kleidung eingesetzt.[139]

Sie wird durch unsere Nahrung aufgenommen und findet sich in unserem Blut wieder. „Diese Substanzen kommen am häufigsten in Trinkwasser, Fisch, Obst, Eiern oder verarbeiteten Eiprodukten vor“, teilte die Europäische Behörde für Lebensmittelsicherheit mit. „Lebensmittel können durch kontaminierte Böden oder verunreinigtes Wasser selbst kontaminiert werden, durch die Konzentration dieser Substanzen in Tieren über die Nahrung und das Wasser, das sie konsumiert haben, durch Lebensmittelverpackungen und Verarbeitungsanlagen, die Perfluoroctansulfonat enthalten.“ Es bleibt jahrelang in unserem Körper, blockiert das Immunsystem und führt zu einer Resistenz gegen Impfungen. Es kann zu einem Anstieg des Cholesterinspiegels und zu häufigeren Infektionen bei Kindern führen. Es ist zudem ein endokriner Disruptor, es blockiert die Funktion der Schilddrüse und ist krebserregend. Es gab noch andere Fälle von großflächiger Verschmutzung in den USA und in Europa. In den späten 1990er Jahren sah ein Viehzüchter in West Virginia, dessen Farm neben einem DuPont-Werk lag, seine Kühe eine nach der anderen sterben. DuPont hat bereits mindestens 400 Millionen Dollar Schadenersatz gezahlt. In Dordrecht in den Niederlanden wird seit Jahrzehnten ein weiterer Stoff aus der Familie des Perfluoroctansulfonats ins Abwasser eingeleitet, ebenso in Bayern und rund um zwei Fabriken in Italien. In Belgien war die Verunreinigung bereits bekannt, wurde aber wieder an die Öffentlichkeit gezerrt, da in der Nähe des 3M-Standorts in Zwijndrecht im Rahmen der Schließung des Antwerpener Rings gearbeitet wurde. Lantis, das das Projekt leitete, entdeckte Hunderttausende Kubikmeter Perfluoroctansulfonat-verschmutzten Bodens und kontaminiertes Grundwasser, wofür eine Kläranlage installiert worden ist.

Walter kehrt zurück zu den Vereinigten Staaten, denn dort kann er das Thema Wasser und Energieversorgung verdeutlichen. Es ist viel Wasser erforderlich, um Energie in Form von Strom und Kraftstoff zu erzeugen, vor allem für die thermoelektrische Stromerzeugung. In den USA werden zum Beispiel fast 90 Prozent des Stroms von thermoelektrischen Kraftwerken erzeugt. Sobald der Dampf verwendet worden ist, muss er gekühlt werden. Manchmal wird das Wasser wiederverwendet oder in das System zurückgeführt, aber meist wird es nur einmal verwendet – sogenannte „Once-Through“-Kühlsysteme –, wonach es in einen Kühlteich geleitet oder in das Gewässer zurückgeführt wird, aus dem es entnommen wurde, jedoch mit einer höheren Temperatur. Etwa 43 Prozent der Kraftwerke in den Vereinigten Staaten verwenden Once-Through-Kühlsysteme. Die großen Wassermengen, die von thermoelektrischen Anlagen benötigt werden, stammen aus Oberflächenwasserquellen und zu 72 Prozent aus Süßwasserquellen wie Seen und Flüssen. Wenn das Kühlwasser in den Wasserkörper zurückgeführt wird, dem es entstammt, ist es typischerweise wärmer als bei der Entnahme, was möglicherweise das Leben im Wasser durch „thermische Verschmutzung" schädigt.

Tatsächlich liegt die Hauptursache für die thermische Verschmutzung von Flüssen im Kühlwasser aus Kraftwerken. Von vielen Anlagen in den USA wird berichtet, dass sie Kühlwasser in Quellwasser mit Temperaturen über 32 Grad Celsius zurückgeführt haben, einige berichteten sogar von Temperaturen über 43 Grad Celsius. Dies wird zunehmend problematisch, da die durchschnittlichen Luft- und Wassertemperaturen aufgrund des Klimawandels jedes Jahr rekordverdächtig steigen. Es wird mehr Strom benötigt, um Klimaanlagen und HLK-Systeme zu betreiben, was bedeutet, dass mehr Kühlwasser benötigt wird. Dieses Kühlwasser wird aufgrund höherer Lufttemperaturen schwieriger zu kühlen sein und das Wasser, in das es zurückgeführt wird, wird wärmer sein, was zu weiteren Wasserschäden führt. Im Normalbetrieb werden durch Kraftwerke jedes Jahr Hunderte Milliarden Fische und Wasserlebewesen getötet, und zwar aufgrund ihrer Kühlwasseransaugsysteme. Auch das warme oder heiße Wasser, das wie ein Fluss oder See wieder in die Quelle eingeleitet wird, kann für Wasserlebewesen schädlich sein. Kraftwerke, die bei Trockenheit und Wasserknappheit betrieben werden, können diese Auswirkungen noch verschärfen.[140]

Indiens Dürre, Feuer, Bhopal und Coca-Cola

Beispiele für die Wasserverschmutzung gibt es zahlreiche. Walter will unbedingt noch einige Beispiele nennen, obwohl ihm schlecht dabei wird. Natürlich wird er nicht alle aufzeigen können, aber einige dürfen nicht in Vergessenheit geraten. In Indien plagt nicht nur die jetzige Hitze- und Dürrekatastrophe die Menschen, sondern auch eine traurige Geschichte der Wasserverschmutzung und Machenschaften von Großkonzernen. Aber der Reihe nach. Delhi gilt als die am stärksten verschmutzte Hauptstadt der Welt. Vor rund zehn Jahren wurde Anfang April, während der heißen Sommermonate, Rohreis angebaut und im September geerntet. Aufgrund der Erschöpfung des Grundwassers hatte die Regierung jedoch beschlossen, die Pflanzsaison auf Mitte Juni zu verlegen, wenn das Grundwasser durch den indischen Monsun wieder aufgefüllt wird. Geerntet würde dann in der ersten Novemberwoche. Der November ist auch die ideale Zeit für Landwirte, um Weizen anzubauen. Dadurch haben die Bauern ein sehr enges Zeitfenster, um die Felder von Reisstielen, den Rückständen aus der Reisernte, zu befreien, und sie anschließend für die Aussaat von Weizen vorzubereiten.

Das Verbrennen dieser Rückstände ermöglicht es ihnen, ihre Felder schnell zu bereinigen. Diese Praxis blühte ab den 1980er Jahren auf, besonders, nachdem indische Bauern begannen, mechanisierte Erntetechniken anzuwenden, die viele Reisstängel im Boden stecken ließen. Die frühere traditionelle Aufgabe bestand darin, den Reis von Hand zu ernten. Während diese Methode Zeit brauchte, ließ sie keine Stiele in den Feldern. Wenn Landwirte Ernterückstände verbrennen, erreicht die Temperatur der obersten Bodenschicht 42 Grad Celsius und tötet damit alle nützlichen Mikroben im Boden ab. Laut eines Berichts von Natalia Rodríguez Eugenio von der Ernährungs- und Landwirtschaftsorganisation der Vereinten Nationen ist das Ergebnis nicht nur Luftverschmutzung, sondern auch eine schlechte Bodengesundheit, die die Qualität der Nahrung und des Wassers beeinträchtigen kann. Eine schlechte Bodengesundheit kann sich auch auf die Biodiversität auswirken, so Rattan Lal, emeritierter Professor für Bodenkunde an der Ohio State University in Columbus.[141]

In Bhopal sind die Menschen immer noch krank

In Bhopal in Indien fand in der Nacht vom 2. auf den 3. Dezember 1984 ein verheerender Chemieunfall statt. Er war die Folge der Explosion einer Fabrik einer Tochtergesellschaft der amerikanischen Firma Union Carbide, die Pestizide herstellt, und die vierzig Tonnen Methylisocyanat in die Atmosphäre der Stadt freisetzte. Tausende von Menschen kamen wegen eines chemischen Lecks zu Tode. Mehr als 150.000 Menschen waren danach schwer behindert und 22.000 sind seitdem an ihren Verletzungen gestorben. Aus diesen Gründen wird die Gaskatastrophe von Bhopal weithin als die schlimmste Industriekatastrophe der Welt anerkannt. Mehr als 27 Tonnen Methylisocyanat und andere tödliche Gase verwandelten Bhopal in eine Gaskammer. Keines der sechs Sicherheitssysteme in der Anlage war funktionsfähig und die eigenen Dokumente von Union Carbide belegen, dass das Unternehmen die Anlage mit „unerprobter" und „ungetesteter" Technologie entworfen und Abstriche bei Sicherheit und

Wartung gemacht hat, um Geld zu sparen. 1989 wurde eine Einigung zwischen Union Carbide und der indischen Regierung erzielt, die jedem Überlebenden gerade einmal 500 US-Dollar für lebenslange Gesundheitsschäden zusprach. Dies bedeutet, dass die Überlebenden weniger als fünf Cent pro Tag erhalten haben. Viele haben aufgrund ihrer gesundheitlichen Probleme die Arbeitsfähigkeit verloren und leben in bitterer Armut. Die Kinder der betroffenen Eltern haben gar keine Hilfe erhalten.[142]

Union Carbide verließ Bhopal und reinigte sein Fabrikgelände nicht. Jahrelang hatte es Chemikalien und Abfälle auf dem Fabrikgelände entsorgt und das Trinkwasser von 30.000 Menschen kontaminiert. Zehntausende Menschen tranken jahrelang das Wasser, und Union Carbide erzählte niemandem von den Risiken. Tests, die in einem Bericht von 2002 veröffentlicht wurden, ergaben Gifte wie Trichlorbenzol, Dichlormethan, Chloroform, Blei und Quecksilber in der Muttermilch von stillenden Frauen, die in der Nähe der Fabrik lebten. Viele der Menschen, die das Wasser getrunken haben, sind zu krank geworden, um zu arbeiten, dennoch haben sie keine Hilfe erhalten. Die Sanierung des kontaminierten Geländes ist bis heute nicht erfolgt und arme Familien leben bis heute auf dem kontaminierten Boden. Wasser aus einer Handpumpe in Atal Ayub Nagar, das bereits 1999 tödlich war, ist seitdem siebenmal giftiger geworden. Die Rate der Geburtsfehler in den kontaminierten Gebieten ist zehnmal höher als im Rest Indiens. Krebs und andere Krankheiten sind weit verbreitet. Im Jahr 2001 übernahm Dow Chemical die Firma Union Carbide vollständig. In diesem Zusammenhang stellte Dow unmittelbar nach der Übernahme 2,2 Milliarden US-Dollar zur Verfügung, um die Asbest-Haftpflichten von Union Carbide in den USA zu erfüllen. Derzeit läuft noch ein Strafverfahren gegen Union Carbide in Bhopal. Bis heute hat sich Dow bzw. Union

Carbide geweigert, den Standort zu sanieren, der weiterhin die Menschen in seiner Nähe kontaminiert.[143]

Coca-Cola im Zentrum der Wasserkonflikte in Indien

Auch Coca-Cola macht als Großkonzern in Indien keine gute Figur. Dem US-amerikanischen Riesen wird vorgeworfen, das Grundwasser im Bundesstaat Kerala aufgebraucht zu haben. Das Parlament von Kerala, ein Bundesstaat in Südindien, stimmte 2011 für die Einrichtung eines Sondergerichts, das über Entschädigungsansprüche gegen Coca-Cola entscheidet. Coca-Cola wird vorgeworfen, das Grundwasser übermäßig auszubeuten und zu verunreinigen, und damit die Gesundheit von Tausenden von Einwohnern zu gefährden. Landwirtschaftliche Verluste, Wasserverschmutzung und Krankheiten zusammengenommen wird die Schadenhöhe auf 34 Millionen Euro geschätzt. Was war passiert? Die fragliche Fabrik wurde im Jahr 2000 auf dem Ackerland von Plachimada gebaut, ein Dorf inmitten von Reisfeldern, die viel Wasser verbrauchen. Einige Monate nach Inbetriebnahme der Anlage begannen die Bewohner sich über den Geschmack des Wassers und über den Abfall des Niveaus der Grundwasserleiter zu beschweren. Täglich wurden durchschnittlich 500.000 Liter entnommen und 150.000 Liter Abwasser eingeleitet. Die Anlage wurde 2004 nach Protesten von Anwohnern und auf Anordnung des Kerala Pollution Control Committee geschlossen. Trotzdem beansprucht Coca-Cola immer noch das Recht, das Wasser zu nutzen und hat den Fall vor den Obersten Gerichtshof gebracht.

Doch die wissenschaftlichen Studien sind eindeutig in ihren Aussagen. Bereits 2003 warnte Professor John Henry, damals Toxikologe an der Medizinischen Fakultät des Imperial College in London, vor „den verheerenden Folgen des Abwassers für die umliegende Bevölkerung“. Die Gewässer sollen hohe Konzentrationen von Chlor und Cadmium enthalten, was zu Krebs, Hautkrankheiten und Atemwegsproblemen führt. Trotz ähnlicher Ergebnisse in der Untersuchung des Umweltschutzausschusses von Kerala bestreitet Coca-Cola diese Anschuldigungen weiterhin. Der Hersteller bedaure die Einsetzung des Sondergerichts, das das im Parlament von Kerala verabschiedete Gesetz „ohne Fakten und wissenschaftliche Daten" betrachtete. Eine weitere wissenschaftliche Studie, die von Coca-Cola finanziert wurde, betraf andere seiner Fabriken, die an Standorten tätig waren, an denen das Grundwasser überfischt wurde. Sie zeigten insbesondere, dass die Anlage in Kaladera, Rajasthan, an „der Verschlechterung der Wassersituation und Spannungen mit benachbarten Gemeinden" beteiligt gewesen war.

Coca-Cola – Weltmeister der Plastikverschmutzung

Sogar vermeintlich „saubere" Getränke wie zum Beispiel Wasser in Flaschen können verunreinigt sein: ein Skandal. Das war der Fall bei Dasani, das mit einem Wert von über 170 Milliarden US-Dollar zu wem gehört? Coca Cola. Dabei enthält Dasani nur gereinigtes Wasser und Mineralien, keinen Zucker, kein Koffein. Laut der Website von Dasani ist es das Ziel, gereinigtes Wasser zugänglich zu machen. Coca-Cola hat jedoch die Dasani-Produktlinie erweitert, um den Markt zu erobern, indem es Sprudelwasser, aromatisiertes Wasser und Dasani-Tropfen hinzugefügt hat, Geschmackstropfen mit verschiedenen Aromen. Diese Produkterweiterung hat dazu beigetragen, dass Dasani-Wasser zur zweitgrößten Marke für abgefülltes Wasser in den USA geworden ist. Es ist auch in Kanada, Großbritannien, Irland und Südamerika erhältlich. Allein im Jahr 2018 verdiente Dasani über eine Milliarde Dollar. Doch trotz dieses „großartigen" Produktes, rief Dasani Water ab 1999 sein Produkt mindestens dreimal zurück. 2004 brachte Coca-Cola Dasani Water in Großbritannien auf den Markt und alles schien gut zu laufen. Bis zur Rückrufaktion. Was war passiert?[144]

Zunächst bekam die britische nationale Presse Wind von der Quelle des Dasanis Wassers. Das meiste abgefüllte Wasser in Großbritannien stammt aus alpinen Gletschern oder natürlichen Quellen, was ein großes Verkaufsargument ist und es den Herstellern ermöglicht, den Preis in die Höhe zu treiben. Doch Dasani-Wasser konnte in Großbritannien keine so gute Herkunft beanspruchen. Es wurde bekannt, dass Coca-Cola Leitungswasser aus Sidcup, einem Stadtteil im Südosten Londons, sammelte und reinigte! Die nationale Empörung war im ganzen Land groß.

Die Menschen in Großbritannien hatten das Gefühl, dass Coca-Cola sie um Geld betrog. Dann im März 2004, nach einer Fehlfunktion in der Abfüllanlage von Dasani in London, verunreinigte eine Charge gefährlicher Mineralien, darunter Bromat, das Wasser. Bromat wird von der Medizin verdächtigt, krebserregende Eigenschaften zu besitzen. Die Kontamination führte dazu, dass Coca-Cola eine halbe Million Flaschen Dasani-Wasser zurückrufen musste, den gesamten Bestand, der zu dieser Zeit in Großbritannien im Umlauf war. Das bedeutete das Ende von Dasani in Großbritannien. Dort ist Dasani seither verboten.[145]

2018 wurde das Wasser aller großen Mineralwassermarken getestet, darunter Dasani, Evian, Nestlé und Aquafina. Die Forscher fanden heraus, dass die meisten Flaschen Mikropartikel aus Kunststoff enthielten, die etwa so dünn wie menschliches Haar waren. Die Studie entdeckte durchschnittlich 10,4 Mikropartikel pro Ein-Liter-Flasche Wasser. Von allen getesteten Flaschen enthielten 93 Prozent Mikropartikel, einige sogar bis zu 10.000! Es sollte auch erwähnt werden, dass einige der Flaschen Null Plastikpartikel enthielten. Sie könnten aus dem gleichen Kunststoff bestehen, der zur Herstellung von Flaschenverschlüssen verwendet wird, was darauf hindeutet, dass die Partikel von den Plastikverschlüssen stammen. Um abgefülltem Wasser gegenüber fair zu sein, muss erwähnt werden, dass die Studie auch herausfand, dass gereinigtes Leitungswasser auch Mikropartikel aus Kunststoff enthält, auch wenn es nur etwa die Hälfte der durchschnittlichen Menge in abgefülltem Wasser ist. Die Weltgesundheitsorganisation forderte mehr Forschung zu diesem Ergebnis und erklärte, dass es derzeit keine Beweise dafür gäbe, dass Mikropartikel aus Kunststoff Auswirkungen auf die menschliche Gesundheit habe.[146]

Noch einen wichtigen Punkt möchte Walter hinzufügen. Es geht um die Plastikverschmutzung unseres Planeten, unserer Gewässer und unserer Körper. Ob von Nestlé, Coca-Cola oder anderen Großproduzenten der Getränkeindustrie, viel zu viele Getränke werden in Plastik verpackt. Laut einem Ranking der NGO Break Free From Plastic aus dem Jahr 2021 bleibt die amerikanische Marke diejenige, die vor PepsiCo und Unilever den mit Abstand meisten Abfall in der Umwelt erzeugt. Jedes Jahr schickt Break Free From Plastic ihre Freiwilligen um die ganze Welt, um den Plastikmüll zu sammeln, der überall herumliegt, außer dort, wo er hingehört, nämlich in den Müll. Die Mission lautet, die Spuren hinter diesem Müll zu identifizieren. Danach entsteht ein Ranking der Unternehmen, die die größte Verschmutzung durch Kunststoffe verursachen. Und jedes Jahr landet Coca-Cola ganz oben auf dieser nicht wirklich ehrbaren Liste. Von 19.826 Kunststoffabfällen in der Form von Flaschen oder Flaschenstücken, die in 39 verschiedenen Ländern verwertet und identifiziert wurden, nimmt Coca-Cola den ersten Platz auf dem Podium ein. Weitere Gewinner sind PepsiCo an zweiter Stelle, Unilever an dritter, Nestle auf dem vierten Platz, Procter and Gamble an fünfter, Mondelez an sechster, Philip Morris an siebter, Danone an achter, Mars an neunter und Colgate Palmolive an zehnter Stelle. Die Liste könnte noch verlängert werden, aber dafür hat Walter jetzt keine Zeit.

„Umweltschutz hat große Priorität“, schrieb die Weltmeister-Marke auf ihrer Website. Und weiter: „Insbesondere setzen wir uns dafür ein, bis 2025 das Sammeln aller Verpackungen unserer Produkte zu ermöglichen, damit sie nicht als Müll oder in den Ozeanen landen.“ Davon ist man indes noch weit – sehr weit – entfernt. Laut sukzessiven Berichten von Break Free From Plastic verschlechtert sich die Situation sogar. In der ersten Ausgabe ihres Berichts im Jahr 2018 hatte die NGO 9.216 Kunststoffabfälle identifiziert, die mit von Coca-Cola vermarkteten Produkten in Verbindung gebracht werden konnten, 11.732 im folgenden Jahr und 13.834 im Jahr 2020. Im Jahr 2021 hatte der multinationale Konzern eine größere Präsenz als die Rivalen PepsiCo und Unilever, die jeweils an zweiter Stelle (8.231 Kunststoffabfälle) bzw. dritter Stelle (6.079) rangierten.

Dies war übrigens das erste Mal, dass Unilever auf das Podium geklettert ist und Nestlé aus dem Rennen geworfen hat. Unilever hat sich dem kleinen Kreis wichtiger Partner auf der COP26 on Climate (UN-Klimakonferenz in Glasgow 2021) angeschlossen, was Break Free From Plastic als eine „Beleidigung“ ansieht, denn 99 Prozent des Kunststoffs sind fossilen Ursprungs.

Die Privatisierung der Wasserversorgung

Die Privatisierung der Wasserversorgung hat sich nicht bewährt, denn private Unternehmen können nicht günstiger Wasser produzieren als kommunale Versorger: Sie müssen im Gegensatz zur öffentlichen Hand Gewinne machen. Während der großen Privatisierungswelle von Telekommunikation, Strom- und Gasversorgung in den 1990er Jahren kam die Wasserversorgung weltweit dazu. In der EU spielten auch politische Vorgaben eine Rolle: Die Verschuldung der Kommunen sollte kurzfristig reduziert werden, um die Maastricht-Kriterien einzuhalten. In Osteuropa und in den Schwellenländern machten die internationalen Entwicklungsbanken und die Weltbank eine Privatisierung gar zur Bedingung für Kredite im Wassersektor.

In vielen Ländern ist die Privatisierung der Wasserversorgung wieder rückgängig gemacht worden. Investitionen sind nötig, um eine einwandfreie Wasserqualität, kontinuierliche Versorgung und die regelmäßige Erneuerung und Instandhaltung der Anlagen dauerhaft zu gewährleisten. Finanziert werden nun diese Aufwendungen über die Gebühren der Nutzer (Haushalte, Gewerbe, Industrie, usw.). Somit wird versucht, übermäßig steigende Wasserpreise einzudämmen.

Geldrausch nach dem Blauem Gold

Eine Studie von numbeo.com zum Wasserpreis im weltweiten Vergleich ist für Walter notwendig, um etwas mehr Überblick über die Wasserkosten für den Verbraucher zu bekommen.[147] Um dies zu tun, hat er sich den Preis für Leitungs- und Flaschenwasser in mehr als 100 Städten auf der ganzen Welt angesehen und die durchschnittlichen Kosten in jeder von ihnen berechnet. Diese Städte wurden nicht nur wegen ihrer Beliebtheit als Geschäftsreiseziele ausgewählt, sondern auch als Orte, an denen das Risiko einer Wasserknappheit am höchsten ist. Dazu kann der Wasserstress für jede dieser Städte nachgeprüft werden.[148]

Leitungswasser: in Oslo teuer, in Beirut billig

In Oslo ist Leitungswasser am teuersten und in Beirut am günstigsten. An erster Stelle steht die Qualität des Leitungswassers, dann die monatlichen Kosten für den Verbrauch des Leitungswassers, woraus eine prozentuale Abweichung vom Durchschnittspreis für alle Städte auf der Liste berechnet werden konnte. Die Ergebnisse zeigen mehr oder weniger, wie viel die Einwohner jeder dieser Metropolen im Vergleich zum Rest der Welt für ihr Leitungswasser bezahlen. Dabei, und mit jeweils absteigender Leitungswasserqualität, sind mit dem Durchschnittspreis in Euro pro Kubikmeter folgende Städte die teuersten: Oslo, Norwegen, mit 5,51 Euro, San Francisco mit 5 Euro, Stuttgart mit 4,67 Euro, San Diego mit 4,43 Euro und Kopenhagen mit 4,37 Euro pro Kubikmeter. Die günstigsten Städte mit gleichzeitig niedrigster Wasserqualität sind (in dieser Reihenfolge) Ryad (Saudi-Arabien) mit 0,03 Euro, Kairo (Ägypten) mit 0,07 Euro,

Karachi (Pakistan) mit 0,08 Euro, Kuala Lumpur (Malaysia) mit 0,20 Euro, Beirut (Libanon) mit 0,22 Euro pro Kubikmeter.[149]

Wasserflaschen sind am günstigsten in der Türkei. Angesichts der sehr niedrigen Qualität des Leitungswassers in vielen Ländern, ist für viele Bewohner der Kauf von Wasserflaschen unumgänglich. Trotz der sehr negativen Auswirkungen auf die Umwelt, ist abgefülltes Wasser daher in den letzten Jahrzehnten in vielen Städten zu einem allgegenwärtigen Phänomen geworden, wobei die Preise von Ort zu Ort und von Marke zu Marke stark variieren.[150] Um das genaue Ausmaß dieser Unterschiede zu bestimmen, wurde der Preis einer typischen, erschwinglichen Flasche Wasser zugrunde gelegt, die in einem Supermarkt verkauft wird. Zudem hat sich Walter den Durchschnittspreis pro Flasche von drei der gängigsten Wassermarken in jeder Stadt angesehen: Evian, Perrier, Nestlé und lokale Wasser der Marke Coca-Cola. Danach sind die fünf teuersten Städte der Welt pro Flasche stilles Mineralwasser (500 Milliliter): Oslo mit 1,52 Euro, Virginia Beach (USA) mit 1,31 Euro, Los Angeles mit 1,27 Euro, New Orleans mit 1,22 Euro und Stockholm mit 1,23 Euro pro 500 Milliliter stillen Wassers.[151] Die fünf günstigsten Städte der Welt sind Beirut (Libanon) mit 0,03 €, Bangalore (Indien) mit 0,11 Euro, Accra (Ghana) mit 0,13 Euro, Lagos (Nigeria) mit 0,14 Euro und Istanbul mit 0,15 Euro pro Wasserflasche.[152]

Der durchschnittliche, globale Wasserverbrauch pro Person und Monat beträgt 15 Kubikmeter.[153] In seiner Recherche findet Walter eine Erhebung zwischen dem Januar und dem Februar 2021, die die Preisrankings nach Land pro 0,33 Liter Wasserflasche in Gastwirtschaften unter die Lupe nimmt. Die Ergebnisse sind wie folgt: an erster Stelle steht die Schweiz mit 3,62 Euro, erfolgt von Luxemburg (2,79 Euro), Norwegen (2,72 Euro), Dänemark (2,57 Euro), Belgien (2,16 Euro), Österreich (2.15 Euro), Deutschland (2,14 Euro), die Niederlande (2,07 Euro), Israel

(2,00 Euro), Australien (1,99 Euro), Island (1,96 Euro), Neuseeland (1,78 Euro), Schweden (1,70 Euro), Frankreich (1,67 Euro), die USA (1,50 Euro). Ganz am Ende der Skala stehen an 93. Stelle Aserbaidschan (0,27 Euro), gefolgt von Usbekistan (0,27 Euro), Ghana (0,25 Euro), Saudi-Arabien (0,24 Euro), Nigeria (0,23 Euro), die Türkei (0,22 Euro), der Irak (0,22 Euro), Tunesien (0,21 Euro), Ägypten (0,19 Euro), Pakistan (0,18 Euro), Nepal (0,18 Euro), Indien (0,18 Euro), Bangladesch (0,18 Euro), Algerien (0,17 Euro) und Sri Lanka (0,13 Euro).[154]

Nestlés Wunderressource Wasser

Zwischendurch geht Walter mit seinem Glas zur Teeküche auf demselben Stockwerk im Gebäude der Vereinten Nationen. Für ihn ist der Weg nicht weit. Er kann sein Wasserglas mitnehmen und es auffüllen. Eine angenehme Abwechslung. In vielen Ländern ist das aber nicht möglich. Vor allem Frauen und Kinder müssen viele Kilometer meist zu Fuß gehen, um die nächste Wasserquelle zu erreichen. Der „Zugang zu Wasser sollte ein öffentliches Recht sein", so Peter Brabeck, der von 2005 bis 2017 Chef des Schweizer Nahrungsmittelkonzerns Nestlé war, welcher zehn Prozent des Weltmarktes für in Flaschen abgefülltes Wasser kontrolliert.[155] Dies beschrieb Peter König, Schweizer Ökonom und geopolitischer Analyst, der über 30 Jahre für die Weltbank gearbeitet und dabei internationale Entwicklungsprojekte in den Bereichen Wasser und Umwelt geleitet hat, in einem Artikel für Global Research. Anhand des jährlich an unterschiedlichen Orten auf der Welt stattfindenden World Water Council (WWC) analysierte er das Kartell. Das WWC, so König, ist eng verbunden mit dem WEF, dem Weltwirtschaftsforum in Davos. Es wird vom Weltwasserrat organisiert. Laut dem Leitspruch des Forums geht es darum, „Bewusstsein zu fördern, politischen Einsatz voranzubringen und Handlung hinsichtlich kritischer

Wasserbelange auf allen Ebenen anzustoßen, eine effiziente Bewahrung sowie Schutz, Entwicklung, Planung, Management und den Gebrauch von Wasser in all seinen Dimensionen auf einer umweltfreundlichen und nachhaltigen Basis zum Nutzen allen Lebens zu fördern“. Als Akteure treten dort viele transnationale Konzerne mit starken Wasserinteressen wie Nestlé, Coca-Cola, PepsiCo, Dow Chemicals, Veolia, Suez, Thames und Petrobras auf. Dazu gesellen sich die Weltbank, die Interamerikanische Entwicklungsbank (IDB), verschiedene UN-Behörden, multi- und bilaterale Geber und weitere Organisationen, NGOs und Korporationen. Ebenfalls vertreten ist die Water Resources Group (WRG) mit der Führungsebene vom WEF, Coca-Cola, PepsiCo, Dow Chemicals sowie die UN (UNDP), die Global Water Partnership (GWP) und die International Finance Corporation (IFC), die Entwicklungssparte für den privaten Sektor der Weltbank. Mit dem International Groundwater Resources Assessment Centre (IGRAC) sitzt ein Ableger der UNESCO zuständig für die grenzübergreifende Einschätzung von Aquiferen, ebenfalls mit am Tisch. Alles in allem handelt es sich dabei um einen intransparenten Komplex, der über die Kontrolle der globalen Süßwasserressourcen verhandelt und entscheidet.[156]

Nun zu einem dieser „Akteure“: Nestlé mit seinem Sitz am Ufer des Genfersees kann als mächtigster Agrar- und Lebensmittelkonzern der Welt bezeichnet werden. Im Jahr 2005 stellte sich die Gruppe die Frage, was in den nächsten 100 Jahren die Ressource sein würde, die das Wachstum des Unternehmens sicherstellen könnte. Für Peter Brabeck, ehemals Präsident des multinationalen Konzerns, war die Antwort klar: Die „Wunderressource“ ist Wasser. Nestlé hat sich mittlerweile zum Marktführer auf dem Mineralwassermarkt entwickelt und erzielte 2012 einen Umsatz von über 80 Milliarden Euro. Der Schweizer Riese verfügt in jedem Land über mindestens eine Abfüllanlage. In Äthiopien, zum Beispiel, hat Nestlé Pumpen aufgestellt, um die lokale Bevölkerung mit Wasser zu versorgen, sie wurden aber nicht gewartet. Angesichts dieser Kritik schenkte Nestlé 20.000 Flüchtlingen im Lager Kebribeyah in Äthiopien kostenloses Trinkwasser. Ob die Pumpen jemals repariert wurden, weiß man nicht. In Nigeria verkauft Nestlé Wasser, ohne es an Einheimische zu verteilen. Diese haben nur Zugang zu Wasser von schlechter Qualität. Im Jahr 2019 unterzeichnete das Unternehmen eine Partnerschaft mit dem in Nigeria ansässigen Verein Wecyclers, um Kunststoffabfälle zu sammeln. Insgesamt fünf Sammelstellen wurden eingerichtet und finanziert, wodurch rund 40 Arbeitsplätze geschaffen wurden. Eines der Ziele von Nestlé ist, eine Null-Umweltbelastung in diesem Geschäft zu erreichen und gleichzeitig eine abfallfreie Zukunft anzustreben. Ein Schlüsselelement zur Erreichung dieses Ziels ist, bis 2025 sämtliche Verpackungen wiederverwendbar oder recycelbar zu machen.[157]

In den USA gab es einen erbitterten Rechtsstreit zwischen Nestlé und den Einwohnern der Stadt Fryeburg im Bundesland Maine. Am Fuß des Mount Washington, wo das Gesetz unbegrenzte Wasserabnahmen zulässt, hat Nestlé die größte Abfüllanlage der Welt gebaut. In Fryeburg sprachen die Menschen Klartext: „Dieses abgefüllte Wasser, das uns zu einem goldenen Preis verkauft wird, ist das gleiche, das in unseren Toiletten fließt“. Die Konfrontation zwischen ihnen und Nestlé ist die zweier ungleicher Gegner. Das Projekt wurde indes aufgegeben, weil das Wasser für das Nestlé-Projekt nicht in ausreichender Menge vorhanden war. In Pakistan war vor Markteinführung des Produkts „Pure Life“ das Wasser frei zugänglich. Heute wird dort nur noch Nestlés neues Sortiment Pure Life angeboten. Gereinigt und mit Mineralien angereichert, ist es das meistverkaufte Mineralwasser der Welt. Pakistans privilegierte Klassen dienten als Testmarkt. Doch in der Nähe von Slums gehen die

Quellen zur Neige und werden zunehmend unhygienisch. Für Zehntausende von Einwohnern, in Lahore und anderswo, gibt es Trinkwasser nur noch in Flaschen. Nestlé hat es nicht klar kommuniziert. Wie in Äthiopien, wo entdeckt wurde, dass die vom Unternehmen installierten Pumpen seit 2005 nicht mehr von Nestlé gewartet werden und die Wasserversorgung für die umliegende Bevölkerung schwierig ist. 2014 hob Nestlé die Dringlichkeit hervor, Lösungen für die Wasserknappheit in einigen Ländern zu finden.[158]

Nestlé nimmt Vittel in Deutschland vom Markt

Vittel verschwand vor dem Sommer 2022 aus deutschen und österreichischen Supermärkten. Ebenfalls von dem Rückzug betroffen war die Wassermarke Contrex. In Frankreich hatte man sich in der Thermalstadt Vittel in den Vogesen gegen den Konzern gewehrt. Dort war offenbar so viel Wasser entnommen worden, dass das Grundwasser in dem Ort knapp wurde. Nestlé teilte mit, man habe nicht mehr die Margenerwartungen erreicht. Die Kritik an der Wasserentnahme sei laut Konzern nicht der Grund für das Ende der Marke in Deutschland und Österreich. Bereits 2021 hatte Nestlé die Vittel-Lieferungen an Lidl eingestellt – an jene Discounterkette, die zuvor zu den bedeutendsten Händlern des Wassers in Deutschland gezählt hatte.[159] Dadurch fiel ein wichtiger Vertriebsweg auf dem deutschen Markt weg. Stattdessen verkaufte Lidl daraufhin das Konkurrenzprodukt Volvic von Danone, zum Ärger von Umweltschützern weiterhin in Einweg-Plastikflaschen. Zwar verschwand Vittel aus Deutschlands Supermärkten, aber Mineralwasser von Nestlé wird es dennoch zu kaufen geben. Nestlé will sich nach eigenen Angaben künftig weltweit auf Premiumwasser konzentrieren. Für den deutschen Markt setzt das Unternehmen auf die Premiummarken San Pellegrino und Aqua Panna. Sie werden vor allem an gastronomische Betriebe verkauft. Von seinen regionalen Brunnenbetrieben in Deutschland hatte sich der Konzern schon vor Jahren getrennt.[160]

Die Abwassermilliarden von Veolia

Was in der Schweiz mit Nestlé geschieht, ist nur die Spitze des Eisbergs. Auch andere Akteure sind von Belang, wie die Firma Environnement mit dem Markennamen Veolia. Es handelt sich dabei um einen französischen Konzern mit Aktivitäten in drei Hauptdienstleistungs- und Versorgungsbereichen, die traditionell von Behörden verwaltet werden: Wasserwirtschaft, Abfallwirtschaft und Energiedienstleistungen. Zuvor verwaltete die Gesellschaft bis Januar 2019 auch Transportdienstleistungen über ihre Tochtergesellschaft Veolia Transport, später Transdev. 2012 beschäftigte Veolia 318.376 Mitarbeiter in 48 Ländern, der Umsatz lag in diesem Jahr bei 29,4 Milliarden Euro. Der Konzern ist an der Euronext in Paris börsennotiert. Der Hauptsitz befindet sich in Aubervilliers. Doch schon die Geschichte des Konzerns bringt Walter durcheinander. Wie sollen die mehrfachen Namensänderungen die verschiedenen Finanzbehörden nicht verwirren? Eine genaue Rekonstruktion dieser Umbenennungen kann er ein anderes Mal angehen: Auf jeden Fall hieß das Unternehmen zunächst Compagnie Générale des Eaux, dann Vivendi Environnement, später Vivendi Water und nun Veolia.[161]

Veolia Water ist heute der weltweit führende Anbieter von Wasserdienstleistungen. Das Unternehmen wickelt Wasser- und Abwasserdienstleistungen für Kunden im öffentlichen Sektor und in verschiedenen Branchen ab. Rund 37 Prozent des Umsatzes stammen aus Frankreich, 30 Prozent aus anderen europäischen Ländern, beinahe neun Prozent aus Amerika, 16 Prozent aus Asien und 7,6 Prozent aus Afrika und dem Nahen Osten. Am 31. Dezember 2012 wurden die Aktien von Veolia Environnement wie folgt gehalten: 9,3 Prozent von Caisse des Dépôts et Consignations (Hauptaktionär), gefolgt von Groupe Industriel Marcel Dassault (6,3 Prozent), Groupama (5,42 Prozent), Velo Investissement (4,73 Prozent), Électricité de France (4,22 Prozent), Veolia Environment (2,73 Prozent). Öffentliche und andere institutionelle Investoren halten die restlichen 67,3 Prozent.[162]

Beschleunigte Urbanisierung, Industrialisierung und intensive Landwirtschaft führen zu einer Explosion des Wasserbedarfs. 70 Prozent des weltweiten Wasserverbrauchs ist für die Landwirtschaft und unsere Nahrung bestimmt. Fünf Prozent beträgt der Anteil des derzeit recycelten Abwassers. Auf zehn Milliarden Euro beziffert sich der aktuelle Betrag des Meerwasserentsalzungsmarktes. Diese Zahl könnte sich bis 2030 verzehnfachen.

„Der Begriff der Wasserknappheit ist eine Quelle des Missverständnisses“, erklärte Antoine Frérot, Präsident von Veolia. Für ihn gibt es die gleiche Menge an Süßwasser auf der Erde wie vor 10.000 Jahren, und das in ausreichender Menge. Das eigentliche Problem sei die Verteilung der Ressource. Die Herausforderung bestehe also darin, qualitativ hochwertiges Wasser an der richtigen Stelle bereitzustellen: das nennt man dezentrales Wassermanagement. Die Chancen für Investoren sind riesig. Zwei große Technologien machen das Rennen: die Wiederverwendung von Abwasser und die Entsalzung von Meerwasser. Wasserrecycling wird seit langem praktiziert, aber die laufenden Entwicklungen zielen darauf ab, immer früher stromaufwärts einzugreifen, um den Abfluss von verschmutztem Wasser zu reduzieren. Dies erfordert einen Ansatz, der an jede Wirtschaftsbranche angepasst werden kann. Es gibt in der Tat wenige Gemeinsamkeiten zwischen einer Papierfabrik, die sehr wasserintensiv ist, und einem pharmazeutischen Werk, das nur wenige Dutzend Kubikmeter pro Tag verbraucht. „Die Idee ist, die Wasseraufbereitung von Anfang an in den industriellen Prozess zu integrieren und kein Abwasser am Ende der Kette übrig zu behalten", erklärte Sophie Altmeyer, technische Leiterin des Hydreos-Wettbewerbsclusters.[163]

In Frankreich wurden 17.000 Kläranlagen errichtet. Die dortige Gesetzgebung drängt die Wassernutzer nun, ihren Fußabdruck bereits an der Quelle zu reduzieren. Veolia und Suez sehen interessante Geschäftsbereiche aufkommen. Sie passen sich dieser Veränderung an, indem sie maßgeschneiderte Installationen entsprechend den Wasserkreisläufen in jeder Anlage anbieten und gleichzeitig die Wartung und die verschiedenen Methoden sicherstellen, die für das Wasserrecycling erforderlich sind. „Techniken werden zunehmend in der Industrie beherrscht, seltener aber in der Landwirtschaft, wo", so Antoine Frérot, „die Eutrophierung, das heißt, das Eindringen von Düngemitteln, Nitraten und Phosphaten, nach wie vor schwer zu kontrollieren ist."

Auf jeden Fall kann sich das Unternehmen rühmen, die Herausforderung des „Nullabflusses" von verschmutztem Wasser im Renault-Werk im marokkanischen Tanger erfolgreich gemeistert zu haben, so Veolia. Das Wasser werde in einem geschlossenen Kreislauf genutzt, aufbereitet und gefiltert. Es komme, zumindest nach Branchenkriterien, „rein" heraus und könne so die Behandlung von Fahrzeugoberflächen und die Lackierung fördern. Schwermetalle, die am Ende des Kreislaufs landen, würden gefiltert. Damit solle sich der Wasserverbrauch um 70 Prozent reduzieren, ohne jegliche Abwassereinleitung. Die hochentwickelten Einrichtungen, die eingesetzt werden, seien jedoch mit großen Investitionen verbunden, die die Endkosten für Wasser um das Fünffache vervielfachen können. Ja, da sind wir wieder bei den hohen Kosten. Walter ist unzufrieden.

Das genügt aber, um die Kreativität von Ingenieuren anzuregen. Marie-Ange Debon, stellvertretende Geschäftsführerin von Suez Environnement, das Shanghais Industriegewässer verwaltet, gab bekannt, dass der Konzern in Shanghai eine „Libellenzone" in Betrieb nehmen wird. „Es ist", sagte sie, „ein bewachsenes Feuchtgebiet, das aus mehreren hundert Pflanzenarten besteht, die aufgrund ihrer Fähigkeit, die Gewässer der größten petrochemischen Zone Asiens zu reinigen, ausgewählt wurden." In der Zwischenzeit hat der Konzern die Übernahme der Wassersparte von General Electric für 3,2 Milliarden Euro abgeschlossen. Diese neue Dimension wird es dem Unternehmen ermöglichen, Recycling- und „Zero Liquid Waste"-Lösungen für Kunden auf der ganzen Welt anzubieten.

Zurück zu Veolia: Für Antoine Frérot erfordert „Wassermanagement kollektives Governance"-Management. Veolia sei natürlich sehr aktiv in diesem Markt. Auf eine Frage der Marktkonzentration antwortete er: „Wir sind nicht allein, einige asiatische Gruppen fangen an, sich dafür zu interessieren, aber auch kleine lokale Unternehmen, vor allem in Afrika. Dieser Markt hat einen spezifischen Aspekt, der den Zugang erschwert: den der rechtlichen Verantwortlichkeiten.

In der Tat ist es schwierig, wenn der Prozess von mehreren verschiedenen Unternehmen unterstützt wird, zu bestimmen, wer im Falle eines Problems verantwortlich ist. Im französischen Modell bieten wir eine Garantie für die gesamte Laufzeit unserer Verträge." Der Konzern möchte selbstverständlich auf diesem Markt weiter expandieren: „Die Abwasser- und Regenwasserbehandlung, die Veolia-Station in Abu Dhabi, werden sich in der Größenordnung von Städten auf der ganzen Welt entwickeln", so das Unternehmen.[164]

Globales Drama, Börse und Aktienfieber

Voraussichtlich wird der Klimawandel die Nachfrage nach Wasser noch mehr anheizen. Dem Wassermarkt in all seinen Facetten sollen noch historische Höchststände bevorstehen. Das abnehmende Wasserangebot schafft interessante Chancen für langfristige Investoren. Anleger können sich für eine passive Anlagestrategie entscheiden, indem sie in einen wasserexponierten Exchange-Traded Fund, ETF, investieren. Oder sie können nach Unternehmen suchen, die diese Situation nutzen können. Walter will das Thema unbedingt behandeln. Zuerst greift er sich kurz einen Kaffee aus seiner Thermoskanne. Dieser Koffeinschub wird ihn durch das Thema tragen. Es ist knapp vier Uhr früh an diesem 22. März und er will unbedingt weitermachen. Darüber spricht er oft mit seinen Freunden an der Wall Street, ein Paar Straßenbahnstationen von den Vereinten Nationen entfernt. Süßwasser bleibt ein seltenes Gut auf dem Planeten und die Situation wird sich nicht verbessern. Die IME (Institution of Mechanical Engineers) gibt an, dass der Wasserbedarf, um den menschlichen Nahrungsmittelbedarf zu decken, 2050 zwischen zehn und 13,5 Milliarden Kubikmeter pro Jahr erreichen könnte. Es ist etwa das Dreifache der derzeit verbrauchten Menge.

Der World Wide Fund for Nature (WWF) schätzt, dass zwei Drittel der Weltbevölkerung bereits 2025 mit Wasserknappheit konfrontiert sein könnten. „Der Klimawandel, die Zunahme der Weltbevölkerung, die gestiegene Nachfrage nach Landwirtschaft und die Ausweitung städtischer Gebiete sind Faktoren, die diesen Stress in den kommenden Jahren nur noch verstärken werden“, sagte John Plassard von der Mirabau Bank in Genf, Schweiz. Er sprach sogar von einem „globalen Drama“. Das dürfte laut dem jüngsten UNESCO-Bericht das Wirtschaftswachstum begrenzen. Kalifornien steht mit an vorderster Front.

Denn das Problem ist nicht auf Afrika und die Länder des globalen Südens beschränkt, ganz im Gegenteil. „Im Tulare Valley, im Herzen Kaliforniens, wo zwei Drittel der Früchte der Vereinigten Staaten angebaut werden, wurden mehrere tausend Bäume entwurzelt und einige Landwirte haben sich entschieden, ihre Herden aufgrund von Wassermangel zu reduzieren. Wenn diese Dürre auf mildes Wetter zurückzuführen ist, ist sie auch und vor allem auf intensive Ernten zurückzuführen“, betonte John Plassard.

Wäre Kalifornien ein unabhängiges Land, hatte es das fünftgrößte Bruttoinlandsprodukt der Welt vor Großbritannien und vor Frankreich. Der westliche US-Bundesstaat hatte bereits im November 2020 Schlagzeilen gemacht, als das kalifornische Wasser-Futures von der Chicago Mercantile Exchange (CME) und der kalifornischen Nasdaq aufgelegt wurden. Eine gewaltige Premiere für die Ressource Wasser. Nun ist es zu einem Rohstoff und finanziellen Vermögenswert wie Weizen oder Öl geworden. Erklärtes Ziel der Betreiber sei es, den sehr großen Verbrauchern und den führenden Landwirten eine bessere Sichtbarkeit der Wasserverfügbarkeit zu ermöglichen und sich so gegen Preisschwankungen absichern zu können. Angesichts dieser Lage ist es wieder notwendig, sich einige Zahlen in Erinnerung zu bringen: Es werden zwischen 5.000 und 15.000 Liter Wasser benötigt, um ein Kilo Schweinefleisch zu produzieren. Nach Angaben des Institute for Molecular Biology and Applied Ecology IME bedarf es sogar zwischen 500 und 4.000 Liter für ein Kilo Weizen. Walter denkt sich, dass Weizen angesichts der Mangellage in der Ukraine und Indien sehr teuer wird. Dabei sind Bier, Tee und Wein logischerweise die Produkte, die am wenigsten konsumiert werden. Auf der Nahrungsmittelseite stehen die Tomaten an erster Stelle mit 216 Litern pro Kilo, gefolgt von Kohl mit 237 Litern und Kartoffeln mit 287 Litern. Dann ist es vielleicht besser, weniger Schnitzel mit Bratkartoffeln zu essen und dafür mehr Bier oder Wein zu sich zu nehmen. Walter versucht, beim Thema zu bleiben.

Weil die Situation besorgniserregend ist, stellt sie ein wichtiges Anlagethema dar. „Das Ziel ist natürlich nicht", so John Plassard, „diese dramatische Situation auszunutzen, sondern die Gesellschaften zu analysieren, die diese Situation am ehesten verbessern werden, indem sie Lösungen und Methoden zur Bekämpfung dieser Geißel entwickeln." In Europa empfahl John Plassard, „in unsere beiden nationalen Champions Veolia und Suez oder in den Schweizer Spezialisten für Abwasserentsorgungssysteme und Sanitärinstallationen Geberit zu investieren". Es gebe auch viele ETFs, die das Thema aufgreifen, fügte er hinzu. Reich geworden durch den Zusammenbruch des Immobilienmarktes, auf den er gewettet hatte, damals berühmt dank des Films „The Big Short", irrte sich der Investor Michael Burry nicht. Er erklärte bereits 2010, in Bauernhöfe (einschließlich Mandelkulturen, von denen sich 80 Prozent der Weltproduktion in Kalifornien befinden und die astronomische Mengen an Wasser benötigen) mit Wasserreserven investiert zu haben. Er konzentriert auch alle seine Investitionen auf diesen „Rohstoff": „Die kleine Investition, die er immer noch tätigt, konzentriert sich auf eine Ware: „das Wasser". In den letzten zehn Jahren hat seine Verwaltungsgesellschaft Scion Asset Management eine Gesamtrendite von 489 Prozent abzüglich Gebühren erzielt.

In welche Wasseraktien lohnt es sich zu investieren?

Unternehmen, die in der Wasserwirtschaft tätig sind, können in drei Sektoren unterteilt werden: Wassertechnologie, Wasserinfrastruktur und Wasseraufbereitung. Walter hat sich folgende ausgesucht: XYL von Xylem Inc, AWK von American Water

Works Inc, VIE von Veolia Environ. SA, GEBN von der Geberit AG, HLMA Halma PLC, PNR von Pentair, WTRG von Essential Utilities Inc, AQN von Algonquin Power Utilities Corp, UU von United Utilities Group PLC, SEV von Suez SA.[165] Die drei Aktien von Xylem, Veolia Environnement und Geberit interessieren Walter am meisten. Die Xylem-Aktie (XYL) stammt vom führenden US-amerikanischen Zulieferer, der in der Wassertechnologiebranche tätig ist. Xylem wurde 2011 gegründet und ist in 150 Ländern aktiv, darunter Frankreich und Belgien. Die Firma setzt auf innovative technologische Lösungen, um wasserbezogene Herausforderungen auf der ganzen Welt zu meistern. Xylem stellt Pumpen mit intelligenten Steuerungssystemen her. Aber der Reihe nach.[166]

Die AWK-Aktie von American Water Works (NYSE: AWK), 28,5 Milliarden US-Dollar Umsatz

Der in New Jersey ansässige Wasser- und Abwasserversorger versorgt 15 Millionen Menschen in 16 Bundesstaaten. Amerikanische Wasserwerke American Water Works ist vielleicht eines der besten Beispiele dafür, wie langweilige Aktien den Markt leise zerquetschen können. Der 1886 gegründete Wasserversorger ging 2008 mit 21,50 US-Dollar pro Aktie an die Börse und bewegte sich im März 2022 bei rund 160 US-Dollar pro Aktie. AWK ist der größte Wasserversorger des Landes. Wie andere Versorgungsunternehmen profitiert es davon, ein reguliertes Monopol zu besitzen, was bedeutet, dass das Unternehmen in den Regionen, in denen es tätig ist, nicht im Wettbewerb steht. Im Gegenzug werden die Preise von staatlichen und lokalen Regierungen reguliert. Im Laufe der Jahre ist AWK gewachsen, indem es durch Akquisitionen in seine eigene Infrastruktur investiert und Chancen in marktbasierten Unternehmen wie seiner Militärdienstleistungsgruppe genutzt hat. Das Unternehmen plant, weiterhin in das Geschäft zu investieren und prognostiziert in diesem Jahrzehnt Investitionen zwischen 22 und 25 Milliarden US-Dollar, um zusätzliches Wachstum voranzutreiben. Im Jahr 2021 wurden zudem 23 Akquisitionen abgeschlossen. Der Gewinnmultiplikator von AWK hat sich erheblich erhöht, da das Unternehmen von niedrigeren Zinssätzen profitiert hat. Dies hat dazu geführt, dass die Anleger von Anleihen in Dividendenaktien umgestiegen sind und die Börsenmultiplikatoren im Allgemeinen angehoben haben, obwohl sich dies bei steigenden Zinssätzen umkehren könnte. Es lohnt sich zwar, die Zinssätze im Auge zu behalten, aber die Größe des Unternehmens gibt ihm einen Vorteil bei der Skalierbarkeit und bei Akquisitionen. Es zahlt ab März 2022 eine vierteljährliche Dividende von 2,41 US-Dollar oder eine Rendite von 1,5 Prozent.

Die YORW-Aktie der York Water Company (NASDAQ: YORW), 586,3 Millionen US-Dollar Umsatz

Die York Water Company ist ein in Pennsylvania ansässiger Reiniger und Verteiler von Trinkwasser und wurde 1816 gegründet. Es ist der älteste Wasserversorger im Besitz von Investoren in den USA. Das Unternehmen beschafft, reinigt und verteilt Trinkwasser in drei Landkreisen im südlichen Zentrum von Pennsylvania. Es besitzt zudem zwei Abwassersammelsysteme und fünf Abwassersammel- und -behandlungsanlagen. Als Wasserversorger wird das Wachstum von York durch die Anzahl der Kunden sowie die Wasser- und Abwasserpreise bestimmt. Da es die Preise nicht direkt kontrollieren kann, ist der beste Weg für das Unternehmen, zu wachsen sowie die Erweiterung seines Kundenstamms. York Water hat eine Reihe von Akquisitionen in seinem Gebiet getätigt, um das Wachstum anzukurbeln, aber es ist in einem langsam wachsenden Teil des Landes tätig. Die Gesamtzahl der Kunden des Unternehmens stieg leicht von 71.411

Ende 2019 auf 73.144 Ende 2021. Der Umsatz stieg 2021 um 2,3 Prozent auf 55,1 Millionen US-Dollar. Das Unternehmen ist hochprofitabel mit einer operativen Marge von 42 Prozent. YORW zahlt eine Dividendenrendite von 1,8 Prozent und die Ausschüttungsquote liegt bei rund 60 Prozent, was bedeutet, dass die Anleger mit einer anhaltenden Dividende rechnen können.

Die WTRG-Aktie von Essential Utilities (NYSE: WTRG) 12,3 Milliarden US-Dollar

Essential Utilities ist in Pennsylvania ansässig und bietet seinen fünf Millionen Kunden Wasser-, Abwasser- und Erdgasdienstleistungen. Das Unternehmen, früher bekannt als Aqua America, ist ein Wasser- und Erdgasversorger, der etwa fünf Millionen Menschen unter den Marken Aqua und Peoples versorgt. Das Unternehmen begann als Versorgungsunternehmen im Südosten Pennsylvanias und hat sich in zehn Bundesstaaten zu einer Präsenz entwickelt. Im Jahr 2020 stieg das Unternehmen durch die Übernahme der Peoples Natural Gas Company in das Erdgasgeschäft ein und hatte somit 750.000 Gasversorgungskunden in drei Bundesstaaten. Zwei Drittel der Einnahmen von Essential Utilities stammen heute aus Wasser, das restliche Drittel aus Erdgas. Das Unternehmen konzentriert sich auf das Wachstum in Bereichen, in denen es über eine kritische Masse an Operationen verfügt, um an Größe zu gewinnen und die Effizienz zu steigern. Wasserversorgungsunternehmen für Privathaushalte haben in der Vergangenheit ihren Umsatz um etwa ein Prozent pro Jahr gesteigert. Versorgungsunternehmen wachsen tendenziell langsam, aber steigende Raten halfen, und Akquisitionen, einschließlich des Erdgasgeschäfts, trugen dazu bei, den Umsatz im Jahr 2021 um 28 Prozent auf 1,88 Milliarden US-Dollar zu steigern. Das Unternehmen ist hochprofitabel mit einer Gewinnmarge von 23 Prozent. WTRG zahlt derzeit eine Dividendenrendite von 2,2 Prozent und blickt auf eine lange Geschichte der Dividendenerhöhung zurück.

Die AWR-Aktie der American States Water Company (NYSE: AWR), 3,2 Milliarden US-Dollar Umsatz

Der in Kalifornien ansässige Anbieter von Wasser und Strom für Kunden im Bundesstaat ist ein diversifiziertes Versorgungsunternehmen mit mehreren Tochtergesellschaften und drei Segmenten, darunter Wasser, Strom und vertraglich vereinbarte Dienstleistungen. Ende 2020 hatten die regulierten Versorgungsunternehmen von AWR genau 261.796 Wasser- und 24.545 Stromkunden. Die Firma hat zudem eine Reihe von militärischen Verträgen aufzuweisen. Ein Großteil des Umsatzes stammt von der Golden State Water Company, einer Tochtergesellschaft, die sich mit dem Einkauf, der Produktion und der Verteilung von Wasser in zehn kalifornischen Bezirken befasst. Wie andere Versorgungsunternehmen profitiert auch die AWR von mangelndem Wettbewerb. Das Wachstum war jedoch in den letzten Jahren bescheiden, wobei der Umsatz von 2019 bis 2020 um drei Prozent gestiegen ist. AWR war weniger akquisitorisch als andere Wasserversorger, obwohl die Gewinne von 1,62 US-Dollar pro Aktie im Jahr 2016 auf 2,33 US-Dollar im Jahr 2020 deutlich gestiegen sind. Das Unternehmen hat die Kosten relativ niedrig gehalten, obwohl die Preise gestiegen sind. Die Firma ist ein zuverlässiger Dividendenzahler und bietet ab Dezember 2021 eine Dividendenrendite von 1,5 Prozent.

Die MSEX-Aktie der Middlesex Water Company (NASDAQ: MSEX), 1,82 Milliarden US-Dollar Umsatz

Die Middlesex Water Company, Wasser- und Abwasserversorger mit Sitz in New Jersey, wurde 1897 gegründet und betreibt regulierte Wasser- und Abwasserversorgungssysteme in New Jersey und Delaware. Das Unternehmen hat ungefähr 115.000 Kunden in beiden Staaten. Der Umsatz von Middlesex war in den letzten fünf Jahren weitgehend unverändert und stieg von 132,9 Millionen US-Dollar im Jahr 2016 auf 143,1 Millionen US-Dollar im Jahr 2021, also nur etwa 1 Prozent pro Jahr. MSEX hat nicht versucht, zu wachsen, und das Betriebsergebnis blieb ebenfalls unverändert. Im Jahr 2021 verkaufte es eine Abwasseranlage in Delaware, und in einem seiner Territorien sanken die Umsätze tatsächlich als Reaktion auf den Tax Cuts and Jobs Act von 2017, da die Steuerzahlungen von MSEX nach der Verabschiedung dieses Gesetzes erheblich zurückgingen. Middlesex sieht seinen Nettogewinn von vier Themen beeinflusst: Wetter, Ratenentlastung, effektives Kostenmanagement und Kundenwachstum. MSEX gilt als eine zuverlässige Dividendenaktie und erhöht regelmäßig seine Ausschüttung. Im März 2022 zahlte Middlesex eine Dividendenrendite von 1,1 Prozent. Es hat eine Ausschüttungsquote von etwa 60 Prozent, was bedeutet, dass es in der Lage sein sollte, seine Dividende in den kommenden Jahren leicht zu erhöhen.

Die Xylem-Aktie von Xylem (NYSE: XYL), 15,8 Milliarden US-Dollar Umsatz

Xylem ist kein Wasserversorger, sondern ein Wassertechnologieunternehmen, nämlich der Hersteller einer breiten Palette von wasserbezogenen Produkten, einschließlich Pumpen, Zählern und biologischen Behandlungsgeräten. Die Company stellt Produkte her, um den Transport und die Aufbereitung von Wasser, das Pumpen und Heizen sowie die Messungen an Zählern und Datenanalysen zu übernehmen. Xylem hat keine direkten Konkurrenten, aber es steht im Wettbewerb mit einer Vielzahl von Unternehmen in seinen drei Geschäftssegmenten. Es schätzt seinen gesamten bedienten Markt auf 60 Milliarden US-Dollar in den Segmenten innerhalb eines größeren adressierbaren Marktes von 600 Milliarden US-Dollar in der globalen Wasserindustrie. Das Unternehmen sieht Chancen in aufstrebenden Märkten, da sauberes Wasser durch technologische Innovationen zugänglicher wird. Die Leistung von Xylem im Jahr 2020 wurde durch Covid-19 beeinflusst, wodurch der Umsatz um 7 Prozent auf 4,9 Milliarden US-Dollar zurückging, aber das Unternehmen kehrte 2021 zum Wachstum zurück; ein Plus von 7 Prozent auf 5,2 Milliarden US-Dollar oder ein organisches Wachstum von vier Prozent. Vorher war Xylem solide profitabel, obwohl seine Gewinne schwankten. Der Gewinn pro Aktie erreichte 2018 mit 3,03 US-Dollar seinen Höhepunkt und fiel 2020 auf 1,41 US-Dollar, belastet durch den Umsatzrückgang und höhere Ausgaben. Der Gewinn je Aktie stieg wieder auf 2,35 US-Dollar, da die Firma in der Erholung von der Pandemie wieder an Dynamik gewann. Xylem hat seine Dividende seit dem Börsengang im Jahr 2011 regelmäßig erhöht und zahlt eine Dividendenrendite von 1,4 Prozent.

Die PRMW-Aktie der Primo Water Corporation (NASDAQ: PRMW), 2,3 Milliarden US-Dollar Umsatz

Das Unternehmen ist ein Anbieter von austauschbaren Wassertanks, Mineralwasser, Wasserfiltrationsdiensten und verwandten Produkten. Primo Water ist am besten für seine austauschbaren Wassertanks bekannt, die in Big-Box-Stores erhältlich sind. Die aktuelle Firma Primo Water ist das Ergebnis der Übernahme von Primo Water durch das Getränkeunternehmen Cott Corporation im März 2020. Cott verkaufte sein Kaffee- und Teegeschäft und benannte sich in Primo Water um, um ein reines Wasserunternehmen zu werden. Das Management ist nach der Akquisition noch dabei, das Unternehmen neu zu positionieren.

Es kündigte im November 2021 an, dass es sich aus dem nordamerikanischen Einweg-Einzelhandelsgeschäft mit abgefülltem Wasser zurückziehen würde, was dazu beitragen soll, die Rentabilität zu steigern und seinen CO2-Fußabdruck zu reduzieren. Primo Water beendete das Jahr 2021 mit einem Umsatzwachstum von sechs Prozent auf 2,07 Milliarden US-Dollar und erwartet, weiterhin Akquisitionen zu tätigen, um das Wachstum voranzutreiben. Auf bereinigter EBITDA-Basis liegen die Margen des Unternehmens bei etwa 20 Prozent, und der Gewinn nach allgemein anerkannten Rechnungslegungsgrundsätzen (GAAP) ist aufgrund seiner hohen Schuldenlast näher am Break-Even. Dennoch liefert das Unternehmen ein stetiges Wachstum und bietet Investoren eine gute Gelegenheit als eine seltene reine Wasserverbrauchsaktie.

Die VIE-Aktie (CAC40: VIE) von Veolia Environnement

Die französische Gruppe hatte Walter bereits kennengelernt. Veolia Water ist das größte Wasserunternehmen der Welt und verwaltet mehr als 3.500 Anlagen, die Trinkwasser produzieren. Gleichzeitig verfügt Veolia über mehr als 2.800 Kläranlagen. Es ist auch in der Meerwasserentsalzung aktiv. Die VIE-Aktie notierte 2021 knapp unter 20 Euro je Aktie und hat einen Marktwert von etwas mehr als elf Milliarden Euro. Seit 2001 ist die Aktie Teil des berühmten CAC40-Index in Frankreich. 2019 erzielte Veolia noch einen Umsatz von 27,2 Milliarden Euro. Seit 2017 ist der Umsatz um acht Prozent und der Gewinn pro Aktie um 93 Prozent gestiegen. In diesem Zeitraum stieg der Kurs der VIE-Aktie um 50 Prozent. Wie Xylem litt auch Veolia unter den Folgen der Coronavirus-Krise. Für 2020 wird für Veolia ein Gewinn von 25,9 Milliarden Euro veranschlagt. Dies ist ein Rückgang von beinahe fünf Prozent im Vergleich zu 2019. 2021 war der Umsatz voraussichtlich wieder gestiegen. Im Jahr 2019 zahlte Veolia noch eine Dividende von 0,92 Prozent pro Aktie. In den letzten Jahren ist die Dividende um durchschnittlich acht Prozent pro Jahr gestiegen. Ursprünglich war geplant, im Jahr 2020 eine Dividende von einem Euro je Aktie auszuschütten. Aufgrund der Coronavirus-Krise hat sich das Unternehmen entschlossen, Vorsicht walten zu lassen und eine Dividende von nur 50 Cent pro Aktie auszuschütten. Der aktuelle Preis ergibt eine Rendite von 2,5 Prozent. Analysten zufolge sollte die Dividende schnell wieder auf das Vor-Covid-Niveau zurückkehren.

GEBN, die GEBN-Aktie (SWX: GBN) von Geberit

Das führende Schweizer Unternehmen in Europa im Bereich Toiletten und Sanitärinstallationen ist Geberit. Die Firma ist in 120 Ländern aktiv, verfügt über ein Netzwerk von 29 Produktionsstätten und beschäftigt mehr als 12.000 Mitarbeiter. Der Hauptbeitrag von Geberit im Wassersektor besteht darin, den Kunden die Möglichkeit zu geben, Wasser zu sparen. Insbesondere hat Geberit einen speziellen Spülmechanismus für Toiletten entwickelt, bei dem nur viereinhalb Liter Wasser statt üblicherweise neun oder zehn Liter Wasser verwendet werden. Laut Geberit haben ihre Produkte im Jahr 2019 rund 3.120 Millionen Kubikmeter Wasser eingespart. Das ist mehr als die Hälfte des Jahresverbrauchs der deutschen Haushalte. Die Geberit-Aktie wird an der Schweizer Börse SWX gehandelt. Für eine Geberit-Aktie bezahlt man 522 Franken. Das entspricht einem Marktwert von knapp 17 Milliarden Euro. In den letzten sechs Jahren ist der Umsatz jährlich um acht Prozent gestiegen und 2019 beendete das Unternehmen das Jahr mit einem Umsatz von über drei Milliarden Franken. Das entspricht 2,9 Milliarden Euro. Zudem kann Geberit hohe Margen präsentieren. Die Eigenkapitalrendite (Return on Equity) beträgt 35 Prozent und die operative Marge 24 Prozent. Diese hohe Marge spiegelt ein gutes Management wider. Die Dividende von Geberit beträgt 11,3 Franken pro Aktie. Dies ergibt eine Dividendenrendite von etwas mehr als zwei Prozent. Im Gegensatz zu Veolia hat Geberit seine Dividende nicht angetastet. Vor Kurzem betrug das Kurs-Gewinn-Verhältnis dieser Aktie 29, was ziemlich hoch ist. Die Corona-Krise war auch bei diesem Unternehmen beim Einkommen zu spüren. 2020 ist der Gewinn um fünf Prozent gesunken und gleichzeitig der Kurs dank der positiven Zukunftserwartungen der Anleger bezüglich der Aktie gestiegen.

Der iShares Global Water UCITS ETF

Der iShares Global Water UCITS ETF ermöglicht es passiven Anlegern, in den Wassersektor zu investieren. Dieser ETF umfasst ein diversifiziertes Portfolio von 50 Unternehmen aus der ganzen Welt, die im Wassersektor tätig sind. Der ETF hat in den letzten fünf Jahren eine Rendite von 70 Prozent erzielt und damit den Gesamtmarkt deutlich geschlagen. Dieser ETF wird jedoch in Dollar umgetauscht. Daher riskieren europäische Anleger, einen Teil Ihrer Investition zu verlieren, wenn der Dollar gegenüber dem Euro abwerten würde. Die Dividende des ETF wird ausgezahlt und die Dividendenrendite liegt derzeit bei einem Prozent. Dieser ETF hat eine Gesamtkostenquote von 0,65 Prozent. Dies ist die Gesamtgebühr, die für eine Investition zu zahlen ist.

Zwölf Billionen Dollar für Wasserinfrastruktur

Langfristig verfügen Unternehmen, die in der Wasseraufbereitung oder Wassertechnologie tätig sind, über ein erhebliches Wachstumspotenzial. Je stärker die Wasserknappheit zunimmt, desto mehr werden jedoch die Behörden ihre Kontrolle über den Wasserverbrauch der Unternehmen verstärken. Diejenigen, die es schaffen, Lösungen für den Umgang mit der Wasserkrise zu finden, können langfristig davon profitieren. In den kommenden

Jahren werden Milliarden von US-Dollar in den Wassersektor investiert, um die derzeitige Trinkwasserversorgung zu stabilisieren oder zu erhöhen. Laut McKinsey-Beratern werden bis 2030 weltweit fast zwölf Billionen US-Dollar in die Wasserinfrastruktur investiert. Das ist mehr als die Hälfte des US-Bruttoinlandsprodukts. Die Kosten, die von den Unternehmen für ihren Wasserverbrauch zu zahlen sind, steigen um beinahe sechs Prozent im Jahr. Dies ist ein schnellerer Anstieg als das Wirtschaftswachstum. Daher wird erwartet, dass die Einnahmen der im Wassersektor tätigen Unternehmen diejenigen anderer Unternehmen übersteigen werden. In den letzten Jahren haben sich börsennotierte Wasserunternehmen besser entwickelt als der Gesamtmarkt. Es liegt daher auf der Hand, dass sich immer mehr Investoren für diesen so wertvoll gewordenen Rohstoff interessieren.[167]

Knappheit durch Klimawandel

Mit dem kostenbaren Gut Wasser spekulieren, mit dem Klimawandel Geld verdienen, während Millionen Menschen aufgrund des Wassermangels erkranken oder sterben – wie das moralisch zu bewerten ist, mag jeder für sich entscheiden. In der Sahara ist die Häufigkeit der Sandstürme infolge der Klimaerwärmung um zehn Prozent in den letzten Jahrzehnten gestiegen. Daher erlebt Europa eine extreme Hitze, wenn die Winde von der Sahara gen Norden ziehen. Der Klimawandel ist nicht von gestern, als die Kinder von Fridays For Future angefangen haben, unsere Straßen mit Demonstrationen zu blockieren. Bereits vor Jahrzehnten spürten die Landwirte, dass sich etwas zu ändern begann.[168]

Der Klimawandel beschleunigt sich

Das Wort Klimawandel ist in aller Munde. Walter ist klar, dass das Wasser als erstes damit zu tun hat. Denn Wasser ist *das eine* Element auf der Erde, das im gesamten Kreislauf des Lebens eine der wichtigsten Rollen spielt. Aber wie? Welche Ursachen liegen dafür zugrunde? Er muss sich unbedingt den Klimabericht 2022 genauer anschauen. Treibhausgase schienen eine wesentliche Rolle bei der Klimaregulierung zu spielen. Ohne sie läge die Durchschnittstemperatur auf der Erde bei minus 18 Grad Celsius statt plus 14 Grad Celsius und das Leben könnte nicht in dieser Form existieren. Seit dem 19. Jahrhundert und der industriellen Revolution hat der Mensch die Menge an Treibhausgasen in der Atmosphäre derart erhöht, dass dadurch anscheinend das natürliche Gleichgewicht verändert wurde. Die Erde versucht, sich durch eine Erwärmung der Erdoberfläche neu zu justieren.[169]

Wie funktioniert eigentlich der Treibhauseffekt?

Die Erde erhält ständig Energie von der Sonne. Den Teil dieser Energie, der nicht von der Atmosphäre, von den Wolken oder von der Erde reflektiert wird, absorbiert die Erdoberfläche selbst. Somit erwärmt sie sich. Auf der anderen Seite emittieren Erdoberfläche und Atmosphäre Infrarotstrahlung umso intensiver, je heißer die Erde wird. Ein Teil dieser Strahlung wird von Gasen und Wolken absorbiert: Das ist das Phänomen des Treibhauseffekts. Ein Anstieg der Treibhausgase als Folge menschlicher Aktivitäten fängt einen Teil dieser Strahlung ein, was dazu führt, dass die Temperatur auf der Erde steigt, bis ein neues Gleichgewicht gefunden wird. Einige Treibhausgase wie Wasserdampf und Kohlendioxid sind natürlich in der Luft vorhanden. Mit der industriellen Revolution des 19. Jahrhunderts kamen die Emissionen anderer Treibhausgase hinzu: Kohlendioxid, Methan, Lachgas und Schwefelhexafluorid. Die Ansammlung von Kohlendioxid (CO2) in der Atmosphäre trägt zwei Drittel zur Zunahme des Treibhauseffekts bei, zum Beispiel durch die Verbrennung von Gas und Öl, durch Entwaldung und Zementwerke. Aus diesem Grund wird die Wirkung anderer Treibhausgase in der Regel in Kohlendioxid-Äquivalent gemessen.

Die derzeitigen Kohlendioxid-Emissionen weisen eine Lebensdauer in der Atmosphäre mehr als 100 Jahre auf. Rinderfarmen, überflutete Reisfelder, Müllhalden sowie Öl- und Gasbetriebe sind die Hauptquellen für Methan. Die Lebensdauer von Methan in der Atmosphäre liegt in der Größenordnung von zwölf Jahren. Lachgas (N2O) stammt aus Stickstoffdüngern und bestimmten chemischen Prozessen. Seine Lebensdauer liegt bei ungefähr 120 Jahren. Schwefelhexafluorid (SF6) hat eine Lebensdauer von 50.000 Jahren in der Atmosphäre.[170]

Seit 1988 bewertet der Zwischenstaatliche Ausschuss für Klimaänderungen **Intergovernmental Panel on Climate Change** (IPCC) den Wissensstand über den globalen Klimawandel, seine Auswirkungen und die Möglichkeiten, ihn zu mildern und sich daran anzupassen. In vielen Teilen der Welt wie in Asien, Afrika, tropischen und subtropischen Gebiete könnte die landwirtschaftliche Produktion zurückgehen, was zu schweren Nahrungsmittelkrisen und Konfliktquellen sowie zu Migration führen dürfte. Der Klimawandel hat zudem wahrscheinlich direkte Auswirkungen auf das Funktionieren von Ökosystemen und auf die Übertragung von Tierkrankheiten, die pathogene Elemente aufweisen können, die auch für uns Menschen potenziell gefährlich sind. Die Erhöhung der Konzentration von Kohlendioxid in der Atmosphäre führt auch zu einer höheren Konzentration im Ozean. Dadurch versauert Meerwasser, weil bei Kontakt mit Wasser Kohlendioxid in Kohlensäure umgewandelt wird. Das kennt Walter aus den Wasserflaschen, die mit Kohlensäure versetzt sind.[171]

Er trinkt lieber stilles Wasser. Von 1751 bis 2004 sank der pH-Wert, also das Wasserstoffpotential des Oberflächenwassers der Ozeane, von 8,25 auf 8,14: Ein großes Risiko für Korallenriffe und bestimmte Planktonarten, die das Gleichgewicht vieler Ökosysteme bedrohen. Hinzu kommt eine Bevölkerungsvertreibung durch den Anstieg des Meeresspiegels. Je nach Szenario wird mit einem Anstieg zwischen 26 und 98 Zentimeter bis zum Jahr 2100 gerechnet. Besonders betroffen werden Flussdelta in Afrika und in Asien sein. Es steht zu befürchten, dass ganze Inseln wie die Malediven schlichtweg untergehen werden. Die Auswirkungen des Klimawandels können von Region zu Region sehr unterschiedlich sein, betreffen aber letztlich den gesamten Planeten.

Vom Wasserkreislauf zum Hitzekreislauf

Wasserknappheit, Exodus, Unterernährung, Artensterben. Der Klimawandel und die Erderwärmung zusammen sorgen für einen immer stärkeren Bedarf an Wasser, zum Beispiel in der Landwirtschaft. Besonders wasserintensiv ist, wie Walter bereits feststellen konnte, der Anbau von Baumwolle, Reis und Zuckerrohr. Der weltweite Grundwasserspiegel sinkt. Laut UN sind bereits ein Drittel der weltweit größten Grundwassersysteme betroffen. Wachsende Städte beziehen ihr Trinkwasser aus immer größeren Einzugsgebieten und schöpfen damit immer tiefere Grundwasservorkommen ab. Seen und Flüsse trocknen durch längerdauernde Dürreperioden zeitweise ganz aus. Der Klimawandel führt zu häufigeren und extremeren Wetterereignissen wie Hitzewellen, Dürreperioden und Starkregen. Überflutungen verschmutzen oft das Trinkwasser und machen es unbrauchbar. Das lässt neuesten Forschungen zufolge die Mikroorganismen im Boden verstärkt Kohlendioxid produzieren, was wiederum dem Klima noch mehr schadet.

„Das Leben auf der Erde kann sich vom großen Klimawandel erholen, indem es sich zu neuen Arten entwickelt und neue Ökosysteme schafft“, heißt es in der 137-seitigen technischen Zusammenfassung zur Intergovernmental Panel on Climate Change, IPCC. „Die Menschheit kann das nicht.“ Der Berichtsentwurf, der von Hunderten von Wissenschaftlern verfasst wurde, die dem IPCC angeschlossen sind, schwankt zwischen einem apokalyptischen Ton und Hoffnung. Der 4.000 Seiten umfassende Evaluierungsbericht soll politische Entscheidungen ermöglichen.

Mit der Unterzeichnung des Pariser Abkommens im Jahr 2015 verpflichtete sich die Welt, die Erwärmung im Vergleich zum vorindustriellen Zeitalter, wenn möglich auf plus 1,5 Grad Celsius zu begrenzen. Dabei schätzt der IPCC, dass dies bereits zu

„progressiven, schwerwiegenden Folgen für Jahrhunderte und manchmal irreversibel“ führen könnte. Nach Angaben der Weltorganisation für Meteorologie liegt die Wahrscheinlichkeit bei 40 Prozent, dass diese Schwelle von plus 1,5 Grad Celsius über den Jahresdurchschnitt schon 2025 überschritten wird. Das Klima habe sich bereits verändert. Für einige Tiere und Pflanzensorten könnte es sogar zu spät sein. „Selbst bei plus 1,5 Grad Celsius werden sich die Lebensbedingungen über die Anpassungsfähigkeit einiger Organismen hinaus ändern“, heißt es in dem Bericht unter Berufung auf die Korallenriffe, von denen eine halbe Milliarde Menschen abhängig sind. Zu den Arten, die am schlimmsten betroffen sind, gehören die Tiere der Arktis, ein Gebiet, das sich dreimal schneller als der Durchschnitt erwärmt. Walter erinnert sich an Knut, den Eisbären. Er starb zwar im Zoo an Liebeskummer, denn sein geliebter Pfleger war kurz zuvor selbst verstorben. Doch Walters Gedanken drehen sich um die Lebensweisen der Völker, die in enger Verbindung mit dem Eis leben, und die möglicherweise verschwinden werden. Viele sind auf die Hilfe aus anderen Teilen ihrer Länder angewiesen, etwa in Kanada, Schweden, Finnland oder Norwegen.[172]

Klimatische Gefahren als „Haupttreiber“

Ob die Menschheit es schafft oder nicht – das ist die große Frage. Sie scheint jedenfalls noch nicht bereit. „In allen Lebensmittelproduktionssystemen nehmen plötzliche Verluste zu“, stellt der Bericht fest und weist auf klimatische Gefahren als „Haupttreiber“ hin. „Das derzeitige Maß an Anpassung wird nicht ausreichen, um auf zukünftige Klimarisiken zu reagieren“, warnt der IPCC. Selbst wenn der Anstieg auf zwei Grad Celsius begrenzt ist, werden bis 2050 bis zu 80 Millionen weitere Menschen hungern und 130 Millionen Menschen könnten innerhalb von zehn Jahren in extreme Armut geraten. Im Jahr 2050 werden hunderte Millionen Küstenstadtbewohner von häufigeren Unterwasserwellen bedroht sein, was wiederum zu erheblichen Migrationswellen führen wird. Bei plus 1,5 Grad Celsius werden in den Städten weitere 350 Millionen Einwohner von Wasserknappheit betroffen sein, 400 Millionen bei plus zwei Grad Celsius. Der Text hebt zudem die Gefahr von Kaskaden-Effekten hervor. Einige Regionen wie Ostbrasilien, Südostasien, Zentralchina und fast alle Küstengebiete könnten von drei oder vier gleichzeitigen Wetterkatastrophen oder sogar mehr betroffen sein: Hitzewelle, Dürre, Zyklon, Brände, Überschwemmungen und durch Mücken übertragene Krankheiten. Jenseits von plus zwei Grad Celsius könnte das Abschmelzen der grönländischen und westantarktischen Eisschilde zu einem Punkt führen, an dem es kein Zurück mehr gibt, so jüngste Arbeiten. Ihr gesamtes Abschmelzen kann einen Meeresspiegelanstieg von 13 Metern verursachen. Deshalb zählt „jeder Bruchteil eines Grades", beharrt das IPCC, während eine noch stärkere Erwärmung den Amazonas in eine Savanne verwandeln könnte. Angesichts dieser systemischen Probleme gäbe es kein einziges Wundermittel.

Trotz seiner alarmierenden Ergebnisse gibt der Bericht auch Anlass zur Hoffnung. Die Menschheit kann ihr Schicksal immer noch in eine bessere Zukunft lenken, indem sie kurzfristig drastische Maßnahmen ergreift, um die Ausreißerrolle der zweiten Hälfte des Jahrhunderts einzudämmen. „Wir brauchen eine radikale Transformation von Prozessen und Verhaltensweisen auf allen Ebenen: Einzelpersonen, Gemeinschaften, Unternehmen, Institutionen und Regierungen", ergänzt der Bericht: „Wir müssen unsere Lebens- und Konsumweise neu definieren."

Nach Veröffentlichung des neuen Berichts des Weltklimarats des IPCC Ende Februar 2022 verkündete die deutsche Bundesregierung, ihre Anstrengungen beim Klimaschutz zu verstärken. Die maximale tägliche Regenmenge in Deutschland etwa verändert sich derzeit nur moderat. Bei drei Grad Erwärmung dagegen wären weite Teile betroffen. Auch die Zahl der heißen Tage steigt dann vor allem entlang des Oberrheins drastisch an. Im Sommer 2022 geschah das zuvor Undenkbare: Der Rhein erreichte an einigen Stellen einen Pegelstand von Null. Abgesehen von einer schmalen Fahrrinne war der Fluss teilweise also schlichtweg trocken.[173]

Die Zahl der Hitzetoten wird bei drei Grad doppelt bis dreimal so hoch sein wie bei 1,5 Grad. Dürreschäden in der Landwirtschaft können zwar zunächst durch Bewässerung gemildert werden, aber bei drei Grad höheren Temperaturen begrenzt der Wassermangel diese Möglichkeit.[174]

Der amtierende Präsident der Weltklimakonferenz, Alok Sharma, rief alle Staaten dazu auf, ihre Klimaziele nachzuschärfen. Die Risiken sind größer als bisher angenommen, sagte Professor Hans-Otto Pörtner vom Alfred-Wegener-Institut für Polar- und Meeresforschung. Er betonte, dass 30 bis 50 Prozent der Ökosysteme vor starken menschlichen Eingriffen geschützt werden müssten. Die Natur brauche diesen Freiraum, um sich an die Erderwärmung anzupassen und langfristig weiter Kohlendioxid auffangen zu können. Derzeit sind 15 Prozent der Land- und acht Prozent der Wasserflächen geschützt.[175]

Fast die Hälfte der Weltbevölkerung, also 3,3 bis 3,6 Milliarden Menschen, gelten als potenzielle Opfer dieser Krise. Weltweit sinkt schon bei 1,5 Grad Erwärmung der Maisertrag. Der steigende Meeresspiegel gefährdet zunehmend Küstenregionen. Die Wahrscheinlichkeit für ein Flutereignis, das bisher nur alle hundert Jahre einmal vorkommt, steigt schon bei nur 15 Zentimeter höherem Wasserstand um 20 Prozent. Je höher die Durchschnittstemperatur steigt, desto mehr Anpassungsmaßnahmen werden erforderlich. Die meisten davon sind regional und durchaus bekannt: Hitzeschutz- und Starkregenpläne in den Städten etwa. Aber die Wissenschaft macht darauf aufmerksam, dass jede Anpassung Grenzen hat. Bei Temperaturen über 50 Grad, wie sie in Australien, dem Nahen und Mittleren Osten, Afrika und auch in Teilen Nordamerikas immer häufiger werden, ist kein dauerhaftes Leben möglich. Auch die Kombination aus Hitze und Überflutung wie zum Beispiel in Bangladesch gefährdet Lebensräume. Weil „alles mit allem" zusammenhängt, ist es mit einfachen Eingriffen nicht getan.[176]

UN-Generalsekretär António Guterres sprach auf der Weltklimakonferenz der Vereinten Nationen 2022 von einem Notstand der Meere, menschengemachten Problemen, und davon, dass die Menschheit die Pflicht habe, die Probleme wieder zu lösen. Der Klimabotschafter und ehemalige Außenminister der USA, John Kerry, warnte: „Wenn wir keine Antworten finden, bleibt dies alles Rhetorik, diese Treffen landen auf dem Müllhaufen der Geschichte, weil folgende Generationen uns fragen werden: `Was zum Teufel hast du getan? Warum hast du es nicht getan? Hast du die Arbeit erledigt?´"[177]

Eisschmelze, Anstieg der Meere und die Inselstaaten

Dass 80 Prozent der Weltbevölkerung bereits unter den Folgen des Klimawandels leiden, ist eine starke Behauptung. Walter möchte kurz einige Parameter prüfen. Er weiß, dass der Klimawandel die Verfügbarkeit von Wasser verändern und damit die Wassersicherheit bedrohen kann, aber es ist recht schwierig, die Prognosen des Weltklimaberichts in Zahlen zu fassen. Erstens variiert die räumliche Verteilung der Auswirkungen des Klimawandels über die Verfügbarkeit der Ressourcen zwischen den Klimamodellen und anhand der projizierten Niederschlagsänderung erheblich. Es gibt deutliche Zusammenhänge in den Projektionen der reduzierten Wasserverfügbarkeit rund um die Mittelmeerraum und Teile des südlichen Afrikas. Aber im Hinblick auf Süd- und Ostasien sind die Projektionen viel unsicherer und zeigen größere Abweichungen.[178]

Zweitens könnten Gebiete, die derzeit unter Wasserstress leiden, in Zukunft durch erhöhe Regenmengen weniger Probleme haben, ihre Wasserressourcen aufzufüllen. Drittens könnten mit einer möglichen Erhöhung der globalen Temperatur von weniger als etwa zwei Grad Celsius die Temperaturveränderungen durch den Klimawandel im Allgemeinen größere Auswirkungen auf die Bevölkerung haben als die Veränderungen in der Wasserverfügbarkeit selbst. Und viertens sind Schätzungen der zukünftigen Wasserverfügbarkeit nicht nur für Klima- und Bevölkerungsprognosen relevant, sondern auch für die Wahl des hydrologischen Wirkungsmodells, die über Stress oder Knappheit eine Messung ergeben werden.[179]

Satelliten für genaue Messungen

Um den Anstieg des Meeresspiegels zu untersuchen, sind exakte Messungen nötig. Eine der genauesten Beobachtungen der Eisschilde etwa auf Grönland und am Südpol gelang Klimaforschern mithilfe von Lasern an Bord von Satelliten der US-Weltraumagentur NASA. Die Satellitendaten zeigten, dass zwischen den Jahren 2003 und 2019 auf Grönland und am Südpol sehr große Eismassen abschmolzen. Wie die Wissenschaftler in der Fachzeitschrift *Science* berichteten, stieg der Meeresspiegel in diesem Zeitraum um 14 Millimeter an. Das klingt vielleicht nach wenig, aber es bedeutet einen Verlust von durchschnittlich 200 Milliarden Tonnen Eis pro Jahr in Grönland in diesem Zeitraum. In der Antarktis schmolzen zeitgleich etwa 118 Milliarden Tonnen Eis pro Jahr. Doch die Schmelze lief in beiden Regionen unterschiedlich ab. Auf Grönland tauten vor allem Eismassen auf dem Land, wodurch das Schmelzwasser direkt zum Anstieg des Meeresspiegels beitrug. In der Antarktis schmolzen hingegen schwimmende Eisberge. Vor allem in der Westantarktis war die Schmelze stark ausgeprägt. Pro Jahr verloren dort große Gletscher drei bis fünf Meter an Höhe. Dabei hatte Walter zwischen Madagaskar und La Réunion die Ankunft von schwimmenden Eisbergen beobachtet. Es hat sich dort eine regelrechte Eisbergstraße gebildet. Wenn das Schmelzwasser von Eisbergen den Meeresspiegel nicht direkt ansteigen lässt, rutschten aufgrund der Schmelze verstärkt Eismassen vom Festland ins Meer und erhöhten dadurch den Meeresspiegel. Zusätzlich zeigten die Messungen, dass die Eisschilde in manchen Regionen durch Schneefall wuchsen. Doch dieser Effekt gleicht den durch die Erderwärmung verursachten Eisschwund nicht aus.[180]

Weitere Klimaforscher analysierten über die vergangenen 120 Jahre hinweg den Anstieg des Meeresspiegels und seine Ursachen, vom Abschmelzen der Gletscher bis hin zur thermischen Ausdehnung des Wassers. In den in der Fachzeitschrift *Nature* veröffentlichten Ergebnissen ordneten sie abhängig vom Jahrzehnt die jeweils relevanten Ursachen, wie Gletscherschmelze, Staudammbau, thermische Ausdehnung im Zuge der Erderwärmung und Variationen der Grundwasserspiegel, zu. Es zeigte sich, dass die Gletscherschmelze im Analysezeitraum etwa doppelt so stark zum Anstieg des Meeresspiegels beitrug wie die thermische Ausdehnung des Wassers. Während in den 1940er-Jahren der Meeresspiegel stark anstieg, wurde es in den 1960er- und 1970er-Jahren langsamer. Diese Entwicklung lässt sich mit dem Bau zahlreicher Staudämme während dieses Zeitraums erklären. Zwischen 1900 und 2003 wurden nämlich insgesamt etwa 10.000 Kubikkilometer Wasser gestaut und konnten nicht in die Meere fließen.[181]

Für Walter sind diese Messungen sehr wichtig, denn jede Schmelze bedeutet einen Verlust an Trinkwasser, wenn das Süßwasser zu Brackwasser wird. Die Temperaturen sind in Grönland deutlich gestiegen. Im Sommer entstehen dort inzwischen Tümpel und Bäche auf dem Eis. Besonders stark tauten die Gletscher 2012. Eine Gruppe um den Wissenschaftler Luke Trusel von der amerikanischen Rowan University in New Jersey hat nachgewiesen, dass diese Schmelze in den vergangenen 350 Jahren einzigartig war. Das internationale Team um Trusel analysierte Bohrkerne aus dem Westen des grönländischen Eisschilds. In dieser Region ist die Sommertemperatur in den vergangenen 200 Jahren um zwei bis drei Grad Celsius gestiegen. Mithilfe von zylindrischen Bohrkernen analysierten sie Eisschichten, die nach kurzfristigem Antauen und Wiedergefrieren von Schnee entstehen. Zudem verglichen sie ihre Bohrkerne, die sogenannten „Karotten“ mit Satellitenbildern und Computerberechnungen des Tauwetters. Die Menge an Schmelzwasser, die von der Oberfläche abgeht, hat demnach im Vergleich zur ersten Hälfte des 19. Jahrhunderts um rund 50 Prozent zugenommen.[182]

Der Permafrost taut auf, die Gletscher schrumpfen

In weiten Regionen der Nordhalbkugel ist der Boden selbst im Sommer dauerhaft gefroren. Doch aufgrund der Erderwärmung tauen diese als Permafrost bezeichneten Böden teilweise auf. Dadurch sind zahlreiche Häuser, Straßen, Brücken und Pipelines sowie weitere Infrastruktur wie Wasserleitungen auf Permafrostböden bedroht. Bis 2050 könnten 30 bis 50 Prozent dieser Infrastruktur beschädigt oder gar zerstört werden – so die Forscher in der Fachzeitschrift *Nature Reviews Earth & Environment.* Permafrost bezeichnet Böden oder Felsen, die länger als zwei Jahre gefroren bleiben. So sind nahezu die komplette Oberfläche Grönlands, 80 Prozent der Böden Alaskas sowie zwei

Drittel der Böden Russlands und die Hälfte Kanadas dauerhaft gefroren. Wenn sich Permafrostböden erwärmen, schmilzt darin gefrorenes Eis zu flüssigem Wasser, und der Permafrost taut. Wasser hat jedoch eine höhere Dichte als Eis und nimmt daher weniger Raum als Eis ein, weshalb die Böden beim Schmelzen des Eises auflockern und sogenannte aktive Schichten mit flüssigem Wasser bilden. Zwar sind die Permafrostgebiete recht dünn besiedelt. Doch es sind immerhin insgesamt 120.000 Gebäude, 40.000 Kilometer Straße und 9.500 Kilometer Pipelines vom tauenden Permafrost bedroht.

Gletscher schrumpfen oder wachsen „eigentlich" in Jahrtausenden. Doch heute verschwinden sie vor unseren Augen. Wenn ein Gletscher „sich nicht bewegt, ist es kein Gletscher, sondern liegendes Eis", sagte Dan Fagre, der seit 20 Jahren als Klimaforscher und Ökologe im Glacier National Park in Montana arbeitet. In dem Park gibt es 25 aktive Gletscher, vor 100 Jahren waren es noch 150. Viele sind verschwunden, bevor man sie auf Landkarten einzeichnen konnte. Zurückgeblieben sind nur Moränen – Geröllhaufen, die sie vor sich herschoben, als sie bergab flossen. Vor 20.000 Jahren war die Schweiz ein Eismeer, aus dem nur die Alpen als windumtoste Inseln herausragten. Im 19. Jahrhundert, am Ende der sogenannten kleinen Eiszeit, schmolzen die Überreste dieser Eiszeit ein wenig. 1849 zeigte sich die Zunge des Rhone-Gletschers ungefähr 500 Höhenmeter weiter bergabwärts als heute. Einige Gletscher rücken tatsächlich noch vor, aber nur wenige, und nicht in den Alpen. Dort ist im vergangenen Jahrhundert die Hälfte des Eises geschmolzen. Die Prognose ist düster: 80 bis 90 Prozent der Gletscher, die es heute noch gibt, werden bis 2100 verschwunden sein.

Die Schmelzrate des antarktischen Eises hat sich seit 1997 versechsfacht. Diese Beschleunigung gefährdet viele Küstenstädte, die bis zum Jahr 2500 vollständig überschwemmt werden könnten. Die Antarktis schmilzt immer schneller. Ein Kollektiv von 84 Wissenschaftlern veröffentlichte in der Fachzeitschrift *Nature* besonders alarmierende Zahlen zur Entwicklung des Eisschildes. Zwischen 1997 und 2002 verlor der weiße Kontinent am Südpol jährlich rund 38 Milliarden Tonnen Eis. Diese Zahl hat sich seitdem alle fünf Jahre verdoppelt: 73 Milliarden Tonnen pro Jahr zwischen 2002 und 2007, dann 160 Milliarden zwischen 2007 und 2012 und schließlich 219 Milliarden zwischen 2012 und 2017. Zur Erinnerung: Der antarktische Eisschild enthält genug Wasser, um den Pegel der Ozeane um 60 Meter anzuheben. Die sich beschleunigende Eisschmelze stellt eine Bedrohung für Hunderte von Millionen Menschen dar, die in niedrig gelegenen Küstengebieten leben. Die neuesten Szenarien prognostizieren einen Anstieg des Meeresspiegels um 77 Zentimeter bis 2100 ohne eine Verringerung der Treibhausgasemissionen und „nur" 32 Zentimeter im Falle einer moderaten Reduzierung. Das Schlimmste steht künftigen Generationen noch bevor.

Malediven und Marshallinseln mit künstlichen Inseln

„Seien wir nicht naiv und bereiten uns auf das Worst-Case-Szenario vor." Diese Worte, die der ehemalige maledivische Umweltminister Mohamed Aslam sprach, bezogen sich auf die bevorstehende Verschlingung des Archipels. Die Malediven sind ein Archipel, der aus 1.192 Inseln besteht, von denen 200 bewohnt sind. Aufgrund ihrer idyllischen Lage sind sie ein beliebtes Reiseziel. Der Tourismus macht 40 Prozent des Brutto-Inlandsprodukts aus. Indes ist die Zukunft dieser Inseln ungewiss. Die Konfiguration des Archipels, insbesondere seine geringe Höhe – 80 Prozent des Landes liegt weniger als einen Meter über dem Meeresspiegel – und die geringe Größe seiner Inseln, von denen 96 Prozent eine Fläche von weniger als ein Quadratkilometer aufweisen, machen es zu einem der anfälligsten Gebiete für steigende

Gewässer. 2004 tötete ein Tsunami 100 Menschen, zerstörte zwei Inseln und führte zur Evakuierung von sechs weiteren. „Das Problem der globalen Erwärmung ist nicht so sehr der Anstieg des Wassers als der Tod von Korallen“, sagte Thomas Leber, Experte eines Umweltdesignbüros. Seit 2008 wird der High-End-Tourismus vom staatlich geförderten Massentourismus begleitet. Seitdem werden Unmengen an Wasser für den Tourismus gebraucht. Realistisch betrachtet haben Bewohner keine Zuflucht im Falle eines Anstiegs des Meeresspiegels. Doch es gibt Auswege. Die Profite aus dem Tourismus fließen beispielsweise in den Bau künstlicher Inseln ein. Die Verpachtung von Inseln an Saudi-Arabien ist ebenfalls vorgesehen und soll es den Maledivern ermöglichen, im Krisenfall ein Zuhause zu finden. Wenn diese Lösungen kurzfristig tragfähig sind, ist das Risiko, dass die Malediver eines Tages zu Klimaflüchtlingen werden, sehr real.

Bewegen oder Heben: Die Marshallinseln erwägen drastische Maßnahmen. Eine davon ist die Schaffung neuer künstlicher Inseln. Seit Tausenden von Jahren haben Marshallesen die Umwelt um sie herum angenommen und eine Kultur auf mehr als 1.200 Inseln aufgebaut, die über fast zwei Millionen Quadratkilometer Ozean verstreut sind. Aber die Atolle dieses großen Inselstaates sind bedroht. Tropische Wirbelstürme, beschädigte Riffe, schwere Dürren und steigende Salzgewässern zwingen die Marshallesen dazu, sich einer neuen Realität zu stellen. Die Ozeane, die doppelt so schnell Wärme absorbieren wie vor 18 Jahren, haben 600 Milliarden Tonnen Eis gesehen, die sie erreicht haben. Die Marshallesen müssen schnell handeln. Ein im Oktober 2021 vom Zwischenstaatlichen Ausschuss für Klimaänderungen des Intergovernmental Panel on Climate Change veröffentlichter Bericht hob die unterschiedlichen Folgen eines Temperaturanstiegs von 1,5 Grad Celsius im Vergleich zu einem Anstieg um zwei Grad Celsius hervor. Demnach sind kleine Inselentwicklungsländer eher überproportional von den Folgen der globalen Erwärmung betroffen. Vier Atolle sind besonders bedroht: Kiribati, Tuvalu, die Malediven und die Marshallinseln. Mit drei Grad Celcius mehr würde im Jahr 2100 der durchschnittliche Meeresspiegelanstieg im Bereich von drei bis 13 Metern oder sogar höher liegen. Wenn keine außergewöhnlichen Maßnahmen ergriffen werden, könnte der Klimawandel die Marshallinseln unbewohnbar machen.[183]

Die Erosion der senegalesischen Küste und der ständige Anstieg des Wassers dort schaffen jeden Tag neue Klimavertriebene. Eine 2013 von der Weltbank veröffentlichte Studie ergab, dass das Gebiet fünf bis sechs Meter Strand pro Jahr verliert. In der Region wurden Häuser und Schulen zerstört und ganze Dörfer vom Wasser verschluckt. Danach zogen viele der Opfer in das Viertel Guet Ndar. Seitdem hat sich der Bezirk mit 30.000 Einwohnern pro Quadratkilometer zum drittdichtest besiedelten Ort der Welt entwickelt. Zwar revidierten zwei neue Forschungsergebnisse, die Anfang 2022 in der Zeitschrift *Nature* veröffentlicht wurden, die Schätzungen des Meeresspiegelanstiegs. Sie argumentierten, dass die Antarktis im schlimmsten Fall sieben bis 40 Zentimeter beitragen würde. Hinzu kommen die Ausdehnung der Ozeane bei Erwärmung, das Schmelzwasser von Berggletschern mit 15 Zentimetern, und Veränderungen in der Wassermenge der Seen und Flüsse im Land mit fast vier Zentimeter. Somit würde der Meeresspiegelanstieg zwischen 60 und 90 Zentimeter liegen, eine Zahl, die nach wie vor wichtig ist. Es ist indes keine gute Nachricht, denn eine riesige Menge an zusätzlichem Wasser „knabbert" an die Küsten – genug, um Städte von Boston bis Shanghai zu lähmen. „Wenn die Schätzungen des Meeresspiegelanstiegs nicht so schlecht sind, wie wir dachten, sind die Klimavorhersagen schlechter", so Nick Golledge, Klimatologe am

Antarctic Research Centre der University of Victoria in Wellington und Hauptautor einer der Studien.

Darüber hinaus findet Walter Zahlen zu der Menge an erneuerbarem Trinkwasser, das den Inselbewohnern pro Kopf und pro Jahr zur Verfügung steht. „Erneuerbar" bedeutet in diesem Zusammenhang, dass das Wasser durch Regen wieder den Grundwasserspiegel auffüllt. Auf St. Kitts und Nevis, den Bahamas und in Kuwait sind es jeweils nur 0,02 Kubikkilometer erneuerbares Süßwasser, die Malediven haben 0,03, Malta sowie Antigua und Barbuda 0,05, Katar 0,06, Bahrain 0,12, Barbados 0,08 und Kuwait 0,02. Antigua und Barbuda, St. Vincent und die Grenadinen sowie St. Kitts und Nevis werden durchweg als wasserarm eingestuft, wie die Vereinten Nationen Länder mit weniger als 1000 Kubikmetern pro Kopf an erneuerbaren Wasserressourcen pro Jahr definieren. Die Situation von Barbados mit nur 350 Kubikmetern pro Kopf ist besonders ernst, so Keithroy Halliday, General Manager der Barbados Water Authority. Während die meisten Menschen außerhalb der ländlichen Berggebiete in der Karibik an die öffentliche Wasserversorgung angeschlossen sind, sind sie häufig mit veralteter Infrastruktur konfrontiert, die repariert werden muss, was zu großen Trinkwasserverlusten führt. Alan Poon King, Leiter der Wasser- und Abwasserbehörde von Trinidad und Tobago (WASA), sagte, dass das Versorgungsunternehmen jeden Tag bis zu 60 Millionen Gallonen Wasser aus undichter Infrastruktur verliert, und dass viel Wasser durch Probleme wie undichte Wasserhähne auf Privatgrundstücken verschwendet wird.

Ein ähnliches Bild stellt sich in Jamaika dar. Peter Clarke, Geschäftsführer der Water Resources Authority des Landes, sagte, dass es unter „einem ernsthaften Verlust von Wasser leidet, das produziert wurde und geliefert werden soll, aber es erreicht den Endbenutzer aufgrund der alternden Infrastruktur nicht – es ist undicht, es ist perforiert.“ Werden diese strukturellen Probleme nicht angegangen, könne sich die Lage nur verschlechtern. „Es gibt viele andere Probleme, mit denen der Wassersektor in der Karibik konfrontiert ist, und der Klimawandel verschärft die bestehenden, zugrunde liegenden Bedingungen“, sagte Adrian Cashman, der im globalen technischen Beratungsausschuss für die Global Water Partnership sitzt. „Im Sommer 2021 haben wir in Jamaika eine erhebliche Dürre durchgemacht“, sagte Clarke. „Es war wirklich eine Herausforderung für die Wasserversorgungsunternehmen.“ In Trinidad und Tobago hätte es zehn bis 20 Prozent weniger geregnet. Puerto Rico musste nach einer Dürre eine Wasserrationierung einführen, und der Klimawandel habe die Wasserversorgung von Barbados bereits erheblich beeinflusst. Alle internen erneuerbaren Wasserressourcen von Barbados stammen aus Niederschlägen, und 2019 verzeichnete das Land das niedrigste aufgezeichnete Niveau seit 1947.

Day Zero und Starkregen in vielen Regionen

Es gibt leider genügend Beispiele für Wassermangel weltweit zu beobachten. In Südafrika beispielsweise ist der Region Kapstadt 2018 fast das Wasser ausgegangen. Die vier Millionen Einwohnern von Kapstadt hatten die schlimmste Dürre seit mehr als einem Jahrhundert erlebt, und näherten sich gefährlich dem „Day Zero“, dem Tag, an dem alle Wasservorräte erschöpft sind. Ohne Aussicht auf Niederschläge erschien es durchaus möglich, dass Kapstadt als die erste Metropole, die vollständig austrocknet, in die Geschichte eingehen würde. Die Gemeinde musste daher konkret den Day Zero antizipieren. Dämme sind die Hauptwasserquelle der Stadt, und ihre Werte waren erheblich gesunken. Der Wert von 13 Prozent durfte nicht unterschritten werden. Die Region hat es geschafft, ihren Wasserverbrauch innerhalb eines Jahres zu halbieren. Das Risiko stieg indes Mitte

April 2018 wieder an. Die Gemeinde hatte den zulässigen Wasserverbrauch pro Person und Tag auf 87 Liter begrenzt. Aber: „Trotz unseres monatelangen Beharrens verbrauchen 60 Prozent der Einwohner Kapstadts mehr als 87 Liter Wasser pro Tag. Wir müssen uns der Tatsache stellen, dass sie ihr Verhalten nicht ändern werden“, erklärte Patricia de Lille, die Bürgermeisterin von Kapstadt. Am 1. Februar 2018 sank die Beschränkung auf 50 Liter. Verstöße wurden mit erheblichen Geldstrafen belegt, was bei vielen Bewohnern zu Verstimmungen und zu Stress führte. Zwar zahlen die Ärmsten der Armen oft nicht für das Wasser: Die Bewohner der Townships erhalten eine geringe Grundversorgung kostenlos. Doch damit kommen sie meistens kaum aus. Die kritische Phase brachte auch die Frage der Hygiene bei der Verwendung von Toiletten und Duschen auf die Tagesordnung. Denn eine Minute duschen oder eine Toilettenspülung verbrauchen beinahe 15 Liter Wasser.

Fünfundzwanzig Liter pro Person pro Tag bei Day Zero

Bereits im Oktober war die Armee in der Region im Einsatz, um die verschiedenen Wasserstellen zu sichern und Unruhen zu verhindern. 200 Wassersammelstellen wurden eingerichtet, für den Fall eines Day Zero und einer Rationierung von 25 Litern pro Person und Tag. Gleichzeitig begannen die Behörden mit der Bohrung von Grundwasserleitern. Zudem wurden vier neue Entsalzungsanlagen in Betrieb genommen, um bis Februar 200 Millionen Liter Wasser zu produzieren. Für die Region war es unmöglich, die wirtschaftlichen und finanziellen Folgen einer solchen Krise abzuschätzen. Das gesamte südliche Afrika wurde von dieser Dürrekrise getroffen, die durch das Klimaphänomen El Niño verschärft wurde. In anderen Teilen des südlichen Afrikas gab es indes starke Regenfälle, die dem Problem ein Ende setzten. Ende August wurde der „Day Zero abgesagt“. Die wichtigsten Maßnahmen, die gewirkt hatten, bestanden darin,

Wasser um 60 Prozent zu reduzieren und nach Grundwasser zu bohren. Für die Zukunft sollen Meereswasserentsalzungsanlage und die Aufbereitung von Abwasser weiterhelfen. Denn Bohren allein ist keine Lösung. 2022 starben mehrere 100 Menschen wegen Starkregen. Die Schäden waren enorm. Das Unwetter in der Küstenprovinz KwaZulu-Natal war das schlimmste, das in der Geschichte des Landes je aufgezeichnet wurde. Vielerorts kam es zu Erdrutschen, Häuser wurden zerstört, manche begruben ihre Bewohner unter sich. Zur Katastrophenhilfe wurde auch das Militär mobilisiert.

Tödliche Überschwemmungen 2021 in Europa

Auch in Europa, hauptsächlich in Deutschland und Belgien, lösten im Juli 2021 Rekordniederschläge tödliche Überschwemmungen aus, die mindestens 220 Menschen das Leben kostete. Häuser und andere Gebäude wurden bei Sturzfluten zerstört. Einige Teile der Region erlebten an einem einzigen Tag mehr Regen, als sie normalerweise in einem ganzen Monat erwarten würden. Die Ergebnisse einer Studie von 39 Wissenschaftlern und Forschern des World Weather Attribution-Projekts (WWA) ergab, dass der extreme Regen ein einmaliges Ereignis in vierhundert Jahren war, und dass der Klimawandel die Intensität der täglichen extremen Niederschläge um drei bis 19 Prozent erhöht. „Diese Überschwemmungen haben uns gezeigt, dass selbst entwickelte Länder nicht vor den schwerwiegenden Auswirkungen extremer Wetterbedingungen sicher sind, von denen wir gesehen haben und von denen wir wissen, dass sie sich mit dem Klimawandel verschlimmern", sagte Friederike Otto, stellvertretende Direktorin des Environmental Change Institute an der Universität Oxford, in einer Erklärung. „Dies ist eine dringende globale Herausforderung, und wir müssen uns ihr stellen. Die Wissenschaft ist klar und das schon seit Jahren." Maarten van Aalst,

Professor für Klima- und Katastrophenresilienz an der Universität Twente in den Niederlanden, sagte dazu, es sei „aber im Grunde eine Eins-über-Vierhundert-Chance jedes Jahr“. Die Wissenschaftler konzentrierten sich auf die Gebiete um die Flüsse Ahr und Erft in Deutschland und die Maas in Belgien, und auch Teilen Frankreichs, der Niederlande, Luxemburgs und der Schweiz. Was dort geschah, sollte ein Weckruf sein. Zudem sei der Boden in der Region bereits gesättigt, sodass es das Gelände zu „trichterartigen Effekten im Falle extremer Überschwemmungen“ führte. Im Sommer 2022 habe die nördliche Hemisphäre eine Vielzahl von extremen Wetterereignissen erlebt, die über tödliche Überschwemmungen hinausgehen, einschließlich rekordverdächtiger Temperaturen, die in einigen Fällen Waldbrände in den USA, Kanada, Sibirien, Algerien und Südeuropa ausgelöst haben.[184]

Chiles Hauptstadt rationiert Leitungswasser

Aus Chile kamen Anfang 2022 ebenfalls dramatische Meldungen. In Santiago müsse Leitungswasser rationiert werden, berichtet Claudio Orrego, der Gouverneur der Stadt, weil das Wasser in den Flüssen, aus denen die Stadt ihr Wasser bezieht, beunruhigend niedrig ist. Er kündigte einen Plan für eine Wasserration für rund sechs Millionen Einwohnern an: „Eine Stadt kann nicht ohne Wasser leben. Wir befinden uns in einer beispiellosen Situation in der 481-jährigen Geschichte von Santiago, in der wir uns darauf vorbereiten müssen, dass es nicht genug Wasser für alle gibt.“ Ein vierfarbiges System von grün bis rot sei eingeführt worden, das an den Wasserstand der Flüsse Maipo und Mapocho angepasst ist. Diese Flüsse liefern den größten Teil des Leitungswassers in Santiago, aber in den letzten Jahren floss deutlich weniger Wasser durch sie. Die Gebiete, für die diese Stufen gelten, sollten rotieren, damit jeder Bezirk wieder Zugang zu zusätzlichem Wasser hat. Bei Stufe rot kann der Vorstand sogar beschließen, das Wasser abschalten. Das hieße, es gäbe eine erhebliche Wasserknappheit in den Stauseen. Wasser könne für einen Bezirk in Zeiträumen von bis zu 24 Stunden deutlich reduziert werden. Claudio Orrego macht den Klimawandel für die Maßnahmen verantwortlich: „Es ist wichtig, dass die Menschen verstehen, dass der Klimawandel dauerhaft ist. Die Auswirkungen sind nicht nur auf globaler, sondern auch auf lokaler Ebene spürbar.“ Es wird geschätzt, dass die Wassermenge in Chile in den letzten Jahren zwischen zehn und 37 Prozent gesunken ist.

2022: Warnung aus den Niederlanden

Der niederländische Bauerninteressenverband ZLTO schlug 2022 wegen des trockenen Frühlings Alarm. Wenn es keinen Regen gibt, besteht die Gefahr von Missernten, was zu Preissteigerungen führen kann. ZLTO vertritt 12.000 Landwirte und Gärtner in Gelderland-Zuid, Noord-Brabant und Zeeland. Laut Vorstandsmitglied Janus Scheepers keimten die Samen nicht, weil der Boden zu trocken war. „Wir können die aufgeblasenen und ausgesäten Pflanzen nicht so früh im Jahr am Leben erhalten“, sagte er. Wenn die Ernten teilweise ausfallen, stelle sich die Frage, ob es noch genug bezahlbare Lebensmittel geben werde, sagte Schepers: „Für die Menschen, aber natürlich auch für die Tiere. Denn wir stellen auch Produkte für den tierischen Verzehr her.“ Aufgrund des Krieges in der Ukraine kam wenig Getreide aus diesem Land und aus Russland, während unter normalen Umständen etwa ein Drittel der Weltproduktion von dort kommt. Deshalb wurde laut Scheepers viel Getreide gesät, aber die Trockenheit war beunruhigend: „Wenn sie jetzt nicht anfangen zu wachsen, werden wir in den Niederlanden viel weniger Getreide haben. Und das in ganz Europa, denn die Dürre ist ziemlich groß.“ So hat 2022 der Wasserverband des Brabantse-Deltas entschieden, dass es in Teilen Brabants nicht mehr erlaubt ist, mit Wasser aus den Gräben, Bächen und Kanälen zu bewässern. Aufgrund der Dürre hat der Wasserverband sogenannte Austrittsverbote verhängt. Das durchschnittliche Niederschlagsdefizit lag laut KNMI-Niederschlagsmonitor 2022 bei etwa 60 Millimetern. Damit war 2022 bisher eines der trockensten seit Beginn der Messungen im Jahr 1906.[185]

Dürre und kaum Nahrung: Afrika, Indien, Pakistan

Nach den Einkommensausfällen durch Corona, den Mangel an Getreide durch den Krieg im Osten Europas und die explodierenden Lebensmittelpreise, steht nun die Dürre vor der Tür. „Ich habe es weltweit noch nie so schlimm gesehen“, sagte Amer Daoudi, Senior Director of Operations beim World Food Programme (WFP) der Vereinten Nationen. Und wieder einmal ist Afrika der Kontinent, der davon am stärksten betroffen ist. Derzeit sind dort schon 20 Prozent der Menschen unterernährt. Bis 2030 prognostizieren die Vereinten Nationen einen Anstieg auf 25 Prozent. Dabei haben viele Länder Afrikas eine verblüffende Entwicklung hingelegt: Lagos, Kigali und Nairobi sind Start-up-Zentren geworden.

In Kenia zum Beispiel begann der digitale Aufbruch vor 15 Jahren. Drohnen gelten in Afrika als Zukunftsbranche, vor allem in Gegenden, in denen es kaum Straßen gibt. Aus der Luft lässt sich gut erkennen, wo sich verschmutztes Wasser sammelt, wo sich also die Cholera-Bakterien entwickeln können. Die Fluggeräte sollen auch dabei helfen, die besten Flächen für Gemüse oder Früchte zu finden. Aber seit 2020 gab es zwei Jahre lang keinen Regen in Ostafrika. Im Frühsommer sollten in Kenia noch Mais, Hirse oder Bohnen gedeihen, aber die Felder sind vertrocknet. Die Regenzeiten sind aus dem Rhythmus gekommen.[186]

Das ist einer der Gründe für die Rückkehr des Hungers. Normalerweise sind zwei Ernten möglich: eine im Juli und August, eine weitere im Januar und Februar, jeweils nach den Regenzeiten. Meteorologen sehen eine länger anhaltende Dürre voraus. Anfang September 2021 hatte Kenias Präsident Uhuru Kenyatta deshalb den Katastrophenfall ausgerufen. Im Norden des Landes und im County Tana River verenden bereits die Herden der Nomaden. Viele Meter tief müssen die Männer im Flussbett des Tana Rivers graben, bis sie auf Wasser stoßen. Auch in der umkämpften äthiopischen Provinz Tigray könnten mehrere 100.000 Menschen verhungern. Im Süden Madagaskars ist die Lage nach einer beispiellosen Dürre ebenfalls dramatisch. Es ist nicht nur der ausbleibende Regen, der die Menschen trifft. Seit 2020 verheeren riesige Heuschreckenschwärme die Region. Dahinter steht eine Kettenreaktion. Sie begann, als es 2018 auf der Arabischen Halbinsel ungewöhnlich stark regnete, wodurch sich die Heuschreckenschwärme entwickelten, die mit den Winden nach Afrika getrieben wurden.

Weiter östlich leidet die Landwirtschaft ebenfalls unter dem Regenmangel. Die Böden sind derart vertrocknet, dass große Flächen kaum noch zum Feldbau taugten. Mancherorts droht eine „Dust Bowl“ aus Staub, den nichts mehr hält. In Indien und in Pakistan ließen 2022 die saisonüblichen Kaltfronten aus dem Westen auf sich warten. Die extrem hohen Temperaturen konzentrierten sich auf die Ebenen von Indus und Ganges, die Kornkammern von Pakistan und Indien. Bereits im März 2022 traf die plötzliche Hitze die Landwirtschaft mit voller Wucht, gerade während der wichtigen Wachstumsphase, in der die Getreidepflanzen ihr Korn ausbilden, verkümmerten sie. Der Ertrag aus Weizenkulturen war bereits um bis zu 50 Prozent gesunken. Manche Landwirte in den wichtigsten Weizenanbaugebieten wie dem Punjab im indisch-pakistanischen Grenzgebiet beklagten laut dem Centre for Science and Environment Ernteeinbußen von bis zu 60 Prozent.

Südöstlich und südwestlich von Ahmedabad wurden maximale Landoberflächentemperaturen von etwa 65 Grad Celsius gemessen, so die Europäische Weltraumorganisation. Das von Indiens Premier Narendra Modi angesichts des Ukrainekriegs und der von dort fehlenden Weizenlieferungen abgegebene Versprechen – „Wir ernähren die Welt" – kann er nicht mehr halten. Indien verhängte Mitte Mai 2022 ein Embargo auf den Getreideexport. Eine Katastrophe mehr auch für das afrikanische Kontinent. Während dessen arbeiten die Menschen weiter in der Kohlehöhle von Jharkhand an dem Kohlabbau auf brennenden Böden und mit Temperaturen, die nicht mehr messbar sind, bzw. nicht gemessen werden sollen. In New-Delhi brannte eine Mülldeponie: Die Menschen berichteten davon, dass die Regierung nichts unternähme. Das benötigte Wasser, um solche Brände zu löschen, fehle schon an anderer Stelle, meinte Sunita Narain, Leiterin des Centre for Science and Environment in Delhi. Durch die Hitze seien die meist oberirdischen Speicher bereits zu einem großen Teil verdunstet, soweit es überhaupt welche gebe.[187]

In der pakistanischen Region Belutschistan litten die Menschen unter wochenlangen Temperaturen, die wiederholt fast 50 Grad Celsius erreichten. Die Einheimischen konnten außer in den kühleren Nachtstunden nicht arbeiten und waren mit einem kritischen Wassermangel und Stromausfällen konfrontiert. Ähnlich war die Situation auf dem gesamten Subkontinent, wo die Realitäten des Klimawandels von mehr als 1,5 Milliarden Menschen wahrgenommen werden. Pakistans Ministerin für Klima Sherry Rehman warnte davor, dass die Hitzewelle die Gletscher im Norden des Landes mit einer beispiellosen Geschwindigkeit schmelzen lasse, und dass Tausende Gefahr liefen, in Flutausbrüche verwickelt zu werden. Sie sagte weiterhin, dass die brutzelnden Temperaturen auch die Wasserversorgung beeinflussten. „Die Wasserreservoirs trocknen aus. Unsere großen Dämme sind im Moment auf toter Ebene, und Wasserquellen sind knapp", sagte sie, und weiter, „die sengende Hitze ist wahrscheinlich ein Vorgeschmack auf die Dinge, die kommen werden, wenn sich die globale Erwärmung weiter beschleunigt. Hitzewellen sind häufiger und intensiver und beginnen früher als in der Vergangenheit."[188]

Iran, das Mittelmeer und Syriens Klimavertriebene

Iran – Globale Erwärmung oder Regierungsführung?

Im Iran hat die Dürre bereits zum Verschwinden mehrerer Gletscher in mehreren Provinzen geführt. Die globale Erwärmung wird als eine der Ursachen für die Austrocknung des Zayandeh-roud-Flusses angesehen. Für die Bewohner der Stadt Isfahan ist der Zayandeh-roud, der von mehreren monumentalen Brücken überspannt wird, und von der UNESCO zum Weltkulturerbe erklärt wurde, Teil der Identität ihrer Stadt. Am Abend treffen sie sich gerne an seinen Ufern, um mit der Familie zu picknicken oder traditionellen Sängern zu lauschen, die unter den Brücken mit beleuchteten Arkaden postiert sind. Der Fluss ist aber seit dem Jahr 2000 bis auf einige kurze Perioden trocken. Bauern in der Region protestieren dagegen, dass die Behörden einen Teil des Wassers stromaufwärts der Stadt umleiten, um die benachbarte Provinz Yazd zu versorgen, der es ebenfalls an Wasser mangelt.

Die Stadt Isfahan ist ein wichtiges Industriezentrum. Bauern in der Provinz fordern, dass die Fliesen- und Stahlindustrie der Region in einem Küstengebiet angesiedelt ist, „und nicht in einer Provinz, die meilenweit vom Meer entfernt ist". Bewohnern und

Bauern protestieren regelmäßig im trockenen Bett ihres Flusses Zayandeh-roud, um ihre Wut gegen die Politik des Wasserressourcenmanagements zum Ausdruck zu bringen. Nach mehrwöchigen Protesten intervenierte die Staatsgewalt samt Polizei von Isfahan, Mitglieder der Revolutionsgarden, der ideologischen Armee der Islamischen Republik, und Geheimdienste Ende November 2021. Sie nahmen viele Menschen fest. Es gab zahlreiche Verletzte. In der Provinz Chahar Mahal-Bakhtiari, demonstrierten im selben Zeitraum mehrere 100 Menschen, um eine Lösung für die Trinkwasserknappheit zu fordern. Mehrere Menschen kamen ums Leben.

„Der Iran hat immer mehr Probleme mit dem Zugang zu Wasser, und das hängt nicht nur mit der globalen Erwärmung zusammen, sondern auch mit schlechter Regierungsführung“, sagte Jonathan Piron, ein auf den Iran spezialisierter Historiker für das Forschungszentrum Etopia in Brüssel. In Frage steht der Bau großer Staudämme zur Erzeugung hydraulischer Energie und zur Umverteilung von Wasser an landwirtschaftliche Gebiete in anderen Regionen und an große Stahlkonglomerate, die gierig auf das Wasser sind. „Während seine Bevölkerung in die Höhe geschossen ist, erkennt das Land, dass seine Wasserressourcen begrenzt sind. Das Agrarmodell muss jedoch überprüft werden. Es basiert nicht auf nachhaltigem Wirtschaften“, so Jonathan Piron weiter. Er spricht von „landwirtschaftlichen Verirrungen“ wie die Entwicklung des Reisanbaus, der sehr viel Wasser verbraucht, in einer Region wie Khuzestan, wo sich die Niederschläge binnen weniger Jahre halbiert haben. „Der iranische Staat befindet sich in einer Logik der Ernährungssouveränität. Diese kurzfristige Politik hat ihre Grenzen aufgezeigt. Und dazu kommen Korruption und die schlimmen Perspektiven der globalen Erwärmung“, sagte Piron. Umweltaktivisten versuchten zu warnen, aber mehrere von ihnen wurden 2018 verhaftet und zu zehn Jahren Gefängnis verurteilt. Sie forderten strukturelle und politische Veränderungen, „die den Interessen des Systems und damit der Revolutionsgarden zuwiderlaufen“. Letztere besitzen in der Tat viele Unternehmen im Iran, insbesondere im Bereich des Staudammbaus. Doch die Dringlichkeit ist da. Experten prognostizieren eine Verschlechterung der Situation mit sozialen Konflikten und einer Vertreibung der Bevölkerung aus den südlichen Regionen in den Norden, die weniger von der Dürre betroffen sind. Der iranische Präsident Ebrahim Raisi, der die Proteste in Isfahan leitete, versprach, das Wasserproblem in der Region sowie Yazd zu lösen. Der Oberste Führer Ayatollah Ali Khamenei nannte das Thema ein „Problem des Landes“. „Dies sind nicht Ali Khameneis erste Aussagen, aber da ihnen keine Taten folgen, glaubt ein Teil der Bevölkerung nicht mehr daran“, sagte Piron.[189]

Syriens Klimavertriebene

Das Wasser ist eine versteckte Gefahr des Klimawandels, die die Welt bereits destabilisiert, hieß es beim Abschluss der COP 21, die UN-Klimakonferenz von Paris 2015. Der Wassermangel trägt bereits zur Destabilisierung von Ländern wie Syrien bei. „Ich denke, wir unterschätzen das Problem des Wassers im Zusammenhang mit der Erwärmung. Die Störung ist klimatisch und auch aquatisch“, sagte Jean-Louis Chaussade, Geschäftsführer von Suez, während der COP21 in Le Bourget. Es ist richtig, dass in den Gängen der Konferenz über Klima, Energie, Wald und soziale Auswirkungen gesprochen wurde, aber das Thema Trinkwasser wurde selten hervorgehoben. „Bis 2035 werden 40 Prozent der Weltbevölkerung in Gebieten mit Wasserknappheit leben. Wenn nichts unternommen wird, werden diese Bevölkerungsgruppen unter ernsthaften Nutzungskonflikten, Hygiene- und Gesundheitsproblemen leiden. Das wird zu massiven

Bewegungen von Klimaflüchtlingen führen“, sagte Chaussade. Wasser war tatsächlich ein erschwerender Faktor in Syrien.

Walter erinnert sich daran, dass es 2006 eine erhebliche Dürre in Syrien gab, die eine enorme Migration vom Land in die Städte verursacht hatte. „Dies hat zur Destabilisierung des Landes beigetragen, das wir heute kennen“, sagte er. Ahmad Junaid, Direktor für Wasser bei der Weltbank, bestätigt: „In Syrien und im Tschad sehen wir, dass die Unfähigkeit, Wasserprobleme zu lösen, der Nährboden für die Destabilisierung von Staaten ist. Wasser ist ein versteckter Faktor im Klimawandel.“ Die globale Erwärmung ermöglicht es der Atmosphäre, mehr Wasser zu halten; infolge dessen trocknet das Land aus. Dieses Wasser wird dann an anderer Stelle massiv fließen. „Gebiete mit wenig Wasser werden noch weniger haben als diejenigen, die zu viel haben werden“, fasst Brice Lalonde, Berater der Vereinten Nationen für nachhaltige Entwicklung, zusammen. Ein weiterer Unterschied besteht darin, dass Umweltflüchtlinge nicht in ihre Heimat zurückkehren können, wie es zum Beispiel nach kriegerische Auseinandersetzungen der Fall ist.

Das Mittelmeer in Gefahr

Zudem ist laut Jean-Louis Guigou, Präsident des Ipemed (Institute for Economic Prospective of the Mediterranean World), "die Situation für den Mittelmeerraum dramatisch“. Insbesondere bezieht sich dies auf einen Bogen, der von der Türkei bis nach Marokko verläuft. Dieses Gebiet, das eine Bevölkerung von 280 Millionen Menschen umfasst, repräsentiert vier Prozent der Weltbevölkerung. Es hat jedoch nur ein Prozent der Wasserreserven. Innerhalb von 40 Jahren wird seine Bevölkerung auf 360 Millionen Menschen ansteigen. In Verbindung mit der Erwärmung werden Bevölkerungswachstum und Hyperurbanisierung den Druck auf eine bereits begrenzte Wasserressource weiter erhöhen. „Um diesen Herausforderungen zu begegnen, brauchen wir technologische, finanzielle und verhaltensbezogene Innovationen“, sagte Marie-Ange Debon, stellvertretende Geschäftsführerin von Suez, Leiterin der Abteilung International. „Nord-Süd-Partnerschaften müssen gestärkt werden. Innovation ist erforderlich, um die Disposition von Wasserressourcen zu maximieren. Es ist notwendig, alle Akteure zu mobilisieren, es liegt in der Verantwortung des Unternehmens, am kollektiven Bewusstsein für dieses Thema teilzunehmen“, fügt Jean-Louis Chaussade hinzu. Brice Lalonde fragt sich schließlich: „Vielleicht sollten wir ein IPCC zu Wasser starten, um die Probleme identifizieren und gemeinsam darauf reagieren zu können.“[190]

Der Kampf ums Wasser verhärtet sich

„Offensichtlich gibt es viele Treiber der menschlichen Entwicklung“, sagte Andrew Hudson, leitender technischer Berater des Wasser-Governance-Programms der Vereinten Nationen, UNDP, „aber Wasser ist das Wichtigste“. Er berechnete den Beitrag, den verschiedene Faktoren zum Human Development Index leisten, als ein Maß dafür, wie gut es Gesellschaften sozial und wirtschaftlich geht.[191]

Genug Wasser aber Macht, Armut und Ungleichheit

„Es war auffallend. Ich habe mir den Zugang zu Energie, die Ausgaben für Gesundheit, die Ausgaben für Bildung angesehen, und der mit Abstand stärkste Treiber des Human Development Index auf globaler Ebene war der Zugang zu Wasser und sanitären Einrichtungen.“ Die Verfügbarkeit von Wasser sei für einige Länder ein Problem, heißt es in dem entsprechenden Bericht, aber die globale Wasserkrise habe ihre Wurzeln in Macht, Armut und Ungleichheit, nicht in physischer Verfügbarkeit. Aber Bevölkerungswachstum und klimatische Veränderungen könnten das Bild ändern. Laut Weltgesundheitsorganisation nutzten 2020 rund 74 Prozent der Weltbevölkerung einen sicher verwalteten Trinkwasserdienst, das heißt einen, der bei Bedarf verfügbar und frei von Kontamination ist. Im Jahr 2010 erkannte die UN-Generalversammlung ausdrücklich das Menschenrecht auf Wasser und sanitäre Grundversorgung an.

Dennoch nutzten 2020 weltweit mindestens zwei Milliarden Menschen eine mit Fäkalien verunreinigte Trinkwasserquelle. Dazu gehörten rund 1,2 Milliarden Menschen mit einer

Wasserquelle innerhalb einer Hin- und Rückfahrt von dreißig Minuten. 282 Millionen Menschen brauchten mehr als 30 Minuten, um an Wasser zu kommen, 368 Millionen mussten Wasser aus ungeschützten Brunnen und Quellen beziehen. 122 Millionen Menschen sammeln unbehandeltes Oberflächenwasser aus Seen, Teichen, Flüssen und Bächen. Das natürliche Vorhandensein von Chemikalien, insbesondere im Grundwasser, Insekten, die im Wasser leben, und viele weitere Gefahren lauern, und verursachen Krankheiten wie Dengue-Fieber. Kinder sind besonders von wasserbedingten Krankheiten gefährdet. „Es gibt mehrere Flüsse, die das Meer nicht mehr erreichen“, sagte Mark Smith, Leiter des Wasserprogramms der International Union for the Conservation of Nature (IUCN). „Der Gelbe Fluss ist so einer, der Murray-Darling in Australien ist ein anderer – sie müssen jedes Jahr die Mündung des Flusses ausbaggern, um sicherzustellen, dass er nicht austrocknet. „Der Aralsee und der Tschadsee sind geschrumpft, weil die Flüsse, die sie speisen, weitgehend ausgetrocknet sind; und man kann es auch in einem kleineren Maßstab sehen, wo Bäche, die für kleine Gemeinden in Tansania wichtig sind, für die Hälfte des Jahres austrocknen können, vor allem, weil die Menschen immer mehr Wasser für die Bewässerung von Pflanzen nehmen.“[192]

Der Klimawandel bringt Prognosen durcheinander

Es ist ein komplexes Bild, und die Vorhersage seiner Auswirkungen lässt die einfache Klimamodellierung im Vergleich dazu wie eine triviale Aufgabe erscheinen. Forscher der Universität Kassel haben es unter der Leitung von Martina Floerke versucht. Ihre Prognosen deuten darauf hin, dass einige Regionen wahrscheinlich einen drastischen Rückgang der Wassermenge verzeichnen werden, die für den persönlichen Gebrauch zur Verfügung steht – und das aus kuriosen Gründen. „Die Hauptursache für den abnehmenden Wasserstress, sofern er auftritt, ist die größere Verfügbarkeit von Wasser aufgrund erhöhter jährlicher Niederschläge im Zusammenhang mit dem Klimawandel", stellten sie fest.[193]

Der wichtigste Faktor für diesen Anstieg sei das Wachstum des häuslichen Wasserverbrauchs, das durch das Einkommenswachstum stimuliert werde. Bis zu sechs Milliarden Menschen könnten mit Wasserknappheit konfrontiert sein. Es hängt vor allem davon ab, wie sich Gesellschaften entwickeln. Im Klartext heißt es, dass die reicheren Gesellschaften diejenigen sind, die sich am besten an diese Veränderungen anpassen können. Vor einem Jahrhundert wurde eine 500 Kilometer lange Pipeline gebaut, um Wasser von der Westküste Australiens zu den ausgetrockneten Goldfeldern im Landesinneren um Kalgoorlie zu bringen. Die Wirtschaftlichkeit von Gold machte dieses System lebensfähig. Heutzutage, da die Küstenhauptstadt Perth austrocknet, ist die Rede davon, eine noch längere Pipeline zu bauen, um Wasser aus dem Norden des Staates zu bringen. Der Staat hat kürzlich eine Entsalzungsanlage erworben. Eine Reihe von Ländern des Nahen Ostens gehen ähnlich vor. Es wird sogar in der Nähe von London in Betracht gezogen. Flüsse können über weite Strecken umgeleitet werden, wie es China erwägt. Spanien und Zypern können Wasserlieferungen per Schiff durchführen. Aber können sich das alle Gesellschaften leisten? – Eher nicht![194]

Wasser als Trennungs- oder Verbindungsfaktor?

Beim Wasserstress ist es auffällig, dass dabei das Territorium von 148 Nationen betroffen ist, die an internationalen Gewässern liegen. Mehr als 30 davon liegen fast vollständig an internationalen Wasserbecken oder Wasseradern. Ihre unvermeidliche gegenseitige Abhängigkeit wird durch die Anzahl der Länder veranschaulicht, die jedes dieser internationalen Gewässer teilen. Die Probleme, die durch Flüsse wie die Donau, die auf 19 Länder aufgeteilt ist, oder das Nilbecken, das elf Ländern umfasst, aufgeworfen werden, sind leicht vorstellbar. Internationale Gewässer, die die nationalen Grenzen von zwei oder mehr Ländern überschreiten, bedecken etwa 45 Prozent der Landoberfläche, beherbergen rund 40 Prozent der Weltbevölkerung und machen zirka 60 Prozent aller weltweiten Flüsse aus. Darüber hinaus wächst ihre Zahl: 1978 listeten die Vereinten Nationen 214 internationale Gewässer auf. 2022 waren es 276, hauptsächlich aufgrund politischer Veränderungen wie dem Zerfall der Sowjetunion und des ehemaligen Jugoslawien sowie Fortschritten in der Kartographie dank Satellitenaufnahmen.[195]

Wasser ist so wichtig, dass Nationen es sich vielleicht nicht leisten können, darüber zu streiten. Wasser schürt eine größere gegenseitige Abhängigkeit. Die Vielzahl gemeinsamer Einzugsgebiete, gepaart mit zunehmender Wasserknappheit für wachsende Bevölkerungen, hat leider viele dazu veranlasst, Schlagzeilen über das Aufkommen von „Wasserkriegen“ zu produzieren. Im Jahr 1995 zum Beispiel sagte der ehemalige Vizepräsident der Weltbank, Ismail Serageldin, dass die Kriege des nächsten Jahrhunderts durch Wasser verursacht würden. Diese Warnung richtete sich gegen den trockenen und feindlichen Nahen Osten, wo Armeen wegen dieser knappen und kostbaren Ressource mobilisiert und Kriege begonnen wurden. Während Wasserreserven und Infrastruktur oft als Instrumente oder militärische Ziele gedient haben, ist seit dem Zusammenstoß der Stadtstaaten Lagash und Umma im Tigris-Euphrat-Becken im Jahr 2500 v. Chr. kaum ein Staat nur wegen seiner Wasserressourcen in den Krieg gezogen. Im Gegenteil, laut der Ernährungs- und Landwirtschaftsorganisation der Vereinten Nationen, FAO, wurden zwischen 805 und 1984 mehr als 3.600 Wasserverträge unterzeichnet.[196]

Die Geschichte ist übersät mit gewalttätigen Beispielen für interne Streitigkeiten mit Wasser als Hauptfaktor: so wie kalifornische Bauern in den frühen 1900er Jahren Pipelines bombardierten, die Wasser vom Owens Valley nach Los Angeles transportierten; oder chinesische Bauern in Shandong im Jahr 2000, die mit der Polizei zusammenstießen, um gegen die Pläne der Regierung zu protestieren, Bewässerungen in Städte und Industrien umzuleiten. Diese Konflikte brechen eher innerhalb von Nationen aus. Internationale Flüsse sind eine andere Sache. Die Geschichte zeigt, dass internationale Wasserstreitigkeiten de facto auch zwischen Feinden und sogar dann gelöst werden, wenn Konflikte aus anderen Gründen ausgebrochen sind. Einige der vehementesten Feinde der Welt haben Wasserabkommen ausgehandelt oder arbeiten daran, und die Organisationen, die sie geschaffen haben, sind oft widerstandsfähig, selbst wenn die Beziehungen angespannt sind. Das Mekong-Komitee zum Beispiel, das 1957 als zwischenstaatliche Agentur zwischen Kambodscha, Laos, Thailand und Vietnam gegründet wurde, setzte den Austausch von Daten und Informationen über die Entwicklung der Wasserressourcen während des Vietnamkrieges (1955-1975) fort.[197]

Flussgebietsabkommen

Die Indus-Kommission, die 1960 im Rahmen des Indus-Waters-Vertrags zwischen Indien und Pakistan eingerichtet wurde, überlebte 1965 und 1971 zwei große Kriege zwischen Indien und Pakistan. Die elf Länder, die an das Nilbecken angrenzen, arbeiten an hochrangigen Regierungsverhandlungen, um das Becken trotz anhaltender Meinungsverschiedenheiten zwischen vor- und nachgelagerten Staaten im Geiste der Zusammenarbeit zu verbessern. Im südlichen Afrika wurden mehrere Flussgebietsabkommen unterzeichnet, als die Region in den 1970er und 1980er Jahren mit einer Reihe von lokalen Kriegen zu kämpfen hatte, wie dem „Volkskrieg“ in Südafrika und den Bürgerkriegen in Mosambik und Angola. Trotz der Komplexität der Verhandlungen waren die Abkommen seltene Momente friedlicher Zusammenarbeit zwischen vielen dieser Länder. Nachdem die meisten dieser Kriege und die Apartheid beendet waren, erwies sich Wasser als eine der Grundlagen der Zusammenarbeit in der Region. Tatsächlich war das Protokoll von 1995 über gemeinsame Flusssysteme das erste Protokoll, das innerhalb der Entwicklungsgemeinschaft des südlichen Afrikas unterzeichnet wurde.[198]

Forscher der Oregon State University stellten einen Datensatz jeder gemeldeten Interaktion (konfliktreich oder kooperativ) zwischen zwei oder mehr Nationen zusammen, die im letzten halben Jahrhundert von Wasserfragen angetrieben wurde. Sie fanden heraus, dass die Rate der Zusammenarbeit die Häufigkeit akuter Konflikte überrundete. Indes sind alle diese positiven Expertenaussagen für die Vergangenheit keine Garantien, dass die Zukunft genauso aussehen wird. Sowohl Wasser als auch Konflikte unterliegen langsamen, aber stetigen Veränderungen. Die Wasserstreitigkeiten von morgen könnten also völlig anders aussehen als die heutigen.[199]

Paradigmenwechsel und Wassernomaden

Die Unsicherheit, genügend Wasservorräte oder Ressourcen zu haben, hat manche Länder dazu veranlasst, das Geschehen selbst in die Hand zu nehmen: nun pumpen sie aggressiv unterirdische Wasservorkommen aus der Erde. Die UNESCO arbeitet daran, eine wissenschaftliche Wissensbasis zu schaffen, um ihnen dabei zu helfen, ihre Wasserressourcen auf nachhaltige Weise zu erreichen. Dafür setzt sich das Zwischenstaatliche Hydrologische Programm (IHP), durch die Leitung des UN-weiten World Water Development Report und zahlreiche Zentren und Lehrstühle für Wasser auf der ganzen Welt ein. Wenn sich Länder dem nicht nachhaltigen Wasserverbrauch zuwenden, ist irgendwann die Wirtschaft betroffen. Das Wirtschaftswachstum kann rapide zurückgehen, und die Preise für Lebensmittel und andere Produkte immens in die Höhe treiben. Es könnte das Feuer weiter anheizen, oder neue Konflikte verursachen.[200]

Walter erinnert sich, dass laut den Vereinten Nationen zwei Drittel der Weltbevölkerung bis 2025 in Regionen mit Wasserstress leben werden. Intensive Wasserknappheit könnte weltweit 700 Millionen Menschen vertreiben. Ein Bericht des Internationalen Währungsfonds aus dem Jahr 2018 stufte Pakistan nach Osttimor und Jemen an dritter Stelle unter den Ländern ein, die mit akuter Wasserspeicherung konfrontiert sind. Laut World Vision hat Eritrea nur zu rund 19 Prozent Zugang zu grundlegenden Wasserdienstleistungen. Es wird erwartet, dass Menschen in wasserarmen Gebieten zu Orten abwanden, an denen die Versorgung besser ist. Das wirft gleich mehrere Probleme auf. Je stärker ein Ort bevölkert ist, desto wahrscheinlicher ist es, dass seine Wasservorräte schnell verbraucht werden. Es kann zudem sein, dass bestimmte Orte die Ankunft dieser Wasservertriebene ablehnen und behindern. Auf diese Weise kollidieren gegensätzliche Interessen und Absichten, so dass Konflikte entstehen können.[201]

In vielen Teilen der Welt geht schon länger die landwirtschaftliche Produktion zurück, was zu schweren Nahrungsmittelkrisen, Konfliktquellen und Migration führen kann. Am 24. Mai 2018 verabschiedete der Sicherheitsrat der Vereinten Nationen einstimmig eine Resolution, in der die Verwendung von Ernährungsunsicherheit und Hunger als Kriegstaktik verurteilt wurde. Es war das erste Mal, dass sich der Rat mit diesem Thema befasste und eine Bedrohung für das Leben von Dutzenden Millionen Menschen anerkannte. Die Resolution richtet sich an Länder, die in internationalen Kriegen oder Bürgerkriegen verwickelt sind, und fordert alle Parteien auf, Lebensmittelvorräte, Bauernhöfe, Märkte und andere Verteilungsmechanismen intakt zu lassen. Sie fordert, dass Konfliktparteien humanitären Helfern ungehinderten Zugang zu Bevölkerungsgruppen in Not zu gewähren haben, und erklärt, dass „die Verwendung des Aushungerns von Zivilisten als Methode der Kriegsführung ein Kriegsverbrechen darstellen kann".[202]

Australiens Buschbrände und seine Wassersicherheit

In Australien, dem trockensten Kontinent der Erde, ist der Wasserstress stets auf einem hohen Niveau. Dort geht vielen Orten das Wasser aus. Es wird erwartet, dass das Angebot an natürlichen Ressourcen die Nachfrage bis 2030 nicht mehr deckenkann. Der Großraum Sydney steht innerhalb von 20 Jahren vor einem Wasserknappheitsdefizit von 13 Prozent, wenn die Stadt weiterhin mit ihrer derzeitigen Rate wächst, während der Klimawandel die Niederschläge weniger vorhersehbar macht.[203] Da die Wassermenge in den Flüssen innerhalb von zehn Jahren voraussichtlich um zehn bis 15 Prozent sinken wird, wird der Druck auf die australischen Wassersysteme noch weiter zunehmen, zumal die Nachfrage der Bevölkerung steigt. Um seine Wassersicherheit zu gewährleisten, muss sich Australien weiter anpassen. Vom Klimawandel verbrannt und von Industriebetrieben entwässert, steht das wichtigste Flusssystem des Landes kurz vor dem Zusammenbruch.[204]

Die Brände, die in Australien häufig wüten, haben zu einem großen Teil dazu geführt, dass das Wasser dort zur Neige geht. Das Land steht vor einer Krise in der Wasserversorgung, die mittel- und langfristig klare Auswirkungen auf die nationale Sicherheit hat, nicht zuletzt in ihren unvermeidlichen negativen Auswirkungen auf den Verteidigungshaushalt. Ein Blick auf die Niederschlagskarten Australiens in den letzten 119 Jahren zeigt eine offensichtliche Korrelation zwischen den vom Feuer verwüsteten Gebieten und den niedrigsten Niederschlägen, die seit mehr als einem Jahrhundert verzeichnet wurden. Die monatlichen Daten des Australian Bureau of Meteorology für 2019 sind in Bezug auf die Orte der jüngsten Brandausbrüche noch überzeugender. Die Verbindung ist sowohl offensichtlich als auch von politischen Führern und Feuerwehrleuten gleichermaßen anerkannt. Das längere trockene Wetter macht sehr trockenen Brennstoff für Waldbrände in großen Mengen leichter verfügbar. Wasser ist offensichtlich eine mächtige Waffe bei der Bekämpfung von Bränden und der Rettung von Leben. Es ist wichtig für das Überleben von Menschen, die in Brände verwickelt sind oder versuchen, nach ihnen zu überleben. Australien scheint jedoch keine Wasserspeicherpläne zu haben, die seinem Brandrisiko entsprechen.[205]

Ein weiteres Warnzeichen war der Beinahe-Zusammenbruch des wichtigsten Flusssystems Murray Darling Basin 2019. Das Flusssystem erstreckt sich durch vier der Festlandstaaten des Landes, vom südlichen Queensland durch den größeren Teil von New South Wales entlang der Grenze zu Victoria und nach Südaustralien. Die Länge der beiden Hauptflüsse Murray und Darling zusammen ist etwa so lang wie die gesamte Ostküste des Kontinents. Im Mai 2019 hatte das Menindee Lakes-Becken am Darling River nur rund ein Prozent seiner Kapazität. Ein drittes Warnzeichen kam in einem Bericht des Australian Bureau of

Meteorology, Water in Australia aus dem Jahr 2019.[206] Er zeigte eine starke Zunahme der Nutzung von Grundwasser auf. Der Bericht ergab ein alarmierend niedriges Maß an Überwachung oder Konsistenz der Daten für die Gewinnung von Grundwasser, insbesondere für den Wasserabbau für den Einzelhandel. Im Jahr 2018 ernannte die australische Regierung Generalmajor Stephen Day, um die nationalen Reaktionen auf die damals bereits schwere Dürre zu koordinieren.[207]

Notwendige Koordination zwischen den Behörden

Eine genaue Lektüre des Day-Berichts zeigt einen Schwerpunkt auf neuer Forschung und Datenerhebung. Dies spiegelt Beweise dafür wider, dass das Land bisher bei der Einrichtung eines nationalen Dürre-Wissensspeichers und ähnliche Datenerhebungen versagt hat. Es gibt zwei Hauptursachen dafür. Die erste ist, dass Australien einen übermäßig freizügigen oder freiwilligen Ansatz für die Wissensentwicklung an seinen Universitäten verfolgt und das Wissen, das sie produzieren, vernachlässigt. Die zweite Ursache ist eine Diskrepanz zwischen dem Charakter der Wasserkrise als nationales Sicherheitsproblem und den politischen Strukturen, um damit umzugehen. Australien kartiert seine Brände sehr gut und verfügt über nützliche Vorhersagefähigkeiten für den Brandfortschritt und das Brandrisiko. Aber es fehlt an Zivilschutzmentalität auf nationaler Ebene. Das Land hat die Punkte zwischen dem Wissen, wo Brände auftreten und wie sie sich verhalten könnten, und der Ausrichtung der Verteilung und Bewirtschaftung der Wasserressourcen nicht zusammengefügt. Die Regierung kündigte die Schaffung einer neuen Agentur für die Reaktion auf Buschbrände an. Sie wird über ein national organisiertes nachrichtendienstliches Analyse- und Warnsystem verfügen müssen, das mit einer national organisierten Wassersicherheitsbehörde in Verbindung stehen sollte. Beide werden das politische Gewicht und die Autorität brauchen, um staatliche politische und kommerzielle Interessen außer Kraft zu setzen, die derzeit die Wassersicherheit des Landes untergraben. Beide Agenturen müssen unabhängig sein.[208]

Wasserkriegs- und Verteidigungshaushalte

Australien würde niemals einen Krieg um Wasserrechte führen, da es keine Landnachbarn hat. Das größere Risiko, wie Militärführer auf der ganzen Welt seit 2009 argumentieren, besteht darin, dass staatliche Reaktionen auf die Anpassung an den Klimawandel für die nationalen Haushalte sehr kostspielig wären und sich entsprechend auf die Verteidigungsfähigkeit auswirken würden. Im Jahr 2016 verpflichtete sich die australische Regierung zu einem nominalen Anstieg der Verteidigungsausgaben um 81 Prozent bis 2025 von 32,4 Milliarden AUD im Jahr 2016 auf 58,7 Milliarden AUD im Jahr 2025. Das war aus vielen politischen Gründen wahrscheinlich nie nachhaltig. Ein unvorhergesehenes Risiko war damals die Notwendigkeit massiver Ausgaben für die Anpassung an den Klimawandel, die noch als in weiter Ferne angesehen wurde. Seitdem haben die Buschbrände die öffentliche Meinung über den Mangel an Anpassungsausgaben der Regierung und die Vorbereitung des Zivilschutzes auf die vorhersehbare Bedrohung durch Megabrände angeheizt. Es ist sehr wahrscheinlich, dass das ehrgeizige Wachstum des Verteidigungshaushalts auf Eis gelegt wird. Dafür wird Platz für die Hunderte von Milliarden Dollar geschaffen, die das Land für die Eindämmung von Buschbränden und Dürren ausgeben muss. Zudem müssen Maßnahmen ergriffen werden, um sich auf die Küstenerosion und den Anstieg des Meeresspiegels vorzubereiten. Am dringendsten ist es, die beispiellose und sich verschlimmernde nationale Wasserkrise des Landes anzugehen.[209]

Indiens Bedarf an innovativen Wassertechnologien

Indien steht kurz vor einer akuten Wasserknappheit. Nach Berechnungen des Umweltprogramms UNEP der Vereinten Nationen könnte das Land bereits 2025 unter extremen Wasserstress leiden. Ein Grund liegt darin, dass im Durchschnitt in Indien 37 Prozent mehr Grundwasser entnommen wird als auf natürlichem Weg nachkommen kann. Auch die vorhandenen Wasserressourcen aus Oberflächengewässern werden knapp. Zudem weisen viele Flüsse und Seen zunehmend steigende Schadstoffbelastungen auf. Die Nachfrage nach Trinkwasser steigt indes kontinuierlich an. Dies ist nicht nur auf das Bevölkerungswachstum in Höhe von 1,2 Prozent jährlich zurückzuführen, sondern auch auf den zunehmenden Wasserbedarf durch die Industrie. In den vergangenen Jahren konnten immer mehr Haushalte an ein Wasserversorgungssystem angeschlossen werden. Wenn auch der Anteil der Personen mit Zugang zu Wasser mit 89 Prozent hoch liegt, sind dennoch nur 37 Prozent der Haushalte an ein Leitungsnetz angeschlossen. Währenddessen bezieht der Großteil der Bevölkerung das Wasser noch immer mithilfe von Handpumpen und Brunnensystemen. Es besteht also ein erheblicher Modernisierungsbedarf. Noch gravierenderer ist der Nachholbedarf bei der Abwasserversorgung: Über 60 Prozent der Einwohner hat keinen Zugang zu modernen Sanitäranlagen.[210]

79 Prozent des Wassers für die Landwirtschaft

Die jährlich genutzte Wassermenge in Indien lag 2016 bei rund 634 Milliarden Kubikmetern. Der durchschnittliche Pro-Kopf-Verbrauch durch die privaten Haushalte war mit 55 Litern am Tag eher gering. Das verfügbare Frischwasser pro Kopf in Indien im weltweiten Vergleich ist ebenfalls gering. Dies ist auch auf die im landesweiten Durchschnitt eher recht geringen und saisonal bedingten Regenmengen zurückführen. Mit Abstand wird mit 79 Prozent derzeit das meiste Wasser für landwirtschaftliche Zwecke genutzt. Die privaten Haushalte nutzen nur sechs Prozent des Wassers, die Industrie lediglich fünf Prozent. Prognosen zufolge wird sich die Nachfrage von kommunalen Einrichtungen und privaten Haushalten bis 2030 verdoppeln. Die Wassernachfrage der Industrie soll sich vervierfacht. Die insgesamt benötigte Wassermenge soll daher um durchschnittlich drei Prozent pro Jahr steigen. Um dem steigenden Wasserbedarf zu decken, werden bis 2030 Investitionen in Höhe von 130 Milliarden US-Dollar in den Sektor der Wasserwirtschaft fließen. Zwischen 2011 und 2016 ist das Marktvolumen für Ausrüstungen der Wasserversorgung und Abwasserbehandlung um 62 Prozent gestiegen. Die Ausgaben der Industrie sollen um ein Vielfaches steigen, und die Ausgaben für Technologien der industriellen Abwasserbehandlung jährlich um fünf bis zehn Prozent zunehmen. In Indien besteht ein großer Bedarf für innovative Technologien im Bereich der Wasserwirtschaft.[211]

Deutsche Unternehmen in der (Ab-)Wasserwirtschaft

Zahlreiche deutsche Unternehmen haben sich auf Techniken und Produkte in der Wasserversorgungs- und Abwasserwirtschaft spezialisiert. Daraus sind mittelständische Unternehmen in einer Branche entstanden, die zumeist bestimmte Lösungen anbieten, wie zum Beispiel Trinkwasseraufbereitungssysteme, Abwasserreinigungs- bzw. Kläranlagen verschiedener Größenordnungen, Abwassertechnikmodule, Systeme zur Behandlung von Siedlungswasser, Wasserspeicherelemente, Wasserrohre sowie Wasserpumptechniken, Schläuche, und Messgeräte beispielsweise zur Wasserlecksuche. Diesen Firmen bietet sich ein enormes Absatzpotenzial in Indien.[212]

Chinas Wasserkrieg

Mit fast 20 Prozent der Weltbevölkerung verfügt China über etwa sieben Prozent der weltweiten Süßwasservorräte. Das Problem geht indes über das schiere Volumen hinaus. Einfach ausgedrückt: Es gibt in China zu viel Wasser, wo zu wenige Menschen leben, und zu wenig Wasser, wo zu viele Menschen leben. Das ist kein modernes Problem. 1952 soll Mao beobachtet haben, dass „der Süden viel Wasser hat, der Norden weniger". Zu dieser Zeit hatte Chinas eine Bevölkerung, die nur ein Drittel der heutigen Einwohnerzahl betrug. In den folgenden Jahrzehnten hat sich das Problem nicht wesentlich verbessert. Im Jahr 2005 identifizierte der damalige Premierminister Wen Jia Bao die Wasserknappheit als Bedrohung für „das Überleben der chinesischen Nation". Eine wichtige Antwort ist das South-to-North Water Diversion (SNWD) Project. Denn 80 Prozent der nutzbaren Wasserquellen befinden sich im Süden, aber etwa 40 Prozent der Bevölkerung und mindestens 40 Prozent des gesamten Wasserbedarfs ist im Norden. Die South-to-North Water Diversion umfasst eine Reihe von geplanten Kanälen, Stauseen und Tunneln, die, wenn sie fertiggestellt sind, Wasser aus dem Jangtse-Becken in drei Routen nach Norden umleiten werden, von denen die längste fast 1.600 Kilometer beträgt.[213]

South-to-North Water Diversion - Projekt im Inland

Die östliche Wasserroute geht zur Hauptstadt durch den Canal Grande, dessen älteste Teile 2.500 Jahre alt sind. Die zentrale Wasserroute speist Peking vom Han-Fluss, einem großen Nebenfluss des Jangtse. Diese Strecken sind seit 2013 bzw. 2014 in Betrieb. Eine westliche Route ist in Planung, die wahrscheinlich zusätzliche Staudammprojekte vom tibetischen Plateau integrieren wird, was die nachgelagerten Länder vor weitere Herausforderungen stellt. Das South-to-North Water Diversion-Projekt war in China umstritten. Es hat zur Vertreibung von beinahe 400.000 Menschen entlang der Routen geführt. Lokale Industrien wurden in einem fast vergeblichen Versuch, die Auswirkungen der Wasserverschmutzung zu begrenzen, geschlossen. Außerdem verteuern die Projektkosten das Wasser. Aber die Regierung ist abgeneigt, den Wasserpreis aufgrund von Bedenken hinsichtlich möglicher sozialer Instabilitäten zu erhöhen. Daher wird das Projekt als subventioniertes Wasserversorgungsprogramm für die Mittelschicht und Elite in Peking angesehen, von dem niemand sonst viel Nutzen zieht. Dennoch hat das Projekt die Lücke zwischen Wasserangebot und -nachfrage in Peking, die akut ist, nicht geschlossen. Die Umleitung des Jangtse hat den Lauf des Flusses verlangsamt. Im Laufe der Zeit haben sich Schadstoffe und Schlamm angesammelt. Das Jangtse-Becken hat häufiger Dürre erlebt, da die Eisschmelze vom tibetischen Plateau abgenommen hat. Insgesamt sind die Schätzungen der Wasserverfügbarkeit hinter den Erwartungen zurückgeblieben, während sich die Kosten für die damit produzierte Wassermenge erhöhten. Laut einer Analyse aus dem Jahr 2015 in der Zeitschrift *Nature* ist das gesamte Yangtze-Umleitungsprojekt unnötig. Demnach wären ein besserer Naturschutz sowie ein gutes Land- und Wassermanagement sowohl im Norden als auch im Süden ausreichend.[214]

In China hängt die Frage der Wassersicherheit für die Wirtschaft und die nach der inneren sozialen Stabilität eng zusammen. Laut einer Analyse von Global Risk Insights aus dem Jahr 2017 wird beinahe die Hälfte des chinesischen Bruttoinlandsprodukt „in Regionen mit einer ähnlichen Wasserressource pro Kopf wie der Nahe Osten" erwirtschaftet. Mit seinen rund 21 Millionen Einwohnern steht Peking ganz oben auf der Liste der vom Wasser betroffenen Weltstädte. Lokale Beamte haben gewarnt, dass die Infrastruktur der Stadt nicht mehr als 23 Millionen

Menschen unterstützen kann. All dies wird sich sicherlich auf Chinas globale Wettbewerbsfähigkeit auswirken, da die Preise für Agrar- und Industrierohstoffe beeinflusst werden. Wang Shucheng, ein ehemaliger Minister für Wasserressourcen, prognostizierte 2005, dass Peking in 15 Jahren bei anhaltender Nutzungsrate das Wasser ausgehen wird, und sagte, dass China „um jeden Tropfen Wasser kämpfen oder sterben muss: Das ist die Herausforderung, vor der China steht“.[215]

Macht über die Wassermenge aus den Himalaya-Eisfeldern

Chinas Wasserproblem ist ernst. Nach einigen Schätzungen sind zwei Milliarden Menschen oder mehr in etwa 18 Ländern von etwa einem Dutzend großer Flüsse abhängig, von denen die meisten vom tibetischen Plateau im Südwesten ausgehen. Dazu gehören die Flüsse Indus, Mekong, Yangtze, Yellow, Irawaddy, Brahmaputra und andere. Die Region wird manchmal als „dritter Pol“ bezeichnet, wenn man die Wassermenge aus den Himalaya-Eisfeldern einbezieht. Die Volksrepublik China kontrolliert dieses Gebiet seit Mao Zedong 1949 an die Macht kam. Es wird geschätzt, dass Peking im Laufe der Jahrzehnte ungefähr 87.000 Dämme an einigen dieser Flüsse gebaut hat, die zu den wichtigsten Wasserstraßen der Welt gehören. Die umfangreiche Aufstauung dieser internationalen Flüsse kann als ein Schritt Pekings bezeichnet werden, Einfluss in ganz Asien auszuüben und die Dominanz über Wasser und Landwirtschaft zu etablieren. Es könnte Indiens eigenen Einfluss in der Region untergraben und die Loyalität der betroffenen Länder, die von diesen Gewässern abhängig sind, verzerren. Chinas Maßnahmen in Bezug auf den Brahmaputra-Fluss stellen beispielsweise eine unmittelbare Herausforderung für Indien dar. Der Fluss fließt aus dem von China kontrollierten Tibet durch Indien und Bangladesch, bevor er sich mit dem Ganges vereinigt und in den Golf von Bengalen mündet. China hat drei Staudämme am Brahmaputra-

Fluss gebaut. Bis zu acht weitere sind geplant. Die Wasserinfrastruktur ist eine weitere Quelle grenzüberschreitender Spannungen. 2017 beschuldigte Indien China, gegen bestehende Vereinbarungen verstoßen zu haben, indem es während der Sommermonsunzeit hydrologische Daten aus Indien zurückhielt, wodurch Delhi nicht in der Lage war, die jährlichen Überschwemmungen im Nordosten Indiens zu bewältigen. China antwortete, die hydrologischen Stationen würden gewartet, obwohl ein BBC-Bericht ergab, dass Bangladesch, weiter flussabwärts, immer noch Daten aus China erhielt. Während die Situation durch die Diplomatie entschärft wurde, scheinen weitere Spannungen und Konflikte äußerst wahrscheinlich.[216]

Satelliten als Hilfe der Wasserdiplomatie

Der Mekong ist ein weiterer potenzieller Hotspot. China hat elf Staudämme am oberen Mekong gebaut. Der Fluss schlängelt sich etwa 4.800 Kilometer vom Südwesten Chinas durch Myanmar, Laos, Thailand und Kambodscha, bevor er durch das vietnamesische Mekong-Delta in das Südchinesische Meer mündet. Weitere drei Dämme sind geplant. Im Jahr 2020 veröffentlichten die Analysten des Stimson Center einen Bericht mit dem Titel „New Evidence: How China Turned off the Tap on the Mekong River", in dem dokumentiert wurde, dass „Chinas Teil des oberen Mekong von April bis November 2019 ungewöhnlich hohe Niederschlagsmengen erhielt, seine Dämme jedoch mehr Wasser blockierten oder einschränkten als je zuvor, wodurch die flussabwärts gelegenen Länder unter einer beispiellosen Dürre litten". Die Wasserstände in Laos und Kambodscha würden ein Rekordtief erreichen. Die Zuckerproduktion in Thailand sei die niedrigste seit fast einem Jahrzehnt. Zu dieser Zeit sagte China, dass geringe Niederschläge das Problem verursachten. Aber Satellitenfotos und andere Daten dokumentierten, dass dies nicht der Fall war.

Die Wissenschaftler des Stimson Centers folgerten, dass „Chinas Dämme so viel Wasser zurückhielten, dass sie den jährlichen monsunbedingten Anstieg des Flusspegels in Chiang Saen, Thailand, vollständig verhinderten. Dies ist nicht geschehen, seit moderne Aufzeichnungen geführt wurden."[217]

Keine Gerechtigkeit, also kein Krieg?

Die Entwicklung um das Thema Wasser, Krieg und Recht bleibt spannend. Dafür stützt sich Walter auf die Ergebnisse von Mara Tignino, einer hochangesehenen Spezialistin im Wasserrecht an der Genfer Universität. Wasser als eine lebenswichtige Ressource par excellence war schon immer ein strategisches Schlüsselthema während bewaffneter Konflikte. Es wird jedoch immer besser geschützt durch verschiedene Rechtsnormen. Während des Koreakriegs zum Beispiel zerstörte die amerikanische Luftwaffe absichtlich Dämme. Im Irakkrieg von 1991 bis 2003 oder in Gaza 2006 wurden Kraftwerke zur Wasserversorgung der Bevölkerung bombardiert. Schließlich ging es in Syrien um die Bewohner der aufständischen Stadt Homs.

Nach Ansicht der meisten Experten ist eine Verbesserung der Situation nicht in Sicht. Gewässerschutz in Zeiten bewaffneter Konflikte kann sich nur auf wenige Gesetze stützen. Es sind im Grunde drei: das humanitäre Völkerrecht als Zusatzprotokoll von 1977 bis zu den Genfer Konventionen von 1949, das Menschenrecht auf den Zugang zu Trinkwasser der Vereinigten Nationen von 2010 und die Rechtsprechung in Bezug auf internationale Gewässer. Zu berücksichtigen sind die indirekten Auswirkungen militärischer Operationen auf Wasser; verboten ist die unnötige Zerstörung von Einrichtungen, die wesentlich für das Überleben der Bevölkerung sind, wie zum Beispiel Stauseen, Trinkwasserreservoirs, Wasserkraftwerke und Bewässerungssysteme, die Vergiftung von Trinkwasserquellen sowie Umweltschäden.[218]

Auf regionaler Ebene existieren eine Reihe von Abkommen zwischen den Anrainerstaaten, wie Walter bereits gesehen hat. Insbesondere in Bezug auf den Mekong, den Indus, die Donau und den Senegal haben sie es ermöglicht, Regeln über die Nutzung und Förderung von Wasser einzuführen, die im Konfliktfall gültig bleiben sollen. An den Kommissionen zur Vorbereitung der Wasserabkommen nehmen in der Regel Techniker und Experten, Wissenschaftler und nicht politische Vertreter teil, so Mara Tignino. Der Dialog bleibt oft in Krisenzeiten die einzige Plattform der Kommunikation zwischen zwei Parteien. Es hilft in Konfliktzeiten als Vektor der zwischenstaatlichen Zusammenarbeit und zur Rückkehr zum Frieden. Der Erfolg ist jedoch nicht garantiert.

Das geltende Recht sieht somit keinen ausdrücklichen Wasserschutz vor. Es ist wichtig, dass die Mitgliedstaaten in der Lage sind, die erforderlichen Maßnahmen zu ergreifen, um die Rechte der Bewohner zu berücksichtigen. Wie im Falle des Kosovo im Jahr 1999, wo beispielsweise die Zerstörung von Raffinerien und Industrieanlagen Tionals am Ufer der Donau gemeldet wurde. Das führte zum Entweichen von Schadstoffen in diesen Fluss und zur Verseuchung des Grundwassers. Eine Mission wurde von den Vereinten Nationen mit Ermittlungen betraut. In diesem Fall kam die NATO jedoch zu dem Schluss, dass unter den gegebenen Umständen nicht strafrechtlich verfolgt werden konnte, weil die derzeitigen Normen nur umfangreiche, langlebige und ernsthafte Schäden an der Umwelt ahnden. Diese Kriterien sind jedoch so vage, dass der Fall sehr schwierig vor Gericht zu beweisen war. Es kann nur Gerechtigkeit geben, wenn wissenschaftliche Bewertungen vorliegen. „Präzise Daten“, betont Mara Tignino, Daten, die sich aktuell vor Ort befinden, fehlen noch allzu oft. Während es viele Konventionen zu den Veränderungen im Bereich der biologischen Vielfalt, dem Klima und der Wüstenbildung gibt, existiert immer noch kein einziges Rechtsinstrument, das Wasser als eine universelle Ressource schützt. Die Möglichkeit der Anrufung des Internationalen Strafgerichtshofs existiert zwar in der Theorie, aber tatsächlich hat sich dieses Gremium noch niemals mit Umweltfragen befasst.[219]

Regionale Systeme wie der Europäische Gerichtshof für Menschenrechtspolitik sind in ihrem Handeln durch die Frage der Extraterritorialität begrenzt. Die vielversprechendsten Lösungen sind derzeit in den Untersuchungsausschüssen verankert. So wurde das Amt des Hohen Kommissars für Rechte des Menschen eingerichtet als ein Mechanismus zur Untersuchung von Verstößen gegen humanitäre Standards. Sie könnten ein Mittel sein, um Druck auf die Mitgliedstaaten auszuüben. Auf diesem Weg hatte man sich beispielsweise über die Arbeitslosigkeit in der europäischen Union geeinigt. Es bleibt unbestreitbar, dass dieser Weg es wert ist, erkundet zu werden. Nun ist es für Walter an der Zeit zu prüfen, was die Vereinten Nationen im Bereich Wasser bisher erreicht haben.

Die UN sucht die globale Lösung

Es ist schon sechs Uhr am diesem 22. März. Vor dem Gebäude der Vereinten Nationen formieren sich verschiedene Gruppen von Umweltorganisationen mit Transparenten. Fridays for Future, Greenpeace, Robin Wood, WWF World Wide Fund for Nature und Ärzte ohne Grenzen bereiteten sich darauf vor, zu demonstrieren. Ein Protestzug soll sich um 8 Uhr durch New-York in Richtung UN-Hauptquartier in Bewegung setzen. Greta Thunberg soll kommen. Die schwedische Aktivistin war inzwischen weltbekannt als Repräsentantin der internationalen Klimaschutzbewegung. Sie appellierte, dass wir keine Zeit mehr haben. So geht es auch Walter. Ihm bleiben nur noch zwei Stunden bis zum Beginn der UN-Wasserkonferenz und er will seinem Botschafter bis dahin Lösungen anbieten, zumindest Lösungsansätze zur Wasserkrise. Bisher hat er nur Probleme gewälzt. Immerhin hat er eine gute Nachricht, die sich allerdings nur an den globalen Norden richtet. Stark betroffene Regionen könnten neue Wege oder Methoden finden, um Wasser zu sparen und es nach Möglichkeit wiederverwendbar zu machen. Die andere weniger gute Nachricht ist eine Frage: Sind wirklich alle Länder auch im globalen Süden in der Lage, dieses Problem zu lösen?

SDG6 und Wasser als Menschenrecht

Die Vereinten Nationen haben viel Zeit gebraucht, um das Thema Wasser anzugehen. Heute steht das sechste der Nachhaltigkeitsziele (Sustainable Development Goal, SDG6) für Wasser- und Sanitärversorgung zur Verfügung, und Wasser ist sogar zum Menschenrecht erklärt worden. Der Weg dahin war indes sehr lang. 1945 gegründet, bestehen die Vereinten Nationen heute aus 193 Mitgliedstaaten. Ihre Mission und ihre Arbeit orientieren sich an den Zielen und Grundsätzen ihrer Charta. Ihr Vorgänger war der Völkerbund, 1919 durch den Versailler Vertrag geschaffen und 1946 aufgelöst. Trotz Probleme einigten sich die alliierten Großmächte nach dem Zweiten Weltkrieg darauf, eine neue globale Organisation zu gründen. Am 1. Januar 1942 unterzeichneten 26 Länder die Erklärung der Vereinten Nationen, in der die Kriegsziele der alliierten Mächte festgelegt waren. Die Vereinigten Staaten, das Vereinigte Königreich und die Sowjetunion übernahmen die Führung. 1945 auf der Konferenz von Jalta auf der Krim in der heutigen Ukraine legten Roosevelt, Churchill und Stalin den Grundstein für die Bestimmungen der Charta. In San Francisco einigten sich 50 Staaten über die UN-Charta und unterzeichneten sie am 24. Oktober 1945. Die Vereinten Nationen mit Hauptsitz in New York City haben heute Regionalbüros in Genf, Wien und Nairobi. Durch ihre Charta können sie Maßnahmen gegen die Herausforderungen ergreifen, vor denen die Menschheit im 21. Jahrhundert steht. Die Geschichte der heutigen Nachhaltigkeitsziele ist ungefähr 50 Jahre alt. Die Human Environment Conference, die 1972 in Stockholm stattfand, kann als Ausgangspunkt betrachtet werden. Zum ersten Mal erwähnten UN-Mitgliedstaaten auf dieser Konferenz, dass Wirtschaft und Natur aufeinanderprallen und dass menschliches Handeln beispiellos gefährlich für die Natur wird.[220]

Die Grenzen des Wachstums

1972 erschien das wichtige Buch „Die Grenzen des Wachstums“ der Autoren Donella H. Meadows, Dennis L. Meadows, Jørgen Randers und William W. Behrens III. Wenn wir mit der damaligen Technologie wirtschaftlich weiter wachsen würden, wären wir in einigen Jahrzehnten aufgrund des konstanten geometrischen Wachstums an den Grenzen der Natur angelangt. Der

Begriff der nachhaltigen Entwicklung, tauchte erstmals in den frühen 1980er Jahren in der wissenschaftlichen Literatur auf. 1983 wurde die Weltkommission für Umwelt und Entwicklung der Vereinten Nationen gegründet. 1987 erreichte der Begriff durch eine Veröffentlichung von „Unsere gemeinsame Zukunft“, später bekannt als der „Brundtland-Bericht“, eine breite Öffentlichkeit. Verfasst wurde er von der damaligen Premierministerin Norwegens, Gro Harlem Brundtland. Die Weltkommission für Umwelt und Entwicklung wurde in Brundtland-Kommission umbenannt.[221] Es war damals ein großer Wendepunkt. Für die Brundtland-Kommission schlossen sich eine Entwicklung, welche die Fähigkeit zukünftiger Generationen, ihre eigenen Bedürfnisse zu befriedigen, und gleichzeitig die Bedürfnisse der heutigen Generation zu befriedigen, nicht aus. Indes hatten die ständig wachsende Nachfrage nach, und der Missbrauch von Wasserressourcen das Risiko von Umweltverschmutzung und starkem Wasserstress in vielen Teilen der Welt erhöht. Er folgten viele Konferenzen in verschiedenen Bereichen.[222]

In Argentinien fand vom 14. bis 25. März 1977 in Mar del Plata die erste UN-Wasserkonferenz statt. In dem ausgearbeiteten Aktionsplan für die „kommunale Wasserversorgung“ erklärten die UN-Staaten, dass alle Völker das Recht auf Zugang zu Trinkwasser in Mengen und Qualitäten haben, die ihren Grundbedürfnissen entsprechen. Nach ihrer Erklärung im irischen Dublin vom Januar 1992 verankerten sie im brasilianischen Rio de Janeiro die Bedeutung von Wasser in Kapitel 18. 1993 erklärten sie den 22. März zum Weltwassertag und den 19. November zum Welttoilettentag. 1998 kamen unter anderem strategische Ansätze für die Süßwasserbewirtschaftung hinzu. 2000 forderte die Millenniums-Entwicklungserklärung die Welt auf, bis 2015 den Anteil der Menschen ohne Zugang zu sauberem Trinkwasser sowie den Anteil der Menschen, die keinen Zugang zu grundlegenden sanitären Einrichtungen haben, zu halbieren.[223] Der Johannesburg Plan of Implementation vom Januar 2002 richtete die Aufmerksamkeit der Welt unter anderem auf die Förderung der langfristigen Nachhaltigkeit von Süßwasser. Im November 2002 verabschiedete der Ausschuss für wirtschaftliche, soziale und kulturelle Rechte die Allgemeine Bemerkung Nr. 15 Artikel 11 zum Recht auf Wasser: „Das Menschenrecht auf Wasser ist unverzichtbar, um ein Leben in Menschenwürde zu führen. Es ist eine Voraussetzung für die Verwirklichung anderer Menschenrechte."“[224] Im Januar 2003 gründeten die UN-Staaten UN Water als interinstitutionellen Koordinierungsmechanismus der Vereinten Nationen für alle Fragen im Zusammenhang mit Süßwasser und Abwasserentsorgung. Zudem rief sie das Internationale Jahr des Süßwassers aus, gefolgt von der Dekade „Wasser für das Leben“ von 2005 bis 2015.[225]

Das Menschenrecht auf Wasser

Erst am 28. Juli 2010 wurde das Menschenrecht auf Wasser und sanitäre Grundversorgung von der Generalversammlung der Vereinten Nationen durch die Resolution 64/292 ausdrücklich anerkannt.[226] 2012 trafen sich die UN-Staaten in Rio auf der sogenannten Rio+20 Konferenz wieder. Es wurde deutlich, dass das Konzept der nachhaltigen Entwicklung nicht sehr ernst genommen wurde. Nach 300 vorgeschlagenen Zielen und dreijährigen Verhandlungen konnten 2015 immerhin 17 vorrangige Ziele festgelegt werden. Sie konzentrierten sich auf wirtschaftliches, soziales und ökologisches Wohlergehen, stellten den Menschen in den Mittelpunkt und umfassten planetarische Ziele, also Maßnahmen für die gesamte Erde. Diese 17 „Sustainable Development Goals“ (SDG) sind unter dem Namen Agenda 2030 zusammengefasst. Ziel Nummer 6 (SDG6) wurde für das Wasser und sanitäre Einrichtungen reserviert. Am 12. Dezember 2015 vereinbarte die UN-Generalversammlung eine UN-Klimarahmenkonvention, die als Pariser Klimaabkommen bekannt ist. Diese Vereinbarung sieht vor, die globale Erwärmung und den vom Menschen verursachten Klimawandel zu stoppen. Im Dezember 2016 verabschiedete die Generalversammlung der Vereinten Nationen die Resolution „Internationale Aktionsdekade – Wasser für nachhaltige Entwicklung“ (2018–2028) zur Unterstützung der Erreichung von SDG6 und anderen wasserbezogenen Zielen. Wasser und sanitäre Einrichtungen stehen seitdem im Mittelpunkt der nachhaltigen Entwicklung und der von ihnen erbrachten Dienstleistungen und unterstützen die Armutsbekämpfung, das Wirtschaftswachstum und die ökologische Nachhaltigkeit. Die Welt muss die Art und Weise verändern, wie sie ihre Wasserressourcen verwaltet und wie sie die Wasser- und Sanitärversorgung für Milliarden von Menschen erbringt.[227]

Recht auf Wasser und Sanitär

Zu den Unterlagen für seinen Botschafter fügt Walter die Resolution 64/292 hinzu. Es ist wichtig, dass Seine Exzellenz sie schwarz auf weiß sieht. Die Resolution 64/292 ist der Text, der das „Menschenrecht auf Wasser und Sanitärversorgung“ festlegt.[228] Nachfolgend der genaue Wortlaut in deutscher Sprache:

Die Resolution 64/292. Das Menschenrecht auf Wasser und Sanitärversorgung“.

Die Generalversammlung,

unter Hinweis auf ihre Resolutionen 54/175 vom 17. Dezember 1999 über das Recht auf Entwicklung, 55/196 vom 20. Dezember 2000, mit der sie das Jahr 2003 zum Internationalen Jahr des Süßwassers erklärte, 58/217 vom 23. Dezember 2003, mit der sie den Zeitraum 2005-2015 zur Internationalen Aktionsdekade „Wasser – Quelle des Lebens" erklärte, 59/228 vom 22. Dezember 2004, 61/192 vom 20. Dezember 2006, mit der sie das Jahr 2008 zum Internationalen Jahr der sanitären Grundversorgung erklärte, und 64/198 vom 21. Dezember 2009 über die umfassende Halbzeitüberprüfung der Durchführung der Internationalen Aktionsdekade „Wasser – Quelle des Lebens", die Agenda 21 vom Juni 1992, die Habitat-Agenda von 1996, den 1977 von der Wasserkonferenz der Vereinten Nationen verabschiedeten Aktionsplan von Mar del Plata und die Rio-Erklärung über Umwelt und Entwicklung vom Juni 1992,

sowie unter Hinweis auf die Allgemeine Erklärung der Menschenrechte, den Internationalen Pakt über wirtschaftliche, soziale und kulturelle Rechte, den Internationalen Pakt über bürgerliche und politische Rechte, das Internationale Übereinkommen zur Beseitigung jeder Form von Rassendiskriminierung, das Übereinkommen zur Beseitigung jeder Form von Diskriminierung der Frau, das Übereinkommen über die Rechte des Kindes, das Übereinkommen über die Rechte von Menschen mit Behinderungen und das Genfer Abkommen vom 12. August 1949 zum Schutze von Zivilpersonen in Kriegszeiten,

ferner unter Hinweis auf alle früheren Resolutionen des Menschenrechtsrats über die Menschenrechte und den Zugang zu einwandfreiem Trinkwasser und Sanitärversorgung, namentlich die Ratsresolutionen 7/22 vom 28. März 2008 und 12/8 vom 1. Oktober 2009 betreffend das Menschenrecht auf einwandfreies und sauberes Trinkwasser und Sanitärversorgung, die Allgemeine Bemerkung Nr. 15 (2002) des Ausschusses für wirtschaftliche, soziale und kulturelle Rechte über das Recht auf Wasser (Artikel 11 und 12 des Internationalen Paktes über wirtschaftliche, soziale und kulturelle Rechte) und den Bericht der Hohen Kommissarin der Vereinten Nationen für Menschenrechte über Umfang und

Inhalt der aus den internationalen Menschenrechtsübereinkünften hervorgehenden einschlägigen Menschenrechtsverpflichtungen in Bezug auf den gleichen Zugang zu einwandfreiem Trinkwasser und Sanitärversorgung sowie den Bericht der Unabhängigen Expertin für Menschenrechtsverpflichtungen in Bezug auf den Zugang zu einwandfreiem Trinkwasser und sanitärer Grundversorgung,

tief besorgt darüber, dass etwa 884 Millionen Menschen keinen Zugang zu einwandfreiem Trinkwasser und mehr als 2,6 Milliarden keinen Zugang zu einer sanitären Grundversorgung haben, und höchst beunruhigt darüber, dass jedes Jahr infolge von wasser- und sanitärbedingten Krankheiten etwa 1,5 Millionen Kinder unter 5 Jahren sterben und 443 Millionen Schultage verloren gehen,

in der Erkenntnis, wie wichtig der gleiche Zugang zu einwandfreiem und sauberem Trinkwasser und zu Sanitärversorgung als fester Bestandteil der Verwirklichung aller Menschenrechte ist,

in Bekräftigung der Verantwortung der Staaten für die Förderung und den Schutz aller Menschenrechte, die allgemeingültig und unteilbar sind, einander bedingen und miteinander verknüpft sind und weltweit in fairer und gleicher Weise, gleichberechtigt und gleichgewichtig behandelt werden müssen,

Eingedenk der von der internationalen Gemeinschaft eingegangenen Verpflichtung, die Millenniums-Entwicklungsziele vollständig zu erreichen, und in diesem Zusammenhang betonend, dass die Staats- und Regierungschefs entschlossen sind, wie in der Millenniums-Erklärung der Vereinten Nationen zum Ausdruck gebracht, bis zum Jahr 2015 den Anteil der Menschen um die Hälfte zu senken, die einwandfreies Trinkwasser nicht erreichen oder es sich nicht leisten können, und, wie im Durch-

führungsplan des Weltgipfels für nachhaltige Entwicklung („Durchführungsplan von Johannesburg") vereinbart, den Anteil der Menschen um die Hälfte zu senken, die keinen Zugang zu grundlegenden sanitären Einrichtungen haben

1. erkennt das Recht auf einwandfreies und sauberes Trinkwasser und Sanitärversorgung als ein Menschenrecht an, das unverzichtbar für den vollen Genuss des Lebens und aller Menschenrechte ist;

2. fordert die Staaten und die internationalen Organisationen auf, im Wege der internationalen Hilfe und Zusammenarbeit Finanzmittel bereitzustellen, Kapazitäten aufzubauen und Technologien weiterzugeben, insbesondere für die Entwicklungsländer, um die Anstrengungen zur Bereitstellung von einwandfreiem, sauberem, zugänglichem und erschwinglichem Trinkwasser und zur Sanitärversorgung für alle zu verstärken;

3. begrüßt den Beschluss des Menschenrechtsrats, die Unabhängige Expertin für Menschenrechtsverpflichtungen in Bezug auf den Zugang zu einwandfreiem Trinkwasser und sanitärer Grundversorgung zu ersuchen, der Generalversammlung einen jährlichen Bericht vorzulegen, und legt ihr nahe, ihr Mandat auch weiterhin in allen Aspekten wahrzunehmen und in Abstimmung mit allen zuständigen Organisationen, Fonds und Programmen der Vereinten Nationen in ihrem der Versammlung auf ihrer sechsundsechzigsten Tagung vorzulegenden Bericht auf die hauptsächlichen Herausforderungen für die Verwirklichung des Menschenrechts auf einwandfreies und sauberes Trinkwasser und Sanitärversorgung sowie auf deren Auswirkungen auf die Erreichung der Millenniums-Entwicklungsziele einzugehen.

Verabschiedet auf der 108. Plenarsitzung der Vereinten Nationen am 28. Juli 2010 mit 122 Stimmen ohne Gegenstimmen bei 41 Enthaltungen.

Die UN-Nachhaltigkeitsziele SDG6

Walter hat sich nicht vorgenommen, jeden Aspekt der Resolution anzugehen. Er möchte aber erfahren, welche Organisationen bei den Vereinten Nationen nun das Thema Wasser behandeln. Auf der einen Seite befassten sich die 193 Staats- und Regierungschef während der Konferenzen der Vereinten Nationen mit den Zielen der verschiedenen Nachhaltigkeitsvorhaben. Auf der anderen Seite koordiniert UN-Wasser als Unterorganisation der Vereinten Nationen die Unterstützung von Staaten bei der Erreichung der Nachhaltigkeitsziele.[229]

Wer sind die Mitglieder von UN Water? Die Liste ist lang und Walter schreibt alle Beteiligten einzeln auf: Convention on Biology and Diversity, UN Department of Economic and Social Affairs, Food and Agriculture Organization of the United Nations, International Atomic Energy Agency, International Fund for Agriculture Development, International Labour Organization, International Organization for Migration, International Telecommunication Union, UN Human Rights Office of the High Commissioner, UN Conference on Trade and Development, UN Convention to Combat Desertification, UN Development Programme, UN Economical and Social Commission for Asia and the Pacific, UN Economic and Social Commission for Western Asia, United Nations Economic Commission for Africa, The United Nations Economic Commission for Europe, Economic Commission for Latin America and the Caribbean, United Nations Educational Scientific and Cultural Organization, UN Environment Programme, UN Framework Convention on Climate Change, UN

High Commissioner for Refugees, UN Industrial Development Organisation, UN Institute for Training and Research, UN International Children's Emergency Fund, United Nations Office for Disaster Risk Reduction, UN Entity for Gender Equality and the Empowerment of Women, United Nations World Tourism Organization, UN Habitat, United Nations University, The World Bank, World Food Programme, World Health Organization, World Meteorolical Organization.[230] Man fragt sich, wie die Mitglieder angesichts dieser verwirrenden Vielzahl in der Lage sein sollen, miteinander die wichtigen Wasserherausforderungen der 193 Länder zu lösen?

Unter dem Dach von UN-Water haben sich auch einige einzelne Organisationen in einem ergänzenden Programm aufgebaut: das Joint Monitoring Programme for Water Supply, Sanitation and Hygiene (JMP), die Interinstitutionelle Initiative GEMI und die Globale Analyse und Bewertung von Sanitärversorgung und Trinkwasser (GLAAS).[231] Das Ziel der UN-Water Global Analysis and Assessment of Sanitation and Drinking-Water (GLAAS) ist es, politischen Entscheidungsträgern auf allen Ebenen eine zuverlässige, leicht zugängliche, umfassende und globale Analyse der Investitionen und ein Umfeld zur Verfügung zu stellen, um fundierte Entscheidungen für Sanitärversorgung, Trinkwasser und Hygiene zu treffen. Der UN-Water GLAAS wird von der Weltgesundheitsorganisation (WHO) im Auftrag von UN-Water produziert und erscheint alle zwei Jahre. GLAAS ist Teil der UN-Water Integrated Monitoring Initiative für die Nachhaltigkeitsziele SDG6. Eines seiner Flaggschiffsprodukte ist das SDG6 Data Portal, das Daten und Parametern zusammenführt, und die Gesamtfortschritte auf dem Weg zu Nachhaltigkeitsziele SDG 6 auf globaler, regionaler und nationaler Ebene verfolgt.[232]

Die Weltgesundheitsorganisation (WHO) und das UN-Kinderhilfswerk UNICEF starteten ein gemeinsames Wasserüberwachungsprogramm namens Joint Monitoring Programme for Water Supply, Sanitation and Hygiene (JMP). Das gemeinsame Überwachungsprogramm veröffentlicht seit 1990 Länder- und Regionen- sowie globale Schätzungen der Fortschritte in den Bereichen Trinkwasser, Abwasserentsorgung und Hygiene (WASH steht für Water, Sanitary and Hygiene). Das JMP unterhält eine umfangreiche globale Datenbank und veröffentlicht seit 2015 einen Jahresbericht.[233]

JMP und GLAAS verfolgten alle Fortschritte in Bezug auf Trinkwasser, Abwasserentsorgung und Hygiene, aber für die Aspekte der Bewirtschaftung von Wasser, Abwasser und Ökosystemressourcen fehlte ein kohärenter globaler Mechanismus. Daher wurde noch eine interinstitutionelle Initiative GEMI 2014 gegründet.[234] Sie stammt aus dem Programm der Vereinten Nationen für menschliche Siedlungen (UN-Habitat), dem Umweltprogramm der Vereinten Nationen (UNEP), dem Kinderhilfswerk der Vereinten Nationen (UNICEF), der Ernährungs- und Landwirtschaftsorganisation der Vereinten Nationen (FAO), der Organisation der Vereinten Nationen für Erziehung, Wissenschaft und Kultur (UNESCO), der Weltgesundheitsorganisation (WHO) und der Weltorganisation für Meteorologie (WMO).[235]

Einen Überblick über die Lage gibt der Bericht der GLAAS.[236] Für UN Water ist die Welt demnach nicht auf dem richtigen Weg, um Ziel Nummer 6 zu erreichen, und eine dramatische Beschleunigung dringend erforderlich. Zwischen 2015 und 2020 stieg der Anteil der Weltbevölkerung, der sicher verwaltete Trinkwasserressourcen nutzen kann, von 70,2 Prozent auf 74,3 Prozent. Trotz dieses Fortschritts fehlten es 2020 weiteren zwei Milliarden Menschen immer noch an sicher bewirtschaftetem Trinkwasser, darunter 771 Millionen, die nicht einmal über grundlegendes Trinkwasser verfügten. Die Hälfte derjenigen, die keine grundlegende Trinkwasserversorgung haben, das heißt 387 Millionen, lebt in Afrika südlich der Sahara. Zu Beginn der Covid-19-Pandemie hatten 2,3 Milliarden Menschen weltweit (jeder dritte) noch keine Handwaschanlage mit Wasser und Seife zu Hause und 670 Millionen überhaupt keine Vorrichtung. 818 Millionen Kinder hatten zu Beginn der Covid-19-Pandemie keine grundlegenden Händewasch-Möglichkeiten an ihren Schulen. 2018 lebten 2,3 Milliarden Menschen in wasserarmen Ländern, von denen 721 Millionen in Ländern mit hohem oder kritischem Niveau lebten.[237] Zwischen 2015 und 2018 hat der Wasserstress in einigen Subregionen mit bereits hohem oder sehr hohem Niveau wie Nordafrika, Zentralasien und Westasien um über zwei Prozent zugenommen.[238]

Positiv ist zu vermerken, dass die Wassernutzungseffizienz weltweit stieg. Alle Wirtschaftssektoren haben ihre Wassernutzungseffizienz seit 2015 verbessert, mit einem Anstieg von 15 Prozent in der Industrie, acht Prozent in der Landwirtschaft und acht Prozent im Dienstleistungssektor. Regionen mit hohem und sehr hohem Wasserstress sind folgende zwischen 2015 und 2018 in Prozent: Im Jahr 2015 war der hohe Wasserstress in Nordafrika spürbar mit rund 105 Prozent Süßwasserentnahme im Verhältnis zu den verfügbaren Süßwasserressourcen gegenüber 108 Prozent in 2018.[239] Zentralasien ist weniger belastet mit 77 Prozent Süßwasserentnahme im Verhältnis zu den verfügbaren Süßwasserressourcen, hat jedoch eine Stresssteigerung von beinahe 80 Prozent. Südasien hat sich etwas verbessert, und zwar von 78 auf 77,7 Prozent Süßwasserentnahme im Verhältnis zu den verfügbaren Süßwasserressourcen im Jahr 2018. In Westasien war ein Anstieg von 57 auf 60 Prozent zu verzeichnen. In Ostasien kam es zu einer minimalen Absenkung von 45,65 auf 45,62 Prozent. Die Welt insgesamt liegt im Vergleich dazu bei 18 Prozent Süßwasserentnahme im Verhältnis zu den verfügbaren Süßwasserressourcen im Jahr 2018.[240]

Die Ökosysteme des Süßwassers verändern sich dramatisch.[241] Von den 2.300 großen Seen, die 2019 bewertet wurden, verzeichnete fast ein Viertel eine hohe bis extreme Wassertrübung. Mindestens 21 Millionen Menschen, darunter fünf Millionen Kinder, leben in einem Umkreis von fünf Kilometern um Seen mit hoher Trübung. Es wird geschätzt, dass seit dem vorindustriellen Zeitalter mehr als 80 Prozent natürlicher Feuchtgebiete verloren gegangen sind. Zwischen 1970 und 2015 schrumpften die Binnen- und Meeres- bzw. Küstenfeuchtgebiete um etwa 35 Prozent, dreimal so stark wie der Waldverlust. Die von Küstenmangroven bedeckte Fläche ging zwischen 1996 und 2016 weltweit um rund fünf Prozent zurück.[242]

153 Länder teilen sich weltweit Flüsse, Seen und Grundwasser. Im Durchschnitt haben 58 Prozent der grenzüberschreitenden Einzugsgebiete eine operative Vereinbarung für die Zusammenarbeit im Wasserbereich. Weitere Anstrengungen sind erforderlich. Die Länder hinken bei der Umsetzung der integrierten Bewirtschaftung der Wasserressourcen, die für eine nachhaltige Zukunft von zentraler Bedeutung ist, hinterher. 129 Länder müssen ihre Anstrengungen verdoppeln, um bis 2030 eine nachhaltige Bewirtschaftung der Wasserressourcen zu erreichen. Dafür sollten sie auf einem Multi-Stakeholder-Überwachungsprozess aufbauen. In vielen Ländern hat Covid-19 jedoch zu einer breiteren Einbeziehung der Interessengruppen in das Wasserressourcenmanagement durch Online-Konsultationen geführt. Zu den Prioritäten gehören: die Einrichtung nachhaltiger Finanzierungsmechanismen, die Verbesserung der Bewirtschaftung und Überwachung von Einzugsgebieten und Grundwasserleitern auf der Grundlage hydrologischer – und nicht administrativer – Grenzen. Die Vereinten Nationen unterstützen bestimmte Programme wie das integrierte Wasserressourcenmanagement (IWRM). Dieses wird vom UN Environment Programm orga-

nisiert. Es ist ein Prozess, der die koordinierte Entwicklung und Bewirtschaftung von Wasser, Land und damit verbundenen Ressourcen fördert, um den Wohlstand auf gerechte Weise zu maximieren, ohne die Nachhaltigkeit lebenswichtiger Ökosysteme zu beeinträchtigen.[243]

Guyana und Kasachstan berichteten jedoch, dass Richtlinien, Gesetze oder Pläne fast ein Jahrzehnt nach ihrer Ausarbeitung nicht verabschiedet werden. In Island und Kasachstan werden die Anordnungen ein Jahrzehnt nach der Annahme von der Mehrheit der Behörden nicht umgesetzt. Zudem sei kaum eine Kontrolle möglich. Sudan, Tansania, Simbabwe und Armenien meldeten das Versäumnis, die Einhaltung der Gesetze zu operationalisieren, durchzusetzen und zu überwachen. In den Niederlanden, im Sudan, in Serbien und Suriname führten die unklaren oder sich überschneidenden Zuständigkeiten zu einer verminderten interinstitutionellen Zusammenarbeit aufgrund widersprüchlicher Interessen oder Richtlinien. Burundi und die Elfenbeinküste meldeten einen Finanzierungsmangel, manchmal aufgrund des Rückzugs der Geldgeber wegen politischer Instabilität, aber in der Regel aufgrund nationaler Haushaltsbeschränkungen wie im Falle von Island, Malawi und Togo. Diese Budgetbeschränkungen werden viel deutlicher auf subnationaler Ebene in Botswana, Malaysia, Tansania und Jemen. Dazu kam ein Mangel an personellen Kapazitäten in Kasachstan, El Salvador, Ghana, Tansania, Mazedonien, Swasiland, Papua-Neuguinea und Malaysia.[244]

Im Juni 2021 wurde mit Experten aus über 60 Ländern auf einer Sitzung des Radiation Safety Standards Committee (RASSC) der IAEO (International Atomenergie-Organisation) diskutiert. Dabei entstand ein Dokument mit Vorschlägen zur Harmonisierung der Leitlinien zur Radioaktivität in Lebensmitteln und

Trinkwasser in Nicht-Notfallsituationen. Das war ein Meilenstein.[245]

Viele nationale Wasserinstitute und Universitäten, sowie internationale Forschungs- und Lehrinstitute sind damit beschäftigt, Lösungen für die Welt zu finden. Zu den zahlreichen UN-Organisationen kommen mehr oder weniger bekannte Hilfsorganisationen wie WASH UNICEF, Blood Water Mission, CARE charity water, Global Water Foundation, Global Water Security & Sanitation Partnership Initiative, Eau International Medical Corps, Lifewater International, Living Water International, One Drop Planet Water Foundation, Pump Aid-Water for Life Water, Water For People, Water is Basic, Water Is Life, Water to Thrive, Water Wells For Africa, Water.org, WaterAid, WaterCan / EauVive, Wells of Life World Vision. Wärmstens zu empfehlen sind die Reports der UNESCO und der Nations Economic Commission for Europe (UNECE) wie zum Beispiel den sehr aufschlussreichen 114 Seiten starken Bericht 2021 „Progress on Transboundary Water Cooperation – Global Status of SDG Indicator 6.5.2 and Acceleration Needs“. Zudem fand Walter den Bericht zur Wassersicherheit der UNESCO sehr aufschlussreich. Er nennt sich „Addressing Water Security – Climate Impacts and Adaptation Responses in Africa, Asia, Latin America and the Caribbean – Accomplishment Report“.[246]

Forschungs- und Datenlücken im Wasserbereich

Nun ist es genug. Walter hat festgestellt, dass viele Organisationen und Unterorganisation tausende von Dokumenten und Zahlen herausgegeben haben. Jedes dieser hochinteressanten Dokumente ist angesichts der sich rasant ändernden Lage nur für eine nur sehr begrenzte Zeit gültig. Viele wichtige Konferenzen haben mit Hunderten von Experten und hochrangigen internationalen Teilnehmern stattgefunden. Alle haben sich für das Klima ausgesprochen. Dennoch ist es immer noch schwierig, den Ist-Zustand der Wasservorräte auf der Welt festzustellen. Wie soll es angesichts dieser Situation möglich sein, einen Soll-Zustand festzulegen und zu erreichen? Modellierungsstudien haben gezeigt, dass die Anpassung der Vegetation an den Klimawandel große Auswirkungen auf die Aufteilung der Niederschläge in Evaporation und Abfluss haben kann. Über die wirtschaftlichen Aspekte des Klimawandels ist relativ wenig bekannt. Es müssen zum Beispiel regionale Schadenskurven entwickelt werden, die die wirtschaftlichen Schäden in Beziehung zu den großen wasserbedingten Katastrophen setzen; dazu gehören etwa die durch intensive Niederschläge und eine Oberflächenbodentrockenheit zu erwartenden Kosten.[247]

Zudem besteht ein anhaltendes Missverhältnis zwischen den großen Dimensionen, die durch Klimamodelle aufgelöst werden, und den Einzugsgebieten, auf denen Wasser bewirtschaftet wird. Anpassungen müssen umgesetzt werden. Eine Verbesserung der räumlichen Auflösung regionaler und globaler Klimamodelle und die Genauigkeit von Methoden zum Herunterskalieren ihrer Ausgaben ist notwendig. So können mehr Informationen generiert werden, die für die Wasserwirtschaft wichtig sind. Um diese Probleme zu bewältigen, ist mehr Rechenkapazität erforderlich. Die Probleme sollten mit mehr Gesamtsimulationen bei hoher räumlicher Auflösung angegangen werden. Eine weitere Forschung ist erforderlich, um neue Wege zu finden, die Zusammenhänge verschiedener Ansätze zur Projektion plausibler Veränderungen des Klimas herauszufinden. Damit könnten den Wassermanagern zuverlässigere Informationen zur Verfügung gestellt werden.[248]

Die sozial-ökologischen Systeme einbeziehen

Die Wechselwirkungen zwischen sozial-ökologischen Systemen sind in den meisten Folgenabschätzungen noch nicht gut durchdacht. Insbesondere gibt es nur wenige Studien über die Auswirkungen der Eindämmung und Anpassung in anderen Sektoren auf den Wassersektor, und umgekehrt. Ein wertvoller Fortschritt wäre die Koppelung hydrologischer Modelle oder sogar die Landoberflächenkomponenten von Klimamodellen zu Daten über wasserwirtschaftliche Aktivitäten; dazu gehören Reservoirs, Bewässerung und städtische Entnahmen aus Oberflächengewässern oder Grundwasser. Dadurch könnte die Überwachung der Grundwasserdynamik und der gespeicherten Grundwassermengen ermöglicht werden. Das Verständnis der Grundwasserneubildung und der damit verbundenen Wechselwirkungen, insbesondere durch die Bewertung von Konjunkturerfahrungen, die Nutzung von Grund- und Oberflächenwasser muss besser entwickelt werden. Vor allem in den Ländern des globalen Südens fehlen weitere Studien: zum Beispiel über die Auswirkungen des Klimawandels auf die Wasserqualität und die Anfälligkeiten für Stresssteigerung und die Möglichkeiten, sich an diese Auswirkungen anzupassen.

IHE von der UNESCO bildete 23.000 Wasserspezialisten aus 190 Ländern aus

Es gibt noch ein weiteres wichtiges Projekt, das seinen Botschafter interessieren wird. Denn er braucht etwas Praktisches, Umsetzbares. Dazu kann Walter von einem wichtigen Institut berichten, das sich der Wasserfamilie der UNESCO angeschlossen hat. Es ist das Institute for Water Education IHE Delft in den Niederlanden.[249] Im Jahr 1957 gegründet, bietet das Institut erstmals einen postgradualen Diplomstudiengang in Wasserbau mit praktizierenden Fachleuten aus Ländern des globalen Südens an. Mittlerweile hat sich IHE Delft zu einer der größten Wasserbildungseinrichtungen für Hochschulabsolventen der Welt entwickelt. Die Niederlande wurden nach dem verheerenden Nordseehochwasser von 1953 auf dem Gebiet des Wasserbaus berühmt. Diese Flut brach Deiche und Ufermauern in den Niederlanden, tötete fast 2.000 Menschen und zerstörte 4.500 Gebäude. Um zu verhindern, dass sich eine solche Tragödie wiederholt, wurde ein ehrgeiziges Hochwasserschutzsystem konzipiert und eingesetzt, das Deltawerk.[250]

Dies führte 1955 dazu, dass mehrere Länder des globalen Südens nach einer Möglichkeit suchten, ihre Ingenieure in den Niederlanden auf dem Gebiet des Wasserbaus ausbilden zu lassen. Die Anfrage des Botschafters von Ostpakistan – heute Bangladesch – markierte den Beginn der Ausbildung von Ingenieuren aus Länder des globalen Südens. 1957 wurde der erste „International Course in Hydraulic Engineering“ ins Leben gerufen, den 45 Teilnehmer aus 21 Ländern besuchten. Dieser Kurs hatte drei Zweige: „Gezeiten- und Küsteningenieurwesen“, „Rekultivierung“ und „Flüsse und Schifffahrtsarbeiten“. 1960 wurde auf Ersuchen der Weltgesundheitsorganisation (WHO) und der Organisation für wirtschaftliche Zusammenarbeit und Entwicklung (OECD) in gemeinsamer Anstrengung der Technischen Universität Delft und der Netherlands Universities Foundation for International Cooperation (Nuffic) der Lehrplan der IHE um den „European Course in Sanitary Engineering“ erweitert.[251]

Ab 1966 wurde aufgrund zunehmender Bewerbungen für den Studiengang Sanitärtechnik ein Parallelkurs organisiert, der sich mit Trinkwasserversorgung, Abwasserentsorgung und öffentlicher Gesundheitsverwaltung in landwirtschaftlichen und ländlichen Gebieten befasst. 1977 hatten rund 2.500 Ingenieure aus 97 Ländern an den Kursen teilgenommen. Von 1985 bis 1998 wuchs unter der Leitung von Rektor Wil Segeren die jährliche Zahl der IHE-Studenten von 200 auf 450 und die Zahl der Mitarbeiter von 35 auf 130. IHE wurde zu einem wichtigen Akteur beim Aufbau von Kapazitäten im Wassersektor, sei es durch die Aus- und Weiterbildung von Einzelpersonen und Forschungsaktivitäten oder die Stärkung von Institutionen in Entwicklungsländern. Der Prozess zur Gründung des UNESCO-IHE-Instituts für Wassererziehung wurde durch einen Beschluss der 31. Generalkonferenz der UNESCO im November 2001 abgeschlossen. Im Jahr 2003 trat das IHE Delft Institute for Water Education der UNESCO-Wasserfamilie bei. Seitdem ist das Institut die einzige Institution im UN-System, die berechtigt ist, akkreditierte MSc-Abschlüsse zu verleihen.[252]

Heute arbeitet IHE Delft unter der Schirmherrschaft der UNESCO und hat mehr als 23.000 Wasserfachleute aus 190 Ländern ausgebildet, fast alle aus Entwicklungs- und Transformationsländern. Es hat zudem mehr als 130 Doktoranden in Zusammenarbeit mit führenden Universitäten zum Abschluss verholfen und zahlreiche Forschungs- und Kapazitätsaufbauprojekte auf der ganzen Welt durchgeführt.[253]

Lösungen für große/kleine Länder

Nun ist sich Walter der desolaten Lage auf globaler Ebene bewusst. Als nächstes möchte er sich einen Überblick über die Lage in einzelnen Ländern verschaffen. Vielleicht haben manche Länder eigene Lösungen entwickelt, die ihnen dabei helfen, ihre möglichen Wasserprobleme in den Griff zu bekommen? Die fünf Länder mit den größten erneuerbaren Süßwasserressourcen bzw. Trinkwasserressourcen 2022 – Brasilien, Russland, die USA, Kanada und China – gelten als die „Wassermächte". Dazu kommen weitere Kriterien. So produziert Brasilien beispielsweise mehr als 60 Prozent seiner Energie aus Wasserkraftwerken. Obwohl Russland reich an Süßwasserressourcen ist, werden diese schlecht verwaltet und sind ungleich verteilt. Während die USA gut aussehen, wenn es um Wasserressourcen geht, könnte sich die Situation im Laufe der Zeit ändern. Kanada ist zwar reich an Wasser und sollte niemals Wasserprobleme haben, aber die meisten Süßwasserressourcen befinden sich im Norden und die Mehrheit der Bevölkerung lebt im Süden. Zudem verwendet Kanada die Mehrzahl seiner Wasserentnahmen zur Kühlung von Generatoren. In China hat das Bevölkerungswachstum zu Wasserknappheit geführt und zusätzliche Faktoren zu erhöhter Wasserverschmutzung.[254]

Je größer die Region, desto schwieriger die Lösung

An sechster Stelle der Länder mit den meisten Süßwasserressourcen befindet sich Kolumbien mit 2.132 Kubikkilometern Süßwasser. Die kolumbianische Regierung hat die Bedeutung des Wasserressourcenmanagements erkannt und mehrere Gesetze und Institutionen zur Regulierung der Wassernutzung geschaffen. Trotz der Bemühungen bleiben erhebliche Herausforderungen bestehen, einschließlich der abnehmenden Wasserqualität. Kolumbiens Pro-Kopf-Süßwasserindex lag 1962 bei 122.570 Kubikmetern, während er 2014 auf 44.883 fiel. Indonesien verfügt über 2.019 Kubikkilometer Süßwasser. Im Jahr 2000 hatte Indonesien eine Wasserentnahme von 113 Kubikkilometern, von denen 82 Prozent für die Landwirtschaft und 12 Prozent für Gemeinden verwendet wurden. Das Land verfügt mit Stand 2022 über 7.935 Kubikkilometer Süßwasser pro Kopf, verglichen mit 21.813 im Jahr 1962. Obwohl Peru über mit 1.913 Kubikkilometer Süßwasser über vier Prozent der erneuerbaren Wasserressourcen der Welt verfügt, befinden sich mehr als 98 Prozent im Amazonasgebiet. Dabei leben weniger als 1,8 Prozent der mehr als 15 Millionen Peruanern in diesem Gebiet. Perus Pro-Kopf-Süßwasserzahl von 52.981 Kubikmetern mag beeindruckend sein, aber 1962 waren es 154.075. Mit 1.911 Kubikkilometer Süßwasser nutzte Indien 2010 91 Prozent seiner 761 Kubikmeter Wasserentnahme für die Landwirtschaft. Das Land verfügte 1963 über 3.089 Kubikmeter Süßwasser pro Kopf, 2014 waren es 1.116.[255]

Die neuen Länder mit den wenigsten erneuerbaren Süßwasserressourcen waren 2011 St. Kitts und Nevis, Bahamas und Kuwait mit jeweils nur 0,02 Kubikkilometer erneuerbarer Süßwasser, die Malediven mit 0,03, Malta sowie Antigua und Barbuda mit 0,05, Katar 0,06, Bahrain mit 0,12 und Barbados mit 0,08. Die Vereinten Nationen definieren die Länder mit weniger als Tausend Kubikmetern pro Kopf an erneuerbaren Wasserressourcen pro Jahr als wasserarm. Antigua und Barbuda, St. Vincent und die Grenadinen sowie St. Kitts und Nevis gehören dazu. Die karibische Region genießt einen relativ hohen Lebensstandard, wobei die meisten Länder von den Vereinten Nationen als „oberes mittleres Einkommen“ definiert werden. Dies schließt sie von einem Großteil der internationalen Entwicklungsfinanzierung aus. Gleichzeitig erschwert die hohe Staatsverschuldung in Verbindung mit ihrer Anfälligkeit für den Klimawandel die Sicherung von Investitionen in die Infrastruktur. In Grenada befindet sich indes eines der ersten großen Wasserprojekte der Region, das vom Green Climate Fund finanziert wird. Die Hälfte der 45 Millionen Euro, die für das Projekt bereitgestellt sind, wird für die Verbesserung der Infrastruktur wie Wassertanks, Stauseen und Rohre ausgegeben. Es wird auch finanzielle Anreize geben, um die Wasserverschwendung in Sektoren wie der Landwirtschaft und dem Tourismus zu reduzieren, die zu den größten Wasserverbrauchern gehören. Die Öffentlichkeit zu einem sorgfältigeren Umgang mit Wasser zu ermutigen, ist auch in Grenada der Schlüssel zu dem Projekt.[256]

Andernorts hat Barbados Gesetze verabschiedet, die die Verwendung von Trinkwasser zum Waschen von Autos, Gartenarbeit, Befüllen von Schwimmbädern und ähnlichen Aktivitäten verbieten. Wie in Jamaika werden die Menschen ermutigt, Abwasser für solche Aktivitäten zu verwenden. Trotz der täglichen Wasserausfälle zeigte ein UN-Wasserbericht von 2017, dass die meisten Menschen in der Karibik Zugang zu einer sicheren – wenn auch unregelmäßigen – Wasserversorgung haben. Aber in Trinidad sind viele Menschen wütend, weil sie zwar auf einer Insel mit einer 360-GradAnsicht des türkisfarbenen Wassers leben, aber nichts aus dem Wasserhahn bekommen. 2019 bezog die Region zwischen 12 und 20 Prozent ihrer Wasserversorgung aus der Entsalzung. Die Ausweitung der Technik ist aufgrund der hohen Energiekosten problematisch. Die Wasserknappheit steht nicht im Einklang mit dem Entwicklungsstand des Landes. Trinidad und Tobago haben von ihren Ölreserven profitiert. Doch trotz des hohen Einkommens kämpft das Land darum, diese elementare

Aufgabe der Versorgung mit Trinkwasser angemessen zu bewältigen.[257]

Siebzehn der wasserärmsten Länder im Nahen Osten und in Nordafrika

Nicht nur in Kuwait, Bahrain und Katar: Zwölf der 17 wasserärmsten Länder befinden sich im Nahen Osten und in Nordafrika. Beide Regionen sind heiß und trocken, so dass die Wasserversorgung niedrig ist, und die wachsende Nachfrage treibt die Länder in extremen Wasserstress. Der Klimawandel wird die Dinge noch komplizierter machen. Indes gibt es ungenutzte Möglichkeiten, die Wassersicherheit in der Region zu erhöhen. Etwa 82 Prozent des Abwassers der Region werden nicht wiederverwendet. Die Nutzung dieser Ressource würde eine neue Quelle für sauberes Wasser schaffen. Führende Unternehmen in der Aufbereitung und Wiederverwendung zeichnen sich bereits ab. Oman, auf Platz 16 der wasserarmen Länder, behandelt 100 Prozent seines gesammelten Abwassers und verwendet 78 Prozent davon wieder. Etwa 84 Prozent des gesamten Abwassers, das in den Ländern des Golf-Kooperationsrates (Bahrain, Kuwait, Oman, Katar, Saudi-Arabien und die Vereinigten Arabischen Emirate) gesammelt wird, erhält eine Aufbereitung, aber nur etwa 44 Prozent wird anschließend wiederverwendet.[258]

Die Bedeutung des Managements von sauberem Wasser nimmt weltweit zu. Viele Länder garantieren eine saubere Wasserqualität, indem sie Leitungswasser bereitstellen, das direkt verbraucht werden kann, zum Beispiel die Schweiz, Norwegen, Neuseeland, Deutschland, Frankreich und Kanada. Diese Länder haben frühzeitig Schritte unternommen, um die Wasserressourcen zu schonen. Sie sind sich bewusst, dass die Verfügbarkeit von sauberem Wasser die Lebensqualität beeinträchtigt. Indem sie Wasser so gut wie möglich verwalten, haben sie sich auf die

Zukunft vorbereitet. Die Schweiz wird von den Alpen durchzogen, und das Wasser aus diesen Bergen ist von guter Qualität. Die Verfügbarkeit von Wasser in der Schweiz resultiert aus viel Niederschlag und schmelzendem Eis an den Hängen der Berge. Die Regierung arbeitet an der Verfügbarkeit von sauberem Wasser. Es gibt Wasserstraßen entlang des Rheins und der Rhone und die Berner Abwasserreinigungsanlage nutzt eine der fortschrittlichsten Abwasserbehandlungstechnologien in Europa.[259]

Norwegen ist berühmt für sein sauberes Wasser. Die norwegische Regierung verwaltet Wasser durch ein Grundwasserschutzprogramm unter den Namen „The Midgard Snake“. Das Programm wird von der Osloer Abteilung für Wasser und Abwasser geleitet. Ein Tunnel mit einem Fassungsvermögen von 50.000 Kubikmetern wird als Speicher und Transportweg genutzt. Weitere Funktionen des Tunnels bestehen unter anderem darin, die Wasserqualität zu verbessern, die Auswirkungen des Klimawandels zu mildern und den Energieverbrauch zu senken, indem das Wassermanagement im Land reduziert wird. Neuseelands Eisbergketten sind von Vorteil für die Verfügbarkeit von Wasser im Land. Der Fluss von geschmolzenen Eis mündet in einem klaren See. Das Wasser im See ist so sauber, dass es direkt getrunken werden. kann. Gleiches gilt dort für das Wasser aus dem Wasserhahn. Somit kann Neuseeland als ein Land mit dem „besten Wasser der Welt“ bezeichnet werden.[260]

In Deutschland unternimmt die Bundesregierung ernsthafte Schritte in Bezug auf den Umgang mit Wasser; dazu gehört zum Beispiel das Gesetz zum Schutz der natürlichen Ressourcen. Das meiste saubere Wasser in Deutschland stammt aus Seen und dem Schnee. Genau wie in Frankreich können die Deutschen sauberes Wasser direkt aus dem Wasserhahn trinken. Die Bundesregierung ist verpflichtet, der deutschen Bevölkerung gute sanitäre Einrichtungen zur Verfügung zu stellen. Aus diesem

Grund ist die Qualität des verfügbaren Wassers sehr gut. Die ernsthaften Bemühungen der Bundesregierung hören damit indes nicht auf. So stellt das Land genaue Daten über den Gehalt an Stoffen in jedem Leitungswasser zur Verfügung, um die Trinkwassersicherheit zu gewährleisten. In Frankreich wird die Wasserqualität ebenfalls sehr ernst genommen. Hierzu arbeitet die französische Regierung eng mit der Privatwirtschaft zusammen. Ein spezielles Programm soll den Bakteriengehalt im Leitungswasser niedrig halten. So ist Wasser wohl das meist kontrollierte und reglementierte Nahrungsmittel des Landes. Die Qualität des Leitungswassers ist garantiert. In Kanada wurde die Verpflichtung, das Wasser sauber zu halten, vom Staat übernommen. Das Land erließ Vorschriften für sauberes Wasser, die strikt eingehalten werden müssen. Diese Vorschriften reichen von der Wasserkonservierung über den Filterprozess bis hin zur Verteilung an die Bevölkerung.[261]

Nachhaltiges Wassermanagement ist notwendig

Nachhaltiges Wassermanagement ist zwingend notwendig, um Wassersicherheit zu gewährleisten, wie die vorangegangenen Beispiele verdeutlicht haben. Das sogenannte Water Resources Management umfasst den Prozess der Planung, Entwicklung und Verwaltung von Wasserressourcen, sowohl in Bezug auf die Wassermenge als auch auf die Wasserqualität, über alle Wasserverwendungen hinweg. Es umfasst weiterhin alle Institutionen, die Infrastruktur, die Anreize und die Informationssysteme, die das Wassermanagement unterstützen und leiten. Es hilft, zukünftige Bewässerungserwartungen zu bestimmen, und geschieht durch verschiedene Methoden. Dazu gehören die Aufbewahrung mittels Dämmen, die Umleitung von Wasser aus Gebieten des Überschusses in Knappheitsgebiete durch Verbindungswasserstraßen, die künstliche Anreicherung des Grundwassers, die Entsalzung von Meerwasser, das Schleppen von Eisbergen aus der Antarktis in Regionen mit wenig Wasser, die Kontrolle der Umweltverschmutzung und die Rückgewinnung von verschmutztem Wasser durch Recycling, sowie das sogenannte Cloud Seeding. Beim Cloud Seeding wird die Struktur einer Wolke geändert, um die Niederschlagswahrscheinlichkeit zu erhöhen.[262]

Dabei gibt es vier zentrale Komponenten des integrierten Wasserressourcenmanagements: das Regenwassermanagement, die Abwasserbehandlung, die Wasserversorgung und die Erhaltung bestehender Wasserquellen. Neben gesetzlichen Rahmenbedingungen auf globaler, nationaler und lokaler Ebene spielen viele Faktoren eine wichtige Rolle. Dazu gehören: die Datenerhebung, die grenzübergreifende Zusammenarbeit, die privatwirtschaftliche und öffentliche Beteiligung, das Management von Grundwasserleitern, die Instrumente der Einzugsgebietsbewirtschaftung, das Ökosystemmanagement, die Reduzierung des Katastrophenrisikos, die Verhinderung von Verschmutzungen durch nachhaltiges und effizientes Nutzungsmanagement, die nationale Verfügbarkeitsüberwachung, der Datenaustausch im Land und grenzüberschreitend, die Finanzierung all dieser Maßnahmen auf nationaler und subnationaler Ebene sowie die grenzüberschreitende Finanzierung.[263]

In der Bewässerungslandwirtschaft wird das von Nutzpflanzen verwendete Wasser teilweise oder sogar vollständig vom Menschen geliefert. Zur Bewässerung wird das Wasser von einer Wasserstelle (Fluss, See oder Grundwasserleiter) entnommen und über eine geeignete Verkehrsinfrastruktur zum Feld geleitet. Um ihren Wasserbedarf zu decken, profitieren bewässerte Pflanzen sowohl vom mehr oder weniger zuverlässigem natürlichem Regenwasser als auch von der Bewässerung. Die Bewässerung ist ein wirksames Managementinstrument gegen die

Launen der Niederschläge. 1998 machten bewässerte Flächen etwa ein Fünftel aller Ackerflächen in Entwicklungsländern aus, produzierten aber zwei Fünftel aller Kulturpflanzen und beinahe drei Fünftel der Getreideernte. Neue und vielfältige technische Methoden wurden eingeführt, um die Wasserentnahmen signifikant zu reduzieren und gleichzeitig die Erträge nach dem Prinzip „mehr Ernte pro Tropfen" zu verbessern. Zu diesen Methoden zählen beispielsweise die unterirdische Bewässerung mittels poröser Rohre oder Behälter, die in den Boden gelegt werden, die Tropfbewässerung, die es ermöglicht, die Bewässerung an den Wurzeln von Pflanzen zu lokalisieren, die Sprinklerbewässerung, die künstlich Regen reproduziert, und die Sprühbewässerung mit der Umleitung von Regenwasser aus den umliegenden Wassereinzugsgebieten ins Ackerland. Das Recycling von Abwasser und aufbereitetem Wasser ist eine alternative Ressource. Es ermöglicht eine Einsparung von Wasserressourcen stromaufwärts und eine Verringerung der Verschmutzung flussabwärts. Darüber hinaus kann Abwasser eine Nährstoffquelle für Plantagen sein.[264]

Es wird geschätzt, dass die globale Landwirtschaft bis 2050 neun Milliarden Menschen ernähren muss. Die Bewässerung wird dabei eine immer strategischere Rolle spielen. Unweigerlich wird die intensive Nutzung von Wasser für die Landwirtschaft die Wasserverfügbarkeit schwächen. Daher ist es besonders wichtig, die landwirtschaftliche Effizienz zu steigern, denn Landwirtschaft braucht 70 Prozent unserer Wasserressourcen. Es gibt unzählige Ansätze in diesem Zusammenhang; nachfolgend seien drei der einfachsten genannt, um eine Steigerung der landwirtschaftlichen Effizienz zu erreichen. Die Welt muss jeden Tropfen Wasser in ihren Nahrungsmittelsystemen weiter fließen lassen. Landwirte können Saatgut verwenden, das weniger Wasser benötigt, und ihre Bewässerungstechniken verbessern, indem sie

Präzisionsbewässerung verwenden, anstatt ihre Felder zu überfluten. Finanziers können Kapital für Investitionen in die Wasserproduktivität bereitstellen, während Ingenieure Technologien entwickeln, die die Effizienz in der Landwirtschaft verbessern. Schließlich können die Verbraucher Verluste und Verschwendung bei Lebensmitteln reduzieren; diese machen immerhin ein Viertel des gesamten landwirtschaftlichen Wasserverbrauchs aus.[265]

Der Wasserstress kann im Laufe eines Jahres enorm variieren. Errichtete Infrastruktur wie Rohre und Kläranlagen und grüne Infrastruktur wie Feuchtgebiete und gesunde Wassereinzugsgebiete sollten zusammenarbeiten, um Probleme sowohl bei der Wasserversorgung als auch der Wasserqualität anzugehen. Wir müssen aufhören, Abwasser als Abfall zu betrachten. Durch die Behandlung und Wiederverwendung entsteht eine „neue" Wasserquelle. Es gibt durchaus nützliche Ressourcen im Abwasser, die geerntet werden können, um die Wasseraufbereitungskosten zu senken. Zum Beispiel verwenden oder verkaufen Anlagen im chinesischen Xiangyang, China und der US-Hauptstadt Washington die energie- und nährstoffreichen Nebenprodukte, die während der Abwasserbehandlung gewonnen werden. Die Daten sind eindeutig: Es gibt unbestreitbar besorgniserregende Trends im Wasser. Aber indem wir jetzt handeln und in ein besseres Management investieren, können wir Wasserprobleme zum Wohle der Menschen, der Volkswirtschaften und des Planeten lösen.[266]

Verbesserungen in der Landwirtschaft

In sehr vielen Ländern des globalen Südens machten Investitionen in die Bewässerungsinfrastruktur in der zweiten Hälfte des 20. Jahrhunderts einen erheblichen Teil des gesamten

Agrarhaushalts aus. Die Kosten der Bewässerungsentwicklung, so die Ernährungs- und Landwirtschaftsorganisation der Vereinten Nationen, variieren je nach Land und Art der Bewässerungsinfrastruktur und reichen in der Regel von 950 Euro bis zu 9.500 Euro pro Hektar. In Ausnahmefällen könnte sie auch 23.000 Euro pro Hektar erreichen. Dabei sind die Kosten für die Wasserspeicherung nicht enthalten, denn die Aufwendungen für den Bau eines Damms variieren von Fall zu Fall. In Asien sind die Investitionskosten in die Bewässerung am niedrigsten, weil dort die Entwicklungen am zahlreichsten sind und daher Skaleneffekte möglich sind. Die teuersten Bewässerungsprojekte befinden sich in Afrika südlich der Sahara, wo die Bewässerungssysteme im Allgemeinen kleiner und die Entwicklung von Land- und Wasserressourcen teurer sind.

Es wird erwartet, dass für die Ausweitung des bewässerten Landes jährliche Investitionen von etwa 4,7 Milliarden Euro benötigt werden. Der Großteil der Investitionen in die Bewässerung würde zwischen 9,5 und 11,4 Milliarden Euro pro Jahr liegen. Das Kapital wird vor allem für die notwendige Sanierung und Modernisierung der alternden bewässerten Umzäunungen verwendet, die zwischen 1960 und 1980 gebaut wurden. In den 1990er Jahren wurden die Investitionen in die Speicherung von Bewässerungswasser mit etwa 11,4 Milliarden Euro veranschlagt. Mit Stand 2022 wird geschätzt, dass die jährlichen Investitionen in die Bewässerungslandwirtschaft zwischen 23,7 und 28,5 Milliarden Euro betragen werden, was etwa 50 Prozent der geplanten jährlichen Investitionen im Wassersektor entspricht.[267]

Die Bewertung der Auswirkungen der Bewässerung auf die verfügbaren Wasserressourcen erfordert eine Schätzung der Gesamtentnahmen für die Bewässerung aus Flüssen, Seen und Grundwasserleitern. Das entnommene Volumen ist aufgrund von Verlusten durch den Transport zwischen Probenahmestelle und Pflanzen erheblich größer als der Verbrauch der Bewässerung. Die Wassernutzungseffizienz bezeichnet das Verhältnis zwischen dem geschätzten Bedarf der Pflanzen und dem tatsächlich entnommenen Wasser. Die Gesamteffizienz der Wassernutzung für die Bewässerung wird in den Ländern des globalen Südens auf durchschnittlich 38 Prozent geschätzt. Derzeit werden Investitions- und Managemententscheidungen zur Verbesserung der Bewässerungseffizienz getroffen. Sie betreffen sowohl die Verwaltung der Bewässerungssysteme als auch die von ihnen abhängigen Landwirte. Die nationale Wasserpolitik kann Wassereinsparungen in Gebieten mit Knappheit fördern, indem sie Anreize schafft und Sanktionen verhängt.

Wenn vorgelagertes Wassermanagement die Effizienz des Transports nicht garantieren kann, ist es verständlich, dass der Wassernutzer nicht besonders motiviert ist, die Effizienz auf seinem Gebiet zu verbessern. In den meisten Ländern machen Wasserentnahmen für die Landwirtschaft nur einen kleinen Teil aller erneuerbaren Wasserressourcen aus. In einige Regionen wie Nordostafrika und Westasien liegt der Anteil jedoch bei mehr als 40 Prozent ihrer gesamten Wasserressourcen. In Teilen des Nahen und Mittleren Ostens übersteigen die Wasserentnahmen für die Landwirtschaft ihre Gesamtressourcen. Ein Anstieg wird in Südasien und in Subsahara-Afrika erwartet. Zudem besteht die Notwendigkeit, Abfall zu reduzieren und große Wassermengen für andere, produktivere Zwecke freizugeben. Seen und Flüsse müssen in der Lage sein, weiterhin ihre wesentlichen Rollen für die Umwelt zu spielen.

Bei der Nutzung von Wasser für die Landwirtschaft sind Fortschritte möglich, aber sie treten nur langsam ein, und sie sind durch mehrere Faktoren begrenzt. Erstens befinden sich große Gebiete der bewässerten Landwirtschaft in der feuchten tropischen Zone, in der es keinen Wassermangel gibt und eine verbesserte Effizienz nicht zu einer erhöhten Wasserproduktivität führen wird. Zweitens wird die Wassernutzungseffizienz normalerweise auf der Ebene eines Bauernhofs oder des bewässerten Umlands berechnet, aber der größte Teil des Wassers, das nicht von Pflanzen verwendet wird, kehrt in das hydrologische System zurück und kann stromabwärts verwendet werden. Letztendlich hat jedes Anbausystem ein anderes Potenzial, die Wassernutzungseffizienz zu verbessern. In der Regel passen sich Strauchpflanzen und Gemüse gut an lokalisierte Bewässerungstechnologien an, die sehr effektiv sind. Diese Art von Ausrüstung ist jedoch nicht für Getreide und viele andere Pflanzenkulturen geeignet.

Im globalen Süden wird erwartet, dass die Wasserentnahmen für die Bewässerung von derzeit 2.130 Kubikkilometer pro Jahr um etwa 14 Prozent auf 2.420 Kubikkilometer im Jahr 2030 steigen werden. Ein kleiner Prozentsatz eines Rückgangs spiegelt Veränderungen in Chinas Anbausystemen wider, denn der relative Anteil der Reisproduktion geht zugunsten von Weizen zurück. Die Bewässerung macht stets noch einen relativ kleinen Anteil aller Wasserressourcen im globalen Süden aus. Von den 93 von der FAO untersuchten Länder nutzen zehn bereits mehr als 40 Prozent ihrer erneuerbaren Wasserressourcen für die Bewässerung. Acht weitere Länder verbrauchen dafür mehr als 20 Prozent ihrer Ressourcen. Bis 2030 wird Südasien das 40-Prozent-Niveau und die Region Naher Osten/Nordafrika einen Prozentsatz von 58 Prozent erreicht haben. Der Anteil der erneuerbaren Wasserressourcen, die für die Bewässerung bereitgestellt werden, dürfte 2030 in Afrika südlich der Sahara, in Lateinamerika und in Ostasien deutlich unter den kritischen Schwellenwerten bleiben.

Das im flachen Grundwasser enthaltene Wasser spielt eine wichtige Rolle bei der Entwicklung und Diversifizierung der landwirtschaftlichen Produktion. Dies ist aus Sicht des Ressourcenmanagements durchaus sinnvoll: Wenn Grundwasser zugänglich ist, stellt dies einen erstklassigen Schutz gegen die Launen des Klimas und die geringe Zuverlässigkeit vieler Wasserverteilungssysteme in bewässerten Gebieten dar. Hinzu kommen subtilere Vorteile. Der Zugang zu Grundwasser fördert in hohem Maße die gleichmäßige Verteilung, und für viele Landwirte ist die Nutzung dieses Wassers ein ideales Versorgungssystem. Weil sie es auf Abruf haben und genau dann, wenn sie es brauchen, entscheiden sie sich manchmal, in private Grundwassertechnologien zu investieren, um die Unzuverlässigkeit und Gerechtigkeit von Bewässerungsdienstleistungen zu beheben, die Oberflächenwasser verteilen. In vielerlei Hinsicht hat die Nutzung von Grundwasser den Landwirten ermöglicht, der traditionellen Bewirtschaftung bewässerter Perimeter zu entkommen. Diese Art der Ausbeutung vermeidet einige der Managementprobleme, die sich aus großflächigen Bewässerungssystemen ergeben, aber die Gesamtauswirkungen einer großen Anzahl einzelner Nutzer können nachteilig sein. Zudem hat es sich als schwierig erwiesen, den „Wettlauf um das Pumpen" zu moderieren.

Da das Pumpen von Grundwasser direkte Kosten verursacht, haben die Landwirte ein berechtigtes Interesse daran, es effizient zu nutzen. Wenn die Energiekosten subventioniert werden, ist diese Bremse nicht mehr so effektiv. Diese Mängel könnten die Grundwasserverknappung in Teilen Indiens und Pakistans beschleunigt haben. Die technischen Grundsätze einer nachhaltigen Grundwasser- und Grundwasserleiterbewirtschaftung sind bekannt. Aber die Umsetzung der Grundwasserbewirtschaftung hat ernsthafte Schwierigkeiten aufgeworfen: Erstens aufgrund des rechtlichen Stands des Grundwassers, das traditionell dem

Landbesitz gleichgestellt ist, und zweitens aufgrund der Wettbewerbsinteressen der Landwirte, die Wasser aus gemeinsamen Grundwasserleitern beziehen. Entnahmen können dazu führen, dass der Wasserstand auf eine Tiefe sinkt, die wirtschaftlich außerhalb der Reichweite von Pumptechnologien liegt. Das könnte die ärmsten Landwirte benachteiligen und Gebiete für die landwirtschaftliche Produktion ungeeignet machen. In der Nähe des Meeres oder des salzhaltigen Grundwassers sind Grundwasserleiter mit Pumpen dem Eindringen von Salzwasser ausgesetzt. Die Grundwasserqualität wird zudem durch die Anwendung von Düngemitteln, Herbiziden und Pestiziden bedroht, die in Grundwasserleitern ausgelaugt werden. Es dauert oft lange, diese Quellen diffuser Verschmutzung durch landwirtschaftliche Tätigkeit zu identifizieren. Aber ihre Auswirkungen können hartnäckig sein, insbesondere, wenn es um persistente organische Schadstoffe geht.

Grundwasser, das in Grundwasserleitern enthalten ist, die nicht aktiv gespeist werden, stellt eine wertvolle, aber erschöpfbare Ressource dar. So wurden beispielsweise die riesigen sedimentären Grundwasserleiter Nordafrikas und des Nahen Ostens, die nicht mehr gespeist werden, bereits in einem geplanten Trocknungsprozess für eine großflächige landwirtschaftliche Entwicklung genutzt. In einigen Fällen wird die Fortsetzung der Abgaben durch die wirtschaftlichen Zwänge des Pumpens begrenzt und begünstigt, wenn die Landwirtschaft und das städtische Angebot eine starke wirtschaftliche Nachfrage erzeugen. Zwei Länder, die libysch-arabische Dschamahirija und Saudi-Arabien, verbrauchen bereits deutlich mehr Wasser für die Bewässerung als ihre erneuerbaren Wasserressourcen erlauben – sie schöpfen somit aus ihren fossilen Grundwasserreserven. Wenn diese Grundwasserreserven einen hohen strategischen Wert in Bezug auf die Sicherheit der Wasserversorgung haben, kann ihre Austrocknung zur Deckung des Bewässerungsbedarfs fragwürdig sein.

Endlosprojekt: Die „Große Grüne Mauer“ in Afrika

Das Großprojekt Große Grüne Mauer Afrikas interessiert Walter besonders, denn es ist länderübergreifend, und versucht, die dortige Wasserkrise zu lösen. Derzeit ist mehr als zwei Drittel der Fläche des afrikanischen Kontinents von Wüsten- oder stark degradierten Gebieten bedeckt. Die Wüstenbildung hat zu einer erheblichen Verschlechterung der natürlichen Ressourcen geführt.[268]

Im Juli 2005 beschlossen die Staats- und Regierungschefs der Sahel-Sahara-Staaten, eine afrikanische Antwort auf Wüstenbildung und Klimawandel zu geben. Daraufhin wurden gemeinsame Konsultationen mit der Weltbank und der Afrikanischen Entwicklungsbank durchführt. So entstand das Konzept der 15 Kilometer breiten und 7.775 Kilometer langen Großen Grünen Mauer Dakar-Dschibuti mit den elf Ländern, die sich angeschlossen haben: Dschibuti, Burkina Faso, Tschad, Eritrea, Äthiopien, Mali, Mauretanien, Niger, Nigeria, Sudan und Senegal. Die erwarteten Auswirkungen waren vielfältig. Dazu gehörten die Verringerung der Bodenerosion durch das Vorhandensein einer Vegetationsdecke, die Windgeschwindigkeiten und die Infiltration von Regenwasser. Ebenso wichtig war die Umstrukturierung degradierter Böden: Die Zunahme der organischen Substanz pflanzlichen und tierischen Ursprungs führt zu einer Umstrukturierung des Bodens; und einer größeren Verfügbarkeit des häuslichen Bedarfs wie Wasser, Energie und soziale Infrastruktur. Weiterhin sind die Verringerung ökologischer und wirtschaftlicher Migrationen sowie Unterbeschäftigung und Armut zu nennen.[269]

Einer der bestimmenden ökologischen Parameter ist der Regen. So sind die Zielregionen auf Gebiete mit einem jährlichen Niederschlagsdurchschnitt von 400 Milliliter beschränkt. Geplant wurde der Bau eines Streifens von Rückhaltebecken und eines Netzes von hydraulischen Bohrlöchern entlang der Trasse in den entsprechenden Gebieten, um das Niederschlagsdefizit zu verringern und Wasser für häusliche Verrichtungen und andere einkommensschaffende Tätigkeiten zur Verfügung zu stellen. Die Große Grüne Mauer sollte zum Erbe der Menschheit gehören, und ihre Finanzierung durch die internationale Gemeinschaft gewährleistet werden. Trotz der unternommenen Anstrengungen sind 14 Jahre nach Beginn der Pflanzung eines Baumstreifens nur vier Prozent der 100 Millionen Hektar tatsächlich wiederhergestellt. Bis Ende 2009 konnten nur im Senegal Bäume auf einer Gesamtlänge von 525 Kilometern angepflanzt werden. Die Verantwortlichen sprechen mittlerweile lieber von „Mosaik" als von „Mauer". Milliarden Dollar an Finanzmitteln später wird die Gefahr deutlich, dass diese Mittel etwa in nationale Ministerien geflossen sind, statt vor Ort nachhaltige Wirkung zu entfalten. Die Finanzierung der Restaurierungsmaßnahmen sollte 44 Milliarden US-Dollar kosten, und jeder investierte Dollar sollte 1,20 US-Dollar einbringen, so die Berechnungen einer Studie, die in *Nature Sustainability* veröffentlicht wurde.[270]

Jedoch stellen die Geldmittel bei weitem nicht das einzige Hindernis dar, denn inzwischen geht die Initiative über die Sahelzone hinaus, und vereint nun 21 afrikanische Staaten. Dazu gehören Ägypten, Algerien, Benin, Ghana, Gambia, Kamerun, Kap Verde, Libyen, Somalia und Tunesien. Experten wiederholten die Bedenken, dass ein weiteres Hindernis für die Große Mauer in der großen Anzahl von Konflikten in der Sahelzone besteht. Konflikte und Klimawandel erschweren die Bemühungen vor Ort. Von den 27,9 Millionen Hektar, auf denen sich einige Organisationen engagieren, befinden sich 14 Millionen Hektar in unmittelbarer Umgebung tödlicher Konfliktzonen. Im Nordosten von Niger hat eine islamische Rebellion von Boko Haram, die teilweise durch harte Lebensbedingungen angeheizt wird, den Zugang zu diesen Gebieten erschwert. „Boko Haram ist ein sehr großes Problem für die Umsetzung dieser Großen Grünen Mauer", sagte Chikaodili Orakwue, Umwelt- und Konfliktspezialist am Institut für Frieden und Konfliktlösung in Abuja. Er beschreibt die Schwierigkeiten, mit denen die Nationale Agentur für die Große Grüne Mauer (NAGGW) des Landes bei der Mobilisierung von Personal in der Region konfrontiert ist. „Es ist eine instabile Gegend. Sie haben ihre Mitarbeiter an Boko Haram verloren", fürchten sie.[271]

Zudem mangelt es an der Ausbildung in Bezug auf landwirtschaftliche Techniken, um sich an unsichere klimatische Bedingungen wie wiederholte Dürren anzupassen, die die Bauern von ihrem Land vertrieben haben. Die meisten Sahel-Länder kämpfen immer noch mit Ernährungsunsicherheit. Es wird erwartet, dass der Klimawandel die Region hart treffen wird. Wüstenbildung und Unruhen im Norden von Niger haben Konflikte zwischen Bauern und Hirten angeheizt, wo Ackerland immer knapper wird.[272]

Die Wasserkrise in den Vereinigten Staaten

Die politische Struktur der Vereinigten Staaten von Amerika mit einzelnen Bundesstaaten und Anrainerstaaten macht es nicht einfach, die Ressource Wasser zu organisieren. Mit Anrainerstaaten wie beispielsweise Mexiko bestehen Verträge. Innerhalb eines Bundesstaats wird die Ressource von der Kommunen organisiert.[273] Aber der Reihe nach.

Auf der Bundesebene existieren zwei wichtige Gesetze, der Clean Water Act und der Safe Drinking Water Act der US-Agentur für Umweltschutz. Ein umfangreiches Programm bietet die Agentur auf nationaler Ebene. Die Liste der Tätigkeiten und Arbeitsgebiete ist lang. Es reicht von der Wasserkraft bis zu nationalen Erhebungen über aquatische Ressourcen. Die regulatorischen Rahmenbedingungen und Leitlinieninformationen der USA sind in Bundesgesetzen für sauberes Wasser und sauberes Trinkwasser vorgesehen. Sie unterstützen kommunale Kläranlagen und beteiligen sich an Bemühungen zur Vermeidung von Umweltverschmutzung zum Schutz von Wassereinzugsgebieten und Trinkwasserquellen. Diese Gesetze betreffen unter anderem Trinkwasser, Grundwasser, Fracking, beeinträchtigtes Wasser, Quecksilber, Bergbau auf Berggipfeln, Ozeane und Küstengewässer, Tagebau in den Appalachen, Oberflächengewässer mit Seen, Flüsse und Bäche, Regenwasser, Abwasser, Wasserscheiden und Feuchtgebiete.[274]

Heute leben mehr als dreißig Millionen Amerikaner in Gebieten, in denen Wassersysteme gegen Sicherheitsregeln verstoßen, so die Daten der Environmental Protection Agency. Viele Menschen können es sich schlichtweg nicht leisten, das Wasser fließen zu lassen. Mit bis zu 10,5 Millionen Bleileitungen installierten die Vereinigten Staaten das größte Wasserinfrastruktursystem der Welt. Doch dieses System ist mittlerweile größtenteils auseinandergefallen und mit Verunreinigungen gefüllt. Es gibt immer wieder Unglücksfälle wie etwa die Flint Wasserkrise. Als Reaktion auf die Flint-Wasserkrise unterzeichnete Präsident Barack Obama 2016 den Water Infrastructure Improvements for the Nation Act. Es ging darum, Verbesserungen bei den Wasserstraßen zu erleichtern. Noch haben die Vereinigten Staaten den Kampf ums Wasser nicht gewonnen. Mehr als die Hälfte des Landes hat seit dem Jahr 2000 regelmäßig Dürren erlebt. Für die

USA stellt die Versorgung mit Süßwasser eine große Herausforderung dar, denn mehr als die Hälfte der kontinentalen USA hat in den letzten zwei Jahrzehnten regelmäßig Dürre-Bedingungen erlebt. Die Regenmenge soll in weiten Teilen des Westens bis 2100 wahrscheinlich um 20 bis 25 Prozent sinken. Seit dem Jahr 2000 hat das Colorado River Basin historische Dürren erlebt. Dabei ist die Wasserknappheit nicht auf die westlichen Staaten beschränkt. Im Jahr 2014 erwarteten 40 von 50 staatlichen Wassermanagern in einigen Teilen ihrer Bundesstaaten Engpässe beim Süßwasser in den nächsten zehn Jahren.[275] Im Sommer 2022 reduzierte die US-Regierung das zweite Jahr in Folge angesichts sinkender Pegelstände den Wasserabfluss aus den Stauseen Mead und Powell, die durch den Colorado gespeist werden.[276]

Walter stellt sich eine Süßwasserschutzstrategie vor. Man kann eine Kombination aus Wasserfonds, der Förderung von Anreizen, der Zusammenarbeit mit Wassernutzern und der Förderung einer soliden Wasserpolitik und -finanzierung einsetzen. Das heißt, in Wassermärkte und Wassertransaktionen mit Städten, Bewässerungsbezirken und anderen Wassernutzern investieren, um eine flexible Wassernutzung und -übertragung zu erreichen, die Wasser für Umweltbedürfnisse beinhaltet. Dazu die Anreize für innovative Ansätze fördern, die den Bedarf reduzieren und die Infrastruktur verbessern, um Wasser effizienter zu transportieren und zu speichern. Mit Landwirten, Viehzüchtern und Unternehmen zusammenarbeiten, um den Wasserverbrauch auf allen Ebenen der landwirtschaftlichen Lieferkette zu reduzieren. Und letztendlich lokale, staatliche und bundesstaatliche Politik fördern, die es Wassermanagern ermöglicht, die Bedürfnisse von Mensch und Natur effektiv zu erfüllen. Dazu staatliche und bundesstaatliche Mittel sichern, die nachhaltige Wasserpraktiken und -vereinbarungen unterstützen.[277]

Aber das Beispiel des Colorado River zeigt, wie komplex die Wasserkrise sein kann. Rund 2.330 Kilometer lang ist der Colorado River: von der kühlen Quelle in den Rocky Mountains bis zur trockenen Mündung im Golf von Kalifornien, durch Feuchtgebiete, Canyons und Wüsten. Für indianische Stämme ist er ein heiliger Ort, für einen Cowboy sein Überleben. Seit den ersten Siedler vor mehr als 150 Jahren wird Reichtum in dieser Gegend nicht nur in Dollar, sondern auch in Wasserrechten gemessen. Wiederum haben sich die Staats- und Regierungschefs auf einer Wasserkonferenz getroffen. Dieses Mal in der Wüste, im Caesars Palace von Las Vegas, bei der Colorado River Water Users Association. Dabei wurde Ende 2021 ein neues Abkommen zwischen Nevada, Arizona und Kalifornien über die Belastung des Lake Mead unterschrieben. Ein „Fünfhundert Plus Plan“ wurde unterzeichnet. Das Memorandum of Understanding sieht vor, dass bis 2023 eine große Wassereinsparung im Lake Mead stattfinden wird, welche durch eine 200-Millionen-Dollar-Partnerschaft finanziert werden soll.[278]

Die Southern Nevada Water Authority berichtete bei der Konferenz über ihre Arbeit, die „Verdunstungskühlungstechnologien“ zu stoppen, die neben der Bewässerung den größten Wasserverbrauch darstellen, und die Größe der Schwimmbäder auf nicht mehr als 3.000 Quadratfuß zu begrenzen. Wasserbeamte, Naturschützer, Stammesführer, staatliche und lokale Beamten sowie andere Persönlichkeiten zeigten auf, wie tief sich die Krise entwickelt hat.

Alle waren auf der Suche nach Lösungen für diese wassersaugende Landschaft, von den kleinen bis hin zu den größeren Lösungen, wie zum Beispiel der vollständigen Entfernung von Dämmen und der Stilllegung der Seen. „Es wird Einfallsreichtum, Geld und Zusammenarbeit erfordern, um diese Projekte im gesamten Becken zu finden, unabhängig davon, wie groß oder klein sie sind“, so Colby Pellegrino, stellvertretender Generaldirektor für Wasserressourcen bei der Southern Nevada Water Authority. Der Schnee, der im Winter auf die Rocky Mountains fällt, schmilzt im Frühling und rieselt als Bach bergab, bevor er sich zu einem Fluss ansammelt, der sich Hunderte von Kilometern schlängelt und am Lake Powell in Utah und Arizona sammelt, bevor er flussabwärts zum Lake Mead weiterfließt, wo er im Colorado River Basin gespeichert ist.[279]

Das Wasser wird durch den Colorado River Compact an sieben Staaten verteilt. Das 1922 geschlossene Abkommen legte fest, wie viel Flusswasser jeder Staat erhält. Aber mit dem Klimawandel kam die Wasserknappheit. Die Seen zur Speicherung des Wassers waren im Jahr 2000 zu 95 Prozent ausgelastet. Seitdem ist der Lake Mead, der 25 Millionen Menschen mit Wasser versorgt, mit einer Kapazität von nur noch 35 Prozent auf dem niedrigsten Stand aller Zeiten. Experten prognostizieren, dass der Pegel des Lake Powell ebenfalls weiter sinken wird. Einige Wasserbeamte drängten darauf, den Glen Canyon Dam stillzulegen. Ziel war es, eine nachhaltige Wasserversorgung zu gewährleisten und eine gerechte Verteilung des Wassers zwischen den Staaten des unteren Einzugsgebiets und den Staaten des oberen Einzugsgebiets zu gewährleisten. Es gäbe einfach nicht genug Wasser, um Lake Powell *und* Lake Mead in Betrieb zu halten. Der Wasserstand am Lake Powell werde voraussichtlich bereits im Juli so niedrig sein, dass die Wasserkraftturbinen des Damms nicht ordnungsgemäß funktionieren würden, so das US Bureau of Reclamation.[280]

Der Colorado River speist sieben südwestliche Bundesstaaten der USA, 29 Stammesnationen und den Staat Mexiko. Das Problem zwischen Mexiko und den Vereinigten Staaten stammt aus den späten 1950er Jahren, als die USA damit begannen, erhebliche Wassermengen aus dem Colorado River auf die neu entwickelten Gebiete umzuleiten. Denn nachdem er in den Vereinigten Staaten vierzig Millionen Menschen, zehn Millionen Kühe, Felder in Arizona und Kalifornien, Ölbohr- und Fracking-Unternehmen versorgt hat, strömt der Colorado River in Mexiko seiner Auflösung entgegen. Mexiko und die Vereinigten Staaten haben einen binationalen Notfallplan festgelegt, in dem dargelegt wird, wie Mexiko und die USA zusammenarbeiten, um Wasser zu sparen und Lösungen zu finden.

Mexiko und die USA sitzen im gleichen Boot

Einige Wasserbeamte drängten darauf, den Glen Canyon Dam stillzulegen, der Mitte der 1900er Jahre gebaut wurde, um den Lake Powell zu bilden. Ein radikaler Schritt bestünde darin, den Colorado River Compact, bekannt als das „Gesetz des Flusses", vollständig abzuschaffen, sagte Daniel McCool, Professor für Politikwissenschaft an der Universität von Utah, der Wasserpolitik sowie Probleme mit dem Colorado River untersucht. Was wirklich im Becken passiert, sei eine ganz neue Ära der Umverteilung. Aber einen neuen Pakt zwischen sieben Staaten zu schnüren – jeder mit seinem eigenen Staatssenat, seiner eigenen Versammlung und seinem eigenen Gouverneur, der ihn genehmigen müsste –erscheint unrealistisch. Viele Verantwortliche meinen nicht, dass es notwendig sei, den gesamten Vertrag zu streichen, da sie gelernt haben, sich anzupassen und mit dem auszukommen, was sie angeschafft haben.

Chinas 80.000 Staudämme

Ist China bereit, seine Pläne aufzugeben, Staudämme an seinem letzten wilden Fluss zu bauen? In den vergangenen 60 Jahren hat China mehr als 50.000 oder vielleicht 98.000 Staudämme gebaut – die Angaben variieren je nach Quelle.

Alle Dämme zusammen produzieren 300 Gigawatt Strom, etwa das Dreifache der Produktion der USA. Dutzende Millionen Menschen wurden wegen des Drei-Schluchten-Staudamms, Chinas größtem Wasserkraftprojekt. vertrieben, darunter 1,3 Millionen Dorfbewohner. Ein Jahrzehnt nach der Fertigstellung des Drei-Schluchten-Staudamms kämpften Tausende von Vertriebenen weiterhin bei der Regierung für ihr Recht. Ihnen wären Wohnraum und Entschädigung versprochen worden. Die Regierungen von China, Myanmar und Thailand planen, mehr als 14 Staudämme am Salween zur Stromgewinnung zu bauen. Bei einer Umsetzung der Projekte würden rund 50.000 Menschen ihre Häuser verlassen müssen, um umgesiedelt zu werden.

Neben negativen Auswirkungen auf den Naturhaushalt stellt die Erdbebengefahr in der Region ein zusätzliches Risiko dar. Im Bereich des Salween-Oberlaufes gibt es bereits den Stausee von Datang (4.300 Meter über dem Meeresspiegel).

Grand Canyon des Ostens und die ökologische Zivilisation

2003 plante die Regierung, Wasserkraftwerke am Salween-Fluss zu bauen. Es wurde erwartet, dass einer von ihnen stromaufwärts von Liuku, einer Stadt mit 45.000 Einwohnern in der Provinz Yunnan, nahe der Grenze zu Burma, installiert werden sollte. Die Regierung hatte die Projekte 2017 noch nicht freigegeben. Sollten Dämme auf dem Salween-Fluss gebaut werden, würde dies das Wasser verschmutzen. Der Salween-Fluss bzw. Nujiang ist ein Fluss, der durch prächtige Schluchten fließt. Ein Großteil des Flusses in Yunnan ist Teil der drei Parallelflüsse des Yunnan-Schutzgebiets, immerhin ein Weltkurkurerbe. Er hat seinen Ursprung in den Gletschern des tibetischen Plateaus und heißt dort Nag Chu. Er fließt über eine Länge von 2.820 Kilometer durch China, dann durch Burma und Thailand bis er den Andamanensee erreicht. Er wird oft als „Grand Canyon des Ostens“

bezeichnet. Der Fluss schlendert zickzackförmig, ebenso wie die schmale Straße, die den steilen Canyon umgeht. An jeder Ecke gibt es Sägezahnfelsformationen und Überreste der Wälder, die einst die Gipfel der Berge bedeckten. Fast fünf Millionen Menschen leben im chinesischen Gebiet des Beckens, und viele von ihnen gehören ethnischen Minderheiten wie den Lisu und Dai an. Es ist eine der ärmsten Regionen Chinas. Infolgedessen gab es viele Stimmen für den Bau der Dämme, um dadurch neue Arbeitsplätze und bessere Straßen zu bekommen. Es gäbe Strom und Arbeit bei der Wasserkraftgesellschaft, die grüne Wasserkraft. Die China Society for Hydropower Engineering möchte China gesamtes Wasserkraftpotenzial nutzen. Das Land sollte sein Angebot an erneuerbaren Energien erweitern, um die Luftverschmutzung zu reduzieren und seinen internationalen Verpflichtungen zur Bekämpfung des Klimawandels nachzukommen.[281]

Laut Yu Xiaogang, Direktor von Green Watershed, einer Umweltgruppe mit Sitz in Kunming, der Hauptstadt von Yunnan, hat sich die Situation seit den Vorschlägen für Staudammprojekte stark verändert. Geologen haben davor gewarnt, dass in der Region Erdbebengefahr besteht. Walter erinnert sich an seinem Besuch in den frühen 2000ern in der Provinz Hebei am Yangtse am Dreischluchten-Damm. Er war zu dieser Zeit noch im Aufbau. Es war die größte Baustelle der Welt. Schon damals hatten die Menschen Angst vor möglichen Erdbeben. Millionen von ihnen wurden mehrere 100 Kilometer vom Flussufer entfernt in rund 100 Meter hohe Landschaften umgesiedelt. Die Menschen hatten ihre Häuser und ihr Land verloren. Sie bauten Gärten auf den Dächern der neuen Hochhäuser. Walter war es mulmig und schwindlig. Alles war in der Höhe gebaut. Um den Berg zu stabilisieren hatten die Behörden Betonpfeiler direkt in die Felsen eingebaut, um das mögliche Herabstürzen von Felsbrocken auf die Häuser zu verhindern. Ein Mann sagte damals lachend, dass er eigentlich den ganzen Tag einen Helm tragen sollte, falls ihm der Berg mal auf seinen Kopf fallen würde. Von den Hängen an den Ufern des Yangtse rutschte bereits die Erde und gefährdete die neuen hoch gebauten Städte. Der Staudamm zeigte schon vor der Fertigung Risse, so ein Bewohner. Er sollte sehr viel Wasser aufnehmen. Das Gewicht des aufgestauten Wassers könnte die geologischen Bedingungen in der gesamten Schlucht verändern. Dieser Druck könnte zu Erdbeben führen. 2008 tötete ein verheerendes Erdbeben der Stärke 7,9 in der benachbarten Provinz Sichuan 80.000 Menschen und verdeutlichte das tektonische Risiko, das die Infrastruktur im Südwesten Chinas bedroht. Es löste zugleich eine lebhafte Debatte aus. Tatsächlich wäre der Bau eines Stausees, der vier Jahre zuvor an der Sichuan-Verwerfungslinie gebaut wurde, teilweise für das Beben verantwortlich. 2013 starben 188 Menschen bei einem Erdbeben im Kreis Lushan im Zentrum China. Der Staudamm war einer von 400 in der Region. 2017 hat die Erde in der südwest-chinesische Provinz Sihuan wieder gebebt. Menschen waren einmal mehr ums Leben gekommen.

Wenn die Salween-Projekte zustande kämen, müsste die Agentur, die das Netzwerk verwaltet, Übertragungsleitungen in Gebieten installieren, die 2003 von der UNESCO zum Weltkulturerbe erklärt wurden, einige Monate, bevor die Projekte eingereicht wurden. Bekannt als die drei parallelen Flüsse (Salween, Lancang und Yangtze), beherbergt diese Region 7.000 Pflanzenarten und 80 gefährdete Tiere wie den Schneeleoparden, von denen einige laut UNESCO in China endemisch sind. Theoretisch plant China immer noch, fünf Staudämme am Salween-Fluss zu bauen: einen in Tibet, stromaufwärts von Bingzhongluo, und vier in der Provinz Yunnan. Trotz jahrelanger Studien hat die Yunnan-Regierung noch nicht die notwendigen Umweltberichte für den Bau der Staudämme vorgelegt. Versuche, provinzielle und huadische Regierungsbeamte zu befragen, sind bisher gescheitert. Dabei scheint es inzwischen gute Nachrichten für sie und die Einwohnern zu geben.[282]

Chinas erschafft eine „ökologische Zivilisation“

Denn China entdeckt allmählich Wege, um mehr Strom aus bestehenden Dämmen zu erzeugen, anstatt neue zu bauen. Zahlreiche Studien haben gezeigt, dass die Wasserkraftwerke des Landes nicht voll ausgelastet sind. Chinas Stromnetz und zerklüftete Landschaften stellen den Bau von Staudämmen am Salween-Fluss vor große Herausforderungen. Seit seiner Machtübernahme hat Präsident Xi Jinping die Schaffung einer „ökologischen Zivilisation“ gefordert, die Chinas mehrfachen Angriffen auf die Umwelt in der Vergangenheit entgegenwirken soll. Er leitete repressive Maßnahmen gegen die Korruption der Regierung ein und entließ Tausende von gewählten Beamten, darunter einige wichtige Unterstützer der Staudämme an dem Salween. Unter ihnen ist Bai Enpei, ein Förderer der Wasserkraft und des Bergbaus in Yunnan. Von 2000 bis 2011 war er Provinzsekretär. Im Jahr 2014 wurde er verhaftet und beschuldigt, Bestechungsgelder angenommen zu haben, um Bergbauverträge auszustellen. Im März kündigte der Provinzsekretär von Yunnan, Li Jiheng, die Annullierung neuer Wasserkraft- und Bergbauprojekte am Salween-Fluss an. Er und andere gewählte Beamte haben ihre Unterstützung für die Schaffung eines Nationalparks gezeigt, um den aufstrebenden Tourismus der Region anzukurbeln. Die Region „wird in fünf bis zehn Jahren zu einem wichtigen internationalen Reiseziel werden“, sagte Li laut staatlichen Medienberichten gegenüber China National Radio. „Wir werden es schaffen. Die Region wird den Grand Canyon in den Vereinigten Staaten übertreffen.“ Tausende von Dorfbewohnern müssten nicht mehr vertrieben werden und die natürliche Landschaft der Schluchten würde dauerhaft bleiben. Aber mit oder ohne Dämme wird der Grand Canyon des Ostens nicht lange isoliert bleiben. Bautrupps arbeiten daran, die schmale Straße durch die Schlucht zu verbessern. In ein paar Jahren werden chinesische Autofahrer in der Lage sein, dorthin und nach Tibet und Lhasa, seiner Hauptstadt, zu fahren. Die Einwohner sind froh, in ihre Dörfer zurückkehren zu können.

Norwegen als die grüne Batterie Europas

Andere Staaten sind dank moderner Wassertechnologie schon weiter, wie zum Beispiel Norwegen mit seiner nachhaltigen elektrischen Zukunft. Bereits seit den späten 1800er Jahren gewinnt das Land Energie aus den vielen Flüssen, die sich in die Fjorde stürzen. Die Nation bezieht heute den größten Teil ihrer elektrischen Energie aus Wasser, und Wasserkraftwerke prägen die Landschaft. Strom aus Wasser zu gewinnen ist seit Jahrhunderten ein Teil des menschlichen Lebens. Frühe Beispiele lieferten die Griechen, die Wasserräder benutzten, um Mühlen anzutreiben und damit Weizen zu Mehl zu mahlen. Seit den großen Fortschritten bei der Nutzung der Elektrizität im 19. Jahrhundert hat sich das Wasser zu Wasserkraft entwickelt, die Strom aus dem Wasserfluss erzeugt. Norwegen ist für die Nutzung der Wasserkraft wie geschaffen.

Mit ihren steilen Tälern, viele Flüssen und starken konzentrierten Regenfällen im Westen des Landes, die zu einem hohen Maß an fließendem Wasser in Flüssen und Wasserfällen führen, wäre es schwierig, ein Land dieser Größe mit dieser großen Kapazität an Wasserkraft zu entwerfen. Kein Wunder also, dass die Wasserkraft Teil der norwegischen Geschichte ist. 1895 kaufte der norwegische Staat seinen ersten Wasserfall, Paulenfossen, um Strom für die Setesdalsbaren-Eisenbahnlinie zu produzieren. Zu Beginn des 20. Jahrhunderts, als die Industrialisierung Norwegens zu einem enormen Energiebedarf führte, erwarb der Staat die Rechte an vielen weiteren Wasserfällen, um Strom für den industriellen Gebrauch zu produzieren. 1921 wurde die norwegische Direktion für Wasserressourcen und Energie (NVE) gegründet, um staatliche Kraftwerke zu bauen und zu betreiben. In den darauffolgenden 70 Jahren wurde eine Vielzahl von kleinen, mittleren und großen Wasserkraftanlagen gebaut. Das jüngste Großprojekt, das Kraftwerk Svartisen in Nordland, ging 1993 in Betrieb. 2022 verfügte Norwegen über 1.166 Wasserkraftwerke.[283]

Mit der Einführung von Zertifikaten für erneuerbare Energien bei kleinen Wasserkraftanlagen um 10 Megawatt oder weniger wurde ein wahrer Boom ausgelöst. Seit 2003 wurden über 350 Projekte in Auftrag gegeben, und diese Entwicklung nahm bis zur Beendigung des Zertifikatssystems 2020 weiter zu. Die 2003 installierte Hammerfest Strøm war die erste Testturbine für Meeresbodengezeitenenergie in Kvalsund. Die Anlage war vier Jahre lang in Betrieb, obwohl nur für drei Jahre geplant. Sie wurde in gutem Zustand zurückgeholt und 2009 für weitere Tests ersetzt. Die Anlage lieferte 700 Megawattstunden pro Jahr. Allein im Jahr 2016 hat Norwegen 35 neue Wasserkraftwerke in Betrieb genommen. Mit einer Gesamtkapazität von 154 Megawatt sind dies alles kleine Projekte. Norwegen hat zudem Verbindungsleitungen zu Großbritannien und Deutschland gebaut. Dies ermöglicht es dem Land noch mehr überschüssige Stromproduktion zu exportieren: 2016 waren es 16,5 Terrawattstunden – rund zehn Prozent der gesamten Inlandsproduktion.[284]

Nordlink zwischen Norwegen und Deutschland

Die Idee von Nordlink besteht darin, dass Norwegen die überschüssige Produktion von Solar- und Windenergie aus Deutschland aufnimmt. Deutschland produziert sie, und sie wird für die Wasserkraftsysteme gebraucht. Norwegen sendet dann den Strom aus der Wasserkraft an Deutschland weiter, wenn dort der Wind nicht mehr weht. Der Schlüssel dazu ist eine Technologie, die als „luftgepolsterte Überspannungskammer" bezeichnet wird, eine neue Entwicklung, die es Wasserkraftgeneratoren ermöglicht, sich schneller ein- und auszuschalten. Diese nutzt eine Hochdruckluftkammer, um größere Wassermengen in der Nähe der Turbinen zu speichern und reduziert so die Verzögerung beim Anfahren.

So war das Projekt NordLink geboren: ein Kabel mit einer Trassenlänge von 623 Kilometern, davon allein 516 Kilometer Seekabel durch die Nordsee, das die Stromnetze Norwegens und Deutschlands verbindet und damit den Austausch elektrischer Energie ermöglicht.

Dazu kommt die neueste Entwicklung des Wasserkraftlabors in Trondheim. Das Waterpower Laboratory wurde 1917 eröffnet und hat alle wichtigen Fortschritte in der Wasserkraft in Norwegen überwacht. Durch das Herumprobieren an Blattkonstruktionen, Winkeln und Anzahlen gelang es dem Labor, die Effizienz im Wasserkraftwerk Mørkfoss-Solbergfoss, das seit seiner Eröffnung im Jahr 1924 einen Großteil von Oslo versorgt, auf 94 Prozent zu steigern. Das war damals eine unglaubliche Leistung; heute, mit moderner Technologie und Computermodellierung, liegt der Wirkungsgrad bei rund 96 Prozent.[285]

Israels Lösung mit dem Wasser in der Wüste

Flächenmäßig kleinere Länder haben häufig besonders pfiffige Antworten auf die drängenden Fragen der Wasserversorgung gefunden. Dazu gehört Israel geradezu als ein Paradebeispiel.

Seit seiner Gründung kämpft das Land ums Wasser. Denn es liegt in einer Wüste, und die Wasserressourcen sind knapp. Heute produziert das Land 20 Prozent mehr Wasser, als es braucht. Wie war das möglich? Der Wasserbedarf der schnell wachsenden Bevölkerung Israels von über neun Millionen Einwohnern überstieg die Versorgung und natürliche Wiederauffüllung von Trinkwasser so sehr, dass bis 2015 die Lücke zwischen Nachfrage und verfügbaren natürlichen Wasserversorgung eine Milliarde Kubikmeter erreichte. Eine Erholung von einem solchen Szenario schien unwahrscheinlich. Doch das Land schaffte es mithilfe technologischer Innovationen und Infrastruktur, ein Austrocknen zu verhindern. Zunächst ging es darum, Abhilfe für die ungleiche Verteilung von Süßwasser im ganzen Land zu finden. Das wurde deutlich, kurz nach Israels Unabhängigkeit 1948, als Wellen neuer Einwanderer nicht genügend Wasser zum Trinken und für die Landwirtschaft hatten. Um die wachsende Nachfrage zu decken, begann Israels nationale Wassergesellschaft Mekorot mit dem Bau des Nationalen Wasserträgers. Dieses Wassertransportnetz wurde entwickelt, um Wasser aus dem nördlichen Kinneret-See, dem See Genezareth, zu pumpen und Wasser aus bestehenden regionalen Wasserprojekten nach Zentral- und Südisrael zu leiten.

Nach seiner Fertigstellung 1964 wurden 80 Prozent des von diesem System transportierten Wassers für die Landwirtschaft bereitgestellt. Zu diesem Zeitpunkt wurde deutlich, dass der National Water Carrier allein nicht ausreichen würde. 1959 entwickelte Simcha Blass und sein Sohn Yeshayahu eine Tropf-Bewässerungstechnologie: Dadurch wird das Wasser langsam durch ein Netzwerk von Rohren, Ventilen und Tropfern direkt an die Wurzeln von Pflanzen herangetragen. Die Pflanzen nehmen bei diesem Verfahren 95 Prozent Wasser, viel mehr als mit anderen Methoden. Die landwirtschaftlichen Betriebe brauchten weniger Wasser, ohne die Produktion zu beeinträchtigen. Heute bewässert diese Technologie 75 Prozent der Ernten. Trotzdem wurde weiterhin aus den sehr begrenzten Süßwasserquellen gezapft. Diese wurden schneller leer, als sie auf natürliche Weise aufgefüllt werden konnten.

Daher begann das Land 1985 gereinigtes, recyceltes Abwasser über seinen National Water Carrier an landwirtschaftliche Betriebe zu leiten. Dadurch wurde die Kluft zwischen Verbrauchernachfrage und verfügbarem Wasser erheblich reduziert. Denn das Abwasser aus dem menschlichen Gebrauch hängt nicht von Klimaschwankungen oder saisonalen Wetterschwankungen ab, sondern vom Bevölkerungswachstum und den Lebensstandard. Bis 2015 konnten 86 Prozent des Abwassers für landwirtschaftliche Betriebe behandelt und recycelt werden. Israel wurde dadurch weltweit führend bei der Abwasserrückgewinnung, gefolgt von Spanien. Ziel ist es, bis 2025 rund 95 Prozent des Abwassers für die Landwirtschaft zu recyceln, so dass viel mehr frisches Trinkwasser für die Gemeinden übrig bleibt als benötigt wird, wohlgemerkt: aufbereitetes und entsalztes Wasser.[286]

Mit einem täglichen Zustrom von rund 470.000 Kubikmetern Rohabwasser liefert die Shafdan-Kläranlage, die größte Kläranlage des Landes, jährlich etwa 140 Millionen Kubikmeter sauberes, aufbereitetes Wasser an die Negev-Wüstenfarmen zur Bewässerung. Zudem wurden Stauseen gebaut, und sie liefern jährlich 260 Millionen Kubikmeter Wasser. Mehrere Biofilterprojekte wurden hinzugefügt, bei denen Pflanzen fast 100 Prozent der Schadstoffe aus dem städtischen Regenwasserabfluss entfernen. Bis 1997 wurde der Anteil der Landwirtschaft am Wasserverbrauch auf 63 Prozent reduziert. Doch anhaltende Dürren Mitte der 1990er Jahre veranlassten die Regierung 1999, ein Meerwasser-Umkehrosmose-Entsalzungsprogramm zu starten. Fünf operative Entsalzungsanlagen wurden eingerichtet: 2005 die Ashkelon Plant, die 118 bis 120 Millionen Kubikmeter Trinkwasser pro Jahr produzieren kann, 2007 das Palmachim, das 90 bis 100 Millionen Kubikmeter Wasser pro Jahr produziert, 2009 Hadera mit jährlich 127 Millionen Kubikmeter Wasser, 2013 Sorek mit 150 Millionen Kubikmeter Wasser pro Jahr, und 2015 Ashdod mit 100 Millionen Kubikmeter pro Jahr. Zwei weitere Entsalzungsanlagen produzieren 300 Millionen Kubikmeter Wasser pro Jahr. Nach Fertigstellung der siebten Anlage wird entsalztes Wasser bis zu 90 Prozent des jährlichen kommunalen und industriellen Wasserverbrauchs des Landes decken. Bis 2030 sollen 1,1 Billionen Kubikmeter entsalztes Wasser produziert werden.

Israls Pro-Kopf-Verbrauch an erneuerbarem natürlichem Süßwasser sank von 504 Millionen Kubikmeter in 1967 auf 98 Millionen Kubikmeter im Jahr 2015, dem Jahr, in dem entsalztes und recyceltes Wasser fast die Hälfte des Wasserverbrauchs ausmachte. Dazu wurde auch an den Konsumgewohnheiten der Bevölkerung gearbeitet. Die bedeutendste Werbekampagne kam 2009 und zeigte israelische Prominente, die zum Wasser sparen motivierten. Dies soll zu einer Reduzierung des Wasserverbrauchs in städtischen Gebieten um 18 Prozent geführt haben. Nun teilt das Land Wasser mit Anrainerstaaten wie Jordanien und den palästinensisch verwalteten Gebieten im Westjordanland und im Gazastreifen. Es exportiert Wassertechnologien im Wert von 2,2 Milliarden US-Dollar und wächst. Es bietet mehr als 100 Ländern des globalen Südens, davon 29 in Afrika, Schulungen in Sachen Wassermanagement und Bewässerung an.

Zudem baut Israels IDE Technologies eine Entsalzungsanlage in Kalifornien, die die größte in der westlichen Hemisphäre sein wird und 189 Millionen Liter Wasser pro Tag liefern soll.[287]

Deutsche Zeitenwende und die Niederlande

In Deutschland gab es zahlreiche Versuche, das Wassermanagement in den Griff zu bekommen. Hierzulande werden über 96 Prozent des Abwassers aus privaten Haushalten und öffentlichen Einrichtungen auf der Ebene der Kommunen und Gemeinden in Kläranlagen geleitet und gereinigt. Genau an dieser Stelle ist für Gerd Landsberg, Leiter des Deutschen Städte- und Gemeindebundes, angesichts zunehmender Wasserknappheit ein „Umdenken" hin zu einer aktiven Wasserwirtschaft notwendig. Die Folgen des Klimawandels sind in Deutschland bereits spürbar. So sorgen sich die Kommunen wie im Bundesstaat Brandenburg zunehmend um die Dürre im Land. In keinem anderen Land der Europäischen Union wird so viel Abwasser wiederaufbereitet wie in Deutschland.[288]

Es existieren umfangreiche gesetzliche Regelungen für die Wasserwirtschaft. Auf der europäischen Ebene befindet sich zum Beispiel die Wasserrahmenrichtlinie, die allerdings erst durch die Umsetzung in nationales Recht für die deutsche Wasserwirtschaft verbindlich wird. Auf der Bundesebene ist das Wasserhaushaltsgesetz, WHG, das wichtigste. Es beinhaltet auch die Vorgaben der maßgebenden EU-Richtlinien. Die Bundesländer dürfen zwar von den Bestimmungen des Bundes abweichen, allerdings nicht bei Stoff- und Anlagenbezogenen Vorschriften. Hinzu kommen die Abwasserverordnung und die Oberflächengewässerverordnung. Die wichtigsten Grundsätze zum Gewässereigentum und zu den Grenzen des Grundeigentums im Zusammenhang mit Einwirkungen auf Gewässer sind im Wasserhaushaltsgesetz in Paragraph 4 WHG verankert. Hinzu kommen die 16 Landeswassergesetze der einzelnen Bundesländer zu Wasserschutz, Nutzung, Versorgung, Entsorgung und Gewässereinteilung. Die Umstellung des WHG auf eine Vollregelung zog ab 2010 eine Überarbeitung und Neufassung der Landeswassergesetze nach sich. In einigen Bundesländern wie in Thüringen ist dies mit Stand 2022 noch nicht geschehen. Dazu kommen die zahlreichen Verordnungen und Verwaltungsvorschriften unterhalb der Gesetze. Auch aus anderen Fachgesetzen wie dem Bodenschutzgesetz, dem Naturschutzgesetz oder dem Gesetz zur Umweltverträglichkeitsprüfung können sich Anforderungen für die Wasserwirtschaft im Allgemeinen und für die Regenwasserbewirtschaftung insbesondere ergeben.[289]

Die Notwendigkeit einer neuen „nationalen Wasserstrategie“

Nun bringt die Klimaerwärmung völlig neue Ansätze. Es scheint nicht mehr nur darum zu gehen, die Gesetzeslage überblicken zu wollen. Die Bundesregierung arbeitet gemeinsam mit Forschern, Vertretern der Wasserwirtschaft und lokalen Behörden an einer „nationalen Wasserstrategie“, die darauf abzielt, wiederkehrende Dürren und Hitzewellen im Zusammenhang mit der globalen Erwärmung zu bewältigen. Der Schritt erfolgt vor dem Hintergrund wachsender Sorgen um die Zukunft der deutschen Wasserversorgung. „Unser Land ist zum Glück noch weit weg von einem Wassernotstand. Ich möchte, dass dies auch in Zeiten des Klimawandels so bleibt. Deshalb brauchen wir eine nationale Wasserstrategie“, sagte die ehemalige Umweltministerin Nordrhein-Westfalens, Svenja Schulze, am letzten Tag eines nationalen Wasserdialogs. Der Dialog startete 2018 und soll die Grundlage für die langfristige Strategie des Landes bilden. Diese war für Mitte 2021 geplant. Schulze sprach von einer „Wasserhierarchie“", die prioritäre Bereiche für die Wassernutzung einordnet. Diese wären Kernelemente der Strategie, die den Verbrauchern helfen könnte, sich „frühzeitig auf einen möglichen Notfall vorzubereiten". Sie sagte, dass eine Hierarchie und klare Regeln erforderlich seien, um Verwirrung und Wettbewerb im Falle einer schweren Wasserknappheit zu vermeiden. Svenja Schulze wurde 2021 zur Bundesministerin für wirtschaftliche Zusammenarbeit ernannt.[290]

Deutschlands Kampf ums Wasser

Vor allem in Bezug auf Grundwasserreserven gibt es für die Wasser- und Klimaforscher der Universität Augsburg Anlass zur Sorge. Diese Reserven sind wichtig für unser Trinkwasser, denn Deutschland speist sich zu fast 60 Prozent aus Grundwasser. Doch das Wasser im Boden ist endlich. Es hat in den letzten Jahren weniger geregnet. Im Winter habe es zwar viel Niederschlag gegeben, sagte der Hydrologe Hartmann von der TU Dresden. „Für die Erneuerung vieler Grundwasserspeicher auf das Niveau vor der Trockenheit war das allerdings nicht genug." Das Problem in Deutschland ist vielerorts nicht der Regen, sondern seine Verteilung. Bei Starkregen kommt das Wasser abrupt und in hoher Konzentration auf dem Boden an. Das nützt dem Grundwasser wenig. Es fließt über Bäche und Flüsse ab. Im Extremfall, wie 2021 im Ahrtal oder an der Erft oder in Bad Ahrweiler, sorgt der Regen für Überflutungen und kostet Menschenleben. Es müsste mehrere Jahre in Folge regnen, und zwar gleichmäßig und zum richtigen Zeitpunkt, um die Grundwasserspeicher zu erneuern. Die Kombination aus Dürren und Starkregen belastet besonders die Wälder, sagte Christian Ammer, Professor für Waldbau und Waldökologie an der Uni Göttingen: „Grundsätzlich sind höhere Temperaturen für Bäume nicht schlecht – aber nur, wenn sie mit ausreichend Wasser versorgt werden." Zumindest habe es so viel geregnet, dass der laufende Wasserbedarf der Pflanzenwelt gedeckt werden konnte, sagte Ammer. Doch selbst ein feuchtes Jahr wie 2021 biete bloß eine kurze Atempause, die wenig am Grundproblem ändere. „Mehr aber auch nicht.“ Er rechnet damit, dass es auch zukünftig einzelne „normal warme“ und „normal nasse“ Jahre geben wird. Zudem hat laut Umweltbundesamt das Grundwasser vielerorts die Grenzwerte für die Nitratbelastung überschritten. Dies umfasst nur die Flächen, von denen man bislang weiß. „Teils stellt man erst Dekaden später fest, dass mit zu viel Nitrat gedüngt wurde“, sagte der Dresdener Hartmann. Das mache es schwierig, rechtzeitig gegenzusteuern.[291]

Oberste Priorität habe die Versorgung der Menschen mit Wasser zum Trinken, Kochen und Waschen. Die neuen Regelungen könnten Kürzungen bei Aktivitäten mit geringerer Priorität wie Rasenbewässerung und dem Betrieb von Freibädern bedeuten. Die Probleme der anhaltenden Dürre und Hitze könnten die Kommunen allein nicht lösen. In Nordrhein-Westfalen würden noch mehr Bäume als in den 1980er Jahren sterben; damals waren Wälder durch sauren Regen bedroht. „So etwas habe ich in meinem gesamten Berufsleben noch nie erlebt“, zitierte der Bericht den örtlichen Förster Michael Herbrecht. Er fügte hinzu, dass Bäume praktisch schneller sterben als sie entfernt werden können. Die Schwierigkeiten würden durch die Tatsache verschärft, dass zwei Drittel der lokalen Wälder in Privatbesitz seien und viele Waldbauern Einkommen verloren hätten, weil Holz aufgrund von Krankheit oder Befall mit Borkenkäfern nicht verkauft werden konnte. Laut dem Landwirtschaftsministeriums würden ungewöhnlich trockene Quellen die deutschen Wälder einem „enormen Stresstest“ aussetzen. Auch deutsche Landwirte äußerten ihre Sorge vor der Dürre.

Gründliche Bewertung der Wasserkreisläufe

Die Deutsche Bundesstiftung Umwelt warnte davor, dass aufgrund des zunehmenden Risikos anhaltender Dürren in Mitteleuropa die deutsche Wasserwirtschaft einen „Paradigmenwechsel“ brauche, um Versorgungsengpässe zu vermeiden. Für Dirk Messner, Leiter des Umweltbundesamtes, werden die bevorstehenden Herausforderungen „tiefgreifende Veränderungen“ in der Art und Weise erfordern, wie Wasser in Deutschland genutzt wird, was eine gründliche Bewertung der Wasserkreisläufe notwendig mache. Für den Bundesverband der Wasser- und Energiewirtschaft sei es wichtig zu erkennen, dass die Sicherstellung einer stabilen Wasserversorgung sowie eine angemessene Abwasserentsorgung Schlüsselaufgaben bleiben werden. Die hohe Sicherheit und Qualität müsse bezahlbar bleiben, auch in Gebieten, in denen wenige Menschen leben. Die extremen Wetterereignisse hätten indes einen großen Einfluss auf die öffentliche Wahrnehmung der Bedrohungen durch den Klimawandel für das Land und sollen wesentlich zur Popularität von Klimaschutzprotesten beigetragen haben.

Maßnahmen gegen Dürre in den Niederlanden

Im Vergleich mit Deutschland sind die Niederlande flächenmäßig kleiner. Das Land hat sich angesichts seiner besonderen Bodenbeschaffenheit als international gefragter Experte im Bereich Wassermanagement etabliert. Etwa 26 Prozent der Fläche des Landes liegt unterhalb des Meeresspiegels und ist akut von Überschwemmungen und Flutkatastrophen bedroht, wie es die Vergangenheit schmerzlich gezeigt hat. Ein neues Wassergesetz würde einen Rahmen für die Modernisierung der niederländischen Wasserwirtschaft schaffen, die für die kommenden Jahrzehnte erforderlich ist. Die Integration einer Reihe von Zulassungen soll den Verwaltungsaufwand für Bürger und Unternehmen verringern. Das Wassergesetz knüpft an das neue Raumplanungsgesetz an, das die Beziehung zur räumlichen Umweltpolitik verbessern soll. Ein integriertes Gesetz vereinfacht die

Umsetzung der europäischen Wasserrichtlinien. Dies gilt unter anderem für die Wasserrahmenrichtlinie, die auf der Bewirtschaftung grenzüberschreitender Flusseinzugsgebiete beruht, die Richtlinie über die Bewertung und das Management von Hochwasserrisiken und die Meeresstrategie-Rahmenrichtlinie. Die Erneuerung wird dem Hochwasserschutzgesetz hinzugefügt.[292]

Der Rijkswaterstaat und die Bezirkswasserbehörden sind in den Niederlanden mit der Wasserwirtschaft beauftragt. Sie sind unter anderem dafür verantwortlich, eine ausreichende Wasserversorgung sicherzustellen und das Land vor Überschwemmungen zu schützen. Provinzen und Gemeinden sind an der Wasserwirtschaft beteiligt. Der Wasserstand in den großen Flüssen sei im März 2022 für die Jahreszeit niedrig und werde voraussichtlich weiter sinken, so der Dürremonitor des Nationalen Koordinierungsausschusses für Wasserverteilung. Das Niederschlagsdefizit sei auf einem Niveau, das alle 20 Jahre auftritt, und verschärfe sich erheblich. Es sei möglich, dass das Defizit im Mai das des Rekordjahres 1976 übersteigen wird. Gegen Ende Mai 2022 war ein regionales Niederschlagsdefizit von etwa hundert Millimetern zu verzeichnen. Das ist ein Wert, der normalerweise erst Anfang Juli erreicht wird. Welche Folgen das für die Natur in den Niederlanden haben wird, bleibt abzuwarten.

Anfang Mai 2022 haben sich Rijkswaterstaat und die Wasserbehörden entschieden, weitere Maßnahmen gegen die Dürre zu ergreifen: das Niveau des Ijsselmeers soll um einige Zentimeter erhöht werden und die Wasserverbände können bei Bedarf Wasser aus dem See entnehmen. Der Wasserverband De Dommel verbot das Gießen in der Nähe des Keersop und führte dazu Kontrollen durch. Das Tränken von Rindern und die Verwendung von Wasser zur Bekämpfung von Bränden war weiterhin erlaubt. In einem kleinen Teil des Arbeitsbereichs von De Dommel gab es ein Verbot des Gießens mit Wasser aus Mooren, Schwimmbädern, Teichen, Bächen und Gräben in den Sommermonaten. De Dommel will dieses Verbot ausweiten.[293]

Madeira und der Wasser produzierende Wald

Auf einer noch kleineren Landesfläche orientiert sich die Untersuchung in Portugal und der Insel Madeira. Mitten im Atlantik gelegen ist die Insel 700 Kilometer vom Festland der westlich gelegenen Küste Marokkos entfernt. Dort, mitten im Meer, gibt es außer dem Regen kaum erneuerbares Süßwasser. Die Wassereinfuhr vom Festland Portugals ist sehr kostenintensiv. Dennoch lebt 2022 Madeira zu 40 Prozent aus eigener erneuerbarer Energie. Wie funktioniert das?

Das Klima auf der Insel Madeira wird nicht nur durch den subtropischen Antizyklon der Azoren, der vor allem im östlichen Teil der Insel tropische Seeluft trägt, beeinflusst, sondern auch durch die Höhe und Ausrichtung des Reliefs. Die Insel ist senkrecht zur vorherrschenden Windrichtung aus dem Nordosten ausgerichtet. Dies führt dazu, dass Temperatur und Niederschlag an Hängen mit gleicher Höhe unterschiedlich sind. Der Niederschlag nimmt nicht nur mit zunehmender Höhe zu, sondern ist auch am Nordhang tendenziell höher. Diese Ausrichtung führt dazu, dass die durchschnittliche Bewölkung stark ist. Die feuchte Seeluft, die hauptsächlich aus dem Nordosten kommt, ist gezwungen, in die Höhe zu steigen, sobald sie auf das Relief der Insel trifft. Wenn Luft aufsteigt, kühlt sie ab und kondensiert zu Partikeln. Diese Partikel schweben und bilden Wolken oder Nebel. Das Vorhandensein von Vegetation, insbesondere in der Höhe, ermöglicht es, diese Nebel zu halten und ihn in nützlichen Niederschlag zu verwandeln, der die Wasserleitungen und unterirdischen Reserven speist. Diese Gegebenheiten führen zu einer größeren Verfügbarkeit von Wasser im oberen Norden, weshalb die Funktionen der Levadas Madeiras historisch für ihren Transport von diesen höheren Gebieten zu den anderen Punkten der Insel unerlässlich waren.[294]

Wasser hat eine ständige Präsenz im Laurissilva-Wald von Madeira, bekannt als „Wasser produzierender Wald“. Dieser Wald dominiert in Höhenlagen auf dem Hochplateau der Insel, in denen es viele Nebelvorkommen gibt. Der Wald wird von der Pflanzendecke abgefangen und in versteckten Niederschlag „umgewandelt“. Die Verfügbarkeit von Wasser aus den Regenfällen und das Abfangen von Nebel ermöglichten den Bau von engen und sehr ausgedehnten Kanälen und Aquädukten, den Levadas, um das Wasser kilometerweit von diesen dichten Waldgebieten zu führten. Dies waren die wichtigsten Funktionen der Levadas Madeiras, die heute vor allem historische Bedeutung haben. Es ist möglich, auf Fußgängerwegen neben diesen Kanälen zu laufen.[295]

Madeira erreicht 40 Prozent der erneuerbaren Energieerzeugung

Aufgrund dieser Erfahrungen hat sich das Land nach und nach beim Wassermanagement hervorgetan. Die Regionalregierung Madeiras hat sich zum Ziel gesetzt bis 2026 rund 50 Prozent erneuerbare Energie zu erzeugen. Dieses Vorhaben basiert auf mehreren Projekten, die aus dem Konjunktur- und Resilienzplan finanziert werden: Wie die Modernisierung der Wasserkraftwerke Serra de Água mit 15 Millionen Euro und Calheta mit sechs Millionen Euro. Die Stärkung der Batterien und der Ersatz von 150.000 traditionellen Zählern durch intelligente Zähler. Die Produktion von Strom aus erneuerbaren Quellen stieg auf Madeira im ersten Halbjahr 2021 auf 39,7 Prozent. Dabei wurden 395,8 Gigawattstunden Strom erzeugt, mit einem Rückgang der

Wärmequellen um 15,6 Prozent und der Siedlungsabfälle bei der Energieerzeugung um 12,3 Prozent. Dafür gab es einen Anstieg der Wasserquellen um 108,4 Prozent sowie von 42,3 bzw. 3,9 Prozent bei Wind- und Photovoltaik-Quellen. Dies führte dazu, dass die Stromerzeugung aus erneuerbaren Energien von 27,8 auf 39,7 Prozent stieg und die Erzeugung von Strom aus thermischen Quellen von 72,2 auf 60,3 Prozent fiel.

Bezüglich des Damms am Pico da Urze in Calheta sollte eine Partnerschaft zwischen der Madeira Electricity Company und Madeira Water and Waste umgesetzt werden, was den Bau eines weiteren Staudamms erfordert. Bis 2024 soll unter der Verantwortung der Madeira Electricity Company die Produktionskapazität von Wasserkraft erhöht werden. Sie soll sich in ein reversibles System mit Wassergewinnung, -speicherung und -pumpen umwandeln, wobei die folgenden Haupteingriffe integriert werden: der Bau des Pico da Urze-Staudamms mit einem Fassungsvermögen von 1.021.000 Kubikmeter Wasser, der Bau des Calheta Restitution Reservoir mit 70.540 Kubikmeter, der Bau des Wasserkraftwerks Calheta III mit zweimal 15 Megawatt, der Bau der Hebestation Calheta mit dreimal 5,9 Megawatt, der Bau des Hub-/Zwangskanals mit 3,5 Kilometer Länger und einem Rohrdurchmesser zwischen 1.500 und 1.000 Millimeter, der Bau der Hubstation Paul mit zweimal 90 Kilowatt, Sanierung/Erweiterung des Umspannwerks Sirloin des Doctor mit 60/30 Kilowatt, und die Erweiterung der Transportkapazität der Levada do Paul II auf zirka 10,6 Kilometern Länge.[296]

Strategische Wasserreserve dank Windkraft

Das Projekt ist Teil einer neuen Philosophie zur Nutzung erneuerbarer Wassersysteme. Dies wird möglich durch die Schaffung einer strategischen Wasserreserve für die Insel Madeira mit insgesamt 1.091.540 Kubikmeter Wasser, mit der Installation von 17,7 Megawatt Pumpleistung, dem Bau eines neuen Wasserkraftwerks mit 30 Megawatt und der Installation von 25 Megawatt Windkraft. Somit steigt die Wasserkraftproduktion im Wasserkraftwerk Calheta um 26 Gigawattstunden (GWh), mit darunter 15 GWh bei direkten Zuflüssen und elf GWh bei gepumptem Wasser. Dadurch wird eine geschätzte jährliche Windenenergieproduktion von 61 GWh erreicht. Das Projekt leistet einen Beitrag zur regionalen Energie-, Wasser- und Umweltpolitik. Es ist auch Teil des RA 2014-2020 Economic and Social Development Plan und des Sustainable Energy Action Plan der Insel Madeira. Dies alles trägt zu den regionalen Verpflichtungen in Bezug auf den Bruttoendverbrauch von Strom aus erneuerbaren Quellen gemäß der Richtlinie 2009/28/EG und zur Verringerung der Kohlendioxid-Emissionen um rund zehn Prozent bei, die sich aus der Zustimmung der Insel Madeira zum Inselpakt ergeben.[297]

Das Wasserkraftwerk Calheta bietet über das ganze Jahr hinweg eine vom Regen unabhängige, ständig verfügbare Nutzung. Dies trägt zur Gewährleistung der Sicherheit und Qualität der Energieversorgung in Madeiras isoliertem, nicht miteinander verbundenem und kleinteiligem elektrischem System bei. Für die Wettbewerbsfähigkeit der regionalen Wirtschaft sind Beiträge zur Verringerung der Importe und der Abhängigkeit von fossilen Brennstoffen, zur Förderung von Investitionen in Windenergie, zur Einbeziehung innovativer Lösungen und effizienter Technologien sowie zur Schaffung von Arbeitsplätzen wichtig. Die Vorhaltung eines strategischen Wasserreservats auf der Insel Madeira ist von grundlegender Bedeutung für die Sicherheit der Wasserversorgung für den menschlichen Gebrauch, die Bewässerung und die Brandbekämpfung. Madeira ist nicht nur ein schönes Land, sondern auch mutiges Beispiel für die Möglichkeiten beim klugen Umgang mit Wasser.

Wasserstadt Singapur

Auf einer ähnlich geringen Landfläche befindet sich in Südostasien der Staat Singapur. Für seine Bevölkerung von rund 6,5 Millionen Menschen verfügt Singapur über sehr kleine Mengen Trinkwasser. Daher wurde 1962 ein Vertrag mit Malaysia mit einer Laufzeit von 99 Jahre über die Wasserversorgung unterzeichnet. Dieser sollte den Staat mit Wasser zum günstigen Sonderpreis bis 2061 versorgen, und quasi endlos fortgeschrieben werden. Dazu verbindet ein 1.056 Meter langer und 18 Meter breiter Verbindungsdamm Singapur mit dem Festland, der „Causeway". Rechts und links des Causeways befinden sich zwei gigantische Rohre, aus denen Trinkwasser vom Linggiu-Reservoir im süd-malaysischen Gliedstaat Johor nach Singapur gepumpt wird. Staatsgründer Lee Kuan Yew bestand nicht nur darauf, dass die Wasserlieferverträge 1962 auf 99 Jahre festgeschrieben wurden. In weiser Voraussicht ließ er sie auch völkerrechtsverbindlich bei der UNO in New York hinterlegen.

Schon am 9. August 1965, dem Tag als Singapur sich als Stadtstaat von Malaysia nach langem Zwist unabhängig erklärte, gab der damalige Ministerpräsident Abdul Rahmat bekannt, man könne der kleinen Insel jederzeit den Wasserhahn zudrehen, wann immer Malaysia die dortige Politik nicht passe.

1971 entstand mit dem Energieversorger Public Utility Board der erste generalstabsmäßige Plan zur Gewinnung von städtischem Trinkwasser und auch der erste in ganz Südostasien. Drei Jahre später versuchten sich die Ingenieure an einer Meerwasserentsalzungsanlage. Das Projekt scheiterte damals daran, dass es weltweit noch keine bezahlbare Technologie dafür gab.[298]

Küstenlinie mit Dämmen begradigt

Mit 2.500 Millimeter Niederschlägen gehen in der Stadt viermal mehr Schauer nieder als etwa in der europäischen Regenstadt London. In allen Wohngebieten entlang den Hauptverkehrsadern und selbst am Rande der wenigen verbliebenen Urwälder und Naturreservate wurden Abwasserkanäle angelegt. Das auf diese Weise gesammelte Nass fließt in riesige Rückhaltebecken und Reservoirs, von denen es heute 17 gibt. Sie bilden als künstliche Seen die Zentren von Naherholungsgebieten. An anderen Stellen wurde die Küstenlinie mit Dämmen begradigt, damit sich das Süßwasser in künstlichen Seen sammelt. Diese und weitere Landgewinnungsprojekte hatten den positiven Nebeneffekt, dass die Stadt über die Jahre um etwa 120 Quadratkilometer auf heute 719 Quadratkilometer anwuchs. Man müsste jedoch die gesamte Stadt fluten, damit der Wasserbedarf gedeckt werden kann, so Wasserexperten.

Nach einem sehr trockenem Herbst 1998, befand sich das Land einmal mehr in einer schwierigen Lage. Kurz nach Asien und Malaysia stand Singapur am Rande des finanziellen Zusammenbruchs. Der damalige Premierminister Malaysia Mahathirs nutze das Wasser als Druckmittel auf Singapur. Diese Drohung wirkte wie eine Ermahnung für Singapur „nie selbstgefällig zu werden“, so eine Wissenschaftlerin. Gemeinsam mit 50 anderen Wasserexperten residiert sie in den Kolonialgebäuden des „Lee Kuan Yew Institut für Internationale Studien“, inmitten des immergrüne Singapurer botanischen Gartens gelegen, einem Weltkulturerbe. Als Reaktion auf die Drohungen des Nachbarn entwickelten sie einen weiteren Masterplan, der heute als „Four Taps“ bekannt ist. Die sogenannten vier nationalen Wasserhähne: erstens Wasser aus dem lokalen Einzugsgebiet, zweitens importiertes Wasser, drittens hochwertiges aufbereitetes Wasser, bekannt als NeWater, und viertens entsalztes Wasser. Zwei

Punkte hingen von den Wasserlieferungen vom nördlichen Nachbarn. Das Programm NeWater gab dem Inselstaat seit der Jahrtausendwende ein noch umfassenderes Netzwerk von Trinkwassergewinnungsanlagen.

8.000 Kilometer langes Wassernetzwerk

Mit riesigen Bohrmaschinen, wie sie sonst nur beim U-Bahn- oder Tunnelbau in den Alpen zum Einsatz kommen, wurde der Fels unter der tropischen Insel mit gigantischen Tunnelröhren in über 50 Meter Tiefe durchzogen. Aufgabe dieser mehrere 100 Kilometer langen Monsterkapillaren ist es, sämtliches Abwasser der Stadt zu sammeln. Eigentlich ist „NeWater", das es sogar in Flaschen zu kaufen gibt, Abwasser, das gemäß EU-Standard zu Trinkwasser verarbeitet wird. Am Ende des insgesamt 8.000 Kilometer langen Netzwerks aus unter- und oberirdischen Abwasser- und Regenwasserkanälen, die den Stadtstaat durchziehen, wurden fünf neue Wasserwerke gebaut – die meisten auf dem Land, das vom Meer abgewonnen wurde. Dazu kommen noch drei, bald vier Meerwasserentsalzungsanlagen. Sie arbeiten nach dem Prinzip der umgekehrten Osmose, einer Technologie, die weltführend ist. Wie alles auf der kleinen Insel stets mit dem Anspruch auf Perfektion betrieben wird, versuchen die Ingenieure mit der Anlage gleich mehrere Ziele zu erreichen. Jeder Singapurer verbraucht derzeit im Durchschnitt 149 Liter Wasser am Tag. Das ist deutlich weniger als etwa die Saudis, die 1.000 Liter pro Kopf und Tag verbrauchen. Aber die Hamburger, mit denen sich die Singapurer lieber vergleichen, wenn es um Wasser geht, sind schon bei nur 120 Liter angekommen.

Singapurs Ziel ist es zur „Wasserstadt der Ersten Welt" zu werden. Die Devise: Jeder Tropf soll genutzt werden. Die Einwohner werden ermutigt, Wasser zu sparen: Beim Zähneputzen sollte man zum Beispiel nicht den Wasserhahn laufen lassen, sondern einen Zahnputzbecher benutzen, damit kann jeder pro Tag elf Liter Wasser sparen. Singapur will bis 2061 seinen Wasserbedarf autark decken. Jeder Bürger, ob arm oder reich, kann vollkommen gefahrlos Wasser aus der Leitung trinken. In Asien ist das nur in Japan ohne Gefahr für die Gesundheit möglich. 1998 bezog Singapur noch 70 Prozent seines Trinkwassers aus Malaysia. 2022 waren es nur noch rund fünf Prozent.

Alte und neue technische Lösungen

Das Verständnis für traditionelle Methoden des Wassermanagements in ariden Zonen nimmt angesichts der aktuellen Entwicklungen an Bedeutung zu. Neben den Aborigines haben viele Kulturen ausgeklügelte Techniken verwendet. Eine Wasserzukunft kann auch anhand alter Techniken zum Beispiel aus Peru, Kenia, Indien und Israel aufgebaut werden.

Steinkanäle in Peru

In Peru sind zukunftsverträgliche Lösungen in Sicht. Diese finden indes nicht in der Hauptstadt Lima statt, der zweitgrößten Wüstenstadt der Welt. Die Lösungen liegen gut 120 Kilometer von Lima entfernt und auf 3.657,6 Meter über dem Meeresspiegel. Es handelt sich um die einst vergessenen Steinkanälen, die vor den Inkas entstanden sind. Die Kanäle schlängeln sich durch den Bezirk Humantanga über steile Hänge und sammeln während der Regenzeit Niederschlag und Wasser aus Hochlandbächen und lassen es in den Berg sickern, wo es über Monate hinweg auf natürliche Weise durchsickert, anstatt durch Bäche zu fließen. „Wenn man es sieht, ist es erstaunlich und schön“, sagte Leah Bremer, Forscherin bei The Natural Capital Project, die jahrelang mit The Nature Conservancy und lokalen Organisationen an einem Fonds zur Verbesserung der Wassermenge und auch -qualität in der Region gearbeitet hat. Sie bilden eine Kombination aus natürlichen und modernen Komponenten. Die Kanäle werden „Mamanteo“ genannt. Historiker glauben, dass die Wari-Kultur die Kanäle als Teil eines komplexen Wasserschutzsystems gebaut hat, das etwa 1.500 Jahren vor den Inkas begann. Sie verfielen in den letzten Jahrhunderten. In Peru haben die Mamanteo sowohl stromaufwärts als auch stromabwärts Vorteile. Die Menschen in Humantanga, einem Bezirk, dessen Name „der Ort, an dem Falken schlafen“ bedeutet, haben während der Trockenzeit mehr Wasser und eine bessere Beweidung für ihr Vieh. Aber es hat auch eine tiefgreifende Wirkung flussabwärts. Denn es erhöht die Wassermenge, die Lima in den trockenen Monaten von Mai bis Dezember erreicht. Das ist wichtig, denn trotz des Baus zusätzlicher Stauseen und des Transports von Wasser durch die Anden zur Küste bleibt Lima mit einem jährlichen Wasserdefizit konfrontiert.[299]

Die Sanierung alter Strukturen als kostengünstige Maßnahme

Timm Kroeger, ein Ökonom von Nature Conservancy, der eine Kosten-Nutzen-Analyse durchgeführt hat, sagte, dass sich das Projekt selbst bezahlen würde. „Es ist wirklich ein Kinderspiel“, fügte er hinzu. „Die Sanierung alter Strukturen, nicht der Bau neuer Strukturen mit der gleichen Technologie, ist eine äußerst kostengünstige Maßnahme“, ergänzte Bert De Bièvre, ein in Lima ansässiger Forscher des Konsortiums für die nachhaltige Entwicklung der Anden-Ökoregion. Er stellte jedoch fest, dass sowohl die grüne als auch die graue Konstruktion notwendig sein werden, um mit Limas Wasserproblemen fertig zu werden. Bisher wurden mindestens zehn Mamanteos, manchmal auch Amunas genannt, restauriert. Staatliche und nationale Mittel werden 23 Millionen US-Dollar zu grünen Lösungen beitragen. Dazu gehören die Wiederherstellung des Mamanteo-Systems, die Verbesserung der lokalen Bewässerung, die Verringerung der Überweidung im Hochland und der Übergang zu genetisch überlegenen Kühen, die mehr Milch produzieren. Mehr Milch pro Kuh bedeutet weniger Kühe, die das Hochland stressen. Mit solchen grünen Interventionen konnten fast 90 Prozent des Wasserflussdefizits von Lima während der Trockenzeit zu niedrigeren Kosten ausgeglichen werden gegenüber modernen grauen Infrastrukturprojekten wie Pipelines oder Kläranlagen. Alte Infiltrationstechniken wurden einst verwendet, um die Wasserspeicherung zu erhöhen und Strömungen langsam freizusetzen, die nach einer Zeitverzögerung von mehreren Monaten in abfallenden Quellen wieder auftauchen würden. Es könnte auch Teil einer Landschaftsstrategie sein. Die Umsetzung dieser Art von grünen Interventionen kann zu zusätzlichen sozialen, kulturellen und ökologischen Vorteilen führen, da vorgelagerte Gemeinden engagiert sind, um ein verbessertes Management der Wassereinzugsgebiete und Wasserressourcen der Region zu unterstützen, und da natürliche Systeme auch Wasserverunreinigungen herausfiltern, Böden stabilisieren und Lebensraum für die biologische Vielfalt bieten können. Anfangs waren die Einheimischen skeptisch, dass die alten Wege funktionieren würden. Aber sie waren überzeugt, als das Grasland während der Trockenzeit grün blieb.

Sanddämme in Kenia

In Kenia verbessern Sanddämme die Wassersicherheit. Sie gehen bis auf die Römerzeit zurück. In Kenia verwendeten die Menschen Steine, um Barrikaden zu bilden und damit die Bodenerosion zu kontrollieren, so Joe Kiolo, der Kommunikationsmanager der African Sand Dam Foundation, und bemerkten, dass das Gebiet lange nach der Regenzeit grün blieb. Die Technologie ist einfach. Einheimische bauen eine Betonbarriere über einen saisonalen Fluss, der über das Grundgestein fließt. Wenn der Fluss fließt, lagert sich Sand im Wasser hinter der Mauer ab; aber nur ein kleiner Teil des Flusses wird dadurch aufgehalten. Im Laufe der Zeit formen sich Sandschichten. Sie bilden ein Reservoir, welches das Wasser speichert, nachdem der Flusspegel gesunken ist. Der Sand verhindert die Verdunstung. Da der Klimawandel die

Temperaturen in dem Gebiet und die Verdunstung des Oberflächenwassers erhöhen, wirkt der als Filter, wodurch das Wasser zum Trinken sicher wird. Die Dämme verändern das Leben der Gemeinden. In Makueni County, südöstlich von Nairobi, zum Beispiel, war es während der Trockenzeit notwendig um 5.30 Uhr morgens aufzustehen und zwei Stunden zum nächsten Fluss zu laufen, um einen 20-Liter-Krug zu füllen und zurückzukehren. In viele Dörfern holen Kinder Wasser, anstatt zur Schule zu gehen. In einem Dorf verkürzte der Bau eines Sanddamms die Wanderung zum Wasserholen von sechs auf etwas mehr als einen Kilometer. Das sparte Zeit und verbesserte die sanitären Einrichtungen und die Hygiene. Das Gebiet in der Nähe des Damms entwickelte ein Mikroklima wie eine Oase, das Bäume, Sträucher und mehrjährige Kräuter regenerierte und Familiengärten förderte. Die Idee verbreitete sich. Die Sand Dam Foundation hat sich mit anderen gemeinnützigen Organisationen zusammengetan, um die Praxis in Simbabwe, Sudan, Uganda, Tansania, Tschad, Mali, Swasiland und Mosambik zu übernehmen.

Johads in Indien

In Indien ist die Regensammeltechnik Johads am weitesten verbreitet. Vor allem in den Gebieten, in denen der Grundwasserspiegel rapide sinkt. In den letzten Jahren hat sich der Bundesstaat Rajasthan, Indiens trockenstes Gebiet, verschiedenen Techniken zugewandt. In einem, dem Paar, wird Regenwasser in einem Einzugsgebiet gesammelt. Es fließt in sandigen Boden. Um auf das Wasser zuzugreifen, graben die Bewohner Brunnen mit einer Tiefe von etwa viereinhalb Metern. In Rajasthans Bezirk Alwar, nachdem die Brunnen ausgetrocknet waren, wandten sich die Einheimischen Johads den Dämmen zu, die Regenwasser auffangen und das Grundwasser wieder auffüllen. Nach dem Bau von mehr als 3.000 Johads stieg der Grundwasserspiegel um fast fünfeinhalb Meter. Die angrenzende Waldbedeckung hat laut einem Bericht um ein Drittel zugenommen. Fünf Flüsse, die nach der Monsunzeit ausgetrocknet waren, liefen nunmehr das ganze Jahr über. Johads sind kleine Erddämme, die Regenwasser auffangen und speichern. Errichtet in einem Gebiet mit natürlicher Höhe auf drei Seiten, wird eine Lagergrube durch Ausheben des Bereichs hergestellt. Der ausgehobene Boden wird verwendet, um eine Mauer auf der vierten Seite zu schaffen. Der kommunale traditionelle Regenwasserspeicher wird hauptsächlich zur effektiven Nutzung der Wasserressourcen in den Bundesstaaten Haryana, Rajasthan, Punjab und West-Uttar Pradesh in Nordindien genutzt. Es sammelt und speichert das ganze Jahr über Wasser und wird zur Grundwassergewinnung in den nahe gelegenen Wasserbrunnen verwendet.[300]

Einige Johads haben auch gemauertes oder steinernes Mauerwerk und zementierte Reihen von Stufen und Rampen. Regenwasser füllt die Gruben. Diese sind mit anderen kleinen Gruben verbunden. Das zusätzliche Regenwasser wird in die kleineren Gruben gefüllt. Sie werden zum Reinigen, Trinken und Waschen verwendet. In der Antike wurden Häuser in Teilen des westlichen Rajasthan so gebaut, dass jedes Gebäude ein Wassernutzungssystem auf dem Dach hatte. Regenwasser von diesen Dächern wurde in unterirdische Tanks geleitet. Dieses System ist noch heute in allen Festungen, Palästen und Häusern der Region zu sehen. Die Confederation of Indian Industry listete in einem Dokument über eine Vision 2022 für Rajasthan die Wassergewinnung als wichtigen Schwerpunkt auf. Ein Masterplan der Regierung zur Wiederauffüllung des Grundwassers nennt Johads, Paars und andere traditionelle Strukturen. Einer der treibenden Anführer hinter der Arbeit in Rajastan war Jethu Singh Bhati, der seit Mitte der 1990er Jahre mit der Thar Integrated Social Development Society an indigenen Wegen zur Erhaltung des

Wassers arbeitet. „Regierungen sind stolz auf teure Projekte", sagte er, „Aber unsere Arbeit zeigt, dass Systeme, die untrennbar mit der Hydrographie, Topographie und Wirtschaft der Region verbunden sind, am effektivsten arbeiten."

Masada in der Wüste Sinai

Auf Masada war ein Regentag genug für bis zu drei Jahre Wasser für tausende Menschen. Nun erinnert sich Walter an seinem Besuch in der Sinai-Wüste unweit des Toten Meers. Der König Herodes der Große war 37 bis 4 v. Chr. höchstwahrscheinlich einer der größten Baumeister des römischen Ostens. Während seiner Regierungszeit in der zweiten Hälfte des 1. Jahrhunderts v. Chr. errichtete er mit Masada eine Wassertechnologie inmitten der heute trockenen Westküste des Toten Meeres. Die Wasserversorgung wurde durch ein Netz von großen, in Fels gehauenen Zisternen auf der nordwestlichen Seite des Hügels gewährleistet. Sie füllten sich im Winter mit Regenwasser, das in Bächen aus dem Berg floss. Das ausgeklügelte Wassersystem in Masada verwandelte einen kargen, isolierten Hügel mit einem trockenen Klima in einen verschwenderischen, königlichen Rückzugsort. Heute studiert man das Wassermanagement in der Umgebung und an der Festung mit moderner photometrischer Technik, mit einer UAV-Drohne, um eine wissenschaftliche 3D-Modellierung durchzuführen. Dies ermöglicht eine genaue Aufzeichnung des Wassersammelsystems sowie des Wegesystems des Wassers. Die Verfügbarkeit von Wasser ermöglichte es König Herodes, seinen Palast mit einem wichtigen Bestandteil des neu eingeführten Freizeitkonzepts auszustatten: dem locus amoenus. Blühende königliche Gärten auf dem trockenen Gelände konnten dem hochentwickelten und fortschrittlichen Wassermanagement zugeschrieben werden. Masadas Bewohnern stand die erstaunliche Menge von 40.000 Kubikmeter Wasser zur Verfügung.[301]

Regenwassernutzung durch Green Buildings

Nicht nur in Peru oder Indien verlassen sich die Menschen auf den Regen. Vor der Entwicklung großer zentralisierter Wasserversorgungssysteme sammelten die Menschen Regen von Dächern. Sie speicherten ihn in Tanks oder Zisternen. Diese Regenerntesysteme sind beinahe in Vergessenheit geraten, obwohl sie als Quelle reines, weiches Wasser bieten. Die Regenwassernutzung ist definiert als eine Methode zur Induktion, Sammlung, Speicherung und Konservierung des lokalen Oberflächenabflusses für die spätere Verwendung.[302]

Drei Arten der Wassergewinnung werden von der Regenwassernutzung abgedeckt. Das sind erstens das Wasser, das von Dächern, Höfen und ähnlichen verdichteten oder behandelten Oberflächen gesammelt und für häusliche Zwecke oder Gartenkulturen oder für die Grundwasserneubildung genutzt wird. Zweitens handelt es sich um Oberflächenabflüsse, die aus einem kleinen Einzugsgebiet gesammelt und in der Wurzelzone eines angrenzenden Infiltrationsbeckens gespeichert werden. Das Becken ist mit Bäumen, Sträuchern oder mit einjährigen Kulturen bepflanzt. Drittens, aus externen Einzugsgebieten, wenn der Abfluss aus Berghangeinzugsgebieten in das am Fuße des Hügels auf flachem Gelände gelegene Anbaugebiet geleitet wird. Regenwasser ist typischerweise frei von allen gelösten Feststoffen, enthält aber gelöste Gase. Eine in Bangladesch durchgeführte Studie ergab, dass geerntetes Regenwasser eine sehr geringe Farbe und Trübung aufwies, die mikrobiologische Qualität jedoch nicht den lokalen und WHO-Richtlinien entsprach. Bei der Lagerung in mit Ziegeln, Beton oder Zement ausgekleideten Tanks führte der Säuregehalt des Wassers zu einem pH-Wert von über 8,5. Der geringe Mineralstoffgehalt des Wassers galt als nachteilig für die Gesundheit. Fortschritte in der Wasseraufbereitung sind durch

Mikrofiltration, Ultrafiltration und Nanofiltration erreicht worden. Membranen zur Regenwassernutzung wird für Bewässerungszwecke bevorzugt. In jedem Fall wächst das Interesse an der Gewinnung von Regenwasser zum Trinken und für andere Innenanwendungen. Regenwasser kann entsprechend der gewünschten Qualität gefiltert werden.

Regenwasser in städtischen Einzugsgebieten lässt sich für eine Vielzahl von Nichttrinkwasserzwecke nutzen. Die Analyse mit dem Storage and Reliability Estimation Tool (SARET) und die Ergebnisse von vier US-Städten zeigen, dass der Bedarf an Toilettenspülungen in Wohngebäuden mit einer Zuverlässigkeit von 50 bis 94 Prozent gedeckt werden kann. Eines der greifbaren Ergebnisse, um Gebäude energieeffizient zu machen, ist die Schaffung von Gebäuden, die grün sind. Green Buildings können eine erhebliche Wassermenge in einem Gebäude durch die Verwendung eines Regenwassernutzungssystems einsparen. Zum Beispiel zeigten Muthukumaran et al. 2011, dass etwa 40 Prozent Trinkwasser durch die Verwendung von Regenwasser in einem Wohngebäude im regionalen Victoria in Australien eingespart werden konnten. Ward et al. fanden 2012 heraus, dass ein bürobasiertes Regenwassernutzungssystem rund 87 Prozent Wasser in einem Nichtwohngebäude einsparen könnte.

Finanzielle Machbarkeit von Regenwassernutzungssystemen

Unter den Komponenten eines Regenwassernutzungssystems macht der Speicher normalerweise den größten Teil der gesamten Installationskosten aus. Daher sind vor der Implementierung der Regenwassernutzungssysteme im Gebäude eine ordnungsgemäße wirtschaftliche Analyse und eine passende Konzeption erforderlich. Dadurch werden die Leistung und der Nutzen verbessert, um eine kurze Amortisationszeit zu erhalten. Um die finanzielle Machbarkeit einer Regenwassernutzungsanlage bewerten zu können, muss die Ökobilanz (Life Cycle Cost Assessment, LCCA) in die Planung eines Hochbaus einbezogen werden. Die finanzielle Machbarkeit von Regenwassernutzungssystemen in Hochhäusern in vier Hauptstädten Australiens – Sydney, Perth, Darwin und Melbourne – wurde untersucht und zeigte, dass alle Städte das Potenzial hatten, mit einem Regenwassernutzungssystem eine gute finanzielle Rendite zu erzielen. Demnach liegt die kürzeste Amortisationszeit (etwa zehn Jahre) des Regenwassernutzungssystems (zirka zehn Jahre) in Sydney. Domenech und Sauri kalkulierten 2010 die Amortisationszeit in der spanischen Metropolregion Barcelona für einen Einfamilienhaushalt je nach Regenwassertankgröße zwischen 33 und 43 Jahren. Imteaz et al. berichteten 2011, dass die Baukosten eines kommerziellen Regenwassertanks, der an große Dächer in Melbourne angeschlossen ist, in Abhängigkeit von der Tankgröße, den klimatischen Bedingungen und dem zukünftigen Wasserpreis binnen 15 bis 21 Jahren gedeckt werden könnten.

Tragbares UV-Wasserreinigungssystem

Wasserbedingte Krankheiten wie Ruhr, E-Coli und Rotavirus-Infektionen sind die größte Umweltbedrohung für Kinder und Säuglinge in den Ländern des globalen Südens. Sie fordern jedes Jahr das Leben von Millionen Kindern. Dieses Bild wird noch komplizierter, wenn Naturkatastrophen eintreten oder Konflikte ausbrechen. Die Wasseraufbereitung mit ultraviolettem (UV) Licht ist eine der effizientesten sanitären Methoden zur Beseitigung von Viren und Bakterien im Trinkwasser und könnte dazu beitragen, die Zahl der Todesfälle drastisch zu reduzieren. Doch bis vor kurzem waren UV-Reinigungsmethoden für den Einsatz in den ärmeren Regionen zu teuer oder zu kompliziert. Die UV-Wasserreinigung stammt aus den frühen 1900er Jahren und ist die neueste und effektivste der drei Hauptmethoden zur

Entfernung von Krankheitserregern aus dem Trinkwasser. Die anderen beiden Methoden sind das Kochen des Wassers und das Hinzufügen von Chlorbleiche. Das Wasserkochen ist bei weitem die älteste Methode, die erstmals in Sanskrit-Schriften aus dem Jahr 2 000 v. Chr. dokumentiert wurde. Es ist bis heute die wichtigste Methode der Wasseraufbereitung in der Welt, die von schätzungsweise 500 Millionen Menschen allein in China verwendet wird. Allerdings stellt dies eine alarmierende Ursache für Entwaldung und Treibhausgase dar.[303]

Mit seinem UV-Wasserreinigungssystem bietet das UV-Wasserdesinfektionsgerät der für den Europäischen Erfinderpreis nominierten Ashok Gadgil und Vikas Garud eine neuere Lösung. Ashok Gadgil, ein leitender Wissenschaftler am Lawrence Berkeley National Laboratory, und sein Assistent Vikas Garud erfanden ein Gerät, das nur sieben Kilogramm wiegt. Es ist ungefähr so groß wie ein Mikrowellenherd und desinfiziert Wasser mit einer energieeffizienten 40-Watt-UV-Glühbirne bei einer Rate von 1000 Litern Wasser pro Stunde. Es kann außerhalb von Stromnetzen verwendet werden, indem eine Autobatterie oder ein kleines Photovoltaikmodul für die Stromversorgung verwendet wird. Mit etwa 20.000-mal weniger Energie als kochendes Wasser kann das Gerät rund 16 Liter Wasser pro Minute für weniger als 0,01 Euro reinigen. Das System hatte einen guten Start während der Hurrikan-Hilfsmaßnahmen in der Karibik im Jahr 1998. Es half bei der Versorgung von Überlebenden in den vom Tsunami betroffenen Gebieten Sri Lankas nach dem berüchtigten Erdbeben und dem damit verbundenen Tsunami, der Asien im Dezember 2004 heimsuchte. Bis 2010 wurde die Technologie bereits in mehr als zehn Ländern weltweit installiert.

Die Verwendung von UV-Licht als Sterilisationsmethode wurde 1919 vom amerikanischen Wissenschaftler John Keys eingeführt, der einen UV-Sterilisator patentierte, um Keime in

Wasser oder Milch abzutöten. Die Erfindung von Ashok Gadgil macht sich ein biochemisches Grundprinzip zunutze: Ultraviolettes (UV) Licht besteht aus elektromagnetischer Strahlung im Bereich von 10 Nanometer (nm) bis 400 nm, einer Wellenlänge, die kürzer ist als sichtbares Licht. UV-Licht zielt auf Gesundheitsgefahren wie Viren oder Bakterien für etwa zwölf Sekunden und schädigt ihre DNA, so dass sie nicht in der Lage sind, sich zu replizieren und ihre menschlichen Wirte zu infizieren. Andere Erfinder verbesserten die Methode, darunter Charles Pole mit einem komplizierten System aus radialen Wasserröhren und Lichtreflektoren, um Wasser gleichmäßigem UV-Licht auszusetzen, das 1921 patentiert wurde. Doch alle UV-Systeme wiesen einen großen Makel auf: Weil die UV-Lampen in die Flüssigkeit getaucht werden, sammelt ihr Gehäuse im Laufe der Zeit organische und chemische Rückstände an. Dies erfordert eine (kostspielige) Wartung auf regelmäßiger Basis und kann sich sogar als Gesundheitsrisiko erweisen. Indem sie die UV-Lampe über eine wassergefüllte Behandlungswanne stellten, lösten die beiden Erfinder das Problem der Rückstandsbildung und der regelmäßigen Wartung. Darüber hinaus nutzt ihr Design die Schwerkraft und eine sorgfältig geplante Hydraulikkonstruktion, um einen gleichmäßigen Wasserfluss zu gewährleisten, wodurch die Notwendigkeit eines Pumpensystems entfällt.

Tragbare Entsalzungs-Einheit

MIT-Forscher haben im Mai 2022 eine tragbare Entsalzungseinheit mit weniger als zehn Kilogramm Gewicht entwickelt, die Partikel und Salze entfernen kann, um Trinkwasser zu erzeugen. Das koffergroße Gerät braucht weniger Strom als ein Handy-Ladegerät und kann von einem kleinen, tragbaren Solarpanel angetrieben werden. Es erzeugt automatisch Trinkwasser, das die Qualitätsstandards der Weltgesundheitsorganisation übertrifft, und auf Knopfdruck läuft. Es nutzt elektrische Energie, um Partikel aus dem Trinkwasser zu entfernen. Die Einheit kann in abgelegenen und stark ressourcenbegrenzten Gebieten eingesetzt werden, wie in Gemeinden auf kleinen Inseln oder an Bord von Frachtschiffen, um Flüchtlingen zu helfen. Die Entwickler sind Jongyoon Han, Professor für Elektrotechnik und Informatik sowie für Bioingenieurwesen und Mitglied des Research Laboratory of Electronics (RLE), Hyukjin J. Kwon, ehemaliger Postdoc, SungKu Kang, Postdoc an der Northeastern University, und Eric Brack vom US Army Combat Capabilities Development Command (Devcom). Die Forschung wurde online in Environmental Science and Technology veröffentlicht.[304]

Ihre Einheit basiert auf einer Technik namens Ionenkonzentrationspolarisation (ICP), die anstatt Wasser zu filtern, ein elektrisches Feld an Membranen anwendet, die über und unter einem Wasserkanal platziert sind. Die Membranen stoßen positiv oder negativ geladene Partikel – einschließlich Salzmolekülen, Bakterien und Viren – ab, wenn sie vorbeifließen. Die geladenen Teilchen werden in einen zweiten Wasserstrahl geleitet, der schließlich abgeführt wird. Der Prozess entfernt sowohl gelöste als auch suspendierte Feststoffe, so dass sauberes Wasser durch den Kanal fließen kann. Da es nur eine Niederdruckpumpe benötigt, verbraucht ICP weniger Energie als andere Techniken. ICP entfernt jedoch nicht immer alle Salze, die in der Mitte des Kanals schwimmen. Also integrierten die Forscher einen zweiten Prozess, die sogenannte Elektrodialyse, um verbleibende Salzionen zu entfernen. Yoon und Kang nutzten maschinelles Lernen, um die ideale Kombination aus ICP- und Elektrodialysemodulen zu finden. Der optimale Aufbau umfasst einen zweistufigen ICP-Prozess, bei dem Wasser in der ersten Stufe durch sechs Module fließt, in der zweiten Stufe durch drei, gefolgt von einem einzigen Elektrodialyseprozess. Dies minimierte den Energieverbrauch und stellte gleichzeitig sicher, dass der Prozess selbstreinigend blieb.

Sie schrumpften und stapelten die ICP- und Elektrodialysemodule, um ihre Energieeffizienz zu verbessern und daraus ein tragbares Gerät zu konstruieren. Dieses Gerät soll von Laien mit nur einem Knopfdruck bedient werden können, um den automatischen Entsalzungs- und Reinigungsprozess zu starten. Sobald der Salzgehalt und die Anzahl der Partikel auf bestimmte Schwellenwerte gesunken sind, benachrichtigt das Gerät den Benutzer, dass das Wasser trinkbar ist. Die Forscher entwickelten zudem eine Smartphone-App, die das Gerät drahtlos steuern und Echtzeitdaten über Stromverbrauch und Wassersalzgehalt melden kann.

Wasser aus der Luft

Auch wenn es in ariden Regionen einen Mangel an Oberflächen- oder Grundwasser gibt, sind in der Luft oft beträchtliche Mengen Wasser zu finden. Darüber hinaus ist infolge der globalen Erwärmung zu erwarten, dass der Wassergehalt der Atmosphäre aufgrund der steigenden Temperaturen weiter ansteigt. Die Wassergewinnung aus der Luft stellt eine Möglichkeit dar, die verschiedene Forscher, Ingenieure und Unternehmer entwickelt haben. Ob Hydropanele von Source Global, das Membransystem von Dianne Wiley aus Australien oder die WaLu-Trinkwassergewinnung aus Luftfeuchtigkeit: Alle Projekte verfolgen das Ziel, den Menschen dabei zu helfen, Wasser in trockenen Regionen zu gewinnen.

Während Wasser im trockenen Südwestklima der Vereinigten Staaten schon immer ein kostbares Gut war, wurden die Bedingungen durch eine jahrzehntelange Dürre sowie eine allgegenwärtige Urankontamination verschärft. Während des 20. Jahrhunderts wurde Navajo-Land für den Uranabbau verpachtet, der der US-Regierung bei der Entwicklung ihres Atomwaffenarsenals half. Die Minen wurden später aufgegeben und dienten als Verunreinigung für das Land und das Trinkwasser, was zu gesundheitlichen Komplikationen bei den Navajo führte. Wasser ist also nichts, was sich die Menschen der Navajo-Nation heutzutage leisten können. Das Land der Navajos ist die Heimat von 175.000 Menschen, und schätzungsweise 40 Prozent von ihnen haben keinen Zugang zu Leitungswasser in ihren Häusern. Source Global, ein Unternehmen mit Sitz in Scottsdale, Arizona, hilft bei der Lösung des Trinkwasserproblems mit einer neuen Technologie, die sie Hydropanel nennen. Ein Hydropanel sieht wie ein Solarpanel aus, aber es ist etwas breiter und hat ein Reservoir an seiner Basis. Es ist völlig in sich geschlossen und kann überall auf der Welt installiert werden, wo Sonnenlicht und Luft vorhanden sind. Es nutzt die Sonnenenergie, um das Gerät anzutreiben, und setzt auf den Prozess der passiven Kondensation, um Wassermoleküle aus der Luft zu extrahieren und reines Trinkwasser zu erzeugen. „Überall auf der Welt liegt Feuchtigkeit in der Luft“, erklärte Thomas Borns, US-Direktvertriebsleiter bei Source Global. „Innerhalb des Panels nehmen wir diese Wärmeenergie und die Luft, die Feuchtigkeit enthält, auf, und bewirken eine Form der passiven Kondensation in der Maschine. Diese Kondensation erfolgt auf zwei Trockenmittelrädern in der Einheit, die hygroskopisch und mit einer speziellen Membran beschichtet sind. Dadurch können, wenn die Feuchtigkeit auf diesen Rädern kondensiert, nur H2O-Moleküle durch sie hindurchgehen. Unser Gerät arbeitet also sofort mit reinem H2O.“[305]

Panels in 50 Ländern weltweit installiert

Source Global wurde beauftragt, seine Hydropanels in 521 Haushalten in der gesamten Navajo-Nation zu installieren und den Menschen, die normalerweise viele Kilometer fahren müssten, um es zu bekommen, dringend benötigtes Trinkwasser zu bringen. „Wir müssen den ganzen Weg nach Flagstaff gehen, das 69 Meilen von hier entfernt ist, oder in die andere Richtung nach Tuba, 54 bis 56 Meilen von hier“, sagte Marie Singer Goldtooth, Navajo Native: „Und es ist immer noch nicht wirklich gutes Wasser, weil der gesamte Uranabbau in unserer Gegend war.“ Goldtooth hat seitdem vier Paneele auf ihrem Off-the-Grid-Grundstück mit Blick auf den Grand Canyon installieren lassen. Jedes Panel produziert täglich das Äquivalent von bis zu zehn 500 ml-Flaschen reines Trinkwasser. „Source konzentriert sich auf die Lösung des größten Problems der Menschheit, Trinkwasser“, sagte Cody Friesen, Gründer und CEO von Source Global, „und indem wir Trinkwasser perfektionieren, wo immer wir sind, erschließen wir das Potenzial der Menschen.“ Source Global bringt nicht nur Wasser in die Navajo-Nation. Sie haben ihre Paneele in 50 Ländern weltweit installiert und bringen Trinkwasser an Schulen, Baustellen und Wohngebäuden auf der ganzen Welt. Es ist der Beginn einer weitreichenden Anstrengung, eine sich erwärmende Welt durch revolutionäre Technologie zu rehydrieren.

Es ging darum, neue Wasserquellen direkt aus der Luft zu bekommen, ohne darauf warten zu müssen, dass es regnet. Dianne Wiley gilt als weltweit führend bei der Entwicklung von Membransystemen für die Abwasserbehandlung und andere Anwendungen sowie in der Bewertung von Technologien zur Kohlenstoffabscheidung und -speicherung. Als Leiterin der School of Chemical and Biomolecular Engineering konzentriert sie sich darauf, das gesamte Forschungsprogramm der Schule zu leiten und die Ergebnisse an die Forschungsgemeinschaft, die Industrie und die breite Öffentlichkeit zu kommunizieren. Ihre Forschung besteht vor allem darin, der Industrie und den Regierungen verstehen zu helfen, wie wir als globale Gemeinschaft erschwinglichen und zuverlässigen Technologien zur Kohlenstoffabscheidung und -speicherung ihren angemessenen Platz bei der Abschwächung der enormen negativen Auswirkungen des Klimawandels einzunehmen. Zudem will sie verstehen, wie die nächste Generation von Membransystemen für verschiedene Anwendungen, einschließlich Abwasserbehandlung, Milchverarbeitung und Mineralgewinnung, entwickelt und betrieben werden kann.[306]

WaLu – Trinkwassergewinnung aus Luftfeuchtigkeit

Damit die wenigen Wasserressourcen als Trinkwasserquellen erschlossen werden können, arbeitet das Fraunhofer-Institut für Grenzflächen- und Bioverfahrenstechnik IGB in Kooperation mit dem Institut für Grenzflächen- und Grenzflächenverfahrenstechnik IGVT der Universität Stuttgart sowie drei mittelständischen Industriepartnern an einem neuen Verfahrenskonzept. Der gesamte Prozess besteht aus zwei Teilen.

Zunächst wird die Feuchtigkeit aus der Luft durch eine hochkonzentrierte Salzlösung (Sole) aufgenommen und somit gebunden. Dann wird diese verdünnte Salzlösung destilliert und das von der Salzlösung getrennte Wasser als Trinkwasser kondensiert (Desorption). Um die Aufnahme der Luftfeuchtigkeit in der Salzlösung so effizient wie möglich zu gestalten, sind eine große Schnittstelle zur Luft und eine lange Kontaktzeit notwendig. Dies geschieht, indem die Salzlösung in turmförmigen, natürlich belüfteten Anlagenmodulen langsam durch Sorptionsstränge fließen und das Wasser aus der Luft aufnehmen kann. Durch eine spezielle Konstruktion der Sorptionsstränge wird ein effizienter Stoffaustausch erreicht und die Salzlösung durch die erhebliche Aufnahme von Wasser verdünnt.[307]

Das Wasser muss von der zirkulierenden Salzlösung getrennt (desorbiert) werden, und so folgt ein Destillationsprozess. Die

Destillation erfolgt mittels schwerkraftunterstützter, mehrstufiger Vakuumverdampfung. Dazu wird die mit Wasser verdünnte Salzlösung einem Vakuum unterzogen, wodurch die Verdampfungstemperaturen erheblich gesenkt werden. Das hat den Vorteil, dass diese Temperaturen mit einfachen solarthermischen Kollektoren oder mit Abwärme erreicht werden können. Da die Anlage mit einem Unterdruck arbeitet, ist es möglich, die in verschiedenen Verdampfungsstufen mit unterschiedlichen Drücken mehrfach eingesetzte Wärmeenergie zu nutzen. Der bei der Destillation entstehende Wasserdampf ist kondensiert und kann als hochwertiges Trinkwasser verwendet werden. Eine kombinierte Turmkonstruktion für Sorption und Desorption ermöglicht es, die Schwerkraft der Prozessströme zu nutzen, um das erforderliche Vakuum zu erzeugen. Energieintensive Vakuumpumpen werden daher nicht benötigt.

Sowohl die schwerkraftunterstützte Vakuumverdampfung als auch die Absorption sind auf Energieeffizienz und den schonenden Umgang mit Ressourcen ausgelegt. Die Energieversorgung kann vollständig aus erneuerbaren Energiequellen erfolgen. In solchen Fällen werden die elektrischen Komponenten wie Pumpen und Prozesssteuerung durch Photovoltaik oder durch Windkraft versorgt. Die benötigte thermische Energie wird durch solarthermische Kollektoren bereitgestellt. Die Anlage produziert kein Abwasser oder Salzkonzentrat, das entsorgt werden muss, wie bei der Entsalzung von Meer- oder Brackwasser. Das Sorptionsmedium zirkuliert zu 100 Prozent. Durch die Kombination mit einer erneuerbaren Energieversorgung ist die Technologie CO2-neutral und verursacht keine Emissionen. Die Technologie ist robust, ohne hohe Anforderungen an Betrieb und Wartung, universell einsetzbar und vollständig selbsttragend.[308]

Wasserernte: geniale und skurrile Ideen

Viele Tüftler, Schüler, Forscher und Ingenieure befassen sich tagtäglich und weltweit mit der Wassertechnologie, um Lösungen für die Welt zu finden. Von der Wasserernte zur Rohruntersuchung – Walter hat sich eine bunte Mischung an Erfindungen herausgesucht und stellt sie kurz vor.

Wasserernte aus der Luft nach der Steinmauertechnologie: Die Verwendung von Wassernetzen zur Kondensation ist die moderne Anpassung der alten Steinmauern für die Wassergewinnung. In einem Dorf namens Cabajane in Subsahara-Afrika half ein Team der South African Agricultural University den Dorfbewohnern, Plastiknetze über einem Bergpass aufzuhängen. Die Wolken und der Nebel auf dem Pass sorgten für kondensiertes Wasser auf den Netzen, das durch Plastikrohre nach unten lief, um in einem Tank gesammelt zu werden. Mehrere 100 Liter Trinkwasser wurden dem Dorf von diesem einfachen Gerät zur Verfügung gestellt, wofür die Dorfbewohner zuvor über zwei Kilometer bis zum nächsten Bach laufen mussten. Dieses Experiment wurde daraufhin in anderen Dörfern in Subsahara-Afrika sowie in Chile und an einigen Orten in Nepal repliziert.[309]

Verwendung von Natursteinstrukturen zur Kondensation: Beispiele für Kondensationskühlung gibt es bereits aus der frühen menschlichen Zivilisation. In einigen Teilen Europas und des Nahen Ostens gibt es zehn Meter hohe bienenstockartige Steinstrukturen aus dem 19. Jahrhundert, die Luftmauern genannt werden. Die Steine kühlen in der Nacht schnell ab. Wenn feuchte Luft mit diesen Steinen in Kontakt kommt, liefert die Kondensation Wasser, das in Trögen innerhalb der Struktur gesammelt und zum Trinken und Waschen verwendet wird. In Frankreich wurden diese Strukturen auch in einigen Weinbergen verwendet.[310]

Wasserernte aus Nebel in der Luft: An der MIT wird frisches Wasser aus Nebel gewonnen. Professor Gareth McKinley ist Co-Leiter der Forschung zur Optimierung der Nebelerntetechnologie.[311]

DropNet: Imke Hoehler, eine Studentin des Industriedesigns an der Muthesius Kunsthochschule in Norddeutschland, hat ein System entwickelt, das Trinkwasser aus dünner Luft und Nebel gewinnt. Das Wassersammelsystem, das als DropNet bezeichnet wird, kann täglich bis zu 20 Liter sauberes Wasser ernten, und eine Reihe von mehreren Strukturen könnte ein ganzes Dorf mit Trinkwasser versorgen.[312]

Ein Wasserschwamm mit Gel und Alginatschicht

Das RainCloud-System von Cleanworld Ltd erntet Trinkwasser aus feuchter Luft. Darüber hinaus kann es das Wasser erhitzen oder kühlen, um gekühltes oder warmes Wasser zu bekommen.[313]

Wasserernte aus der Prozessluft: Etwas merkwürdiger klingt dieses flüssige Trockenmittel zur Wassergewinnung aus Prozessluft: Sciperio Inc., eine in Orlando, Florida, ansässige Technologiefirma, arbeitet daran, flüssiges Lithiumchlorid als Trockenmittel zu verwenden, um Wasser aus der Luft zu entfernen. Eine Erkenntnis lautet, dass dies energieeffizienter ist als die Verwendung von kältemittelbasierter Wassergewinnungstechnologie. Es wurde daher vorgeschlagen, diese für die Wassergewinnung aus Luft in Prozessanlagen für industrielle Zwecke und nicht zum Trinken zu verwenden.[314]

Eine andere Variante der Verwendung von Nassaustrocknung wurde von der Firma A2WH aus Atlanta, Georgia, entwickelt. Sie verwendet ein Trockenmittel für die Wasserdampfabsorption.

Dieses Trockenmittel wird durch Sonnenenergie erhitzt, um das absorbierte Wasser auszustoßen. Die im Freien installierte Einheit verfügt über Photovoltaikmodule, um den Strom zu erzeugen, der für den Betrieb der Pumpen und Ventile der Geräte benötigt wird. A2WH hat laut Angaben Modelle sowohl für das einzelne Haus als auch für die Bewässerung von Bauernhöfen.[315]

MIT Wassergewinnungsflächen: Unter dem Motto „Don't Desert Drylands!“ haben Forscher am MIT druckbare Wasser-erntenden Oberflächen entwickelt. Diese Oberflächen sind sowohl superhydrophil als auch superhydrophob, also Wasser anziehend bzw. abstoßend. Diese innovative Technologie soll dazu beitragen, Wasser aus Wüstenluft zu gewinnen. Andrew Parker, Zoologe der Universität Oxford in England, erklärte, dass diese neuen Oberflächen effizienter sind als die derzeitigen Methoden, mit denen Wasser aus der Luft mit Netzen gesammelt wird. Die neue Technologie verbessert die Natur mit Hilfe von Glasnanopartikeln und ahmt die Art und Weise nach, wie die Wüstenkäfer Wasser aus der Luft gewinnen. Der Käfer mit dem Namen Stenocara lebt in der afrikanischen Namibia-Wüste, die als eine der heißesten Umgebungen auf der Erde gilt.[316]

Konische Kunststoff- oder Aluminiumoberflächen aus San Francisco: DRIPS für den Anbau von Nutzpflanzen mit Wasser aus Luft: Zwei Highschool-Schüler aus San Francisco, die von Professoren der University of California, Berkeley, betreut werden, haben das System DRIPS zur Wassergewinnung aus der Luft vorgeschlagen. DRIPS steht für Deep Root Irrigation Precipitation System und besteht aus einer konischen Kunststoff- oder Aluminiumoberfläche mit einem Durchmesser von drei Zentimeter, die auf einem hohlen Rohr montiert ist, das 45 Zentimeter in den Boden vergraben ist. Die Kunststoff- oder Aluminiumoberfläche kühlt in der Nacht ab und bei Kontakt mit Luft kondensieren Wassertröpfchen. Dieses Wasser fließt durch Kapillarwirkung, unterstützt durch kleine Rippen auf dem Kegel, in den Boden. Die Tiefe von 45 Zentimeter verhindert, dass dieses Wasser wieder in die Atmosphäre verdunstet und hilft, die Wurzeln der Pflanzen zu nähren. Diese Methode der Wassergewinnung hat sich unter anderem beim Kartoffelanbau bewährt.[317]

Eine weitere interessante Erntetechnik ist ein Schwamm von der Universität Princeton: Forschende der Universität haben einen Schwamm entwickelt, aus dem Wasser erzeugt werden kann. Er funktioniert mithilfe eines Gels und hat eine doppelte Funktion: Legt man ihn zum Beispiel in einen See oder Fluss, saugt er sich mit Wasser voll. Dann kann man ihn oben in eine Plastikbox mit einem Siebaufsatz legen und die Sonne darauf scheinen lassen. Ab einer Temperatur von 33 Grad Celsius tropft das Wasser heraus, wird in der Box aufgefangen und kann anschließend getrunken oder anderweitig verwendet werden. Etwaige Verschmutzungen, die gesundheitsschädlich sein könnten, würden gar nicht erst mit aufgesaugt werden. Das verhindert eine spezielle Alginatschicht, die das Gel umgibt. In dem Gel gibt es wasseranziehende und wasserabstoßende Moleküle, die je nach Temperatur aktiv werden. Den Forschenden zufolge ist ihre Erfindung die schnellste Möglichkeit, passiv und nur mit Sonnenenergie Wasser zu filtern. Außerdem sei sie günstig – und mindestens zehnmal wiederverwendbar.[318]

Das Nautilus-System untersucht Wasserleitungen: Auf der Suche nach möglichen Lecks in den Leitungen wurde das Nautilus-System entwickelt. Es besteht aus einer kleinen Kugel, die in das Netzwerk eingefügt wird, wo sie sich frei bewegt, angetrieben durch den Wasserfluss in der Rohrleitung. Sie erfasst Geräusche, die durch ein Leck, eine Gastasche oder eine Anomalie aus dem Inneren der Leitung erzeugt werden. Sobald sie herausgenommen wird, verarbeitet die Software die Informationen. Dieses System arbeitet ohne Serviceunterbrechung, und kann auf einen

Schlag bis zu 35 Kilometer durchsuchen. Entwickelt wurde es für den Einsatz in Leitungen von mehr als 250 Millimeter Durchmesser.[319]

Windmühlen, um Wasser aus Luft zu generieren: Die Firma Dutch Rainmakers aus den Niederlanden hat eine Windmühle Surinam installiert, um Wasser anstelle von Strom zu produzieren. Bei ihrer Konstruktion wird die Luft durch eine Wärmepumpe gedrückt, wodurch der Wasserdampf kondensiert. Diese Wärmepumpe ersetzt den Kältemittelverdichter. Die Windmühle soll 5.000 bis 7.000 Liter pro Tag produzieren, ein echter Segen an einem Ort, an dem das Grundwasser brackig ist.[320]

Die Groasis Waterboxx wurde vom niederländischen Unternehmer Pieter Hoff entwickelt und kann selbst an den trockensten Orten der Erde frisches Wasser produzieren. Inspiriert von Vogelkot ist das Gerät der Art und Weise nachempfunden, wie Exkremente Samen schützen, die Vögel verdaut haben, und bietet Feuchtigkeit und Schutz vor den Elementen, damit sie wachsen können. Die 50 mal 25 Zentimeter große Box umgibt die Jungpflanze und ermöglicht nachts mittels einer Isolierplatte die Wassergewinnung durch Kondensation.[321]

Dew Drop-Gerät: Jacky Wu hat das Dew Drop-Gerät entwickelt, um Wasser aus Pflanzen zu bekommen. Der Tautropfen arbeitet nach den Prinzipien der Kondensation. Das künstliche Blatt soll in den gleichen Topf wie die Pflanze gepflanzt und an einen Stöpsel angeschlossen werden. Wasser kondensiert auf dem Blatt und wird der Pflanzen zugeführt.[322]

Neben den Giganten der Branche haben eine Reihe von Startups interessante Ansätze auf den Markt gebracht. Dazu gehört Aquassay, dessen elektronische Opwee-Steuerbox es dem Papierhersteller Smurfit ermöglicht, Wasserlecks zu erkennen und seinen Verbrauch um sieben Prozent zu senken. Oder die mittelständische Firma Bio-UV, die ein Photovoltaik-Terminal entwickelt hat, das Wasser und Desinfektionsmittel mit ultravioletten Strahlen filtert. Andere Forschungswege zielen darauf ab, den Schadstoff an der Quelle einzufangen, insbesondere durch Aktivkohle oder radioaktive Bakterien, die beim Abbau organischer Stoffe Strom erzeugen.[323] Über solche Lösungen will Walter später schreiben.

Umkehrosmose, Meereswasser zu Trinkwasser umwandeln: Von seinen Partikeln gereinigt, wird Meerwasser unter hohem Druck durch extrem dünne Membranen geschickt, die Salz zurückhalten. Obwohl die Kosten in 40 Jahren durch zehn geteilt wurden, bleibt diese Technologie sehr energieintensiv. Deshalb arbeitet das Unternehmen Suez, das mehr als 250 Entsalzungsanlagen gebaut hat, in Abu Dhabi an einem solarbetriebenen Anlagenprojekt. Mascara Renewable Water versucht, mit einer batterielosen Solar-Photovoltaic-Entsalzungslösung 40 Kubikmeter Trinkwasser pro Tag zu liefern und damit die Energiekosten zu halbieren.[324]

Ein Prozess namens AquaOmnes von Adionics: Im Gegensatz zur Umkehrosmose hat Adionics eine chemische Flüssigkeit entwickelt, die Salz direkt extrahiert. Dies, so Dominique Mabire, der technische Direktor des Unternehmens, teile den Energieverbrauch durch drei, vermeide aber vor allem die Einleitung von sehr salzigem Wasser ins Meer. Bei herkömmlichen Behandlungen ist es in der Tat, um einen Liter demineralisiertes Wasser zu erhalten, notwendig, ein anderes, sehr salziges Wasser abzulehnen. Diese Lösungen können sehr hilfreich sein, wobei die Transportkosten von Salzwasser ins Landesinnere kostenintensiv sein können.[325]

Kampf um die Technik bis ins Weltall

Gibt es Wasser auf dem Mond, auf dem Mars und überhaupt im Weltraum? Diese Fragen beschäftigt die Menschheit seitdem es möglich ist, ins Weltall zu fliegen. Das erste Mal erlebte Walter in jungen Jahren die Raumfahrt live vor dem Schwarz-weiß-Fernseher am 16. Juli 1969. Ein Mensch im Weltraum! Eine Sensation! Inzwischen fliegen regelmäßig Astronauten auf der Raumstation International Space Station ISS und führen dort viele wissenschaftliche Experimente durch. Es wurde sogar Wasser auf dem Mars geortet. Aber der Reihe nach. Im Bereich Wasserforschung hat sich Walter führende globale Expertenorganisationen und Universitäten ausgesucht, die sich nicht auf der ISS befinden, sondern auf der Erde. Eine Zusammenstellung fand er im Smart Water Magazin Connecting Waterpeople aus der spanischen Hauptstadt Madrid.[326]

Wasserforschung und die LAWA in Neuseeland

Sehr hoch angesehen ist die LAWA Land, Luft, Wasser Aotearoa in Neuseeland. Sie betreibt einen aktiven Austausch wissenschaftlicher Daten zwischen dem Te Uru Kahika Regional and Unitary Councils Aotearoa, dem Cawthron Institute, dem Umweltministerium Neuseelands, dem Department of Conservation, Statistics New Zealand, der Tindall Foundation, der Massey University und anderen Universitäten weltweit. Die University of Otago in Neuseeland gehört zu den besten ein Prozent der Universitäten der Welt. An dritter Stelle im Bereich Forschung liegt die Universität Bonn. 1818 gegründet, ist sie eine der bedeutendsten Hochschulen Deutschlands. Als Lernort für über 34.000

Studierende genießt sie im In- und Ausland einen hervorragenden Ruf.[327]

Die Chinese Academy of Sciences ist die größte chinesische Akademie der Wissenschaften und der Dreh- und Angelpunkt von Chinas Bestreben, Hochtechnologie und Naturwissenschaften zum Wohle Chinas und der Welt zu erforschen und zu nutzen. Danach folgen die Stanford University und die King Abdullah University of Science and Technology, KAUST. An siebter Stelle liegt die Universitat de Barcelona, gefolgt von der UNU-INWEH.[328]

Die UNU-INWEH ist ein Institute der Universität der Vereinten Nationen (UNU), ein akademischer Arm der Vereinten Nationen, der auf Wasser, Umwelt und Gesundheit spezialisiert ist, INWAH Institute for Water, Environment and Health. Die 13 Forschungs- und Ausbildungsinstitute der Universität befinden sich in zwölf Ländern und befassen sich mit einer Reihe globaler Entwicklungsherausforderungen. UNU-INWEH ist auf Wasser für Entwicklungsländer spezialisiert, arbeitet vor allem mit Staaten des Globalen Südens zusammen und befasst sich mit Wasserfragen von globaler Bedeutung. Wasser ist der Ausgangspunkt für alle Aktivitäten von UNU-INWEH, einschließlich Umwelt und Gesundheit. Das Institut befasst sich vor allem mit kontinentalen Herausforderungen der Wasserressourcen.[329]

An neunter Stelle der besten Forschungseinrichtungen befinden sich die NASA National Aeronautics and Space Administration[330] und an zehnter Stelle das MIT Massachusetts Institute of Technology.[331] Weitere Einrichtungen schaut sich Walter nicht mehr an, es sind einfach zu viele.[332]

Wissenschaft und umweltverträgliche Düngemittel

Im Folgenden werden einige bahnbrechenden wissenschaftliche Erkenntnisse und Forschungsergebnisse vorgestellt, darunter ein umweltfreundliches Düngemittel.[333] Eine umweltfreundlichere und kostengünstigere Alternative zu chemischen Düngemitteln wurde 2018 von dem US-amerikanischen Startup Pivot-Bio entwickelt. Diese basiert auf natürlichen Mikroorganismen und kann Stickstoff in Pflanzen binden. Probiotika Mikroorganismen der Gattung Rhizobium leben in den Wurzeln der Pflanzen und bilden dort ein Enzym namens Nitrogenase. Sie sind in der Lage, atmosphärischen Stickstoff zu fixieren. Diese Bakterien kommen jedoch nur in Hülsenfrüchten wie zum Beispiel Klee, Luzerne, Linsen oder Erbsen vor. Große Getreidesorten wie Mais, Sojabohnen oder Weizen sind nicht in der Lage, Stickstoff zu fixieren. Deshalb müssen sie mit chemischen Düngemitteln behandelt werden. Das amerikanische Startup PivotBio hat es dennoch geschafft, einen natürlichen Dünger auf Basis von Probiotika zu entwickeln, der auf Mais aufgetragen werden soll. Dieses Produkt, das in flüssiger Form vorliegt, wird während der Pflanzung in der Furche aufgetragen. Die Mikroben bilden daraufhin eine symbiotische Bindung mit den Wurzeln der Pflanzen, die dadurch in der Lage sind, Stickstoff zu fixieren. „Das Problem ist, dass durch den Anbau in Stickstoff gesättigten Böden viele Mikroben ihre Fähigkeit verloren haben, Stickstoff zu binden“, sagte Karsten Temme, der CEO des Startups mit Sitz im kalifornischen Berkeley. Zur Identifizierung der richtigen Stämme erstellte das Unternehmen zunächst eine detaillierte Boden-Mikrobiomkarte, um das Potenzial jedes Bakteriums zu bestimmen. Die besten werden ausgewählt und genetisch bearbeitet, um ihre Fähigkeit zur Umwandlung von Stickstoff zu wecken. „Ohne Rückgriff auf transgene Techniken“, betonte Karsten Temme, der seine Produkte nicht mit GVO gleichsetzen will.

„Weil Mikroben an den Wurzeln haften, werden sie bei Regen nicht wie chemischer Dünger ausgelaugt", sagte Temme. Dies ermöglicht es, sowohl Dosen besser zu berechnen als auch weniger Material zu verwenden. Darüber hinaus genügt zu Beginn der Saison eine einzige Anwendung. Es besteht keine Notwendigkeit, kontinuierlich Dünger auf die Felder zu sprühen. Es ergibt sich eine deutliche Zeit- und Kostenersparnis für die Landwirte. Die erzielten Einsparungen belaufen sich auf acht US-Dollar pro Hektar. Diese Lösung wird seit 2019 in den USA vermarktet und das Startup zielt nun auf Brasilien, Argentinien und Kanada ab. Nach Mais werden neue Produkte für Weizen, Reis und Sojabohnen entwickelt.

Die probiotische Landwirtschaft ist Gegenstand vieler Forschungen. Das Startup Joyn Bio arbeitet beispielsweise an gentechnisch verändertem, „selbstfruchtendem" Getreide, indem es mit stickstofffixierenden Bakterien impft. Die Lallemand Plant Care Group, Weltmarktführer auf diesem Sektor, vermarktet Produkte auf der Basis von Bakterien, die Phosphor lösen, der für das Wachstum und die Qualität von Pflanzen unerlässlich ist, oder Mykorrhizapilze, die das Wurzelwachstum der Pflanze stimulieren, die sich besser ernähren kann. Für PivotBio besteht kein Zweifel, dass chemische Düngemittel einfach zum Verschwinden verurteilt sind. Eine Art dritte landwirtschaftliche Revolution könnte bevorstehen.

N-Fix, ein in Großbritannien entwickeltes Verfahren, verschafft Pflanzen die Möglichkeit, Luftstickstoff zu nutzen und damit auf Düngemittel zu verzichten. Es wäre nicht mehr notwendig, chemische Kombinationen oder genetische Manipulation zu nutzen. Vielmehr würde es ausreichen, die richtigen Bakterien in die Samen einzuführen. Die Innovation soll in drei Jahren kommerzialisiert werden. Forscher der University of Nottingham in Großbritannien behaupten, eine Methode zur Düngung von

Pflanzen entwickelt zu haben, die einfach, effektiv und völlig natürlich ist. Stickstoff ist ein essenzieller Nährstoff für das Pflanzenwachstum, aber Pflanzen sind nicht in der Lage, ihn in gasförmiger Form zu fixieren. Sie assimilieren es in Form von Nitraten, die dank Bakterien und Pilzen im Boden vorhanden sind. Einige Pflanzen, wie Hülsenfrüchte, haben einen Weg gefunden, die Dienste von stickstofffixierenden Bakterien zu befestigen, indem sie sie in den Knötchen ihrer Wurzeln beherbergen.

Aber viele Pflanzen, dazu gehört auch Getreide, müssen Nitrate aus der Erde pumpen. Bei Intensivkulturen ist der Einsatz von Düngemitteln notwendig, um die begrenzte Menge an mineralischem Stickstoff im Boden auszugleichen. Das Team des Nottingham Centre for Crop Nitrogen Fixation hat offenbar eine Methode entwickelt, die es Pflanzen ermöglicht, Luftstickstoff, der 78 Prozent der Umgebungsluft ausmacht, direkt aufzunehmen. Das Team unter der Leitung des Forschers Edward Cocking nutzt ein Bakterium, das in der Lage ist, atmosphärischen Stickstoff zu verwenden. Entdeckt in Zuckerrohr, ist es in der Lage, in die Zellen der Pflanze einzudringen. Nach ihren Forschungen würde dieser Mikroorganismus dasselbe mit den meisten Kulturpflanzen tun.

Beim N-Fix Verfahren der Firma Azotic Technologies werden die Bakterien direkt in den Samen injiziert. Wenn sie sich in die Zellen des Wirts einfügen, geben sie ihnen die Möglichkeit, Stickstoff aus der Luft zu fixieren. Wie die Zooxanthellen-Algen, die in einer Korallenzelle installiert sind und ihren Wirt durch Photosynthese ernähren, führt der N-Fix-Prozess zu einer Symbiose zwischen dem Bakterium und der Zelle. Der eine findet Zuflucht und Nährstoffe, der andere kann Stickstoff aus der Luft binden. Wenn dies tatsächlich auf alle landwirtschaftlichen Kulturen anwendbar wäre, würde es ermöglichen, die Bodenverschmutzung auf Nitrate zu begrenzen, die heute als Hauptursache für die Verschmutzung großer Grundwasserreservoirs gelten.

Smart Cities: Trinkwasser-/Abwasseraufbereitung

Unsere Großstädte sind Wasserspender für ihre Bewohner, aber auch regelrechte Wasserfresser. Vier Vorhaben mit deutscher Beteiligung wurden vom „Smart Water Management for Sustainable Society“ 2019 ausgewählt, und 2023 ausgewertet. Es geht um den innovativen Einsatz der UV-LED-Technik zur Trinkwasser- und Abwasseraufbereitung für nachhaltiges Wassermanagement (InLEDapp), die Bodenöko-Technologie zur Gewinnung von Wasservorrat in gestörten Wäldern (SoilWater), die Beseitigung von Hindernissen bei der Anwendung von Membran-Technologie oder Intelligentes Wassermanagement in den Städten der Zukunft (RealMethod), und um den organisatorischen Rahmen- und Entscheidungsprozess bei der Wasserwiederverwendung für Smart Cities (SMART-WaterDomain).

Innovativer Einsatz der UV-LED-Technik zur Trinkwasser- und Abwasseraufbereitung für nachhaltiges Wassermanagement (InLEDapp)

Die UV-LED-Technik ist ein dynamisch wachsender Teilbereich in der Wasseraufbereitung. Deutsche und japanische Firmen verfügen auf diesem Sektor über eine gute Ausgangsbasis, um die künftige Entwicklung aktiv mitzugestalten. Mit dem Forschungsvorhaben können Fragen der Standardisierung der UV-LED-Systeme auf internationaler Ebene adressiert werden. Dies sichert eine hohe Qualität künftiger Systeme, womit sich auch eine nachhaltige Marktführerschaft für deutsche und japanische Firmen etablieren kann. Zudem wird eine stärkere Sichtbarkeit der deutschen Forschung in der japanischen Wissenschaftslandschaft im Bereich der Wasseraufbereitung erwartet. Darüber hinaus legt die internationale Vernetzung mit japanischen und tschechischen Wissenschaftlern den Grundstein für weitere Kooperationen im Bereich innovativer Technologien sowie anderer gemeinsamer Schnittstellen unterschiedlichster Themengebiete.

Bodenöko-Technologie zur Gewinnung von Wasservorrat in gestörten Wäldern (SoilWater)

Gesamtziel des Verbundprojektes ist die Entwicklung von innovativen Maßnahmen zur nachhaltigen Verbesserung des Landschaftswasserhaushalts in Regionen Europas und Ostasiens, um zur Erreichung des UN-Nachhaltigkeitsziels Nummer 6 beizutragen, das die Verfügbarkeit und nachhaltige Bewirtschaftung von Wasser und Sanitärversorgung für alle Menschen vorsieht. Von zentraler Bedeutung ist dabei eine verbesserte Nutzung des Wasserspeicherpotentials von Waldböden. Das deutsche Teilvorhaben „Wasserspeicherung in Böden von Bergbaufolgelandschaften" konzentriert sich exemplarisch auf durch Bergbau stark gestörte Standorte in der Lausitz (Brandenburg) und untersucht die Potentiale von Böden nach bergbaulicher Störung mit Blick auf den regionalen Landschaftswasserhaushalt. Die Forschungsplattform „Hühnerwasser" bietet dort mit ihren bereits vorliegenden Langzeitdatenreihen und der Möglichkeit, zusätzliche Dauerbeobachtungen zu etablieren, eine Basis für die Identifizierung von Auswirkungen sich entwickelnder Baumbestände auf den Wasserhaushalt eines Ökosystems. Zudem gibt es in dem Braunkohlerevier zahlreiche Standorte, an denen bereits Daten erhoben worden sind, die für die Ziele von SoilWater genutzt werden können.[334]

Intelligentes Wassermanagement in den Städten der Zukunft

Das städtische Wassermanagement steht vor neuen Herausforderungen, wie Verschlechterung und Schwankungen der Qualität des Rohwassers, die teilweise durch das Klima verursacht werden. Mit konventionellen Wasseraufbereitungstechnologien lassen sich diese Probleme nicht lösen. Vielversprechend ist die Membrantechnologie. Diese steht jedoch vor bislang ungelösten Herausforderungen, wie beispielsweise dem „Membranfouling", also Permeabilitätsabfall. Auch die Kontrolle von Mikroverunreinigungen wie Steroidhormonen durch Membranen ist schwierig und erfordert den Einsatz von sehr dichten Membranen, Nanofiltration oder Umkehrosmose, die einen sehr hohen Energiebedarf haben. Fouling und die Entfernung von Mikroverunreinigungen bleiben die größten Hindernisse für eine breite Anwendung von Membranen. Das Projekt zielt darauf ab, die Membrantechnologie durch einerseits die Entwicklung effizienter Entscheidungshilfen für Betreiber von Membranen und andererseits die Entwicklung innovativer Materialien und Verfahren zur Herstellung von Membranverfahren für eine zuverlässige Entfernung von Spurenschadstoffen praktikabler und zuverlässiger zu machen.

Organisation bei der Wasserwiederverwendung für Smart Cities (SMART-WaterDomain)

Das übergreifende Ziel des Projekts ist die Entwicklung eines systematischen Rahmens für die intelligente Wiederverwendung von Wasserressourcen. Das Rahmenwerk wird für organisatorische Entscheidungsprozesse von Firmen und Versorgungsunternehmen genutzt, um die Aufnahme von Abwasser in ihren Betrieb zu erleichtern. Als Ergebnis wird das Rahmenwerk einen Bewertungsmechanismus für Unternehmen bieten, die diese Techniken in ihre Wertschöpfungsketten implementieren. Darüber hinaus wird dieses Instrument bei der Umsetzung von Strategien helfen, die die Akzeptanz von Wasserwiederverwendungspraktiken für die lokale Wirtschaft und Gesellschaft erhöhen. Die wissenschaftlich-technischen und politischen Ziele, die SMART-WaterDomain anstrebt, sind unter anderem eine signifikante Reduzierung des Süßwasserverbrauchs für landwirtschaftliche und industrielle Aktivitäten, die Verbesserung der Rückgewinnung von Ressourcen durch die verstärkte Einführung und Übernahme von Technologien zur Wasserwiederverwendung, die Mobilisierung von wasserbezogenen Investitionen und Synergien, die Schaffung neuer Geschäftsmöglichkeiten und eine erhöhte Wettbewerbsfähigkeit der europäischen Industrien sowie die Unterstützung des Übergangs zu einer Kreislaufwirtschaft, indem der Wert des gereinigten Abwassers als wertvolle Ressource geschätzt wird.

In Deutschland startete im Januar 2022 das Pilotprojekt „Smart Water“ im Rahmen des Berliner Modellprojekts Smart City. Mit Beteiligung von Verwaltung, Wirtschaft, Wissenschaft und Zivilgesellschaft und der Ko-Kreation sollen die Projektanforderungen auf Basis der Ergebnisse die finale Projektbeschreibung erstellt werden. Bis zum Herbst 2022 erarbeitete Berlin als BMI- und KfW-gefördertes Modellprojekt eine neue Smart City-Strategie. Die Pilotprojekte sollen nicht nur eine konkrete Fragestellung bearbeiten und dafür eine innovative Lösung erarbeiten. Ihr Auftrag ist es darüber hinaus, neue Methoden auszuprobieren und Gelerntes weiterzugeben. Sie können dadurch als Vorbild für künftige Smart City-Projekte dienen, wie es im strategischen Rahmen der Berliner Smart City-Strategie bereits mit Öffentlichkeitsbeteiligung erarbeitet und festgehalten wurde. Pilotprojekte sind jeweils einer projektverantwortlichen Organisation zugeordnet und werden zentral durch die Senatskanzlei koordiniert und gesteuert. Das CityLAB Berlin unterstützt die

Senatskanzlei und die Projektverantwortlichen dabei, die Beteiligungsformate durchzuführen. Die Berliner Pilotprojekte haben unterschiedliche Themenschwerpunkte, die für die Smart City relevant sind und verteilen sich räumlich über die Stadt: Smarte Stadtplätze gestalten und betreiben (Hardenbergplatz), Data Governance und datengetriebene Verwaltung, Smart Water Modellierung und Governance, Bürgerhaushalt und smarte Partizipation, Daten in Alltag und Krise Kiezbox 2.0.[335]

Smart Farming Kambodscha und die E-Agriculture

Zurück zur Landwirtschaft, wo die die Informations- und Kommunikationstechnologie (IKT) stetig an Bedeutung gewinnt. Tatsächlich kann die IKT Landwirten dabei helfen, produktiver zu werden und einen besseren Zugang zu Marktinformationen, Finanzierungen und anderen Einrichtungen und Dienstleistungen zu erhalten.

So trägt beispielsweise eine Reihe von IKT-Systemen dazu bei, Landwirte in Kambodscha in landwirtschaftliche Wertschöpfungsketten zu integrieren und ihre Wettbewerbsfähigkeit zu steigern. Ein Großteil der Erfolge Kambodschas bei der Armutsbekämpfung beruhte auf dem Agrarsektor, der in den Jahren 2004 bis 2012 ein außergewöhnliches Wachstum verzeichnete. Aber die landwirtschaftliche Produktivität und Produktion in den letzten Jahren zeigte Anzeichen einer Verlangsamung. Dieser Trend ist auch in Kampong Cham zu verzeichnen, einer Provinz, die als „Landwirtschaftszentrum Kambodschas" bekannt ist. Kampong Cham, Heimat einer wachsenden Zahl von Unternehmen, repräsentiert die Zukunft der schnell wachsenden Wirtschaft Kambodschas und der industriellen und allgemeinen gesellschaftlichen Entwicklung. Die Provinz verfügt über reichlich fruchtbares Land, landwirtschaftliche Arbeit, Zugtiere und

Grundwasserressourcen. Sie profitiert von einem guten Straßennetz und der Nähe zu Vietnam, was Handelsmöglichkeiten mit dem Nettoreisexporteur eröffnet. Die Landwirte stehen jedoch vor zahlreichen Herausforderungen, darunter sinkende Einnahmen, höhere Produktionskosten und Probleme bei der Erreichung der Produktqualität.[336]

E-Agriculture Platform for Kampong Cham Province

Eine aktuelle Studie zeigt, dass eine E-Agriculture-Plattform dazu beitragen kann, die Ineffizienzen anzugehen, die zur mangelnden Wettbewerbsfähigkeit der Landwirte führen. Der Ansatz umfasst vier Komponenten: Climate Smart Agriculture, Agribusiness Portal, Farm Credit und Risk Management (Ernteversicherung). Dies ist eine Zusammenfassung der E-Agriculture Platform for Kampong Cham Province, einer Studie, die von der Asiatischen Entwicklungsbank (ADB) im Rahmen eines Projekts für technische Hilfe finanziert wurde. Der Bericht, der vom ADB-Team für nachhaltige Entwicklung geleitet und vom Indien-Team von Ernst and Young durchgeführt wurde, untersucht die Machbarkeit und Anwendung von IKT-Instrumenten für klimafreundliche und integrative landwirtschaftliche Wertschöpfungsketten in Kampong Cham in Kambodscha.

Auf jeder Stufe der landwirtschaftlichen Wertschöpfungskette gibt es inhärente Merkmale und Herausforderungen, die sich auf die Wettbewerbsfähigkeit des Agrarsektors der Provinz auswirken. Neben unzureichenden Lagermöglichkeiten und dem Lagern der Ernte im Freien, die Schwierigkeiten der Regierung, eine bessere Planung für den Sektor durchzuführen, begrenzte Verknüpfungskanäle zwischen den verschiedenen Akteuren der Wertschöpfungskette sind sich die Landwirte der globalen Qualitätsanforderungen im Reishandel nicht bewusst. Hinzu kommen das das Fehlen von Qualitätskontrollen der fehlende Zugang zu Krediten für Landwirte und mangelnde Kenntnisse zur Bodenverbesserung und vor allem unzureichende Instrumente zur Risikominderung gegen die Auswirkungen des Klimawandels. Landwirte sind extremen klimatischen Bedingungen ausgesetzt – etwa Überschwemmungen, Sturzfluten und Dürren –, was zu großen Ernteverlusten und Einkommensunsicherheiten führt.

E-Agriculture-Plattform

Eine E-Agriculture-Plattform kann die verschiedenen Interessengruppen miteinander verbinden und den Landwirten helfen, aktuelle Herausforderungen zu meistern. Die Plattform wird aus mehreren Zugangskanälen bestehen, darunter Handy, Kiosk, Desktop, Callcenter, Radio und Fernsehen. Das Glasfasernetz in Kambodscha wächst rasant und die meisten Nationalstraßen werden vom Netz abgedeckt. Die Telekommunikationsinfrastruktur von Kampong Cham ist relativ gut im Vergleich mit anderen Regionen Kambodschas. Mehr als 80 Prozent der Landwirte verwenden Mobiltelefone, und davon wiederum 20 Prozent Smartphones. Highspeed-Internet ist zu erschwinglichen Preisen verfügbar und soziale Plattformen, einschließlich Facebook, werden häufig zur Verbreitung von Informationen genutzt.

Die IKT-Lösung besteht aus vier Komponenten: Die Beratung und Information der Landwirte und anderer Interessensträgern, eine klimafreundliche Präzisionslandwirtschaft, bei der landwirtschaftliche Betriebe IT-Komponenten wie Sensoren auf der Grundlage des Internets der Dinge, Drohnen und Satellitenbilder zur Verbesserung der Technik einsetzen werden, Boden- und Reisuntersuchungen, mit denen der Zustand des Bodens und die Qualität der Erzeugnisse bewertet und Verbesserungs- bzw. Korrekturmaßnahmen ergriffen werden können, und einem Rückverfolgbarkeitssystem über die Produkthistorie von der Produktionsphase bis hin zum Endverbraucher.

Das Portal wird über einen E-Marktplatz verfügen, der Produzenten und Käufer miteinander verbindet, um den Bedarf an Zwischenhändlern zu verringern, und es sowohl Produzenten als auch Käufern ermöglichen wird, auf dieselben Marktinformationen zuzugreifen. Dazu gehört auch ein elektronischer Markt für Agrarinputs, der den Handel mit landwirtschaftlichen Betriebsmitteln wie Saatgut und Pflanzgütern, Düngemitteln, Pestiziden und landwirtschaftlichen Geräten erleichtern wird. Ein IKT-Interventionsmodell wird den Landwirten Informationen und Zugang zu formellen Kreditquellen bieten. Dies wird es ihnen ermöglichen, kostengünstige Kredite direkt von Finanzinstituten in Anspruch zu nehmen. Die Finanzinstitute erhalten Einblick in die vorangegangenen Transaktionen der Landwirte, um daraus Schlussfolgerungen für Differenzzinssätzen ziehen zu können. Das Risikomanagement (Ernteversicherung) wird ein IKT-Interventionsmodell sein, welches das Risikomanagementsystem und das Auszahlungsprogramm der Regierung unterstützt. Dies soll den Weg für die Schaffung von landwirtschaftlichen Versicherungsprodukten ebnen.

Ist-Zustand vom Weltall aus

Endlich ist ein Teil des Problems gelöst! Für die Metropolen entwickeln sich die Smart Cities und für die Landwirtschaft die E-Agriculture. Naja nicht ganz. Vom Weltraum aus soll es möglich werden, Wasserverfügbarkeit und Wassergüte zu messen. Das wäre doch sehr gut, um den langersehnten Ist-Zustand des Wassers auf der Erde festzustellen. Damit wären die Regierungen in der Lage, bessere Entscheidungen für ihre Bevölkerungen zu treffen. Dazu hat Walter zwei verschiedene Projekte gefunden, die sich dem Thema widmen. Eine Lösung kommt von der deutschen Regierung mit Satellitenunterstützung und eine andere von einem kleinen Unternehmen aus Freiburg.

Aus Deutschland kommt die Satellitenmission EnMAP, Environmental Mapping and Analysis Program.[337] Das Programm hat sich die Beantwortung folgender Fragen zur Aufgabe gestellt: Welche Gebiete sind von Wassermangel und Wassergüteproblemen betroffen? Wie verstärken Klimawandel und menschliche Aktivitäten diese Probleme? Wo sind die natürlichen Ressourcen? Wie können natürliche Ressourcen wie Lagerstätten, Energie, Boden und Grundwasser, erkundet, überwacht und nachhaltig genutzt werden? Welchen Einfluss haben menschliche Aktivitäten, wie Industrie, Bergbau und Landwirtschaft, auf den Zustand natürlicher Ressourcen? Wie groß sind der Grad und der Umfang von Umweltschäden und wie verläuft die Sanierung der Schäden? Welche Gefährdungen und Risiken gibt es? Wie anfällig sind bestimmte Regionen für natürliche und anthropogene Gefahren? Welche Gebiete sind im Schadenfall wie stark betroffen?

Eine Antwort auf den Ist-Süßwasserzustand unserer Erde?

Das sind viele Fragen, die die EnMAP Satellitenmission mithilfe seines deutschen Erdbeobachtungssatelliten beantworten will. Der Satellit wird mittels abbildender Spektroskopie die Erdoberfläche diagnostisch charakterisieren und Umweltveränderungen aufzeichnen. Die abbildende Spektroskopie ist eine neue Fernerkundungstechnologie, mit deren Hilfe ein größerer, weit über das sichtbare Licht hinausgehender Wellenlängenbereich mit vielen, aneinandergereihten, schmalen Kanälen bildlich aufgezeichnet wird. Diese viel-kanaligen Bilder, sogenannte Hyperspektralbilder, können für jedes einzelne Bildelement kontinuierliche Spektren darstellen, die bei entsprechender Weiterverarbeitung die unmittelbare Identifikation der aufgezeichneten Materialien und deren Quantifizierung ermöglichen. Dadurch können Minerale in Gesteinen und Böden identifiziert, Vegetationsbestandteile und -zustände erfasst, und Wasserinhaltsstoffe bestimmt werden. EnMAP wird Informationen über die Erdoberfläche liefern, um wichtige Antworten für die Land- und Forstwirtschaft, für die Ökosystemzusammensetzung und -dynamik, für die Geologie und Böden, für die Küsten- und Binnengewässer sowie für die Kryosphäre zu finden.[338]

Globale Herausforderungen durch Veränderungen in unserer Umwelt

Für EnMAP ist die Menschheit im 21. Jahrhundert mit fundamentalen Herausforderungen konfrontiert. Die wichtigsten Aufgaben sind es, die globale Landnutzung nachhaltig zu gestalten, sich auf die vielseitigen Folgen des Klimawandels einzustellen, der fortschreitenden Umweltzerstörung entgegenzuwirken und den nachhaltigen Umgang mit natürlichen Ressourcen sicherzustellen. Um den wachsenden Druck auf Gesellschaft und Umwelt bewältigen zu können, müssen diese vielschichtigen, eng miteinander verknüpften Aspekte raumzeitlich erfasst, quantifiziert und verstanden werden. Dabei kann der Satellit verschiedene Regionen der Erdoberfläche so abbilden, dass neue Möglichkeiten entstehen, den Zustand von Ökosystemen, unter anderem des Wassers, zu untersuchen und daraus abgeleitet Entwicklungsprognosen abzugeben. EnMAP soll eine zentrale Bedeutung bei der Bewältigung von Umweltproblemen zukommen, was zu verbesserten nachhaltigen Konzepten in der Bewirtschaftung natürlicher Ressourcen beitragen sollte.[339]

Effizienzsteigerung dank Präzisionsackerbau

Vor dem Hintergrund einer stets anwachsenden Weltbevölkerung kommt der landwirtschaftlichen Produktion als Quelle für Nahrungsmittel und Biomasse eine hohe Bedeutung zu. Aktuellen Hochrechnungen der Vereinten Nationen zufolge werden im Jahr 2100 mehr als elf Milliarden Menschen auf die Versorgung mit landwirtschaftlichen Gütern angewiesen sein. Eine Steigerung der Flächeneffizienz kann in erster Linie durch ein verbessertes Management erreicht werden. Dieses ermöglicht eine Optimierung der Anbau-, Dünge- und Pflanzenschutz- sowie Bewässerungsstrategie und eine Steigerung der Produktion bei gleichzeitiger Reduktion der aufzuwendenden Betriebsmittel. Diese Effizienzsteigerung kann sich durch den sogenannten Präzisionsackerbau, bei dem landwirtschaftliche Nutzflächen kleinräumig gemanagt werden, in der landwirtschaftlichen Praxis durchsetzen.

Satelliten-unterstützte Entscheidungssysteme

Durch die Kombination von Fernerkundungsinformationen mit computergestützten Rechenmodellen können landwirtschaftliche Informationssysteme geschaffen werden, die durch eine kontinuierliche, räumlich differenzierte Informationsbereitstellung Landwirte bei Managemententscheidungen unterstützen. Mit Hilfe solcher Entscheidungsunterstützungssysteme können zum Beispiel Wasserstress-Managementstrategien zeitnah und lokal angepasst werden. Eine große Herausforderung stellt dabei die Gewinnung der gewünschten Informationen aus den Fernerkundungsdaten dar. Die bisherigen multispektralen Erdbeobachtungssensoren spielen dabei eine wesentliche Rolle.[340]

Satelliten so klein wie ein Schuhkarton

Wissenschaftler aus Baden-Württemberg haben ein Teleskop entwickelt, um vom Weltall aus Daten über den Wasserbedarf auf der Erde zu erheben. So will ConstellR jedem Bauern ermöglichen, passgenau Wetterdaten für seine Felder abzurufen, um dadurch die Landwirtschaft klimafester zu machen. Das soll die Landwirtschaft ein Stück weit revolutionieren. Erste Bilder sind schon da. Sie seien scharf und ermöglichten einen guten Blick etwa auf Straßen, Flüsse und Felder, wie eine Sprecherin der Freiburger Firma ConstellR mitteilte. Das deutet auf ein großes Potenzial hin. Möglich macht dies ein Messsystem, das integriert in Kleinsatelliten hochgenaue Temperaturdaten ermittelt. Die Daten werden von Smart-Farming-Firmen aufbereitet und liefern Landwirten Feld-genaue und detaillierte Informationen. Beispiel: „Sie sollten Ihre Felder heute bewässern und morgen die Ernte einholen." Denn aufgrund des Klimawandels wird es stets schwieriger, die Felder auf Grundlage von Erfahrungswerten zu bestellen; stattdessen müssen sich die Landwirte auf Wassermangel und Starkwetterereignisse einstellen.

Daten dieser Art ermitteln zwar schon heutige Satelliten. Doch sind diese Erdtrabanten meist so groß wie ein Bus, eine einzige Satellitenmission kostet bis zu 800 Millionen Euro. Deshalb gibt es zu wenige, und über dem Feld des Landwirts zieht der Satellit nur alle paar Wochen einmal seine Bahn. Die beiden Forscher konnten die Messinstrumente so stark verkleinern, dass sie von Kleinsatelliten in der Größe eines Schuhkartons getragen werden können. Die Kosten wurden dadurch um den Faktor 400 gesenkt. Die Daten können täglich mit einer räumlichen Genauigkeit von unter 100 Metern ermittelt werden. Die Jungunternehmer testeten den Prototyp eines neuen Messinstruments auf der internationalen Raumstation ISS. Die Technologie besteht in erster Linie aus einem Spiegelteleskop mit einer Thermalinfrarotkamera und einem miniaturisierten Computer zur Datenverarbeitung. Sie soll künftig in Satelliten eingebaut werden, die Daten zur Temperatur an der Erdoberfläche sammeln. An dem Teleskop beteiligt sind das Fraunhofer-Institut für Kurzzeitdynamik EMI aus Freiburg, das Fraunhofer-Institut für Angewandte Optik und Feinmechanik IOF aus Jena sowie das Jenaer Unternehmen Spaceoptix. Das Bundeswirtschaftsministerium fördert die Experimente auf der ISS.

Weltraum für Wasser

Seitens der Vereinten Nationen wurde innerhalb des Programms UNOOSA, United Nations Office for Outer Space Affairs, der Bereich Weltraum für Wasser gegründet. Der Sektor wird auch vom Prince Sultan Bin Abdulaziz International Prize for Water (PSIPW) unterstützt. Space for Water hat ein Weltraum- und Wasser-Web-Portal entwickelt, um die Wasserwirtschaft mit dem Weltraumsektor zu vernetzen. Das Portal enthält Wasserdaten und interaktive Datenbanken zur Wasserforschung, Informationen über Organisationen und Firmen, die sich mit der Ressource Wasser beschäftigen, und Datensätze mit Weltraum- und Geodaten sowie Satellitenbildern und Applikationen. Das Büro des UNOOSA befindet sich in Wien.

Duschen wie auf dem Mars

Während seiner Forschungsarbeit mit der NASA am Projekt „Journey to Mars“ am Johnson Space Center im Jahr 2012 entwarf Mehrdad Mahdjoubi, ein Master of Fine Arts (MFA) – Absolvent des Industrial Design-Programms an der Universität Lund in Schweden –, seine Idee für die „Oas“. Mahdjoubi war sich der Notwendigkeit bewusst, lebenswichtige Ressourcen während der Raumfahrt zu schonen, und erkannte schnell das Potenzial für eine solche Technologie auf der Erde, wo Süßwasserknappheit in vielen Teilen der Welt die Menschen unter Stress setzt. „Wir haben uns gefragt, ob wir auf dem Mars unter den gleichen Bedingungen leben könnten wie auf der Erde", erklärte Mahdjoubi: „Dann wurde mir klar, dass wir unsere Ressourcen so clever wie möglich einsetzen müssen."

Ein geschlossenes Duschsystem

So wurde der Schwede Mehrdad Mahdjoubi Erfinder der „Oas", eines geschlossenen Duschsystems, das Wasser spart, indem es gefiltert und wiederverwendet wird. Im Vergleich zu herkömmlichen Duschen reduziert seine Erfindung den Wasserverbrauch um 90 Prozent und den Energieverbrauch um 80 Prozent. „Die Erfindung von Mehrdad Mahdjoubi ist eine neue Art, Wasser angesichts wachsender Knappheit zu recyceln", sagte EPA-Präsident Benoît Battistelli bei der Bekanntgabe der Finalisten des Europäischen Erfinderpreises 2018. „Diese Erfindung ist ein hervorragendes Beispiel für patentierte Lösungen, die kleinere Unternehmen anbieten können, um die Entwicklung und Verbreitung nachhaltiger Technologien zu unterstützen." Mahdjoubis bahnbrechende geschlossene Dusche, die nur fünf Liter Wasser pro Duschvorgang zirkulieren lässt, schuf eine neue Möglichkeit, den Wasserverbrauch im Badezimmer zu reduzieren, ein Bereich, der sich seit einem halben Jahrhundert kaum verändert hatte. Während andere Haushaltsgeräte wie Waschmaschinen und Geschirrspüler wasser- und energieeffizienter wurden, sprühen herkömmliche Duschen in Europa weiterhin etwa zehn Liter Wasser pro Minute aus. Nach diesen Maßstäben könnte eine zehnminütige Dusche – wovon nur wenige Minuten damit verbracht werden, Seife und Shampoo abzuspülen – 100 Liter Wasser verbrauchen.[341]

Das Wasser wird in Echtzeit gereinigt

Mahdjoubis Lösung bestand darin, ein System zu entwickeln, das Wasser spart, indem es „in Echtzeit" gereinigt wird. Das System analysiert zunächst die Qualität des Wassers, indem es seine Leitfähigkeit misst – eine höhere Leitfähigkeit bedeutet ein höheres Vorhandensein von Verunreinigungen – und pumpt es dann durch zwei Filter zur Reinigung. Der erste ist ein Mikron Filter, der größere Partikel wie Schmutz und Haut entfernt. Der zweite ist ein UV-Filter, der Mikroorganismen im Wasser neutralisiert, darunter Bakterien, Viren und Blut. Jedes Wasser, das zu stark kontaminiert ist, um gereinigt zu werden, wird vom System erkannt und automatisch ausgespült. Das gereinigte Wasser durchläuft als nächstes eine Heizung, bevor es in den Duschkopf zurückgeführt wird. Da die Wassertemperatur vom Duschkopf bis zum Abfluss nur wenig sinkt, wird nur wenig Energie benötigt, um sie wieder auf die richtige Temperatur zu bringen.

Jegliches Wasser, das vom System entfernt oder während der Dusche ausgespritzt wird, wird automatisch ersetzt. Am Ende jeder Dusche spült das System das Wasser aus und ersetzt es durch eine frische Versorgung für den nächsten Benutzer. Eine App ermöglicht es Oas-Nutzern, ihren Wasser- und Energieverbrauch im Auge zu behalten, und warnt sie, wenn Filter gewechselt und zum Recycling zurückgegeben werden müssen. Mahdjoubi gründete Orbital Systems im Jahr 2012 und startete die kommerzielle Vermarktung von Oas 2017. Passend zu einer Dusche, die nach dem schwedischen Wort für Oase benannt ist, ist die Oas die effizienteste Dusche der Welt in Bezug auf Wasser- und Energieeinsparung. Es ist das einzige Produkt seiner Art auf dem Markt. Seit seiner Einführung schätzt Orbital Systems, dass das System fast 13 Millionen Liter Wasser eingespart hat.[342]

Aufgrund seiner nachhaltigen Nutzung von Wasser und Energie ist es ein System, das offensichtliche Vorteile an Orten mit Wasserknappheit auf der ganzen Welt bietet, von Südkalifornien bis Südafrika. Es ist zudem von großem Nutzen an Orten, an denen viele Menschen duschen, wie Sportvereine und öffentliche Schwimmbäder. Die Tatsache, dass es das wenige Wasser, das es verbraucht, reinigt, hat offensichtliche Vorteile für Krankenhäuser und Pflegeheime. Selbst in Gebieten, in denen keine Wasserknappheit herrscht, hat die Oas immer noch Vorteile gegenüber herkömmlichen Duschen, die über die Effizienz und den Einsatz von krankheitsfreiem Wasser hinausgehen. In Haushalten, in denen der Wasserfluss eingeschränkt oder reduziert ist, kann es mehr als das Doppelte des Wasserflusses liefern. Wegen seines geschlossenen Systems unterliegt es auch keinen Temperatur- oder Druckschwankungen aufgrund von Wasser, das an anderer Stelle im Haus verbraucht wird.

Globales Potenzial

Der Weltmarkt für Duschköpfe und Duschpaneele wird bis 2024 voraussichtlich einen Wert von rund 3,3 Milliarden Euro erreichen. Die Rolle als First Mover in einem neuen Markt zu übernehmen, erfordert sowohl finanzielle Unterstützung als auch ein starkes Portfolio an geistigem Eigentum. Daher hat Orbital Systems eine energische IP-Strategie (Intellectual Property) mit der Beschaffung von Investitionen in Höhe von mindestens 25 Millionen Euro gekoppelt. Zu den Geldgebern gehören Karl-Johan Persson, CEO von Hennes & Mauritz (H&M), und Niklas Zennström, Mitbegründer von Skype Technologies. Das Unternehmen mit Hauptsitz im schwedischen Malmö und Niederlassungen in den USA, beschäftigt über 50 Mitarbeiter und produziert weniger als 1.000 Oas-Einheiten pro Jahr, die jeweils etwa 3.000 Euro kosten. CEO und Gründer Mahdjoubi glaubt jedoch, dass der Preis für die Dusche mit steigender Produktion dramatisch sinken wird und in den nächsten Jahren bei 500 Euro liegen könnte.

Da sich das Unternehmen vom Gesamtstil der Dusche entfernt, um sich auf die Entwicklung der Kerntechnologie zu konzentrieren, sieht der Schwede den Preis der Oas noch weiter sinken und damit dazu beitragen, die Bedürfnisse der Ländern des globalen Süden zu erfüllen. „In Zukunft stelle ich mir das Unternehmen eher als `Intel Inside´-Geschäft vor, indem wir die Kerntechnologie ermöglichen und die Duschköpfe und Armaturen herkömmliche Marken sein können“, sagte Mahdjoubi. „Ich möchte diese Technologie nicht daran hindern, andere Menschen zu erreichen, weil sie schwedisches Design nicht mögen.“ Als Sohn iranischstämmiger Architekteneltern, wurde Mahdjoubi, von der Kunst des Entwerfens von Gebäuden inspiriert, aber er fühlte, dass im Bereich des Industriedesigns eine größere Bandbreite an Möglichkeiten bestand. Im Jahr 2016 wurde Mahdjoubi in die Liste „30 under 30“ des Forbes-Magazins aufgenommen, die die vielversprechendsten jungen Branchen- und Geschäftsleute der Welt auszeichnet. Als Ergebnis seiner Arbeit an der Entwicklung des Oas-Systems hat er eine Reihe von Preisen gewonnen, darunter den berühmten schwedischen Erfinderpreis SKAPA Development Award 2014. Im selben Jahr wurde er von der schwedischen Handelskammer zum Technologen des Jahres ernannt. Die Oas wurde 2015 von der Space Foundation, einer gemeinnützigen Organisation mit Sitz im US-amerikanischen Colorado mit dem Space Technology-Siegel ausgezeichnet. Zudem wurde das System 2018 mit dem German Design Award for Excellent Product Design in Bath & Wellness ausgezeichnet.

Was jeder von uns tun kann

Nicht nur beim Regenwasserernten, sondern in vielen Bereiche kann jeder von uns etwas im Kampf gegen die Wasserknappheit tun. Die wichtigste Erkenntnis: Wasserflaschen gilt es zu vermeiden, vor allem in Plastik abgefülltes Wasser. Insgesamt hat abgefülltes Wasser 1.400-mal stärkere Auswirkungen auf die Ökosysteme als Leitungswasser.

Jeder von uns kann Wasser sparen

Im spanischen Barcelona wird die Wasserflasche trotz Verbesserungen der Qualität von Leitungswasser in den letzten Jahren immer beliebter. Sollte die Bevölkerung der Stadt nur noch Wasser aus Flaschen trinken, würde dies zu rund 3.500-mal höheren Kosten für die Ressourcengewinnung führen würde, als wenn sie alle Leitungswasser trinken würden, bei 83,9 Millionen Dollar pro Jahr. Gesundheitliche Gründe rechtfertigten die breite Verwendung von Wasser in Flaschen. Streng genommen ist das Trinken von Leitungswasser schlechter für die lokale Wasserentnahme. Aber wenn man beides betrachtet, ist der Gewinn durch das Trinken von abgefülltem Wasser minimal. Es ist ziemlich offensichtlich, dass die Umweltauswirkungen von abgefülltem Wasser im Vergleich zu Leitungswasser höher sind. In den USA werden 17 Millionen Fässer Öl benötigt, um den Kunststoff herzustellen, der für den jährlichen Wasserbedarf in Flaschen benötigt wird. Darüber hinaus ist abgefülltes Wasser in Großbritannien mindestens 500-mal teurer als Leitungswasser. Strengere und angewandte Richtlinien bezüglich Wasser in Plastikflaschen sind notwendig. Der Zugang zu öffentlichem Wasser und Brunnen sollte verbessert werden. In öffentlichen Gebäuden, Bus und

Bahn genauso wie an Tankstellen sollte es möglich sein, seine eigene Flasche mitzubringen und abzufüllen.[343]

Wasser bewusster wahrnehmen und sein Konsumverhalten ändern

Bewusstsein heißt auch, sein Wasserwissen zu erhöhen. Zum Beispiel den Wasserkreislauf zu verstehen, also den Zusammenhang zwischen dem Wasser in unserer Wasserleitung, dem Regen, der Erde und die Wolkenbildung. Mehr über den Wasserschutz, über Wasserschutzgebiete und ihre Pflanzen und Tiere zu erfahren. Neben dem direkten Trinkwasserverbrauch, sorgt vor allem der indirekte Wasserverbrauch für das Umweltproblem der Wasserknappheit. Es gibt wirklich viele Ansatzpunkte dafür, den direkten Wasserverbrauch im Alltag zu reduzieren. Jeder und jede kann bewusst darauf achten, wo überall Wasser benötigt wird. Bewusster konsumieren heißt sein eigenes Konsumverhalten zu beobachten. Denn unser persönlicher, täglicher Wasserverbrauch ist vor allem auf unser Konsumverhalten zurückzuführen. Inzwischen wissen wir, dass eine Jeans sehr viel Wasser für ihre Produktion benötigt.

Bezüglich unserer Kleidung: Ist es wirklich notwendig, stets eine neue Jeans zu kaufen? Baumwolle für Kleidung wird meist dort angebaut, wo es heiß ist und kaum regnet. Die Felder werden daher mit Wasser aus Flüssen und Seen bewässert, die dadurch austrocknen. Fast Fashion und Billigprodukte sorgen daher für Wasserknappheit. Muss jeder von uns seine Kleider wieder einmal in der Kleidersammlung abgeben? Vielleicht wäre es wieder sinnvoll, wie unsere Eltern, in gute Qualitätskleidung zu investieren, und diese länger zu behalten. Zudem muss Kleidung nicht nach jedem Gebrauch gewaschen, sondern kann zwischendurch auch gelüftet werden.

Die Lebensmittelverschwendung zu reduzieren hilft, den indirekten Wasserverbrauch zu senken. Es genügt, genau die Menge an Lebensmittel zu kaufen, die gebraucht werden. Zudem sind regionale und saisonale Lebensmittel wassersparender. Ist es notwendig, Orangen aus Spanien oder Kiwis aus Australien mitten im Sommer zu konsumieren? Muss es täglich ein Avocado sein? Diese müssen stark bewässert werden, und sorgen für Wasserknappheit vor Ort. Auch der Fleischkonsum kann etwas reduziert werden. Viele von uns arbeiten nicht im Bergbau und brauchen daher nicht zweimal am Tag ein Steak auf dem Tisch. Rinder trinken tausende Liter Wasser und auch ihr Futter muss bewässert werden. Inklusive der Reinigung der Ställe werden für ein Kilogramm Fleisch 15.500 Liter Wasser verbraucht.[344]

Nicht nur bei sich zuhause, sondern auch in den Urlaubsregionen kann Wasser gespart werden. Viele dieser Regionen befinden sich in den Gebieten, in denen die Wasserknappheit extremer ist als in Europa. Dort sind die Menschen oft auf Plastikflaschen angewiesen, denn das Wasser aus der Leitung ist nicht trinkbar. Müssen wir also unbedingt zwei oder gar drei Mal täglich dort duschen, weil es so heiß ist? Können wir, wie in vielen Hotels eingeführt, dieselben Badetücher mehrmals benutzen? Es geht darum, sich bewusst zu machen, dass es nicht überall auf der Welt wie zuhause ist. Das ist aber kein Grund, sich dort wie zu Hause zu verhalten. Walter erinnert sich an eine Reise nach Kuba. Nach ein paar Tagen hatte er sein Hotel in La Havanna unbemerkt verlassen, und zog bei Santiago de Cuba in dem Pilgerort El Cobre. Die Zimmer dort waren ohne Türen, die Matratzen sehr oft benutzt, aber die Gastgeberinnen so freundlich, dass es einfach schön war. Am Wasserhahn tropfe gefühlt ein Tropfen Wasser pro Minute. Walter brauchte immer sehr viel Zeit, um seiner rudimentären Morgentoilette nachzugehen. Er war auch nicht dorthin gekommen, um wie zu Hause zu leben. Er wollte die Menschen dort kennenlernen und ein wenig von ihrem Leben spüren.

Nachfolgend sind einige Tipps von Schülern und Studenten aus sechs Kontinenten im Kampf gegen den Wassermangel im Alltag ausgeführt. Es sind so viele, dass sie nachträglich in Kategorien aufgeteilt wurden. Vorneweg sagen die Jugendlichen: Verwenden Sie Wasser mit Bedacht. Nun folgen die praktischen Wasserspartipps.

Trinkwassersparen und Trinken

Wenn Sie aus dem Wasserhahn trinken, schließen Sie den Wasserhahn, wenn Sie fertig sind.

Wenn Sie Wasser aus einem Glas trinken, nehmen Sie nur so viel, wie Sie brauchen.

Wenn Sie Wasser trinken, versuchen Sie, einen Trinkbrunnen zu benutzen, sofern es einen gibt.

Nutzen Sie eine Wasserflasche unterwegs. Am Ende des Tages kann das übrig gebliebene Wasser in den Garten gegossen werden.

Bringen Sie einen Wasserkanister mit, wenn Sie aus einem Brunnen trinken.

Bewahren Sie eine Flasche Trinkwasser im Kühlschrank auf.

Vermeiden Sie Wasser in Flaschen zu kaufen.

Vermeiden Sie es, eine Wasserflasche mit Wasser wegzuwerfen.

Spartipps im Badezimmer

Wenn Sie sich die Hände waschen, schalten Sie das Wasser aus, während Sie die Seife einschäumen.

Schließen Sie den Wasserhahn, während Sie sich die Zähne putzen.

Dabei die Zahnbürste anfeuchten und den Wasserhahn wieder zudrehen. Drei Minuten Putzen und kurz ab- bzw. ausspülen.

Benutzen Sie ein Wasserbecher, um den Mund abzuspülen

Spülen Sie Ihren Rasierer in der Spüle.

Vermeiden Sie es, ein volles Bad mit zu viel Wasser zu nehmen.

Bevorzugen Sie die Dusche statt einer Badewanne.

Duschen Sie maximal fünf Minuten.

Duschen Sie kurz, sonst sind 100 Liter Wasser schnell verbraucht.

Wenn Sie sich in der Dusche einseifen, schließen Sie den Duschhahn.

Verwenden Sie die gute alte Seife anstelle von Duschgels. Gels benötigen zusätzliches Wasser zum Abspülen.

Verwenden Sie den richtigen Wassersparknopf auf der Toilette.

Vermeiden Sie es, die Toilette zu oft zu spülen

Verwenden Sie die Toilette nicht als Aschenbecher oder Papierkorb.

Wenn sich Ihre Toilettenklappe nach dem Spülen nicht richtig schließt, ersetzen Sie sie.

Erwägen Sie den Kauf einer Doppelspültoilette. Diese verfügt über zwei Spüloptionen: einer Halbspülung für flüssige Abfälle und einer Vollspülung für feste Abfälle.

Achten Sie darauf, Ihre Toilette mindestens einmal im Jahr auf Lecks zu testen.

Gießen Sie Lebensmittelfarbe in Ihren Toilettentank ein. Wenn es ohne Spülen in die Schüssel sickert, gibt es ein Leck. Beheben Sie es und beginnen Sie, Geld zu sparen.

Überprüfen Sie, ob der Wasserhahn beim Verlassen des Badezimmers vollständig zugedreht ist.

Wassersparen im Haushalt

Verwenden Sie die Spülmaschine oder Waschmaschine nur mit voller Ladung.

Benutzen Sie lieber die Spülmaschine als von Hand zu spülen.

Wenn Sie das Geschirr von Hand spülen, lassen Sie das Wasser nicht aus dem Wasserhahn laufen.

Minimieren Sie die Verwendung von Küchenspüle-Müllentsorgungseinheiten.

Verwenden Sie eine Gießkanne, um Pflanzen zu bewässern.

Verwenden Sie einen Eimer, um die Böden zu reinigen.

Alte Geräte wie Geschirrspüler oder Waschmaschine sollten durch energiesparende Geräte ersetzt werden.

Auch beim Kochen kann gespart werden.

Lassen Sie den Wasserhahn nicht laufen, während Sie Gemüse reinigen.

Verwenden Sie die Pasta-Kochflüssigkeit wieder.

Wasserspartipps für den Außenbereich

Gießen Sie Ihre Pflanzen mit Bedacht.

Gießen Sie Ihren Rasen nur, wenn es nötig ist.

Verwenden Sie wasserfreundliche Geräte.

Trockenes Land sollten Sie nicht bewässern.

Fügen Sie organisches Material hinzu und verwenden Sie effiziente Bewässerungen.

Gießen Sie niemals Wasser in den Abfluss, wenn es eine andere Verwendung dafür gibt. Verwenden Sie es, um Ihre Zimmerpflanzen oder Ihren Garten zu gießen.

Wir sollten versuchen, unser Regenwasser zu sammeln und wiederzuverwenden.

Wenn möglich gilt es, das Regenwasser in einer Tonne auffangen und es zum Bewässern der Pflanzen auf dem Balkon oder im Garten zu verwenden.

Legen Sie eine Mulchschicht um Bäume und Pflanzen.

Pflanzen Sie im Frühjahr und Herbst, wenn der Bewässerungsbedarf geringer ist.

Vermeiden Sie das Gießen, wenn es windig ist.

Pflanzen Sie dürreresistente Rasenflächen, Sträucher und Pflanzen.

Vermeiden Sie es, Sprinkler laufen zu lassen, wenn es regnet, windig oder mitten am Tag ist (Wasser verdunstet).

Stellen Sie den Rasenmäher höher ein. Höheres Gras beschattet die Wurzeln und hält die Bodenfeuchtigkeit besser als kurzes Gras.

Belüften Sie Ihren Rasen regelmäßig. Kleine Löcher ermöglichen es dem Wasser, die Wurzeln zu erreichen, anstatt an der Oberfläche zu laufen.

Versuchen Sie, den Schlauch nicht am Tag nach dem Regen zu benutzen.

Anstatt Springler zu benutzen, graben Sie Löcher auf dem Hof, wo Sie einen kleinen Teich haben und das Wasser von dort aus verwenden können, um den Rasen zu bewässern.

Vermeiden Sie es, Ihren Rasen mit Wintergras zu übersäen. Während Düngemittel das Pflanzenwachstum fördern, erhöhen sie auch den Wasserverbrauch. Beschränken Sie sich auf die erforderliche Mindestmenge an Dünger.

Bauen Sie einen Wasserabfluss zu den Pflanzen in Ihrer Landschaft.

Gießen Sie Ihren Sommerrasen alle drei Tage und Ihren Winterrasen einmal alle fünf Tage.

Verwenden Sie jeweils passende Bewässerungssysteme für Sträucher, Blumenbeete und Rasenflächen.

Verwenden Sie einen Besen anstelle eines Schlauchs, um Einfahrten, Terrassen, Gehwege oder Bürgersteige zu reinigen.

Verwenden Sie einen Eimer und einen Schwamm, um das Auto zu reinigen, statt es mit einem Schlauch abzuspritzen.

Spielen Sie im Sommer nicht zu viel mit Wasser.

Gießen Sie die Pflanzen auf dem Spielplatz mit einer Gießkanne.

Verzichten Sie auf Wasserspiele, Wasserpistolen und Wasserballons.

Kosten prüfen und Lecks reparieren

Vergessen Sie nicht, den Wasserhahn zu schließen, wenn Sie schlafen gehen.

Kreieren Sie Ihren eigenen Wasserkreislauf in Ihrem Haus.

Ersetzen Sie Wasserhähne und Waschbecken durch Water-Sense-Geräte.

Installieren Sie wassersparende Belüfter an allen Ihren Wasserhähnen.

Installieren Sie einen Wasserzähler.

Installieren Sie wassersparende Duschköpfe und Low-Flow-Wasserhahnbelüfter.

Installieren Sie Wasserbelüfter und automatische Absperrvorrichtungen an Wasserhähnen.

Wasserkühler erfordern einen saisonalen Wartungscheck. Für eine effizientere Kühlung überprüfen Sie Ihren Verdunstungskühler jährlich.

Prüfen Sie die Wasserrecycling-Option.

Verwenden Sie Regenwassernutzungstechniken.

Überwachen Sie Ihre Wasserrechnung auf ungewöhnlich hohen Verbrauch.

Ihre Rechnung und Ihr Wasserzähler sind Werkzeuge, die Ihnen helfen können, Lecks zu entdecken.

Überprüfen Sie Ihre Wasserhähne, Duschköpfe und Rohre auf Lecks.

Überprüfen Sie Ihre Toiletten auf Lecks.

Sehen Sie ein Leck, das Sie nicht beheben können, rufen Sie einen Handwerker an.

Machen Sie sich schlau, wie Sie Ihren Wasserzähler verwenden können, um nach Lecks zu suchen.

Lesen Sie den Hauswasserzähler vor und nach einem Zeitraum von zwei Stunden ab, wenn kein Wasser verwendet wird. Wenn das Messgerät nicht genau das Gleiche anzeigt, liegt ein Leck vor.

Reparieren Sie kaputte Toiletten und undichte Wasserhähne, Duschköpfe oder Rohren.

Verzichten Sie auf Duschköpfe, die zu viel Wasser verteilen.

Vermeiden Sie es, Wasser aus Ihrem Trinkglas in den Abfluss zu gießen.

Einige dieser Spartipps mögen trivial klingen. Das ändert aber nichts daran, dass diese vermeintlich einfachsten Dinge im Alltag häufig übersehen oder ignoriert werden.

Wenn man erst einmal anfängt, über seinen Wasserverbrauch nachzudenken, fallen einem häufig noch weitere Möglichkeiten zum Wassersparen ein. Daher lässt Walter nachfolgend etwas Platz für eigene Spartipps

… …

Wasserdiplomatie

Nun hat Walter alle Parameter in der Hand. Gleich wird er seinem Botschafter die Rede überreichen. Dafür hat er einige einfache Schlüsse für Seine Exzellenz zusammengefasst. Denn der Kampf ums Wasser hat erst begonnen. Verursacher ist der Mensch, der durch seine Aktivitäten den Wasserkreislauf durchbrochen hat. Wir Menschen haben das System, das Wasser produziert und recycelt, durcheinandergebracht. Es geht nicht darum, die Schuldigen im Einzelnen zu suchen. Sondern es geht darum, den Wasserkreislauf für künftige Generationen wiederherzustellen. Im sogenannten Circle of Blue wird aufgezeigt, wie dies in 19 Schritten machbar ist.[345]

19 Lösungen im Kampf ums Wasser

Wasserwissen stärken, Verhalten beim Umgang mit Wasser ändern: Möglichst allen Menschen sollte bewusst sein, wie wichtig dieses Element ist. Nicht nur zum Trinken, sondern für die gesamte Erde. Daher sollten sich unser Konsum und unser Lebensstil entsprechend ändern. Eine neue Verhaltensweise bezüglich unserer Wassernutzung ist unumgänglich, von der individuellen Ebene bis hin zu den Lieferketten großer Unternehmen. Einige Regionen, angeführt von Indien, Australien und dem Südwesten der Vereinigten Staaten von Amerika, sind bereits mit der Süßwasserkrise konfrontiert. Das Problem muss weltweit viel besser verstanden werden.

Den Wasserschutz stärken: Vor allem wegen des Klimawandels sind heute neue Technologien zum Wasserschutz mehr denn je in Gebieten nötig, in denen Grund- und Regenwasser zunehmend unberechenbar werden.

Abwassermanagement: Für jedes Land der Erde ist das Thema Abwasser recyceln von höchster Relevanz. Es geht wie in Singapur darum, die Wasserimporte zu reduzieren und autarker zu werden.

Bewässerung der Landwirtschaft: Wie in Madeira stellt eine Verbesserung der Bewässerungs- und landwirtschaftlichen Praktiken eine gute Lösung dar. Natürlich können nicht alle Länder der Welt diese Technik anwenden, aber ähnliche Verfahren haben wir in diesem Buch kennen gelernt. Rund 70 Prozent des weltweiten Süßwassers wird landwirtschaftlich genutzt. Die Verbesserung der Bewässerung kann dazu beitragen, Angebots- und Nachfragelücken zu schließen. In vielen Fällen haben verschwenderische Bewässerungspraktiken einer früheren Ära die heutige Landwirtschaft geschwächt, so dass es immer schwieriger wird, eine wachsende Welt mit Nahrungsmitteln und Ballaststoffen zu versorgen. Beispiele hierfür stellen das Murray-Darling-Becken in Australien, der Aralsee in Zentralasien und der Südwesten der USA dar.

Wasserpreis und Wasserrecht: Angemessene Preise für Wasser und die Rechte am Wasser bedingen sich gegenseitig. Laut Experten der Organisation für wirtschaftliche Zusammenarbeit und Entwicklung (OECD), einem internationalen Wirtschaftsforum von 31 der reichsten Länder der Welt, werden Preiserhöhungen dazu beitragen, Abfall und Umweltverschmutzung zu reduzieren. Aber die Wasserpreissysteme in US-amerikanischen Großstädten zeigen exemplarisch, wie veraltete Preisfindungsmechanismen die falschen Signale senden und reformiert werden müssen. Um die Privatisierung und damit die Wasserpreise nicht allzu stark in die Höhe zu treiben, sind Rechte auf Wasser und

Wasserrechte nicht zu verwechseln, denn Wasserrechte haben in Australien nicht gut funktioniert, wie an anderer Stelle in diesem Buch dargelegt.

Entwicklung energieeffizienter Entsalzungsanlagen: Bisher war die Entsalzung eine energieintensive Antwort auf Wasserknappheit. Typischerweise hat der Nahe Osten seine großen Energiereserven genutzt, um Entsalzungsanlagen zu bauen. Aber Saudi-Arabien könnte mit seiner jüngsten Ankündigung, solarbetriebene Anlagen zu nutzen, eine neue Art der Entsalzung fördern. Großbritannien hat einen anderen Ansatz mit kleinen landwirtschaftlichen Einrichtungen gewählt. Alle diese Innovationen bringen eine weitere benötigte Ressource ans Licht: die Finanzen. Das Kapital für technologische Experimente ist und bleibt eine wichtige Komponente.

Verbesserung der Wassergewinnung: Die Wassergewinnung ist für Gebiete ohne andere zuverlässige Wasserquellen unerlässlich. Pakistan und Indien, zwei Länder, die mit einigen der schlimmsten Auswirkungen des Klimawandels zu kämpfen haben, brauchen überarbeitete Regenwassernutzungssysteme. Diese Bemühungen ermöglichen eine unabhängige Kontrolle der Wasserressourcen.

Gemeinsam handeln: Gemeinschaftsorganisationen bringen Erfahrungen zusammen.

Bessere nationale Umsetzung der Gesetzgebung: Da Wasserknappheit die Ernährungssicherheit und die Umweltverschmutzung erschwert, müssen die Regierungen bessere Richtlinien und Vorschriften definieren. Unabhängig davon liegt es an den öffentlichen Verwaltungen, sicherzustellen, dass die Gemeinden Zugang zu sauberem Wasser haben.

Ökosysteme ganzheitlich managen: Gute Beispiele für ganzheitliches Management sind Gemeinde, die Kläranlagen betreiben und gleichzeitig Partnerschaften mit Erzeugern sauberer Energie eingehen, um Abwasser zur Düngung von Algen und anderen Biokraftstoffpflanzen zu nutzen. Die Pflanzen wiederum saugen Nährstoffe auf und reinigen das Abwasser, wodurch die Pump- und Behandlungskosten erheblich gesenkt werden.

Vertriebsinfrastruktur verbessern: Eine Verbesserung der Vertriebsinfrastruktur zugunsten der Gesundheit und der Wirtschaft ist ebenfalls wichtig. Denn das Problem ist nicht auf die Länder des globalen Südens beschränkt. In den Vereinigten Staaten beispielsweise platzen regelmäßig Rohre, was zu Siedewarnungen führt. Abwasserbehandlungssysteme laufen regelmäßig über und versagen, was unter anderem zu Strandschließungen führt.

Verkleinern des Wasserfußabdrucks von Unternehmen: Der industrielle Wasserverbrauch macht etwa 22 Prozent des weltweiten Verbrauchs aus. Da eine nachhaltige Fertigung angesichts der zunehmenden Wasserknappheit immer wichtiger wird, steht ein Industriesektor in Frage, der Wasser in Flaschen abfüllt, vor allem in Plastikflaschen.

Wasserdiplomatie: Verbindliche internationale Abkommen über Fragen der natürlichen Ressourcen sind notwendig aber oft schwer zu erreichen. Die Klimakonferenzen der Vereinten Nationen sind ein Beweis dafür. Nicht nur, weil die Süßwasserkrise, wohl das sichtbarste und schlimmste der Risiken des Klimawandels, ignoriert wurde. Regionale Abkommen über grenzüberschreitende oder gemeinsam genutzte Gewässer wie der Great Lakes Compact in den Vereinigten Staaten und das Nil-Becken-Abkommen in Afrika sind ebenso schwer zu ratifizieren. Humanitär orientierte Verträge, wie die Trinkwasser-Millenniums-

Entwicklungsziele der Vereinten Nationen, deuten darauf hin, dass umfassende globale Strategien möglich sind.

Bekämpfung der Umweltverschmutzung: Die Messung und Überwachung der Wasserqualität ist für die menschliche Gesundheit und die biologische Vielfalt von entscheidender Bedeutung. Dieses monumentale Thema hat viele Gesichter und kann auf ebenso viele Arten angegangen werden. Sei es mit einem Plastiksammelschiff, das den Ozean von Plastikmüll befreit. Seien es private Initiativen oder Vereine, die am Ufer des Rheins regelmäßig den Müll entfernen. Oder Dokumentarfilme, die uns informieren, wie der Film von Joe Berlinger über das Öl, das den ecuadorianischen Amazonas kontaminiert. Bei der Sicherung der Trinkwasserqualität ist es wichtig, internationale Brücken zu bauen.

Zugang zu Trinkwasser ist ein Menschenrecht: Gleichberechtigter Zugang zu gemeinsamen Ressourcen an Trinkwasser ist ein Grundrecht. Während Länder wie Chile versuchen, die Wasserrechte zu reformieren, überlegen US-Politiker, wie sich die Zugangsrechte beim Bundesschutz des Michigansees, einem der weltweit größten Süßwasserreserven, umsetzen lassen.

Forschung und Entwicklung: Kommunen haben oft nicht sehr viele finanzielle Mitteln zur Verfügung. Sie werden häufig öffentlich-privatwirtschaftliche Partnerschaften anstreben, um auf die Innovationsfähigkeit von Unternehmen zurückzugreifen. So werden beispielsweise Städte, die Kläranlagen betreiben möglicherweise Partnerschaften mit Produzenten sauberer Energie eingehen, um Algen und andere Biokraftstoffpflanzen mit Abwasser zu düngen.

Transfer von Wasserschutztechnologien: Wasserprojekte und Technologietransfer sind für die Ländern des globalen Südens überlebenswichtig. Klimawandel und Wasserknappheit haben die dramatischsten Folgen zum Beispiel in Nordwestindien und in Subsahara-Afrika. Eine vorgeschlagene Lösung besteht darin, Wasserschutztechnologien in diesen trockenen Gebieten einzusetzen. Dies ist allerdings schwierig, da die Volkswirtschaften schwach sind und es Qualifikationslücken gibt, die Behörden oft dazu zwingen, diese Änderungen den Bürgern vor Ort aufzuzwingen.

Klimawandel und Wasserknappheit: Beide haben eine wechselseitige Beziehung, die vom Zwischenstaatlichen Ausschuss für Klimaänderungen (IPCC) identifiziert wurde. Da erneuerbare Energieoptionen verfolgt werden, muss der Wasserverbrauch dieser Minderungstaktiken bei der Herstellung von Alternativen, die von Bioenergiepflanzen bis hin zu Wasserkraft- und Solarkraftwerken reichen, berücksichtigt werden.

Versorgungslücke: Aufgrund des sich beschleunigenden Wachstums der Weltbevölkerung könnte es in Teilen der Welt bis 2030 zu einer Angebots-Nachfrage-Lücke von bis zu 65 Prozent bei den Wasserressourcen kommen. Die entscheidende Rolle des Wassers bei der Nahrungsmittelproduktion muss berücksichtigt werden, da sich die Klima- und Ressourcenbedingungen ändern.[346]

Ganzheitliche, systematische, multilaterale Antwort

Anhand seiner Ergebnisse fragt sich Walter, ob er alle Punkte zufriedenstellend beantwortet hat oder ob noch weitere Schritte notwendig sind. Denn es gibt immer noch Wasserkonflikte, sogar Kriege ums Wasser. Staatliche Grenzen können nun einmal keine Flüsse aufhalten.

Den Prozess der Wasserdiplomatie gilt es fortzusetzen, Vertrauen zwischen Staaten weiter aufzubauen, auf die Bedürfnisse eingehen. Das Verhalten und die Prioritäten der verschiedenen Entscheidungsträger sind komplex und häufig schwer zu verstehen. Für eine Nation geht es bei der länderübergreifenden Zusammenarbeit primär um die Frage: Was nutzt meiner Region? Da diese Frage für alle Beteiligten gilt, resultiert daraus ein langwieriger und schwieriger Prozess, wie etwa in Afrika und in Teilen Asiens. Wassermangel durch den Klimawandel oder schnelle wirtschaftliche Entwicklungen können politische Unruhen auslösen oder verstärken. Wasser ist indes nicht der alleinige Grund für einen Krieg. Durch neue Technologien und die Bereitschaft, Wasser als Teil der menschlichen Sicherheit zu diskutieren, haben wir einen gemeinsamen Anknüpfungspunkt für die Zusammenarbeit.[347]

Einerseits ist der Blick auf regionale Herausforderungen wie Dürren, Überschwemmungen und die verschlechternde Wasserqualität zu konzentrieren. Andererseits sind viele globale Herausforderungen zu berücksichtigen – wie Klimawandel, Verschlechterung des Ökosystems, Landverlust, Urbanisierung, sanitäre Einrichtungen, Armut, Hunger und Migration. Für klare, integrierte Ansätze und ganzheitliche Lösungen stellen eine qualitativ hochwertige Bildung und Forschung die Schlüssel dazu dar.[348]

Während der Covid-19-Pandemie ist der Wert vom Wasser wieder in dem Vordergrund gerückt, nicht nur zum Trinken, sondern auch zum Händewaschen. Dabei ist die Benachteiligung der Länder des globalen Südens wieder einmal deutlich geworden. Zudem hat das Wasser an sich als Informationsträger eine neue Öffentlichkeit bekommen. Denn im Abwasser war es einfach nachzuweisen, in welchem Ausmaß eine Kommune oder eine Region mit Covid-19 infiziert ist.[349]

Die Rede vor der Generalversammlung der Vereinten Nationen am 22. März

Es ist halb acht an diesem 22. März. Walter hat nur noch ein paar Minuten, um die Rede seines Botschafters fertigzustellen. Es wird noch reichen. 2023 findet in New York die erste Konferenz der Vereinten Nationen über Wasser und Sanitärversorgung seit den 1970er Jahren statt. Sie sollte ein klares Signal dafür sein, dass die Erreichung von SDG6 integraler Bestandteil aller drei Säulen der Vereinten Nationen ist: Frieden und Sicherheit, Menschenrechte und Entwicklung. Die Wasser- und Sanitärkrise kann und muss gelöst werden. Verschiedene Länder haben bewiesen, dass dramatische Fortschritte bei der Wasser- und Sanitärversorgung binnen weniger Jahren erzielt werden können und dass sich eine ganz Reihe von Lösungen kostengünstig, effektiv und schnell einsetzen lassen.[350]

Der Generalsekretär der Vereinten Nationen, António Guterres hatte bereits sehr oft gesagt: „Die Wasser- und Sanitärkrise erfordert eine ganzheitliche, systemische und multilaterale Antwort. Wasser wird benötigt, um fast alle anderen SDGs zu erreichen, von der globalen Gesundheit bis zur Ernährungssicherheit, und es ist für die Widerstandsfähigkeit gegen den Klimawandel unerlässlich.“ Er fügte hinzu: „Ich bin stolz darauf, die Einführung des Global Acceleration Framework zu sehen [...] Ich applaudiere meinen Kolleginnen und Kollegen dafür, dass sie dies möglich gemacht haben. Der Rahmen kann die globale Wasser- und Sanitärpolitik im Hinblick auf eine nachhaltigere Bewirtschaftung der Wasserressourcen verbessern.“[351]

Zusammen mit dem Präsidenten der Generalversammlung der Vereinten Nationen, dem UN-Wasservorsitz und den Leitern von zehn Einrichtungen der Vereinten Nationen, Vertretern der Mitgliedstaaten und Interessengruppen aus der Zivilgesellschaft sowie dem Privatsektor führte die UN bereits 2020 einen virtuellen Start des Global Acceleration Framework Sustainable Development Goal 6 durch. Mehr als 1400 Personen waren damals anwesend.[352]

Es ist acht Uhr. Eben hat Walter seine Rede und Analyse dem Botschafter überreicht. Er schaltet seinen Computer aus. Nun kann er das Büro der Ständigen Vertretung verlassen. Aufräumen will er später. Die Daten müssen nicht gesichert werden. Es sind keine hochsensiblen „Top Secret"-Informationen. Jeder weiß doch um die Lage. Er könnte ein paar Stunden frei nehmen, sagte ihn vorhin Seine Exzellenz. Auf seinem Mobiltelefon bleibt er immer für ihn erreichbar. Im Aufzug stehen schon drei Mitglieder einer japanischen Delegation. Ein freundliches Lächeln später verlässt er den Aufzug und geht durch das Sicherheitstor des UN-Gebäudes. Endlich kann er sich etwas ausruhen, Luft holen.

Zwischen ihm und dem Eastern River sind es nur wenige Schritte. Er will sich von dort aus die Rede Seiner Exzellenz im Streaming ansehen. Er öffnet die Tür. Aber es ist laut und voller Menschen. Die Menge, die sich inzwischen hier versammelt hat, ist beachtlich. Walter sieht nur noch junge hüpfende und lauthals schreiende Jugendliche. Sie halten selbst gemalte Schilder in der Hand. Er kommt kaum durch. Sie rufen in verschiedenen Sprachen. Einen Satz versteht er, „Stoppt Day Zero!". Das müssen südafrikanische Studenten sein, denkt er. Auf einem Transparent steht in Englisch „Es gibt keinen Planet B", auf dem anderen „Sagt die Wahrheit, unser einziges Zuhause steht in Flammen". Walter schafft die wenigen Meter durch die Menge. Er setzt seine Kopfhörer auf und schaltet sein Tablet ein. Endlich Ruhe. Er sitzt bequem am Flussufer des East Rivers, genau an der Stelle, wo er am Vorabend war. Auf seinem Bildschirm sieht er den Botschafter am Pult vor der Vollversammlung. Er hat eben angefangen zu sprechen. *„Hochverehrter Präsident, lieber*

Generalsekretär, Eure Exzellenzen...“ Walter greift seinen Wasserbeutel und trinkt einen Schluck. Seine Aufmerksamkeit war nur kurz auf das Wasser gelenkt, nun hört er seinen Botschafter zu.[353]

„... denn das Klima ist global und das Trinkwasserproblem ist lokal. Die Situation wird sich nur verbessern, wenn wir anfangen, den wahren Wert von Wasser zu verstehen. Alles Leben braucht Wasser. Es ist eine endliche Ressource, und es hat keinen Ersatz. Der Wettbewerb um Wasser wird wahrscheinlich zunehmen, und eine gute Wasserpolitik wird von entscheidender Bedeutung sein. Obwohl der Zugang zu sauberem Wasser und sicheren sanitären Einrichtungen ein Menschenrecht ist, bleibt die Tatsache, dass jeder Vierte zu Hause immer noch keinen Zugang zu sauberem Wasser hat. In einer Zeit wachsender Klimabedrohungen verschärft der Mangel an Wasser die Verwundbarkeit der Ärmsten der Welt. Die Bereitstellung von Wasser ist ein Weg, um Gerechtigkeit und Widerstandsfähigkeit zu erhöhen. Dies gilt auch für die Beziehungen zwischen Ländern, die einen Fluss, einen See oder einen Grundwasserleiter teilen.

Wir brauchen mehr Forschung und Innovation, um die Nachhaltigkeit, Klimaresilienz und Wassereffizienz der Landwirtschaft zu verbessern. Die Veränderung der Ernährungsgewohnheiten und die Reduzierung der Verschwendung stellen weitere Schlüsselfaktoren dar. Durch Innovation und die Zusammenarbeit mit der Natur können wir das Leben der Ärmsten verbessern. Wir müssen unbedingt verstehen, wo wir uns innerhalb des Zyklusses im Wasserkreislauf befinden. Also, worauf warten wir noch? Der Klimawandel, gepaart mit Misswirtschaft und übermäßigem Wasserverbrauch, trägt in vielen Teilen der Welt zur Wasserknappheit bei.... Dürren und Klimawandel. Schlechtes Wassermanagement und wachsende Nachfrage. Wasser-

verschmutzung. Ernährungsunsicherheit. Zunehmende menschliche Konflikte. Gehandelt als Ware...“

Walter ist zufrieden. Die hellgraue Masse plätschert unter seinen Schuhsohlen. Vom breiten Flussbett tritt sie über die Ufer des East Rivers. Der glänzende Schatten des rechteckigen Turms spiegelt sich im Wasser. Dieses Wasser.[354]

Über die Autorin

Claude Piel, im Diplomatic Council (DC) als Business Consul engagiert, zeichnet sich durch eine weltumfassende Denkweise aus, die von Respekt, Neugierde, Frieden und Wohlstand durchdrungen ist. Sie ist sich der Vielfalt der Kulturen und Märkte auf globaler sowie auf lokaler Ebene bewusst, und steht ihnen offen gegenüber.

Sie hat Politik-, Publizistik- und Rechtswissenschaften an der Gutenberg-Universität in Mainz in Deutschland studiert, nachdem sie einen L.L.B. und einen M.A. in Information und Entwicklung an der Panthéon-Assas-Universität Paris in Frankreich absolviert hatte. Sie ist heute eine international anerkannte Autorin, Moderatorin und Fernsehproduzentin.

Als DC Business Consul für Diplomatie und Frieden hat Claude Piel die Priorität, an einem nachhaltigen Frieden durch Diplomatie zu arbeiten. Mit allen DC Mitgliedern, Diplomaten und Unternehmen arbeitet sie am Frieden, um damit den übergeordneten Zielen der Vereinten Nationen zu dienen.

Bücher im DC Verlag

Denken 4.0 – Welt im Umbruch. Was die klügsten Köpfe eines globalen Think Tank über unsere Zukunft denken. Buddhi K. Athauda, Thi Thai Hang Nguyen, Andreas Dripke. 332 Seiten, Hardcover, ISBN: 978-3-947818-00-6

Mein Atomknopf ist größer – America vs. North Korea. Jamal Qaiser, 184 Seiten, Paperback, ISBN: 978-3-947818-01-3

Stasi 2.0 – Wie wir durch den staatlich-industriellen Digitalkomplex zu gläsernen Bürgern werden und was das für unsere Zukunft bedeutet. Andreas Dripke, Markus Miksch. 444 Seiten, Paperback, ISBN: 978-3-947818-05-1

Rechtsruck – Wie das Wiedererstarken des Nationalismus Deutschland in die Katastrophe führt. Anonyme Autoren. 660 Seiten, Paperback, ISBN: 978-3-947818-06-8

Pandemie – Die Welt im Corona-Krieg, 2. aktualisierte Auflage, Andreas Dripke, Markus Miksch, 148 Seiten, Paperback, ISBN: 978-3-947818-13-6

Covid-19 Falsche Pandemie – Die fatalen Fehler der WHO und ihre verhängnisvollen Folgen. Jamal Qaiser, Markus Miksch, 234 Seiten, Paperback, ISNB: 978-3-947818-15-0

75 Jahre UNO – Macht und Ohnmacht der Vereinten Nationen, Andreas Dripke, Hang Nguyen. 330 Seiten, Paperback, ISBN 978-3-947818-07-5

Die Dekade 2020-2030 – Das kommt auf uns zu! Andreas Dripke Hang Nguyen. 362 Seiten, Paperback, ISBN 978-3-947818-17-4

Corona und Impfen. Andreas Dripke et al., 188 Seiten, Paperback, ISBN 978-3-947818-18-1

Hacker – Angriff auf unsere Computer-Zivilisation, Anonyme Autoren, 432 Seiten, Paperback, ISBN 978-3-947818-23-5

Migration nach Europa – Wir schaffen das und die Folgen, Anonyme Autoren, 510 Seiten, Paperback,
ISBN 978-3-947818-32-7

Auto – Vom Diesel-Desaster bis zum selbstfahrenden E-Auto, Autorengemeinschaft Diplomatic Council, 572 Seiten, Paperback, ISBN 978-3-947818-09-9

Digitale Disruption – Alles wird anders, Andreas Dripke et al., 216 Seiten, Paperback, ISBN 978-3-947818-34-1

Inside WHO – Dr. Tedros und die Weltgesundheitsorganisation, Andreas Dripke et al., 124 Seiten, Paperback,
ISBN 978-3-947818-27-3

Welt ohne Bargeld – Bitcoin und andere Kryptowährungen, Andreas Dripke, Stephanie Stoerk, 176 Seiten, Paperback, ISBN 978-3-947818-41-9

Die biometrische Vermessung der Menschheit, Andreas Dripke et al., 212 Seiten, Paperback, ISBN 978-3-947818-39-6

Künstliche Intelligenz (KI) – Wir werden gedacht, Dr. Horst Walther, Andreas Dripke, 250 Seiten, Paperback, ISBN 978-3-947818-25-9

Die Apple Agenda – Welche Märkte der iKonzern künftig revolutionieren wird, Andreas Dripke et al., 260 Seiten, Paperback, ISBN 978-3-947818-47-1

Der Wahn mit dem Datenschutz, Marc Ruberg et al., 132 Seiten, Paperback, ISBN 978-3-947818-51-8

Cyber War – Die digitale Bedrohung, Marc Ruberg et al., 244 Seiten, Paperback, ISBN 978-3-947818-45-7

Apple Car – Wie der iKonzern das Auto neu erfindet, Andreas Dripke et al., 284 Seiten, Paperback, ISBN 978-3-94-7818-43-3

2045 – Das Jahr, in dem die Künstliche Intelligenz schlauer wird als der Mensch, Andreas Dripke, Dr. Horst Walther, 106 Seiten, Paperback, ISBN 978-3-947818-57-0

Denken 5.0 – Was die klügsten Köpfe eines globalen Think Tank über unsere Zukunft denken; Andreas Dripke, Claude Piel, Detlef Schmuck, Dr. Harald Schönfeld, Helmut von Siedmogrodzki, Stephanie Stoerk, Dr. Horst Walther, 234 Seiten, Paperback, ISBN 978-3-94-7818-36-5

Was nach dem Smartphone kommt – Ein Blick in unsere digitale Zukunft, Andreas Dripke, 152 Seiten, Paperback, ISBN 978-3-947818-69-3

Ewige Pandemie – Freiheit ade, Andreas Dripke, Markus Miksch, 2. aktualisierte Auflage, 204 Seiten, Paperback, ISBN 978-3-947818-59-4

Roboter im Alltag – Maschinen (beinahe) wie Menschen, Andreas Dripke, 176 Seiten, Paperback, ISBN 978-3-947818-71-6

Hilfe, wir werden gechippt! – Vom Mikrochip unter der Haut bis zum Hirnschrittmacher, Andreas Dripke et al., 176 Seiten, Paperback, ISBN 978-3-947818-55 -6

Der Dritte Weltkrieg – Das Undenkbare denken, die deutsche Ausgabe von „How to avoid World War III", Hang Nguyen, Jamal Qaiser, 216 Seiten, Paperback, ISBN 978-3-947818-67-9

Auto ohne Lenkrad – Das selbstfahrende Auto steht vor der Tür, Patrick Dripke, Thomas Gronenthal, 140 Seiten, Paperback, ISBN 978-3-947818-79-2

Digitale Identität – Unser Zwilling im Datennetz, Andreas Dripke et al., 164 Seiten, Paperback, ISBN 978-3-947818-53-2

Irrfahrt E-Auto – Abgesang auf die deutsche Autoindustrie, Thomas Gronenthal et al., 212 Seiten, Paperback, ISBN 978-3-947818-81-5

Was nach dem Smartphone kommt – Ein Blick in unsere digitale Zukunft, Andreas Dripke, 152 Seiten, Paperback, ISBN 978-3-947818-69-3

Metaverse – Was es ist, wie es funktioniert, wann es kommt, Andres Dripke, Marc Ruberg, Detlef Schmuck, 258 Seiten, Paperback, ISBN 978-3-947818-87-7

Klimakatastrophe – Wahn oder Wirklichkeit, Hang Nguyen et al., 184 Seiten, Paperback, ISBN 978-3-947818-49-5

Das Versagen des Westens in Afghanistan, Syrien und der Ukraine, Hang Nguyen, Jamal Qaiser, 148 Seiten, Paperback, ISBN 978-3-947818-97-6

Digitale Identität – Unser Zwilling im Datennetz, Andreas Dripke et al. 164 Seiten, Paperback, ISBN 978-3-947818-53-2

Wenn sich China und Russland verbünden... – Die Herausforderung der Freien Welt, Andreas Dripke, Hang Nguyen, Jamal Qaiser, 260 Seiten, Paperback, ISBN 978-3-98674-016-0

Der Wahn mit der Bürokratie – Wie Bürokratismus unsere Gesellschaft zerstört, Andreas Dripke, Hubert Nowatzki, 260 Seiten, Paperback, ISBN 978-3-94-7818-89-1

Interim Manager berichten aus der Praxis: Automotive, Reihe „Von Interim Managern lernen“, Jürgen Becker, Ulf Camehn, Ludek Cermak, Hanno Goffin, Ralf-Peter Hanrieder, Dr. Dr. Stefan Hohberger, Andreas Kälber, Dr. Gerhard Müller-Spanka, Frank P. Neuhaus, Christine Pfisterer, Christian Ritzer, Dr. Harald Schönfeld, Jane Enny van Lambalgen, 404 Seiten, ISBN 978-3-947818-29-7

Interim Manager berichten aus der Praxis: Maschinen- und Anlagenbau, Reihe „Von Interim Managern lernen“, Jürgen Becker, Eckhart Hilgenstock, Falk Janotta, Peter Lüthi, Hans-Rolf Niehues, Manfred Richter, Dr. Harald Schönfeld, Dr. Uwe Seidel, Götz Stapelfeldt, Michael Weimar, 300 Seiten, Paperback, ISBN 978-3-947818-75-4

Interim Manager berichten aus der Praxis: Business Transformation, Reihe „Von Interim Managern lernen“, Hrsg: Dr. Harald Schönfeld, Jürgen Becker, ca. 360 Seiten, ISBN 978-3-98674-009-2

Computer wie Götter – Die Rechenknechte übernehmen die Herrschaft, Andreas Dripke, Hang Nguyen, 148 Seiten, Paperback, ISBN 978-3-98674-005-4

Alles über Künstliche Intelligenz – Woher sie kommt, wie sie denkt, was sie kann, wohin sie führt, Andreas Dripke, Dr. Horst Walther, 208 Seiten, Paperback, ISBN 978-3-947818-25-9

Spion im Smartphone – Wie unser Alltags-Begleiter zur Falle wird, Marc Ruberg et al., 208 Seiten, Paperback, ISBN 978-3-947818-85-3

Krieg in Europa – Wie Europa seine Unabhängigkeit verlor und zum Schlachtfeld wurde, Andreas Dripke, Hang Nguyen, Jamal Qaiser, Dr. Horst Walther, 260 Seiten, Paperback, ISBN 978-3-98674-026-9

Alles über Krypto – NFT, Blockchain, Bitcoin & Co., Andreas Dripke, Dr. Freiherr Arne von Neuberg, Stephanie Stoerk, 160 Seiten, Paperback, ISBN 978-3-98674-007-8

Widerstand gegen die digitale Überwachung – Wofür Julian Assange und Edward Snowden kämpften, Marc Ruberg, Detlef Schmuck, 220 Seiten, Paperback, ISBN 978-3-947818-93-8

Das Internet der Dinge – Das Netz umschlingt uns, Andreas Dripke, Wolfgang Odenthal, 136 Seiten, Paperback, ISBN 978-3-947818-99-0

Die Entwicklung des Internet von den Anfängen bis zum Metaverse – Die Genesis und Zukunft unserer Informationsgesellschaft, Andreas Dripke, 136 Seiten, Paperback, ISBN 978-3-98674-040-5

Über das Diplomatic Council

Das vorliegende Werk ist im Verlag des Diplomatic Council (DC) erschienen: DC Publishing. Das Diplomatic Council verknüpft einen globalen Think Tank, ein weltweites Business Network und eine Charity Foundation in einer einzigartigen Organisation mit Beraterstatus bei den Vereinten Nationen.

DC Mitglieder vertreten die feste Überzeugung, dass Wirtschaftsdiplomatie ein tragendes Fundament für die internationale Völkerverständigung und den friedlichen Umgang der Nationen darstellt. Aus dieser Erkenntnis heraus überträgt das Diplomatic Council das Ziel der globalen Völkerverständigung in ein ökonomisches Mandat. Die Methodik eines weltweiten Wirtschaftsnetzwerkes wird hierzu mit der diplomatischen Kommunikationsebene der Staaten dieser Erde untereinander verknüpft.

Vor diesem Hintergrund sind im Diplomatic Council Persönlichkeiten aus Diplomatie, Wirtschaft und Gesellschaft engagiert, die mit Augenmaß ausgewählt werden und die sich durch eine hohe Akzeptanz, eine hohe Kompetenz und ein mit den Grundpfeilern des Diplomatic Council übereinstimmendes Wertesystem auszeichnen. Ebenso sind Unternehmen willkommen, für die Corporate Social Responsibility mehr als ein Schlagwort ist.

Weitere Informationen: www.diplomatic-council.org/application

Literaturverzeichnis

Empfehlenswerte kapitelunabhängige Quellen

https://www.ipcc.ch/site/assets/uploads/2018/02/WGIIAR5-Chap3_FINAL.pdf

https://www.ipcc.ch/site/assets/uploads/2020/11/FOLD-OUT_CARD2019.pdf

https://www.ipcc.ch/outreach-material/

https://www.ipcc.ch/report/sixth-assessment-report-cycle/

https://www.fao.org/aquastat/en/databases/maindatabase/symbols

https://pacinst.org/

https://www.unwater.org/un-water-launch-the-sdg-6-global-acceleration-framework/

https://www.un.org/Depts/german/millennium/SDG%20Bericht%202020.pdf

https://legal.un.org/ilc/documentation/english/reports/a_cn4_110.pdf

https://unis.unvienna.org/

https://www.iberdrola.com/environment/sea-level-rise

https://www.iberdrola.com/environment/top-countries-most-affected-by-climate-change

https://www.iberdrola.com/wcorp/gc/prod/en_US/comunicacion/docs/Infographic_sea_level_cities.pdf

https://www.dailymail.co.uk/sciencetech/article-6886741/As-sea-levels-rise-U-N-climbs-aboard-floating-cities-push.html

https://www.visualcapitalist.com/mapped-the-median-age-of-every-continent/

https://www.thenews.com.pk/print/780015-climate-change-hit-poorest-countries-hardest-last-year-report

https://qz.com/1700769/sea-level-rise-is-set-to-flood-un-head-quarters-as-soon-as-2100/

https://www.thenews.com.pk/print/780015-climate-change-hit-poorest-countries-hardest-last-year-report

https://www.futura-sciences.com/planete/dossiers/developpe-ment-durable-geopolitique-guerre-eau-622/

http://www.ouranos.ca/

http://www.vie-publique.fr/politiques-publiques/politique-eau/index/

http://www.cnrs.fr/cw/dossiers/doseau/accueil.html

http://www.unesco.org/new/en/natural-sciences/environ-ment/water/

https://www.ardmediathek.de/video/bis-zum-letzten-trop-fen/bis-zum-letzten-tropfen-oder-die-doku/das-erste/

https://www.francetvinfo.fr/monde/norvege/norvege-au-sud-du-pays-l-etonnant-commerce-des-vendeurs-de-blocs-de-glace_5015856.html

https://www.ntu.edu.sg/about-us/leadership-organisa-tion/board-of-trustees/prof-alexander-j.b.-zehnder

https://www.ntu.edu.sg/search-results?q=water&search-Cat=all&contents=all&page=1

https://www.tagesspiegel.de/politik/der-globale-mangel-waechst-wo-wasserkrisen-zu-konflikten-fuehren/26282952.html

https://www.worldometers.info/water/

https://www.ufz.de/

Empfehlenswerte Literatur (Auszug)

Hoekstra, AY (2012). "The Water Footprint of Humanity". PNAS.

Bontoux J. : Introduction à l'étude des eaux douces, CEBEDOC, 1993

Chesnot C. : La bataille de l'eau au Proche-Orient, L'Harmattan 1993

Collectif : La consommation de l'eau et la gestion durables des ressources en eau, conférence de l'OCDE, OCDE, 1998

Lasserre et al. : Eaux et territoires, tensions, coopérations et géopolitique de l'eau, L'Harmattan, 2003

Riou : L'eau dans l'espace rural, production végétale et qualité de l'eau, Inra, 1999

Sironneau J. : L'eau, nouvel enjeu stratégique mondial, Economica, 1996

Victoria P. : L'accès à l'eau et à l'énergie, Hermes sciences, 2005

Wichtige Organisationen und Institutionen zum Thema

IPCC Intergovernmental Panel on Climate Change

UN Water organizes the World Water Week and World Water Day

FAO Food and Agriculture Organization of the United Nations

AQUASTAT Information System on Water and Agriculture of the FAO

World Water Assessment Programme (WWAP) monitors freshwater issues

World Water Development Report (WWDR) state of the world's freshwater resources.

Pacific Institute

International Food Policy Research Institute (IFPRI)

International Water Management Institute (IWMI)

United Nations Environment Programme (UNEP)

Quellenangaben und Anmerkungen

[1] https://www.unesco.at/wissenschaft/artikel/article/veroeffentlichung-des-weltwasserberichts-2020

[2] https://www.spiegel.de/panorama/wirbelsturm-sandy-ausmasse-der-zerstoerungen-in-new-york-a-864307.html

[3] https://www.unwater.org/un-water-launch-the-sdg-6-global-acceleration-framework/

[4] https://www.unesco.at/fileadmin/Redaktion/Wissenschaft/GeoHydro/2021_WWDR_Executive_Summary_de.pdf

[5] https://www.unwater.org/un-water-launch-the-sdg-6-global-acceleration-framework/

[6] https://www.unesco.at/fileadmin/Redaktion/Publikationen/Publikations-Dokumente/WWDR_2022_exSum_DE.PDF

[7] https://www.unesco.at/wissenschaft/artikel/article/veroeffentlichung-des-weltwasserberichts-2020

[8] https://www.swr.de/wissen/1000-antworten/werden-kriege-um-wasser-gefuehrt-100.html

[9] https://www.uni-muenster.de/news/view.php?cmdid=12611

[10] https://www.newsecuritybeat.org/wp-content/uploads/2015/06/risk-of-water-conflict1.jpg

[11] https://www.futura-sciences.com/planete/dossiers/developpement-durable-geopolitique-guerre-eau-622/page/3/

[12] https://pacinst.org/water-conflicts-continue-to-worsen-worldwide/

[13] https://www.worldwater.org/conflict/list/

[14] https://www.revueconflits.com/livre-guerre-et-eau-leau-enjeu-strategique-des-conflits-modernes-franck-galland-de-henri-de-grossouvre/

[15] https://laffont.ca/livre/guerre-et-eau-9782221250983/

[16] https://www.worldvision.org/clean-water-news-stories/10-worst-countries-access-clean-water

[17] https://www.newsecuritybeat.org/wp-content/uploads/2015/06/risk-of-water-conflict1.jpg

[18] https://ger.az24saat.org/2022/04/08/streit-ums-wasser-kriegsgrund-oder-chance-fuer-den-frieden/

[19] https://www.iiss.org/blogs/analysis/2020/01/australia-water-crisis-intelligence-national-security

[20] https://www.genios.de/presse-archiv/artikel/WELT/20160418/wasser-als-waffe/144336756.html

[21] https://www.nationalgeographic.com/science/article/world-aquifers-water-wars

[22] https://mein-stuttgart.com/die-ukraine-droht-russland-mit-einem-luftangriff-auf-die-strategisch-wichtige-krim-bruecke/

[23] https://vector-center.com/wp-content/uploads/hotspots.png

[24] https://cscc.sas.upenn.edu/node/3499

[25] https://www.nationalgeographic.com/science/article/world-aquifers-water-wars

[26] https://i.insider.com/577fc8c788e4a70f018b6bea

[27] https://www.nature.com/articles/s43017-022-00287-8

[28] https://www.pik-potsdam.de/en/news/latest-news/planetary-boundaries-update-freshwater-boundary-exceeds-safe-limits

[29] https://planeteviable.org/repartition-eau-sur-terre/

[30] https://eco-l-eau.com/reserves-eau-potable-dans-le-monde-etat-lieux/

[31] https://www.theguardian.com/environment/2021/sep/28/sydney-facing-water-shortage-with-20-years-if-current-growth-continues-government-predicts

[32] https://news.un.org/en/sites/news.un.org.en/files/legacy-news-images/photos/large/2017/March/03-22-2017-wastewatertreatment-map.jpg

[33] https://www.unccd.int/

[34] https://www.nationalgeographic.com/environment/article/partner-content-australia-water-problem

[35] https://www.bloomberg.com/features/2020-australia-drought-water-crisis/

[36] https://www.futura-sciences.com/sante/questions-reponses/corps-humain-quantite-eau-corps-humain-1232/

[37] https://www.nature.com/articles/s43017-022-00287-8

[38] https://portal.projectwet.org/

[39] https://weather.com/de-DE/wissen/wetterlexikon/news/wasserkreislauf-die-treibende-kraft-der-erosion

[40] https://www.usgs.gov/special-topics/water-science-school/science/

[41] https://www.extenso.org/article/que-penser-des-eaux-gazeifiees/

[42] https://www.bz-berlin.de/archiv-artikel/klinik-chef-merkels-zittern-nicht-per-se-alarmierend

[43] https://www.thermondo.de/info/rat/vergleich/wasserverbrauch-pro-person/

[44] https://hopfenseidank.de/magazin/bierwissen/wasser/

[45] https://praxistipps.focus.de/destillieren-von-wein-so-wirds-gemacht_111078

[46] https://www.doctissimo.fr/html/nutrition/mag_2001/mag0105/nu_3341_eau_saviez_vous.htm

[47] https://www.unicef.de/informieren/aktuelles/blog/weltwassertag-2022-zehn-fakten-ueber-wasser/172968

[48] https://www.resources.qld.gov.au/__data/assets/pdf_file/0007/1408282/aboriginal-peoples-manage-water-resources.pdf

[49] Buch: Joseph Mainzer, Kapitel «Die Franzosen von sich selbst gemalt». Moralische Enzyklopädie des neunzehnten Jahrhunderts.

[50] https://www.lernhelfer.de/schuelerlexikon/geschichte/artikel/mohenjo-daro-manhattan-der-bronzezeit

[51] https://wefindwater.com/where-is-the-worlds-oldest-well/

[52] https://www.histoire-et-civilisations.com/thematiques/antiquite/les-aqueducs-ces-chefs-doeuvre-de-lingenierie-romaine-69173.php

[53] https://www.pseau.org/outils/ouvrages/fph_la_conquete_de_l_eau_1995.pdf

[54] https://de.wikipedia.org/wiki/Wasserträger

[55] https://timelines.issarice.com/wiki/Timeline_of_water_supply

[56] https://esa21.kennesaw.edu/modules/water/drink-water-trt/drink-water-trt-hist-epa.pdf

[57] https://biography.yourdictionary.com/hippocrates

[58] https://www.deutsche-digitale-bibliothek.de/item/F43Q776JE56BLJM5FMUXR5MO77H5PQWY

[59] https://timelines.issarice.com/wiki/Timeline_of_water_supply

[60] https://www.eau.veolia.fr/qui-sommes-nous/leau-potable-une-conquete-historique

[61] https://www.pseau.org/outils/ouvrages/fph_la_conquete_de_l_eau_1995.pdf

[62] https://www.unicef.de/informieren/aktuelles/blog/weltwassertag-2022-zehn-fakten-ueber-wasser/172968

[63] https://www.worldwater.org/conflict/list/

[64] https://www.jungewelt.de/loginFailed.php?ref=/artikel/21911.der-kampf-um-das-wasser.html

[65] https://www.miteco.gob.es/es/agua/temas/planificacion-hidrologica/planificacion-hidrologica/plan-hidrologico-nacional/

[66] https://www.francetvinfo.fr/monde/espagne/espagne-le-fleau-des-puits-illegaux_3242405.html

[67] https://www.tagesspiegel.de/gesellschaft/panorama/unglueck-in-totaln-zweijaehriger-tot-in-brunnenschacht-in-spanien-gefunden/23912802.html

[68] https://www.liberation.fr/planete/2001/04/30/la-guerre-de-l-eau-en-espagne_362894/

[69] https://www.wri.org/aqueduct

[70] https://ger.az24saat.org/2022/04/08/streit-ums-wasser-kriegsgrund-oder-chance-fuer-den-frieden/

[71] https://aap.cornell.edu/news-events/victoria-beard-challenges-reliable-and-affordable-water-cities-global-south

[72] https://www.linkedin.com/in/aniruddha-dasgupta/

[73] https://www.newsecuritybeat.org/wp-content/uploads/2015/06/risk-of-water-conflict1.jpg

[74] https://www.spiegel.de/ausland/gerd-aethiopien-startet-stromproduktion-an-umstrittenem-nil-staudamm-a-b0438fa0-5bc3-45e7-a80c-f0e7e8a30245

[75] https://www.bbc.com/news/world-africa-60451702

[76] https://www.wiwo.de/technologie/wirtschaft-von-oben/wirtschaft-von-oben-126-grand-ethiopian-renaissance-dam-am-umstrittensten-staudamm-afrikas-beginnt-die-stromproduktion/27686628.html

[77] https://www.nature.com/articles/s41545-019-0046-x

[78] https://www.iiss.org/blogs/analysis/2020/01/australia-water-crisis-intelligence-national-security

[79] https://vector-center.com/wp-content/uploads/hotspots.png

[80] https://www.worldwater.org/conflict/list/

[81] https://www.unicef.fr/article/ukraine-l-eau-potable-utilisee-comme-arme-de-guerre

[82] https://news.un.org/fr/story/2021/05/1096762

[83] https://www.fao.org/aquastat/statistics/query/index.html?lang=en

[84] https://www.maiervidorno.de/wp-content/uploads/Factsheet_Indien_Wasser-und-Abwasserwirtschaft_Final.pdf

[85] https://www.worldometers.info/

[86] https://www.uni-frankfurt.de/45217811/Warnsignal_Klima_Wasser_Kap2_2_6_Siebert.pdf

[87] Buch: Alain CARIOU, Dozent für Geographie Sorbonne Universität, Dictionnaire critique de l'anthropocène, CNRS Editions, 2020

[88] https://www.fao.org/3/y4683f/y4683f07.htm

[89] https://www.nationalgeographic.fr/environnement/2018/05/linde-puise-dans-ses-dernieres-reserves-en-eau

[90] https://www.monde-diplomatique.fr/mav/65/MNATSAKANIAN/55984

[91] https://hal.archives-ouvertes.fr/hal-03268375/document

[92] https://www.nationalgeographic.fr/environnement/2014/10/disparition-de-la-mer-daral-les-causes-dun-desastre-ecologique

[93] https://www.partagedeseaux.info/Le-soja-la-foret-et-l-eau-au-Bresil

[94] www.certified-forests.org

[95] https://www.eduki.ch/fr/doc/dossier_2_foret.pdf

[96] https://www.dw.com/de/wie-lange-noch-weiter-mit-dem-soja-import-aus-brasilien/a-58998048

[97] https://www.zalf.de/de/aktuelles/Feld-Magazin/1-2018/Seiten/Gold.aspx

[98] https://news.mongabay.com/2019/12/António-donato-nobre-the-forest-is-sick-and-losing-its-carbon-sequestration-capacity/

[99] Dossier scientifique sur l'eau: usages – consommations industriels, CNRS, 2000

[100] COPACEL-Statistik

[101] https://www.rse-magazine.com/Pour-fabriquer-un-ordinateur-il-faut-240-kilos-de-combustibles-fossiles-et-1-tonne-d-eau_a2700.html

[102] https://www.it-daily.net/it-management/data-center/die-problematiken-rund-um-die-kuehlung-von-rechenzentren

[103] https://www.nul-online.de/Magazin/Archiv/Nachhaltige-Wasserkraft-in-Frank-reich,QUlEPTE2OTIzMzUmTUlEPTgyMDMw.html

[104] https://globometer.com/matieres-premieres-eau.php

[105] https://www.cieau.com/le-metier-de-leau/ressource-en-eau-eau-potable-eaux-usees/connaissez-vous-les-usages-non-domestiques-de-leau/

[106] https://www.researchgate.net/publication/274427873_The_Water_De-mand_of_Energy_Implications_for_Sustainable_Energy_Policy_Development

[107] https://professionnels.ofb.fr/sites/default/files/pdf/documentation/Pollu-tion/2019%2005%

[108] https://www.dw.com/de/in-deutschland-wird-das-wasser-knapp/a-61149774

[109] https://www.t-online.de/nachhaltigkeit/id_91880894/teslas-giga-factory-in-gruenheide-kampf-ums-wasser-hat-deutschland-erreicht.html

[110] https://www.rbb24.de/wirtschaft/thema/tesla/beitraege/brandenburg-strausberg-erkner-wasserentnahme-urteil-auswirkung-.html

[111] https://www.t-online.de/finanzen/news/unternehmen-ver-braucher/id_90696798/wetterexperte-teslas-grossprojekt-verschaerft-die-grundwas-ser-probleme-.html

[112] https://www.geothermie.de/bibliothek/lexikon-der-geothermie/w/wasserschutz-gebiet.html

[113] https://de.statista.com/statistik/daten/studie/6378/umfrage/wasserverbrauch-in-ausgewaehlten-laendern/

[114] https://blog.drinktec.com/de/branchenuebergreifend/herausforderungen-durch-steigenden-wasserverbrauch/

[115] https://www.planetoscope.com/consommation-eau/135-consommation-d-eau-par-habitant-dans-le-monde.html

[116] https://www.destatis.de/DE/Themen/Gesellschaft-Umwelt/Umwelt/FAQ/Was-serverbrauch.html

[117] https://www.co2online.de/energie-sparen/heizenergie-sparen/warmwas-ser/durchschnittlicher-wasserverbrauch/

[118] http://wasseraktien.de/wasser/wasser-in-china

[119] https://www.tagesschau.de/ausland/asien/peking-duerre-101.html

[120] https://www.cieau.com/le-metier-de-leau/ressource-en-eau-eau-potable-eaux-usees/la-consommation-deau-domestique-est-elle-la-meme-a-travers-le-monde

[121] https://tel.archives-ouvertes.fr/tel-00773259/document

[122] https://www.waterfootprint.org/en/resources/interactive-tools/product-gallery/

[123] https://www.conservation-nature.fr/ecologie/la-pollution-des-sols/polluants-courants-sol/

[124] https://waterfootprint.org/media/downloads/Report50-NationalWaterFootprints-Vol1.pdf

[125] https://vitalhelden.de/wasser/ratgeber/wissenswertes/trinkwasserv-erschmutzung-bedeutung-ursachen-und-folgen/

[126] https://de.statista.com/statistik/daten/studie/1188866/umfrage/fuehrende-ex-portlaender-fuer-agrarprodukte-weltweit-nach-exportwert/

[127] https://www.welt.de/regionales/bayern/article169369340/Pestizide-verschmutzen-das-Grundwasser.html

[128] https://medlexi.de/Methämoglobinämie

[129] https://www.publiceye.ch/de/themen/pestizide/verbotene-pestizide-eu

[130] https://www.generations-futures.fr/wp-content/uploads/2022/03/version-finale-rapport-pe-thyroide-vol2.pdf

[131] https://reporterre.net/Au-Bresil-la-deforestation-se-fait-aussi-en-pulverisant-des-pesticides

[132] https://www.futura-sciences.com/planete/questions-reponses/pollution-engrais-pollution-agricole-dangereuse-5958/

[133] https://time.com/longform/clean-water-access-united-states/

[134] https://waterdefense.org/flint-water-crisis/

[135] https://phys.org/news/2022-04-uranium-two-thirds.html

[136] https://www.nrdc.org/stories/what-can-we-do-fix-drinking-water-problem-amer-ica

[137] https://static.macmillan.com/static/smp/troubled-water/

[138] https://www.epa.gov/environmental-topics/water-topics

[139] https://www.nrdc.org/sites/default/files/power-plant-cooling-IB.pdf

[140] https://www.rtbf.be/article/la-flandre-secouee-par-un-scandale-environnemen-tal-qui-nous-concerne-tous-10781726

[141] https://www.fao.org/3/I9183EN/i9183en.pdf

[142] https://www.bhopal.net/about-icjb/

[143] https://www.bbc.com/afrique/monde-61051644

[144] https://www.lemonde.fr/planete/article/2011/03/04/coca-cola-au-centre-de-con-flits-sur-l-eau-en-inde_1488352_3244.html

[145] https://www.lemonde.fr/planete/article/2021/10/25/coca-cola-champion-du-monde-de-la-pollution-plastique_6099763_3244.html

[146] https://waterzen.com/blog-posts/real-story-behind-dasani-water-scandals/

[147] https://de.numbeo.com/lebenshaltungskosten/startseite

[148] https://www.numbeo.com/cost-of-living/

[149] https://newibnet.org/

[150] https://epi.yale.edu/

[151] Ranking Port Cities with High Exposure and Vulnerability to Climate Extremes" – OECD (2008)

[152] https://washdata.org/report/jmp-2020-households-country-consultation-fr

[153] https://www.wri.org/aqueduct

[154] https://www.numbeo.com/cost-of-living/country_price_rankings?itemId=7

[155] http://carta.info/wasser-fur-alle-oder-profit-fur-wenige-ebi-gegen-wasserprivatis-ierung/

[156] https://www.lemonde.fr/culture/article/2012/09/11/nestle-et-le-business-de-l-eau-en-bouteille_1757464_3246.html

[157] https://www.globalresearch.ca/swiss-development-aid-nestle-water-privatiza-tion/5687211

[158] https://www.water-alternatives.org/index.php/cwd/item/81-nestle

[159] https://www.mz.de/panorama/nestles-mineralwasser-vittel-verschwindet-aus-deutschen-supermaerkten-3330284

[160] https://www.spiegel.de/wirtschaft/unternehmen/mineralwasser-nestle-nimmt-vittel-vom-deutschen-markt-a-ca5e739e-c57c-4880-8312-4144c5a0f6f1

[161] https://www.faz.net/aktuell/wirtschaft/wasser-zwei-franzoesische-wasser-konzerne-erobern-die-welt-1113556.html

[162] https://e-mag.press/bei-veolia-werden-karten-neu-gemischt/

[163] https://www.veolia.com/en/newsroom/press-day-2019/antoine-frerot-proposes-pragmatic-climate-strategy

[164] https://www.capital.fr/votre-carriere/le-juteux-marche-du-traitement-de-leau-1263491

[165] https://www.fool.com/investing/stock-market/market-sectors/consumer-sta-ples/beverage-stocks/water-stocks/

[166] https://www.tradingsat.com/actualites/marches-financiers/quand-l-eau-devient-un-actif-financier-et-une-thematique-d-investissement-974409.html

[167] https://www.lynxbroker.fr/bourse/cours-bourse/actions/les-meilleures-ac-tions/comment-investir-dans-eau/

[168] https://www.ecologie.gouv.fr/changement-climatique-causes-effets-et-enjeux

[169] https://www.tagesschau.de/ausland/europa/weltklimarat-115.html

[170] https://www.myclimate.org/de/informieren/faq/faq-detail/was-ist-der-treibhause-ffekt/

[171] https://www.linfodurable.fr/environnement/lhumanite-laube-de-retombees-cli-matiques-cataclysmiques-27465

[172] https://www.linfodurable.fr/environnement/changement-climatique-5-minutes-pour-comprendre-le-role-du-giec-28118

[173] https://www.stern.de/panorama/wetter/rhein-trocknet-aus--deutschlands-laeng-ster-strom-in-zeiten-der-duerre--fotos--32617812.html

[174] https://www.ecologie.gouv.fr/changement-climatique-causes-effets-et-enjeux

[175] https://www.capital.fr/economie-politique/changement-climatique-lonu-tire-la-sonnette-dalarme-en-mediterranee-1411576

[176] https://www.swrfernsehen.de/landesschau-rp/gutzuwissen/grundwasserspiegel-sinkt-102.html

[177] https://www.tagesschau.de/ausland/klimawandel/meereskonferenz-lissabon-101.html

[178] https://journals.openedition.org/physio-geo/3569

[179] https://www.ipcc.ch/sr15/

[180] https://www.nature.com/articles/s41586-019-0901-4

[181] https://www.nationalgeographic.de/umwelt/gletscherschmelze-wenn-alles-schmilzt

[182] https://pubs.geoscienceworld.org/gsa/geology/article-abstract/43/6/515/131899/coral-islands-defy-sea-level-rise-over-the-past?redirectedFrom=fulltext

[183] https://www.thestkittsnevisobserver.com/water-shortage-a-growing-caribbean-problem/

[184] https://edition.cnn.com/2021/08/23/europe/germany-floods-belgium-climate-change-intl/index.html

[185] https://nos.nl/artikel/2427461-waarschuwing-voor-duurder-voedsel-vanwege-voorjaarsdroogte

[186] https://www.stern.de/stiftung/kinakoni/

[187] https://www.theguardian.com/world/2022/may/02/pakistan-india-heatwaves-water-electricity-shortages

[188] https://www.spiegel.de/wissenschaft/natur/indien-und-pakistan-die-oekologischen-folgen-der-hitzewelle-a-44b48d95-d337-48f9-987e-143fcc5ada77?sara_ecid=soci_upd_KsBF0AFjflf0DZCxpPYDCQgO1dEMph

[189] https://www.france24.com/fr/asie-pacifique/20211127-manifestations-contre-la-s%C3%A9cheresse-en-iran-les-raisons-de-la-col%C3%A8re

[190] https://www.usinenouvelle.com/article/cop21-l-eau-danger-cache-du-changement-climatique-qui-destabilise-deja-le-monde.N366548

[191] http://news.bbc.co.uk/2/hi/science/nature/7821082.stm

[192] https://www.bpb.de/shop/zeitschriften/apuz/26382/umweltfluechtlinge-ursachen-und-loesungsansaetze/

[193] https://www.nationalgeographic.org/article/hunger-and-war/

[194] https://www.who.int/news-room/fact-sheets/detail/drinking-water

[195] http://news.bbc.co.uk/2/hi/science/nature/7886646.stm

[196] http://www.unesco.org/new/fr/natural-sciences/resources/periodical/a-world-of-science/vol-11-n-1/in-focus-water-cooperation/water-wars/

[197] http://news.bbc.co.uk/2/hi/science/nature/7886646.stm

[198] https://www.worldvision.org/clean-water-news-stories/10-worst-countries-access-clean-water
[199] http://www.unesco.org/new/fr/natural-sciences/resources/periodical/a-world-of-science/vol-11-n-1/in-focus-water-cooperation/water-wars/
[200] https://www.nationalgeographic.com/science/article/world-aquifers-water-wars
[201] https://www.who.int/campaigns/world-food-safety-day
[202] https://en.unesco.org/themes/water-security
[203] https://www.bloomberg.com/features/2020-australia-drought-water-crisis/
[204] https://taz.de/Australien-streitet-ums-Wasser/!5606949/
[205] https://www.dw.com/de/wassermangel-in-australien/a-4968020
[206] https://www.iiss.org/blogs/analysis/2020/01/australia-water-crisis-intelligence-national-security
[207] https://www.nationalgeographic.com/environment/article/partner-content-australia-water-problem
[208] https://www.theguardian.com/environment/2021/sep/28/sydney-facing-water-shortage-with-20-years-if-current-growth-continues-government-predicts
[209] https://www.theguardian.com/environment/2021/sep/28/sydney-facing-water-shortage-with-20-years-if-current-growth-continues-government-predicts
[210] https://www.maiervidorno.de/wp-content/uploads/Factsheet_Indien_Wasser-und-Abwasserwirtschaft_Final.pdf
[211] http://www.nonwatersanitation.org/wasserwirtschaft-in-indien/
[212] http://www.moneycontrol.com/news_image_files/2014/w/water.jpg
[213] https://www.nationalreview.com/2021/06/china-is-turning-its-water-scarcity-crisis-into-a-weapon/
[214] https://e-fundresearch.com/markets/artikel/10605-chinas-wachstum-droht-auszutrocknen
[215] https://www.tagesschau.de/ausland/asien/peking-duerre-101.html
[216] https://www.srf.ch/news/international/wasser-fuer-chinas-norden-china-loest-die-wasserknappheit-mit-einer-riesigen-umleitung
[217] https://www.tagesspiegel.de/wirtschaft/asiens-lebensader-trocknet-aus-china-staut-das-wasser-des-mekong-und-setzt-die-nachbarn-unter-druck/25875236.html
[218] Buch: Vincent Monnet «L'eau et la guerre. Eléments pour un régime juridique», par Mara Tignino, Collection de l'Académie de droit international humanitaire et de droits humains de Genève, Ed. Bruylant, 489 p.
[219] https://www.brot-fuer-die-welt.de/downloads/wasser-gerechtigkeit-vorlagen/
[220] https://sdgs.un.org/topics/water-and-sanitation
[221] https://www.un.org/Depts/german/gv-64/band3/ar64292.pdf
[222] https://wasserdreinull.de/blog/wasser-menschenrecht-oder-wirtschaftsgut/
[223] https://sdgacademylibrary.mediaspace.kaltura.com/media/A+Brief+History+of+the+SDGs/1_7kkjfmxx/123651821

[224] https://preparaninos.com/onu/

[225] https://www.unwater.org/

[226] https://www.bpb.de/themen/recht-justiz/dossier-menschenrechte/38745/zur-begruendung-eines-menschenrechts-auf-wasser/

[227] https://sdgs.un.org/topics/water-and-sanitation?page=1%2C0

[228] https://www.un.org/Depts/german/gv-64/band3/ar64292.pdf

[229] https://www.unep.org/explore-topics/disasters-conflicts/where-we-work/sudan/what-integrated-water-resources-management

[230] https://sdgs.un.org/goals/goal6

[231] https://wateractiondecade.org/2018/01/19/the-inter-agency-initiative-gemi/

[232] https://www.unwater.org/publications/progress-on-wastewater-treatment-631-2021-update/

[233] https://sdgs.un.org/topics/water-and-sanitation

[234] https://washdata.org/how-we-work/about-jmp

[235] https://www.unwater.org/publications/progress-on-level-of-water-stress-642-2021-update/

[236] https://www.unwater.org/app/uploads/2018/11/SDG6_Indicator_Report_651_Progress-on-Integrated-Water-Resources-Management_ENGLISH_2018.pdf

[237] https://unesdoc.unesco.org/ark:/48223/pf0000377252.locale=en

[238] https://www.unwater.org/publications/who-unicef-joint-monitoring-program-for-water-supply-sanitation-and-hygiene-jmp-progress-on-household-drinking-water-sanitation-and-hygiene-2000-2020/

[239] https://www.iaea.org/newscenter/news/harmonizing-guidance-to-assess-radioactivity-in-food-and-drinking-water

[240] https://www.unwater.org/publications/summary-progress-update-2021-sdg-6-water-and-sanitation-for-all/

[241] https://unstats.un.org/sdgs/report/2021/extended-report/Goal%20(6)_final.pdf

[242] https://www.unwater.org/publication_categories/sdg6-progress-reports/page/2/

[243] https://www.unwater.org/publications/hygiene-un-water-glaas-findings-on-national-policies-plans-targets-and-finance/

[244] https://www.unwater.org/app/uploads/2018/11/SDG6_Indicator_Report_651_Progress-on-Integrated-Water-Resources-Management_ENGLISH_2018.pdf

[245] https://sdgs.un.org/news/world-water-day-event-towards-un-2023-water-conference-one-year-mark-46029

[246] https://unstats.un.org/sdgs/report/2021/goal-06/

[247] https://sdgs.un.org/conferences/water2023

[248] https://www.unwater.org/un-water-launch-the-sdg-6-global-acceleration-framework/

[249] https://www.un-ihe.org/history
[250] https://www.unesco.at/fileadmin/Redaktion/Publikationen/Publikations-Dokumente/WWDR_2022_exSum_DE.PDF
[251] https://www.nationalgeographic.fr/environnement/lor-bleu-la-bataille-de-leau
[252] https://documents-dds-ny.un.org/doc/UNDOC/GEN/N18/460/07/PDF/N1846007.pdf?OpenElement
[253] https://sdgs.un.org/news/world-water-day-event-towards-un-2023-water-conference-one-year-mark-46029
[254] https://reliefweb.int/report/qatar/middle-east-and-north-africa-mena-most-water-stressed-region-earth
[255] https://www.fao.org/3/y4683f/y4683f07.htm
[256] http//fao.org/nr/aquastat
[257] https://www.epa.gov/greeningepa/water-management-plans-and-best-practices-epa
[258] https://www.unwater.org/app/uploads/2018/11/SDG6_Indicator_Report_651_Progress-on-Integrated-Water-Resources-Management_ENGLISH_2018.pdf
[259] https://www.worldbank.org/en/topic/waterresourcesmanagement#1
[260] https://www.cieau.com/le-metier-de-leau/ressource-en-eau-eau-potable-eaux-usees/comment-leau-est-elle-prelevee-et-utilisee-dans-le-monde/
[261] https://voi.id/en/news/40178/the-best-clean-water-management-countries-in-the-world
[262] https://www.aljazeera.com/news/2022/3/22/infographic-which-countries-have-the-safest-drinking-water-interactive
[263] https://www.thestkittsnevisobserver.com/water-shortage-a-growing-caribbean-problem/
[264] https://www.worldatlas.com/articles/countries-with-the-most-freshwater-resources.html
[265] https://www.fao.org/3/y4683f/y4683f07.htm
[266] https://fr.elks2348.org/top-10-paises-com-mais-agua-potavel-680
[267] https://www.fao.org/3/y4683f/y4683f07.htm
[268] https://www.dw.com/de/die-große-grüne-mauer-wie-steht-es-um-afrikas-vorzeigeprojekt/a-52970906
[269] https://planete.lesechos.fr/enquetes/pourquoi-la-grande-muraille-verte-reste-un-projet-en-afrique-12457/
[270] https://books.openedition.org/irdeditions/2110?lang=de
[271] https://www.greatgreenwall.org/
[272] https://www.unccd.int/sites/default/files/inline-files/OPS%20Press%20kit%20FR%20Version_1.pdf
[273] https://www.epa.gov/environmental-topics/water-topics

[274] https://time.com/longform/clean-water-access-united-states/

[275] https://www.nrdc.org/stories/what-can-we-do-fix-drinking-water-problem-america

[276] https://www.spiegel.de/ausland/usa-joe-biden-unterzeichnet-gesetz-fuer-investitionen-in-klima-und-soziales-a-71c969dc-c56d-4dc3-b4cb-863ba9314234?sara_ecid=soci_upd_KsBF0AFjflf0DZCxpPYDCQgO1dEMph

[277] https://waterdefense.org/flint-water-crisis/

[278] https://www.geo.de/magazine/geo-magazin/jurypreistraeger-des-greenpeace-photo-award_30120158-30166194.html

[279] https://www.nature.org/en-us/what-we-do/our-priorities/provide-food-and-water-sustainably/food-and-water-stories/solutions-address-water-scarcity-us/

[280] https://lasvegassun.com/news/2021/dec/19/what-we-need-is-multiple-solutions-to-solve-water/

[281] https://www.nationalgeographic.fr/environnement/2017/03/la-chine-prete-a-abandonner-ses-projets-de-construction-de-barrages-sur-sa-derniere-riviere-sauvage

[282] https://de.wikipedia.org/wiki/Saluen#Staudamm-Planungen

[283] https://www.nationalgeographic.com/environment/article/partner-content-sustainable-electric-future

[284] https://www.lifeinnorway.net/hydropower-in-norway

[285] https://www.tennet.eu/our-grid/international-connections/nordlink/

[286] https://www.israel21c.org/israel-holds-solutions-to-world-water-crisis/

[287] https://www.canr.msu.edu/news/in-israel-it-s-all-about-water

[288] https://www.cleanenergywire.org/news/germany-carves-out-national-water-strategy-cope-increasing-droughts

[289] https://www.sieker.de/fachinformationen/rechtliche-grundlagen/article/bundesgesetzliche-regelungen-97.html

[290] https://www.deutschland.de/en/topic/environment/dont-waste-a-single-drop

[291] https://www.cleanenergywire.org/news/germany-grapples-drought-and-dying-forests-despite-more-rain

[292] https://www.government.nl/topics/water-management/water-management-in-the-netherlands

[293] https://www.nu.nl/binnenland/6199658/waterbeheerders-nemen-meer-maatregelen-tegen-aanhoudende-droogte.html

[294] https://florestas.pt/saiba-mais/quais-as-funcoes-das-levadas-da-madeira/

[295] https://www.ambienteonline.pt/canal/detalhe/madeira-atinge-40-de-producao-de-energia-renovavel-este-ano

[296] https://jornaleconomico.pt/noticias/madeira-producao-de-eletricidade-a-partir-de-fonte-renovavel-sobe-para-397-770659

[297] https://www.tribunadamadeira.pt/2017/08/03/madeira-pretende-atingir-70-de-energia-a-partir-de-fontes-renovaveis/

[298] https://www.juergenkremb.com/wir-nutzen-jeden-tropfen-wie-innovativ-singapur-wasser-spart/

[299] Buch: Community, Commons and Natural Resource Management in Asia, Haruka Yanagisawa · 2015

[300] http://www.kaogu.cn/en/Special_Events/disanjieshanghai-luntan/2017/1213/60407.html

[301] https://www.smithonianmag.com/science-nature/saving-water-old-fashioned-way-180959917/

[302] https://www.sciencedirect.com/topics/engineering/rainwater

[303] https://worldwide.espacenet.com/publicationDetails/biblio?DB=EPODOC&II=0&ND=3&adjacent=true&locale=en_EP&FT=D&date=20141029&CC=EP&NR=2793667A1&KC=A1#

[304] https://www.icp-analysis.com/

[305] https://thehill.com/changing-america/video/560303-revolutionary-engineers-invent-a-way-to-create-water-out-of-thin-air/

[306] https://www.sydney.edu.au/engage/events-sponsorships/sydney-ideas/2020/water-resource-and-climate.html

[307] https://www.igb.fraunhofer.de/en/research/thermal-separation-processes/sorptive-dehumidification/WaLu.html

[308] https://inweh.unu.edu/

[309] https://aganova.es/en/home/

[310] http://www.rainmakerholland.nl/en/

[311] http://www.cleanworld.com/

[312] https://www.solidsmack.com/design/escape-slow-painful-death-renewable-water-and-power-designed-in-solidworks/

[313] https://www.jawwadpatel.com/patents/dew-drop/

[314] https://ventureburn.com/2017/05/former-beach-bum-aims-turn-fog-water-address-cape-crisis/

[315] https://inhabitat.com/dropnet-fog-collector-harvests-the-mist-to-create-pure-drinking-water/

[316] http://rexresearch.com/whisson/whisson.htm

[317] https://www.groasis.com/en

[318] https://sciperio.com/

[319] http://airsolarwater.com/

[320] http://deurrutia.blogspot.com/search/label/-%20WATER%20BUILDING%20RESORT

[321] https://www.dri-products.com/

[322] https://news.mit.edu/2014/harvesting-fresh-water-fog

[323] https://www.ub.edu/web/portal/ca/
[324] https://hidroconta.com/
[325] https://www.kaust.edu.sa/en
[326] https://www.otago.ac.nz/
[327] https://www.lawa.org.nz/
[328] https://www.uni-bonn.de/en/university/
[329] https://english.cas.cn/
[330] https://www.nasa.gov/
[331] https://news.mit.edu/
[332] https://www.stanford.edu/
[333] https://www.futura-sciences.com/planete/actualites/fertilisation-cette-startup-veut-remplacer-engrais-chimiques-probiotiques-48070/
[334] https://www.dwih-tokyo.org/de/2020/05/21/smart-water-management-for-sustainable-society/
[335] https://citylab-berlin.org/de/blog/smart-city-pilotprojekte-start-mit-oeffentlicher-beteiligung/
[336] https://www.adb.org/projects/49328-001/main
[337] https://www.enmap.org/?trk=public_post_share-update_update-text
[338] https://www.fraunhofer.de/de/forschung/aktuelles-aus-der-forschung/gruenderzeit/constellr.html
[339] https://www.enmap.org/_nuxt/doc/Web_EnMAP_komplett_2022_dt.pdf
[340] https://www.unoosa.org/oosa/en/ourwork/topics/space-for-water.html
[341] https://worldwide.espacenet.com/publicationDetails/biblio?DB=EPODOC&II=0&ND=3&adjacent=true&locale=en_EP&FT=D&date=20141029&CC=EP&NR=2793667A1&KC=A1#
[342] https://solang.co/orbital-systems
[343] https://www.projectwater.info/100-ways-to-conserve-water.html
[344] https://www.theguardian.com/environment/2021/aug/05/environmental-impact-of-bottled-water-up-to-3500-times-greater-than-tap-water?CMP=Share_iOSApp_Other
[345] https://www.circleofblue.org/2010/world/experts-name-the-top-19-solutions-to-the-global-freshwater-crisis/
[346] https://sdgs.un.org/news/world-water-day-event-towards-un-2023-water-conference-one-year-mark-46029
[347] https://documents-dds-ny.un.org/doc/UNDOC/GEN/N18/460/07/PDF/N1846007.pdf?OpenElement
[348] https://www.unwater.org/un-water-launch-the-sdg-6-global-acceleration-framework/
[349] https://sdgs.un.org/news/world-water-day-event-towards-un-2023-water-conference-one-year-mark-46029

[350] https://sdgs.un.org/conferences/water2023
[351] https://www.un-ihe.org/sites/default/files/sustainability_statement_for_ihe_2021final.pdf
[352] https://documents-dds-ny.un.org/doc/UNDOC/GEN/N18/460/07/PDF/N1846007.pdf?OpenElement
[353] https://www.un-ihe.org/sites/default/files/sustainability_statement_for_ihe_2021final.pdf
[354] https://sdgs.un.org/conferences/water2023